浙海关
与近代宁波

ZHE HAIGUAN YU JINDAI NINGBO

胡丕阳　乐承耀／著

人民出版社

责任编辑:陈来胜
装帧设计:张新勇

图书在版编目(CIP)数据

浙海关与近代宁波/胡丕阳　乐承耀 著. −北京:人民出版社,2011.2
ISBN 978 − 7 − 01 − 009418 − 2

Ⅰ.①浙…　Ⅱ.①胡…②乐…　Ⅲ.①海关−历史−研究−浙江省−
近代　Ⅳ.①F752.59

中国版本图书馆 CIP 数据核字(2010)第 213800 号

浙海关与近代宁波

ZHE HAIGUAN YU JINDAI NINGBO

胡丕阳　乐承耀　著

人民出版社 出版发行
(100706　北京朝阳门内大街 166 号)

北京市文林印务有限公司印刷　新华书店经销

2011 年 2 月第 1 版　2011 年 2 月北京第 1 次印刷
开本:880 毫米×1230 毫米 1/32　印张:13.375
字数:334 千字　印数:0,001−3,000 册

ISBN 978 − 7 − 01 − 009418 − 2　定价:30.00 元

邮购地址 100706　北京朝阳门内大街 166 号
人民东方图书销售中心　电话 (010)65250042　65289539

原全国人大常委会副委员长
蒋正华与本书作者之一胡丕阳合影

序

　　宁波海关胡丕阳同志与宁波市委党校乐承耀教授合作撰写的《浙海关与近代宁波》一书即将付梓。对于本书的出版，我谨表示热烈的祝贺。

　　浙海关创设于清康熙二十四年(1685)，是我国最早设立的四大海关之一，也是我国最早初具现代海关职能的机构，见证了我国早期海关的发展历史。宁波，以其据东海航运之要冲，一直是我国对外贸易和交流的重要窗口。研究海关与宁波这座港口城市之间的关系，具有比较重要的历史文化价值。

　　该书对浙海关的设立、发展及其对宁波近代化进程的影响作了比较系统的阐述和深入的分析，涉及浙海关的人事、海务、征税、缉私、邮政、口岸贸易、统计等内容，并对浙海关史研究中的一些重要问题进行了探索与研究，提出了一些新看法，是一部比较系统地研究浙海关的著作。

　　我愿将此书推荐给广大读者，同时也希望两位作者再接再厉，继续推出优秀的研究成果。

　　是为序。

宁波海关党组书记、关长　庞中联

2010 年 11 月

目　录

第一章 浙海关以前的宁波关制

海关是国家的门户,也是国家管理进出事务的行政机关。唐宋以来,宁波是我国重要的对外贸易港口,由于经济的发展,海关逐步形成发展。宁波海关历史悠久。早在五代时,已有博易务的设立。宋以后,出现了市舶司,随着海外贸易的发展,海关的管理制度日益健全,对宁波的经济发展起到十分重要的影响。

一、明州市舶司

宁波在北宋称明州,南宋绍熙五年(1194)升庆元府。明州(庆元)是宋代三大港口之一,海关管理制度开始形成,海外贸易、贸易范围具有创新和转折意义。

(一)明州市舶机构的设立

北宋明州农业、手工业的发展,提供了丰富的商品,促进海外贸易发展,造船业和航海技术的进步也为明州海外贸易的发展奠定了基础。两浙路的海外贸易中,明州占有重要地位。两浙路最早设立的是杭州市舶司。为加强海外贸易的管理,北宋政府于太平兴国三年(978)在杭州设两浙市舶司,管理两浙的海外贸易。明州设市舶司稍晚于杭州。淳化元年(990),两浙市舶司移驻明州定海县(今宁波市镇海区、北仑区),并任命监察御史张肃领之。次年因张肃"上言非便,复于杭州置司"[1]。到宋真宗咸平二年(999),北宋政府令杭州、明州各置市舶司。明州市舶司自建立到北宋亡,中间有两次短暂的废罢。一次是宋真宗天禧五年(1121)至宋仁宗天圣三年(1125),另一次是宋哲宗元祐年间(1086—1094)。到北宋末,为对付辽国,北宋政府又恢复了明州市舶司。

　　市舶司在南宋也有变化。绍兴二年(1132)三月三日,诏两浙提举市舶司移就秀州化亭。[2]杭州、明州两市舶司降格为市舶务。由于两浙提举司与明州诸市舶在机构上的重叠及事务上矛盾,于乾道三年(1167)废罢两浙市舶司。光宗、宁宗后,废江阴、秀州、温州三市舶务,使庆元市舶务成为两浙路对高丽、日本诸国贸易的唯一港口。"凡中国之贾,高丽与日本,诸蕃之至中国者,惟庆元得受而遣焉"[3],一直至南宋末年的德祐元年(1275),因元军大兵压境,庆元市舶务方被废罢。宋通判蔡范曾撰有《市舶司记》:"甬东舶司创于淳化三年,历承平口中兴,以迄于今,凡二百三十余载。监莅之官,迄无定舍,范委以庸质,来倅是邦,实□□舶政,吴门王君炎幸联营事焉,乃相谋,择地城东南。"

　　明州市舶司的方位,在明州子城东南,左倚罗城,由库、务两部分组成。嘉定十三年(1220)毁于火灾,后由通判王挺重建,久而圮。宝庆三年(1227),庆元郡守胡榘委捐楮券13288缗,委托通判蔡范主持修筑,致使市舶司有相当规模。宝庆《四明志》有记述:"重其厅事,高其闸阃。内厅匾曰清白堂,后堂存旧名,曰双清。清白堂之前中唐有屋,以便往来。东西前后列四库,庑分二十八眼,以'寸地尺天皆入贡,奇祥异瑞争来送,不知何国致白环,复道诸山得银瓮'号之,两夹东西各有门。"[4]东门与来安门通。又立大门,濒江的来运亭(宝庆二年改为来安亭),是检核贾舶货物的地方。市舶务前门与灵桥门相近。据考古调查,明州舶务的界址范围就是西至常平街,东至冷藏公司,今世贸大厦一带,南至食喉闸河,北至又新街。[5]

据宝庆《四明志》卷六"市舶"记载，市舶司的管理人员初设时由明州知州兼市舶使，通判为市舶判官，不久，通判兼监，元丰三年（1080）专设提举官。北宋末设专职市舶提举官。后经多次废置，至南宋中期确立了两浙转运司提督、知州兼使的管理体制。

（二）市舶司的职能

市舶司作为管理海外贸易的行政机构，有其行政职能，这就是掌蕃货、海舶、征榷、贸易之事，以来远人，通远物。明州（庆元）的市舶司的职能是负责接待贡使，登记出入庆元的贸易船只，征收税收及缉私等。即《宋史》一六七《职官志》所说的"掌蕃货、海舶、征榷之事，以来远人，通远物"。具体是五个方面职能：

一是入港检核。明州（庆元）港建有码头，码头边有市舶亭和来运亭，以对进出港口的船舶检查。商船先于来远驿接受检查，然后入市舶务。据宝庆《四明志》卷三《库务》记载：市舶务"濒江，有来远亭，……贾舶至，检核在此，历三门以入务，而闭衢之南北小门，容顿宽敞，防闲慎密"。

二是征税。即对舶货进行抽解（征税）和抽买（和买），一般为征税 1/10，和买 3/10。宋仁宗时诏杭州、明州、广州市舶司，海舶至者，视所载十算其一。为使国家征到税收，海外贸易中，南宋政府还颁布了一些法规，对一些进出口货物按规定征收一定的商税。市舶之利是明州（庆元）的重要税源，"本府僻处海滨，全靠海舶住泊，有司资问税之利，居民有贸易之饶"[6]。原来的市舶抽解，细色五分抽一分，粗色七分半抽一分。为吸引更多的舶商来庆元，宝庆三年（1227），庆元郡守胡榘规定了征税标准：日本、高丽十九分抽一分，其他各国十五分抽一分。"每年遇舶船至，舶务必一申明。"[7]

三是私贩的缉防。在南宋，黄金的价格较高，庆元府一年从日本输入的黄金约四五千两。为了躲避抽解，一些商人往往把黄金"深藏密匿,求售于人"。为此,市舶司积极管理,打击走私。仅宝祐五年(1257),明州市舶官员就检查出漏之黄金达6.7万贯。由于外商人地生疏,一些牙侩操纵私下交易。一旦发现就要罚款。

四是制发海舶出港许可证和检查物品。端拱二年(989),就明确规定宋朝商人,出海外蕃国贸易者,"须于两浙市舶司陈牒,请官给券以行,违者没入其宝货";对于乳香、象牙、珠宝、犀牛等物品作为"禁榷物",严禁贸易。因为,太平兴国七年(982),北宋政府制定若干种政府专卖的进口品,"违禁香药"就是其中一种。雍熙四年(987),北宋政府就明确规定:"两浙、漳、泉等州自来贩舶商旅,藏隐违禁香药、犀牙,惧罪未敢将出。与限陈首官场收买。"明州市舶司在南宋依然按照《庆元条法事类》、《榷货总类》要求,把乳香作为榷货进口商品。

五是颁发舶货贸易许可证"公凭"或"引目"。明州市舶司设立后,贸易地位很快上升,自元丰三年(1080)起,明州成为发放前往高丽、日本贸易公凭的唯一合法港口。宋政府规定:凡商人去高丽贸易,资金达5000缗者,必须在明州登记姓名、籍贯、经费等项目,并要叫人担保,才准发"引"。东南地区的台州、温州、泉州的商人到日本贸易亦必须到明州登记,办理手续。崇宁元年(1102),泉州商人李充到日本经商,由明州签发"公凭",明确记载五种货物的名称及数量。

(三)海外贸易中的宽商政策

宋代的贸易政策是开明和宽松的。明州当局也是如此。资料显示,明州(庆元)的海外贸易很活跃。这和明州(庆元)对海外贸易重视和管理积极推行对外开放政策是分不开的。明州(庆元)当局和市舶司实行的宽商、惠商政策的内容是:

第一,实行宽商政策。明州当局不仅通过市舶司加强对海外贸易的管理,而且对海外商人实行宽商、惠商政策。比如,曾巩于元丰元年（1078）任明州知州兼市舶司,他就采取宽商举措。高丽商人崔举等人来明州经商,因遇风暴而翻船,漂流到福建泉州,被当地渔民所救。崔举要求到明州乘船回国,泉州派人护送崔举到明州后,受到曾巩热情的接待。"置酒食犒设,送在僧寺安泊,逐日给与食物,仍五日一次,别设酒食。"[8]当他知道崔举是被泉州差人徒步押解而来,就认为这是违背朝廷的"矜恤之恩",为此写了《存恤外国人请著为令札子》,奏请宋神宗:"窃以海外蛮夷,遭罹祸乱,漂溺流转,运失乡土,得自托于中国。中国礼义所出,宜厚加抚存,令不失所。""今后高丽等国人船,因风势不便,或有飘失到沿海诸州县,并令置酒食犒设,送系官屋舍安泊,逐日给与食物,仍数日一次别设酒食。阙衣服者,官为置造,道路随水陆给借鞍马舟船。具析奏闻,其欲归本国者,取禀朝旨,所贵远人得知朝廷仁转待遇之意。"[9]

　　第二,对外商和商船采取保护措施。南宋淳熙、嘉泰年间,一些日本商船遇台风漂流到明州（庆元）,受到当地政府的热情接待。淳熙三年（1176）,日本商人泛海飘至明州,无口食,"诏给之。又有百人行丐于至临安〔今杭州〕,诏守臣张津遣往明州养赡,俟有便船发回本国。"[10]宝庆二年至绍定二年（1226—1229）,胡榘出任庆元郡守兼提举市舶,当时抽解过重、和买过多,损害了商人的利益,为此客商"宁冒法犯禁透漏,不肯将出抽解"。为保护外商利益,胡榘请准户部,揭榜告示海商:"本府断不和买分文,抽解上供之外,即行给还客旅。"[11]

　　第三,对外商的权益给予保护。市舶官员如果徇私舞弊,强行征收外商税收和收买货物,允许外商向宋政府当局控告、上诉。对一些有困难的外商予以优惠和照顾。比如,宋孝宗时,赵伯圭担任明州知州。当时,真里富（今柬埔寨）的一位商人病死于庆元。知州赵伯圭按规定对真里富商人的财产加以保护并发回给家属,命其随从将商人的棺木护送回国。明州当局的这一举动,得到了真里富人的赞许。传闻之下,远近"无不感悦"。次年,真里富国王派人答谢,同时转告死者家属的意见,把在明州的一大笔财产全部奉献给中国,修建三座浮屠,以志纪念。[12]

第四,实行招邀奖励政策。实行招邀奖励政策,是南宋政府对外开放中实施的另一项重要措施。为扩大对外贸易,鼓励和招诱外商来明州贸易,明州当局实施奖励措施。奖励分为二项,一是奖实物,二是授官爵。比如,宋高宗绍兴六年(1136)就明确规定:"诸市舶首能招诱舶舟,抽解货物,累价及五万贯、十万贯者,补官有差。"当时有一蕃舶纲首蔡景芒,他从建炎元年(1127)开始到绍兴四年(1134),出于招揽商人贩来货物净利收入达98万余贯。为此,南宋政府在绍兴六年(1136)授他为"承信郎"的官职。相反处分那些使市舶亏损、外商赔本的渎职行为。明州市舶司多次给日本送牒书赠礼物,以促进两国贸易。明州市舶多于每年夏讯,当高丽、日本等国商船到来时,"依例提举市舶官于四月初亲去检察"。

为促进北宋与高丽间的贸易,明州当局与高丽政府还热情接待双方来使和商人。政和七年(1117),明州城内兴建高丽行使馆,置高丽司,定海县(今镇海区、北仑区)也修建"航济亭",作为高丽使团和商人往返赐宴的场所。宝庆《四明志》就有"航经亭"的记载:"在〔定海〕县东南四十步,元丰元年建,为丽使往还赐宴之地。"[13]元丰二年(1079)宋神宗下诏"赐两浙路度牒百五十修高丽使亭馆"[14]。对于海上遇难的高丽商船也设法加以救援和安抚。天禧三年(1019),"明州及登州屡言高丽海船有风漂至境上者,诏令存问,给度海粮遣还,仍为著例"[15]。元祐四年(1089),明州归还高丽飘风人李勤甫等24人。至于明州的商人在高丽遇到困难,高丽政府也给予优厚的待遇,"勤加馆养"。

(四)海外贸易区域

明州在宋代海外贸易发展的一个重要表现是明州港口发展,其贸易范围远远超过前代。

由于明州(庆元)当局对商人实行宽商政策和发挥市舶机构的职能,从而促进明州在宋代海外贸易的范围扩大,主要的贸易对象是日本和高丽,此外,与东南亚、西亚诸国也有贸易的往来。

日本当时采取锁国政策,因此往来于日华之间的几乎全是中国商船,大都从明州出发,横渡东海,到达日本肥前值嘉岛,然后再转航道筑前的博多。外舶商船有直接外销与转口外销两种形式。主要的出口货物有纺织品、香药、瓷器、文具等物。据木宫泰彦先生统计记载,明州商人孙忠、朱仁聪等 17 人以及泉州商人李充、福州商人陈文佑、台州商人周文裔等先后多次往来于明州与日本之间。商人孙忠于熙宁五年(1072)到元丰五年(1082)的 10 年中,先后 6 次来往于明州与日本。其于熙宁六年(1073)去日以后,侨居日本经商 5 年,到元丰元年(1078)才回到明州。泉州商人李充于崇宁元年(1102)到日本,从明州港出发,货物有纺织品 80 匹(象眼 40 区、生绢 20 匹、白绫 20 匹)、瓷器 12000 件(瓷碗 4000 件,碟子 8000 件)。

在南宋,庆元依然是与日本贸易的主要港口。日本输入的贸易品,细色的有金子、砂金、珠子、药珠、水银、鹿茸、茯苓,粗色的有硫璜、螺头、合覃、松板、罗板、日本的木材、黄金曾大量输入明州。宝庆《四明志》、开庆《四明续志》有很多关于日商贩运木材、黄金等商品来庆元的记录。淳熙十四年(1187),日本僧人荣西就运来大批木材修建明州天童寺的千佛阁。理宗宝祐年间(1253—1258),庆元府(明州)一年内从日本输入黄金总额约四五千两。自南宋中期以来,日本每年有 40 至 50 只商船开往明州等地。开庆《四明续志》卷八记载:"倭人冒鲸波之险,舳舻相衔,以其物来售",由此可以看到许多日本商船驶往明州的盛况。

这一时期,明州(庆元)与高丽的贸易关系也有发展。北宋与高丽的航线,在熙宁以前多走北路,一般在山东登州出海,高丽使节或商人也在登州或密州登陆。熙宁七年（1074）以后，由于北路被辽国所阻，应高丽使臣要求，北宋政府改在明州登陆。其时，宋船从明州定海（今镇海区）出发，越过东海、黄海，沿朝鲜半岛南端西岸北上，到达礼成江口。高丽到明州的使节和商人，经姚江北上至钱塘江，再出运河到汴京，这是宋到高丽的南路。航行的时间一般为五六天。"自明州定海放洋，绝洋而北，舟行皆乘夏至南风，风便不过五日即抵岸焉。"（徐兢《宣和奉使高丽图经》卷三"封镜"条）自此开始，明州成为北宋政府对高丽贸易的重要港口。

在南宋，高丽也是明州（庆元）贸易的主要国家。宋与高丽的贸易是非常频繁的。宝元元年（1038），明州商人陈亮和台州商人陈维绩等147人去高丽经营贸易。到北宋末年的55年中，明州商人航行到高丽经商的有120多次，每次少则几十人，多则百余人。明州与高丽的贸易货物有瓷器、药材、铜器、丝织品、茶叶、布匹、书籍等。《宣和奉使高丽图经》卷二十三《杂俗》二就有高丽"不善蚕丝，其丝线织品，皆仰贾人自山东、闽浙来"记载。还有"互市"贸易，是高丽使臣及其随从在北宋境内进行。明州是"互市"的重点区域。比如，元祐七年（1092），高丽使团献《黄帝内经》，"请市书甚众"。"诏许买金箔，然卒市《册府元龟》以归。"[16]北宋使团去高丽开城进行贸易，"聚为大市，罗列百货"[17]，市上铺陈的货物有丹漆、绘帛、金银器皿等物。茶叶、瓷器也是明州出口大宗货物。1949年在朝鲜出土的大批青瓷，不少是北宋时从明州运往高丽的。

南宋时，由于宋金战争，明州与高丽的贸易一度断绝，但又很快恢复。"凡中国之贾，高丽与日本诸蕃之至中国者，惟庆元得受而遣焉。"（宝庆《四明志》卷六《叙赋下·市舶》）因此来明州停泊的高丽船很多。高丽商人运来朝鲜货品有细色货物银子、人参、麝香、红花等6种，粗色有大布、小布、毛丝布、铜器、松子、栗、枣肉、榛子、杏仁、细辛等34种。其中纺织品就有4种，即"大布、小布、毛丝布、绸"[18]。

与人民健康有密切关系的药材,占有一定比例,越州的丝绸、青瓷亦经明州销往高丽。

此外,明州还与东南亚、阿拉伯等各国建立贸易关系。淳化三年(992),阇婆(印尼爪哇)遣使来宋,经中国商人毛旭做向导,到达明州定海。进贡的货物有象牙、珍珠、绣花销金、绣丝绞、龙瑙、丁香、吉贝、檀香等17种商品。波斯、阿拉伯商人也不断到明州经商。为此,明州在市舶司西边波斯商人集中的地方建造起波斯馆。波斯商人在狮子桥北面设立清真寺。

南宋时期,明州海外贸易之盛居浙江首位,是当时闻名中外的港口城市。不仅与日本、高丽有着良好的贸易关系,而且与南洋的阇婆(爪哇)、占城(越南)、暹罗(泰国)、勃泥(加里曼丹)、三佛寺(苏门答腊)等国也有着贸易往来,甚至与大食(波斯)都有贸易,对外贸易日益繁荣,商船来往络绎不绝。

总之,明州作为北宋的重要贸易港口之一,吸引了日本、高丽及其他一些国家来华贸易,外国的商船多在明州放洋,使海外贸易出现了繁荣的景象。北宋著名诗人梅尧臣在《王司徒定海监酒税》诗中描述当时景象:"悠悠信风帆、杳杳向沧岛。商通远国多,酿过东夷少。"[19]南宋的张津描述过当时明州商贾云集的情况:"南则闽、广,东则倭人,北则高句丽〔高丽的旧名〕,商船往来,物货丰衍。"[20]

二、庆元市舶司

宁波元代称庆元路。至元十三年(1276)三月,元军攻占明州(庆元),次年,正式改庆元府为庆元路,隶江浙行省。元朝的海外贸易规模宏大,作为我国对外贸易著名港口庆元,在南宋的基础上有很大的发展,在社会经济中占有重要地位。而市舶司制度对于庆元海外贸易的发展起到十分重要的作用。

（一）庆元市舶司和市舶制度

元政府直接管理海外贸易的机构则是沿袭南宋,设置市舶司或市舶提举司。中央政府则设泉府院(泉府司),管理商业和市舶事务。行省设行泉府司(院),受泉府院和行省双重领导。但在元朝中期后,泉府院被废,市舶司归行省管理。

清光绪《鄞县通志》载《南宋市舶司记》碑文

考古发掘的北宋市舶库地坪

清光绪《鄞县通志》载《南宋市舶司记》碑文和考古发掘的北宋明州市舶库地坪。北宋真宗咸平二年(999)宁波(时称明州)设市舶司,这是有历史记载的、最早的宁波古代海关机构,至今已有千余年

庆元与泉州、广州在元代被列为三大对外港口,管理海外贸易机构称市舶提举司。至元十四年(1277),元军攻克两浙、福建,元朝政府在庆元、上海、澉浦、泉州设市舶司,令福建安抚使杨发督之。[21]后

又陆续增设了广州、温州、杭州市舶司,但有所变化。至元三十年(1293),依翰林学士承旨留梦炎奏,温州市舶司并入庆元市舶司;大德二年(1298),澉浦、上海市舶司又并入庆元市舶司,直隶中书省。[22]设有市舶司的港口,只剩下了庆元、泉州、广州三处,与南宋后期一样。大德七年(1303),以禁商下海罢之。至大元年(1308),恢复庆元市舶司。至大四年(1311)又罢之。延祐元年(1314)复立庆元市舶司,然而仍然禁止商人下海,由官府垄断海外贸易。延祐七年(1320),元政府以下海的商人将丝银细物与外国交易为由,再罢庆元市舶司,并撤销建于城东北隅姚家巷的市舶司官舍。英宗至治二年(1322)恢复庆元市舶司,但元政府重申严舶之禁,禁止金银、丝绵、人口贩往海外。次年,元政府开海禁,听海商贸易,归征其税。[23]泰定二年(1325),庆元路市舶司副提举周灿修建"来远亭",据考证,其亭址在今宁波市东渡路水弄口,世贸中心大门对面。此后,庆元市舶司没有多大变化,一直至元末至正二十五年(1365)撤销。

庆元市舶司设置官员为提举2员,从五品,同提举1员,从六品,副提举1员,从七品。管理市舶事宜,其地址为东北隅姚家巷。至正《四明续志》记载说:"庆元路市舶提举司,在东北隅姚家巷,原系断没仓官房屋基地,重建公宇。"[24]据考古证明,姚家巷在波斯馆的南面,今天的旗杆巷北的东后街与车桥街交界的西侧。基本由办公衙署与贮藏舶货的市舶库两部分组成。在东南隅车桥东,内有廒房28间,用"天开瀛海藏珍府,今日规模复鼎新,货脉流通来万宝,福基绵远庆千春"28字为号,库屋及前轩6间,至元元年(1335),加盖外门楼3间。[25]1977年,市区海交史遗址调查报告提到了庆元市舶库的界址,其范围是:西至常平仓(街),东至冷藏公司大门,南至食喉闸河,北至又新街,即今天的世贸大厦一带。

（二）庆元市舶司的职能

庆元市舶司所行使的职能是管理海外贸易。元代市舶司的职能大抵因袭宋的制度，《元史》卷九十四《食货志》就有这样说法："每岁招集舶商，于蕃邦博易珠翠香货等物。及次年回帆，依例抽解，然后听其货卖。"具体是审核、检查、征税、查缉走私与处理案件。

首先是审核、检查。元代仿南宋，实行"舶户"制度。至元法规定："舶商下海开船之际，合令市舶司轮差正官一员于船舶开岸之日，亲行检视。"这就表明，凡庆元港出港贸易的船只货物、人数，必须由市舶司对此进行审核，在核实无误后，才给予批准，然后发给"公验"、"公凭"。各种手续齐全之后，商人才能发船下蕃"博易"。凡海外返航时，也必须回到出发港，接受市舶司的检查。

其次是征税。为加强国家对海外贸易的管理，禁止各种非法的贸易活动，元廷制定了市舶法则，一改宋的榷货制度，实行抽解制（征税），这里所说的"抽解"，就是按比例征收进口税。《续文献通考》对此作过记载："帝既定江南，凡邻海诸郡及藩国往还互易舶货者，其货以十分取一，粗者以十五分取一，以市舶官主之。"**26**这表明，元初时税率是细色为10%，粗色为6.6%。至元二十八年（1291），元廷定粗色为三十分抽一，细色于二十五分抽一，税率分别为3.33%和4%。至元三十年（1293）制定《整治市舶司的二十三年勾当》，又规定庆元十五分抽一。同时征收商税，即抽取货物总值的三十分之一作为商税，企图逃避商税者处杖一百七十，以没收三分之一赏给告发人。

仁宗延祐元年（1314），元廷修订了市舶管理条例，颁布了新的市舶法22条，规定出洋的中国商人返航时，粗色十五分抽二，细色十分抽二，税率为13.33%和2%。这样，抽分的比例加重了，直到元朝末，抽分的比例一直如此。对此《四明续志》卷七《市舶》曾有记载：

"抽分商舶货物,细色十分抽二分,粗色十五分抽二分,再于货内抽税三十分取一。"岁额办钞503绽49两。

再次,查缉走私等非法贸易活动,处理案件。在元代,庆元口岸走私等非法活动时有发生。庆元市舶司把查缉走私等非法活动作为其重要职责。元政府颁布禁止出口货物。如至元二十三年(1286)禁海外博易者,毋用铜钱。《元典章》卷五十七的至元三十年的市舶法中也规定:"金银、铜钱、铁货、男子、妇女、人口不许下海私贩诸番。"表明金银、人口等器物等不能私贩。为了防止走私贸易,庆元市舶司不准外国船舶不领验凭擅然启碇,违犯者处杖,船货没收。对那些诈称遭受风灾、驶进其他港口从事走私贸易者,所在官司责令返回启碇港口,由市舶司论处。尽管元廷对于征收海外贸易税规定很详细,为防止商人偷逃舶税以及对市舶官吏约束,江浙行省派一些官吏到庆元监督抽分过程。但是,还是有一些商人偷逃舶税。因此,元政府与庆元地方当局加强对走私等非法贸易活动进行打击。倪谧曾经担任庆元市舶司吏目,任职中依法办事,对于逃税的商人与行为,进行严厉查处。"凡诸舶户有敢私匿舶货者,则尽没入所有,而罪其人职律。"[27]一个商人为使获得更多利润,采取逃税,在船上藏匿了一大筒价值百金的香料龙脑,被倪家家僮发现,家僮即刻禀报,倪谧了解此事,为不让商人非法贸易得逞,于是"密沈筒水中"。[28]

对于官吏的营私舞弊及不作为的行为,也加以查处。元代,庆元的海外贸易是私营、官府进行与官私并举。其中私商经营是主要形式。在海外贸易中,由于吏治腐败,庆元市舶司的一些官吏乘机谋私利,他们勒索舶商,使商人的利益受到损害。为此,庆元当局有明文规定,查处官员的种种舞弊行为。如禁止市舶官和市舶司所在的地方官"拘占舶船捎带钱物下蕃货卖",不准托商民带钱到国外买货物,也不准市舶官员检查外商时,估低货价而自行折卖等。至正三年(1342)冬,资德大夫、江浙等处行省右丞相苏穆尔监抽庆元市舶。

由于起先的官吏不精业务,致使"法外生弊,舶户病之",苏穆尔对这些现象进行治理整顿,他"宣谕德意,抚恤海贾,据法从事,无所拟议,不缓时刻,防检严密,无隙可乘,宿弊尽革"。[29]

第四,发放"公据"、"公凭"。庆元市舶司根据元政府的《市舶法则》,明确规定中外商舶出海,一律凭"公据"、"公凭"为依据。商舶申请"公据",出海的辅助性船舶领取"公凭"。舶主依例陈述舶主本人、直库、相公、杂事等人及商舶使往何国、途中泊靠过何国,需要证明,而且只能回原签证的市舶司所在地缴纳货税。如果谎报、诈妄,视为违法,无证出海者应予告捕治罪,"犯人断罪,船物没官。于没官物内以三分之一充赏,犯人杖一百七下"[30]。同时规定舶主申请出海贸易的"公据"、"公凭"时,必须要有报关运输行商的"物力户"[31]作为保人。

(三)市舶司管理下的庆元海外贸易

元朝海外贸易兴盛,庆元是我国三大贸易港口之一,海外贸易兴盛。程端礼就指出:"明为浙东大郡,其阳大海,远迩方物,番商贸迁,风帆浪泊,万里毕集,事视他郡尤剧。"[32]庆元保持着它在中日贸易中的优势地位。

1. 贸易国家与地区

当时庆元与海外贸易国家超过前代,但主要还是日本与高丽。

庆元是与日本往来的主要港口。从庆元港出发,七八天可到日本,日本商船开往元朝,一般舶驻庆元港。比如,至元十六年(1279),有日本商船4艘及2000余人至庆元港。庆元路总管哈喇觯碍确认为贸易时,迅速呈报行省,同意在庆元互市。至元二十九年(1292)又有两批日本商船到达庆元要求贸易。大德二年(1298)、大德九年(1305)、大德十年(1306)、大德十一年(1307),日商又四次来庆元贸易。但也有曲折,至大二年(1309),由于市舶官员对日商贸易活动严密监视,以及来庆元贸易的日商对庆元吏卒的不满,用硫磺等药火焚掠庆元府城,城中的浙东道宣慰使司都元帅府、录事司等衙署及天宁寺、玄妙观等寺院、道观、民居被烧,致使"城中官府、故家民居几尽"[33]。一些学者认为,把这一时期庆元与日本的贸易置诸元代对外贸易的整体格局及中日贸易的历史背景下考察,日商焚烧庆元事件的深层次原因是"源于双方政治上长期的紧张关系而产生的不信任感所致"[34]。

今天的日本福冈,在元代称博多,是庆元商人抵日的主要地点,"日元之间的贸易港,在元朝是庆元,在日本是博多。因此,所有的商船者来往于这两港之间"[35]。有关学者认为庆元通航日本博多有18处之多。[36]由此可见,博多在中日贸易中占有重要的地位。

庆元的进出口贸易比较发达。庆元从日本进口的物品,据至正《四明续志》记载,"舶货"有220余种,其中不少来自日本。最吸引庆元商贾的是日本的木材、铜器、金银等。至正《四明续志》卷五《市舶物货》中就有"细色"、"倭金"、"倭银"和"粗色"、"倭条"、"倭櫓"、"倭枋板枔"及苏木等记载。一些资料记载庆元港还输入大量的日本银以及黄金、刀剑、扇子、描金、螺钿等物。

庆元出口日本的货物主要是陶瓷、铜钱、丝织品、香药、文具、金属物品等。如延祐四年(1318)就有日本商船载客商500余人到庆元市舶司博易铜钱、药材等。考古发掘证明了这一点。20世纪70年代,在朝鲜半岛西南部木浦港附近海面发现了满载瓷器和其他物品的元代沉船。韩国考古界发掘出2万多件青瓷和白瓷、2千多件金属制品、石制品和紫檀木,数量达800万枚,重达28吨的中国铜钱。韩、日学者认为,从大量的货物标签木筒中发现日本寺名和人名,表明船主和货主的日本人的身份,沉船木牌上"至治三年"墨迹及标有"庆元路"字样的秤砣,证明这是一艘至治三年(1323)前后,由庆元港出发前往日本的贸易商船。因台风等原因,在中途沉没了。[37]这一考古的发现,为庆元与日本之间的贸易提供了物证。

在元代,庆元与日本贸易与前代及同时代的其他国家相比,具有明显的特点,这就是日本商人唱主角;元朝政府对来庆元的日商防范严厉。

在元代中国与朝鲜半岛的经济往来有很大发展,主要有陆路与海路,以陆路为主,但海道交往仍有一定规模。庆元是海路的主要起航点。至正《四明续志》说,庆元港"南通闽广,东接日本,北距高丽,货物丰溢"[38]。高丽政府曾经派人到江浙贸易。元朝末年,方国珍控制浙东,也曾经以庆元为据点通过海道开展对高丽的贸易。陈高华先生认为:"方国珍与高丽的联系,应该就是通过庆元港进行的。"[39]《高丽史》记载了自恭愍王七年至十四年(1358—1365)8 年内,方国珍先后四次遣使到高丽"献方物"。[40]20 世纪 70 年代,新安海底沉船的考古发掘,也发现了标有"庆元路"的秤砣,表明庆元与朝鲜半岛的航线是畅通的。[41]

只要对南宋的宝庆《四明志》与元末的至正《四明续志》进口货物进行比较,我们可以发现庆元与高丽的贸易的物货是不少的,元廷通过庆元港从高丽进口的货物就有高丽青瓷器、高丽铜器、人参、新罗漆、茯苓、松子、松花、榛子、硫磺等货物十多种,主要是青瓷器、铜器、药材,这些都是高丽输入的。高丽青瓷的镶嵌、堆白、雕刻、印花、画都相当精致,高丽的铜器也亦受国人赏识,新罗漆比中国漆容易干,且漂亮,中国人都喜欢新罗黄漆。[42]

庆元的茶、瓷器、丝织品也输出高丽。江西景德镇的青白瓷,通过庆元港销往朝鲜半岛。资料表明,朝鲜半岛出土青白瓷数量最多,质量最好的可推 1977 年的新安沉船中打捞出的中国瓷器,计 16100余种,其中青瓷 10400 余种,占瓷器总数的 64%;白青瓷居第二,包括抠府器 5100 件,占总数的 31.6%,这里主要是景德镇瓷器。典型的有卧女枕、龙纹梅瓶、牡丹纹鱼耳瓶、玉壶春瓶、花口盘、镶银扣碗等。有学者认为,这些销往朝鲜半岛的景德镇瓷器,是通过庆元(宁波)启航的贸易船进行的。[43]

此外,庆元与东南亚、南亚、西亚、非洲等国家也有贸易。至正《四明续志》卷五的《市舶物货》"细色"中也有"罗斛香"、"交趾香"记载。罗斛、交趾分别为今天的泰国南部和越南的北部。据周达观《真腊风土记》记载,在真腊(今柬埔寨)"地下所铺者明州之草席"[44]。非洲的珍贵木材花梨木、丁香,三屿的黄蜡、番布都是庆元进口的重要货物。这表明庆元与亚非国家有贸易关系。

2. 海外贸易作用

庆元的海外贸易发展,对促进庆元乃至全国以及亚非国家的经济发展、加强庆元与各国的联系起到许多作用。

首先,舶货的大量进口,丰富了国内商品市场,极大地满足了庆元人民的生产、生活的各种需要。据至正《四明续志》记载,由庆元进口的市舶货物达225种,比元前期翻了三番。比起南宋宝庆,《四明志》所载的170余种多了近50余种。这225种舶货中按其价值高低分为细、粗两档。价值比较高的细色货物有珊瑚、玉、玛瑙、水晶、琥珀等134种,价值较低的粗色货物由红豆、壳砂、丁香皮、牛皮等90种。

值得注意的是庆元舶货进口中具有一个显著特点就是生产、生活的需要品明显增多。从225种货单中,仅布匹一项就有吉贝布、三幅布罩、香花棋布、毛陀布、袜布、鞋布、吉贝纱、焦布、手布、生布等十余种。金属与金属品有倭金、倭银、铅、锡、丁铁、炉铁、高丽铜器、铜钱等项。另外,还有大量的药材。这充分说明海外贸易对国计民生的重要性得到体现,同时也使庆元人民生产、生活用品得到满足。

其次,大量的农业、手工业产品和文化用品的输出,有利于促进海外各国人民生活水平的提高和社会文明的进步。元代从庆元运往日本、朝鲜、真腊及南亚等国的贸易品主要是瓷器、药材、经卷、草席等。比如,元贞二年(1296)满载明州草席等物品的商船从庆元启航,经温州港、开洋到占城(今越南中南部),再航抵真腊,使庆元出产的特产"明州席"通过海外贸易进入东南亚百姓的日常生活之中。元代的药材、纺织品、瓷器也通过庆元输入高丽,输往日本的货物主要是铜、铁、香药、经卷、书籍、文具、唐画、杂器及金砂、唐绫等。近年在日本博多、福冈的草泉及镰仓和京都,出土了大量的元代陶器。其中越瓷占相当比例。这些都是通过庆元港出海的。

再次,有力地刺激了庆元的生产发展,并进一步推动浙东经济开发和社会进步。随着庆元的农副产品和工业的出口增加,必然刺激庆元的农业和手工业的发展。比如,传统的丝绸品、明州席和瓷器出口,使纺织品、制瓷业、草席业成为庆元的重要手工业行业。仅延祐年间,庆元府岁额办丝织品计13200段。当然,这主要是为皇室、贵族服务的,有少量投放市场,而一家一户的民间纺织业所制成的纺织品除自给外,也有少量出口的。

第四,增加了国家的财政收入。元政府的海外贸易管理主要是增加抽分和商税的收入。由于海外贸易的发展,庆元商税的收入不断增多。至正年间,庆元的商税为504锭,成为庆元经济重要组成部分。张翥曾作诗描绘过庆元海外贸易的繁盛和商税收入的情况:"是帮控岛夷,走集聚商舸,珠香杂犀象,税入何其多。"[45]可见市舶收入在政府财政中占有相当的地位。

三、宁波市舶司

吴元年(1367)十二月,改元代庆元路为明州府。明王朝建立后,明太祖朱元璋于洪武十四年(1381)二月,应鄞县(今宁波市鄞州区)人单仲友请示,"以海定则波宁"[46]之意,把明州改为宁波,宁波之名一直沿用至今。为加强对海外贸易的管理,明政府在宁波设了市舶提举司（市舶司）。

（一）宁波市舶提举司的设立与发展

1. 机构的沿革

明朝尽管自然经济占主导地位,但沿海地区商品经济在元的基础上继续发展,商业资本日趋活跃。为防止倭寇侵扰,政府多次下"禁海令",海外贸易遭到挫折。但为了保证内地的经济与恢复,明太祖要求海外各国以朝贡的形式来华进行定期贸易,由市舶司加以管理。洪武五年（1372）,设明州、泉州、广州市舶司。洪武七年（1374）因倭患,严海禁,明州（宁波）与泉州、广州三处市舶司罢除。[47]

这次设立时间短,当年就恢复了。史书记载说:"洪武七年,又设于浙江之宁波府,广东之广州府。其体制一同太仓。"[48]永乐元年（1403）八月,宁波、泉州、广州三市舶司恢复。"浙江设市舶提举司,以中官主之,驻宁波。"[49]

明世宗嘉靖二年（1523）五月,"争贡事件"爆发,这是宁波与日本贸易上发生的一场大的祸乱。日本贡使宗设与宋素卿、瑞佐,为了争夺合法的贡使权,两个贡使团先后到了宁波,谋求进贡。宋素卿、瑞佐贿赂宁波市舶司的太监,"先阅瑞佐货,宴又坐宗设上",宗设感到不平,于是与瑞佐、宋素卿相仇杀。市舶太监"阴助瑞佐授之兵器,而宗设众强,拒杀不已",不但追瑞佐等至绍兴城,而且沿途大杀。给事中夏言奏称"倭患起于市舶"[50],要求罢市舶司之设,嘉靖皇帝竟下旨关闭了宁波、泉州、广州三市舶司。嘉靖三十九年（1560）,凤阳巡抚唐顺之要求恢复浙江、福建、广东三个市舶司,得到明世宗支持,于是恢复宁波及泉州、广州市舶司。嘉靖四十四年（1565）浙江巡抚刘畿上奏请罢市舶司,明廷复罢宁波及泉州两个市舶司。[51]万历二十七年（1599）恢复宁波市舶司。[52]由内官刘成主持,从宁波明代市舶司的时设时废看,表明宁波海外贸易曲折。

　　明州(宁波)市舶司的地址离府治1里左右路,在原宁波卫后,即宋代郡治的后园,元末为方国珍遗屋。明成祖永乐四年(1406)改为安远驿,以其西原方国珍的花厅为市舶司,增建吏目厅于右(即今中山公园九曲廊一带)。成化《宁波郡志》就有记载:"浙江市舶提举司,府治西北一里许,旧在县学之西,元至元二十五年革,大明永乐元年钦设,以方国珍遗屋为之。四年又改安远驿,以驿西国珍花厅为市舶司,添建吏目厅于右。"[53]

2. 市舶人员与其他机构

　　从资料看,明代市舶司的官吏设提举、副提举、吏目等。永乐元年(1403)八月,明成祖朱棣就恢复三市舶司于浙江、福建、广东,"每司置提举一员,从五品;副提举二员,从六品;吏目一员,从九品"[54]。但从成化《宁波郡志》看,宁波的市舶司设提举1员,副提举5员,吏目2员。还有只禁、弓兵、工脚、库子、行人、秤子等。《宁波郡志》记载:"浙江提举司,提举一员,吏目二员,今革一员,副提举五员,今革四员。"[55]这里说明了市舶官员人数与永乐时相比有所变化,成化间,市舶司的官员已是提举1员,副提举1员,吏目1员。提举宅在东北隅小梁街;副提举宅在小梁街、盐仓门和大池头。

　　当然,宁波的市舶司机构比较齐全,除了官衙以外,还有安远驿、迎宾馆、四明驿、市舶库等。

　　安远驿,是接待商人的驿馆,以供贡使及其随行人员。在宁波卫后,为方国珍的遗屋,永乐元年在这里设市舶司,四年改为驿隶属市舶司,设驿丞一员。但到嘉靖间有所变化,"安远驿在提举司前五十步,中为厅,凡三间(扁为宾梯),左右廊房六间,前为塞门,为外门。国朝永乐初以方国珍遗屋为提举司,四年改为驿,今因之以待夷贡"[56]。它的规模比永乐初已经缩小了许多。此驿隶于市舶司,专设驿承一员。

市舶司的专门仓库是东库。《敬止录》记载:东库,灵桥门内,今海仓厅址。元为市舶库,有敖房28间。洪武初因之为广盈东仓。永乐三年复改为市舶司库,名东库,库五联,分为14号。商舶到,官为抽分其物皆贮于此。从《敬止录》中可知东库继承了元朝市舶司库房。但面积有所扩大。元代,庆元市舶库有屋不过37间,明朝则扩展为61间,仍设在城东灵桥门内,专为存储朝贡贸易货物。这里说明两点:一是明朝东库比元朝时有了扩大发展,表明贸易规模超过元朝;二是市舶司的运作中,货物抽分是重要的职责。

据高宇泰的《敬止录》记载,与市舶司相关的还有来远亭。来远亭是元泰定二年(1325)副提举周灿所盖,共有厅屋并轩6间和南首夹屋3间,这是市舶司官员监督装卸货物的场所。《四明谈助》记载,此亭"在城东灵桥门北……内通市舶库,临江为亭"[57]。

宁波府治东南江心里的嘉宾堂,亦是宁波市舶司在明代接待外国使臣的宾馆。有厅3间,周围井屋36间,厅后川堂3间,后堂5间,堂之左为庖舍,堂后土神庙,前大门,门外东西为关防,东曰"观国之光",西曰"怀远以德"。通衢之东,又建二驿馆,以便供应。嘉宾堂为嘉靖二年(1523)"争贡之役"发生后所建。嘉靖六年(1527),宁波知府高第在争贡大掠中被毁的境清禅寺基址上改建而成。

明政府为接待和转送贡使,在宁波还设置四明驿。但四明驿不隶属于市舶司,而是隶属于府。《宁波简要志》记载:"四明驿,府治西南二里十步月湖中。本唐贺知章读书处故地。宋置涵虚馆,为迎送宾客之所。至元十三年改置水马站,分南北二馆,中通桥路。国朝洪武元年改置水驿,选官置吏,站船八只,每船水夫十名,带管递运船二十四只,每船水夫六名,南北驿房各四间。各房设正副铺陈四床,铺夫二十四名,馆夫二十名。"[58]永乐时改名为四明驿,是送贡使赴京时的处所,一般日本使团从四明驿上船,经由运河前往北京。四明驿每年支付红船、铺陈、水步、轿夫、什物、修理、支应等银2384两5钱。

此外,宁波还辟有迎宾馆。崇祯六年(1633)由海道向鼎新建,鄞令兰陵王章为记:"规创三楹,前后轩敞。入径绕以朱栏,栏外有古海、寿柏,森然挺立。暑月呼风,犹带霜气。"

市舶司在三江口一带还有码头。"诸番航海朝贡者,则取定海港抵府城三江口登陆。"[59]《敬止录》记载:"桃花渡,一名东渡"[60],是城中通往定海的水路要津,明朝在水陆要冲设有关隘,"曰东津、曰西渡、曰桃花、曰定海关",桃花渡关即设在府城东渡门外三江口。

(二)市舶司的职掌

明代海外贸易管理机构依然是市舶机构,但其管理职能已与前代有一定的不同,权限范围大不如前。明代市舶机构与朝贡贸易密切相关,随着官方朝贡贸易的衰落,市舶管理也逐步走向衰落。尽管如此,明代的市舶机构在海外贸易管理中也做了一定工作,从宁波市舶司看,其职掌主要有三个方面内容。

一是处理海外之诸番朝贡事务。明朝市舶司是接待朝贡诸番国的机构。永乐二年(1404),明朝与日本缔结了贸易条约,并作出规定,凡是日本的贸易船开往明朝,都要携带勘合,以进贡为名,经营贸易。勘合贸易是明代朝贡贸易的一种特殊表现,对人、船、附搭贡品都作了一定的限制,它是在明政府严格控制下进行的。朝贡是明代唯一形式的海外贸易形式和途径,不允许中外商人随便贸易交往。执行此任务的就是市舶司。自明永乐十七年(1419)到嘉靖二十六年(1547),日本派遣勘合船共17次。这些勘合船每次装有日本的特产,载回的是丝绸、书籍等。

当时的日本依然是宁波的主要贸易国。日本的遣明贸易船起初是以贡船的名义来宁波的。他们的官员大都是日本幕府商业利益的代表,具有商务官的身份。为加强对附带货物前来交易的贡使的管理,洪武初,明政府沿袭前朝的做法,在宁波设立了市舶司,专门管理对外贸易的事务。"置提举官以领之。"**61**到洪武十年（1377）九月宣布停罢。永乐初，因朝贡的使者越来越多，明成祖以"海外番国朝贡之使附带物货前来交易者"需要专门机构管理，又设市舶司于宁波（今宁波市中山广场九曲湾一带）。宁波市舶司除了专门管理贡使朝贡外，对货物交易也进行管理，并通过安远驿、嘉宾堂等接待。

二是征收贸易税。明朝前期实行朝贡贸易，一般采取抽分制，但在洪武至永乐年间，朝贡贸易一般都由政府收买，实行免税。这就表明明初市舶司基本上不具有税收管理职能。直到嘉靖以后，东南沿海地区资本主义萌芽出现，商品经济发展以及欧洲殖民者在华扩张势力，海外朝贡贸易受到破坏，私人贸易发展。在这种新的历史条件下，明王朝不得不在隆庆年间实施有限度的开放海禁，准许贩东西二洋之货，也允许朝贡以外的商船来华贸易，并对海外贸易活动征收关税，逐渐由抽分制发展为大抽制，即顿位税，由实物税发展为货币税。市舶司也随之参与征收海外贸易税。宁波市舶司的职责除掌海外各国朝贡市易之事，并对商舶的货物进行抽解和征税。万历年间，明神宗大榷天下关税，派遣内官刘成到浙江市舶司，委其征收船税的权力。刘成就在宁波"征收税课"。**62**当然，明政府派出太监提督市舶司，这显然是为了加强对海外贸易的控制。

三是严禁私人海外贸易。市舶司的主要职责是管理朝贡贸易。明朝初期更为突出。《续文献通考》指出：所谓"贡舶为，王法之所许，市舶司于贸易之公也，海商为，王法所不许，不司于市舶贸易之私也"。"其来无定时，验无左证，虽欲许得乎贡，不可许市舶，独可开乎？"**63**明代嘉靖以后，宁波私人贸易发展。但是，我们应该看到，走私贸易的发展，既使当地的商品经济有所发展，但也有有害的地方，主要是封建政府的税收被逃，国家的财政收入受到影响。特别是政府权力失去有效的监督和抑制机制时，商人们利用某些政府官员谋求本地利益之心和执行政策措施时的贪婪，用金钱、商货满足这种求利与贪婪,使官员的权力异化,破坏有限的管理与限制,获得事实上的贸易自由,在夹缝中参与世界市场活动。权钱交易的结果使政府官员腐败现象出现,正是在这一情况下,宁波市舶司在明中叶后,也加强了对私人贸易的管理,给走私贸易以打击。

(三)海外贸易的曲折发展

明代宁波的对外贸易是曲折发展的,前期是"朝贡"关系下的海外贸易。中期以后私人贸易发展。明初的海外贸易与各国朝贡密切相关。"市舶"附于"贡舶",这是当时海外贸易的主要形式。正如明人王圻所说:"贡舶与市舶一事也。凡外夷贡者皆设市舶司领之,许带他物,官设牙行与民贸易,谓之互市,是有贡舶,即有互市,非入贡即不许其互市。"[64]这就清楚表明,海外诸国派船只朝贡,就允许互市,准许其附载货物与中国贸易。"勘合贸易"是朝贡的一种特殊表现,对人、船、附搭贡品都作了一定限制。朝贡关系下的海外贸易是在明政府控制下进行的。贸易的地点一般限制在市舶司所在的地方或京师会馆里进行。这种由"朝贡"、"附载之物"进行的贸易,实质是一种官方直接控制的贸易。宁波在明代已是海外贸易的重要港口,也受到明政府对外政策影响。为加强对附带货物前来交易的贡使者的管理,洪武初明政府在宁波设立了外贸管理权机构市舶司,专门管理浙江对外贸易事务。

正是在这一政策下,明代初期的勘合贸易有一定规模。尤其在永乐年间,宁波的海外贸易相当活跃。永乐元年(1403),到宁波贸易的日使中圭密、祥庵梵云和明空等带来硫磺1万斤,还有玛瑙、金屏风、枪支、大刀和扇。宁波输出的有丝绸、铜钱、药材、陶瓷等。宣德七年(1432)到嘉靖二十年(1547)的115年间,日本与宁波的贸易比较兴隆。这一期间日本勘合商船来宁波达10次以上,船50艘左右。每次来的船规模大,人员有千余人之多。旅居日本的宁波华侨,在勘合贸易中做出了一定贡献。如龙室道渊30岁时离开宁波,侨居日本,为日本第一次遣明勘合贸易船正使(使团主管)。宣德七年率遣明勘合船赴中国,次年觐见宣宗,呈表文,贡献物品,宣宗则赐其丝绸物品,圆满完成第一次勘合船的正使工作。期间,不少宁波人还在勘合贸易中担任"通事"。如《明实录》记载:"日本国通事林从杰等三人奏,原系浙江宁波等府卫人,幼被倭贼掠,卖与日本为通事。今随本国使臣入贡,还乞容便道省祭。"[65]

从《明会典》记载看,日本朝贡的货物为20种,但从宁波地方文献《敬止录》看,日本的朝贡货物为九大类248种。这是从永乐志交流货物清单中所了解的。这里,我们可以看到这样一个事实,在明代永乐年间,中日朝贡贸易是兴盛的。因为元代货物未分国家,计细色135种,粗色90种,共225种,而明代仅日本朝贡货物即达248种,超过元代23种。同时,货物种类有所增多。从日本的进口中,不仅有金子、硫磺之类货物,而且有石青与木制家具,还有不少工艺品和兵器。

但应该看到,明初,一再施行"海禁",颁布种种条规约束。朱元璋称帝不久,就规定不许下海。洪武四年(1371)下令"禁濒海民,不得私自出海"[66]。洪武十四年又申令:"禁濒海民私通海外诸国。"[67]洪武三十年:申禁人民"无得擅自海与外国互市"[68]。并通过市舶司的设立,加强对海外贸易管理,严禁私人贸易。

然而,海外贸易作为社会经济发展的必然产物是不可阻挡的。尤其是明中叶以后,国内沿海地区商品经济的进步发展,资本主义萌芽开始出现,客观上要求突破官方贸易的束缚。同时,从16世纪开始,世界海洋经济开始发展,葡萄牙、西班牙殖民主义者相继东来。西方的探险家、商人以商业和掠夺的手段,借海洋交通的便利,逐渐伸展势力于中国沿海一带,破坏亚洲各国与中国之间那种朝贡关系下的通商,并刺激中国沿海民间的海上贸易的发展。在外来势力的冲击和吸引下,浙东沿海已成为中国经济冲突的主要交汇点之一。明政府的"限制私人贸易"政策,与浙东沿海地方性经济发展发生了矛盾和冲突。由于宁波地方政府以经济利益为第一,或者是官员想捞外快,与商人争利,其结果是追求利润的宁波商人用金钱贿赂、买通官吏,本"不合法"的商人民间商贸活动,却得到宁波地方官吏的默许,从而使海外贸易得到存在和发展。

据王在晋的《越镌》记载,定海(镇海)商人严翠梧和方子定在万历年间采用合股的形式,雇用把舵、水手出海贸易。王在晋在"严翠梧与方子定案"中作了这样描述:商人严翠梧和船户马应龙等"诈称进香,乘夜偷关,驾至普陀,适逢潮阻。哨官陈勋等驾船围守,应龙等辄船而循。哨兵追之,乃索得段绢布等物,纵之使行"[69]。商人严翠梧的民间贸易尽管在明政府看来是不合法的。如果哨官不勒索,并拒绝收受严翠梧的贿赂,那么严翠梧、方子定等商人只能束手就擒,他们的出海贸易活动也会在明政府"限制私商下海"的禁令中中止。但是,由于权钱交易,商人的私下贸易就成功了。从史料看,当时的国内外商人和宁波的官僚士绅相勾结,私下贸易的事例是不少的。从而导致的直接后果是促进了宁波走私贸易的发展。

资料对此有所记载。《东南平倭通录》说:"浙人通番自宁波、定海〔镇海〕出洋。"嘉靖年间,浙江不少"通番"者与日本进行贸易,许多是宁波商人。鄞县人毛海峰、徐碧溪、徐光亮、叶宗满等人,他们经常"装载硝璜、丝棉等违禁诸物,抵日本、暹罗、西洋诸国互市"[70]。明代对日本贸易,在特许贸易之外,商人们私下贸易很盛行。主要途径是通过旅居日本的宁波华侨作为掮客来进行交易。比如,鄞县人朱漆匠,"赊得夷人汤四五郎漆器,价钱入手化费竟无货偿,贡船归国之秋不得漆器,将告以官,行人虑责,与之催逼,而朱漆匠计出无奈,以子朱缩填去,后更改姓名宋素卿"[71]。日本诸岛、佛郎机、彭定、暹罗等国前来浙东双屿港(今属舟山市)停泊。嘉靖十九年(1540),

徽商许栋、闽商李光头，与大批葡萄牙殖民者和日本海商，从马六甲等地陆续北上，在双屿等港进行大规模走私贸易。"奸民阑出入，勾倭人入佛郎机诸国入互市，闽人李光头、歙人许栋踞宁波双屿为主。"[72]葡萄牙人"货尽将去之时，每每肆行动掠"。

走私贸易发展，从客观上促进了宁波商品经济的发展和海外贸易兴盛。主要表现在两个方面，即一方面促进宁波出现资本主义萌芽因素，商业资本十分活跃。当时海外经商的有独资和合资两种形式。居住定海（镇海）的商人李茂亨、唐天鲸、方子亭、严翠梧积累了许多资本，其中李茂亨、唐天鲸一人经营，分任船长，并雇用薛三阳、董小等人。方子亭、严翠梧二人合资经营。由方子亭任船长。王在晋在《越镌》中就有"一船方子定为长，而合本着之为严翠梧也"[73]的记载。商人、船长采取合本（股）形式雇用把舵、水手出海贸易，这表明浙东的海外贸易具有资本主义萌芽性质。另一方面促进宁波海外贸易地位提高。明中叶以后，福建的漳州、泉州出口，渐渐地被宁波所替代。王在晋在《越镌》中说："夫漳、泉之通番也，其素所有也，而今乃及福清、闽人之下海也，其素所习闻也，而今乃及宁波。宁波通贩于今见。——而宁之下海便于漳，以数十余之货，得数百金而归，以百余金之船，卖千金而返。"[74]王在晋这段话说明从17世纪初开始，海上贸易主要港口发生了转移，从福建漳、泉转到了浙东宁波，正好说明宁波的海外贸易十分兴盛。

注　释

1　[清]徐松:《宋会要辑稿·职官》四十四之一。

2　《宋会要辑稿·职官》四十四之一。

3　宝庆《四明志》卷六《叙赋下·市舶》。

4　宝庆《四明志》卷三《制府两司仓场库务并局院坊园等》。

5　林士民:《海上丝绸之路的著名海港——明州》,海洋出版社1990年版,第58页。

6　宝庆《四明志》卷六《叙赋下·市舶》。

7　同上。

8　[宋]曾巩:《存恤外国人著为令札子》,《曾巩集》卷三十二《札子》,中华书局1984年版。

9　同上。

10　[宋]马端临:《文献通考》卷三三四《四裔一》。

11　宝庆《四明志》卷六《叙赋下·市舶》。

12　[宋]楼钥:《攻愧集》卷八十六《赵伯圭行状》。

13　宝庆《四明志》卷十八《定海县志一·公宇》。

14　[宋]李焘:《续资治通鉴长编》卷二九八,元丰二年六月庚子条,上海古籍出版社1986年版。

15　《宋史》卷四八七《高丽传》。

16　《宋会要辑稿·职官》四十四之二。

17　[宋]徐兢:《宣和奉使高丽图经》卷三"封境"条。

18　宝庆《四明志》卷六《叙赋下·市舶》。

19　[宋]梅尧臣:《王司徒定海监酒税》,《宛陵集》卷二十一。

20　[宋]张津:乾道《四明图经》卷一《分野》。

21　[明]宋濂:《元史》卷九十四《食货志二·市舶》。延祐《四明志》卷三所载为"至元十五年立提举庆元市舶司使司",与《元史》记载相差一年。本书采用《元史》说法。

22　《元史》卷九十四《食货志二·市舶》。

23　《元史》卷九十四《食货志二·市舶》。

24　至正《四明续志》卷三《在城》。

25　同上。

26　《续文献通考》卷十六《市舶互市》。

27　[明]乌斯道：《转运使掾倪君太亨行状》，《春草斋集》卷十，《四明丛书》第 10 册，广陵书社 2006 年版，第 5685 页。

28　同上。

29　[元]程端礼：《监抽庆元市舶右丞资德约苏穆尔公去思碑》，《畏斋集》卷五，《四明丛书》第 2 册，广陵书社 2006 年版，第 998 页。

30　《通制条格》卷十八《关市·市舶》。

31　同上。

32　[元]程端礼：《畏斋集》卷五《庆元路总管沙木斯鼎公去思碑》，《四明丛书》第 2 册，广陵书社 2006 年版，第 999 页。

33　至正《四明续志》卷十《道观·道院》。

34　王慕民等：《宁波与日本文化交流史》，海洋出版社 2006 年版，第 107 页。

35　[日]木宫泰彦：《日中文化交流史》，商务印书馆 1980 年版，第 401 页。

36　江静：《元代中日通商考略》，《中日关系史料与研究》，2002 年第 5 期。

37　毛阳光：《元代宁波的历史文化》，中国文联出版社 2005 年版，第 89 页。

38　至正《四明续志》卷一《土风》。

39　陈高华：《元史研究新论》，上海社会科学院出版社 2005 年版，第 372 页。

40　同上书，第 371 页。

41　崔光南：《东方最大的古代贸易船的发现——新安底沉船》，《海交史研究》1995 年第 1 期。

42　李德全：《朝鲜新安海底沉船中的中国瓷器》，《考古学报》1979 年第 2 期。

43　林士民：《从宋元出土文物看景德镇宋元时期的陶瓷贸易》，《再现昔日的文明》,上海三联书店 2005 年版,第 395 页。

44　〔元〕周达观:《真腊风土记》,中华书局 1981 年版,第 165 页。

45　〔元〕张翥:《送黄中玉之庆元市舶》,《蜕庵集》卷一。

46　嘉靖《宁波府志》卷一。

47　《明史》卷七十五《职官志》四。

48　沈德符:《万历野获编》卷十二《海上市舶司》。

49　《明史》卷七十五《职官志》四。

50　《明史》卷八十一《食货志五》。

51　《明神宗实录》卷三三一,万历二十七年二月壬子。

52　谷应泰:《明史纪事本末》卷五十五《沿海倭乱》;郑舜功:《日本一鉴·穷河话海》卷七《使馆》;《明史》卷三二二《日本传》。

53　成化《宁波郡志》卷五《廨宇》。

54　《明太宗实录》卷二十一,永乐元年八月。

55　成化《宁波郡志》卷七《职官·浙江市舶提举司》。

56　嘉靖《宁波府志》卷八《公署》。

57　〔清〕徐兆昺:《四明谈助》卷二十九《东城内外》下。

58　《宁波府简要志》卷三《邮驿志》。

59　《宁波府简要志》卷一《山川志》。

60　〔明〕高宇泰:《敬止录》卷十《山川考》七。

61　《明史》卷八十一《食货志五·市舶》。

62　《明宣宗实录》卷三三一,万历二十七年二月壬子。

63　《续文献通考》卷三十一《市籴考·市舶互市》,浙江古籍出版社 1998 年影印本。

64　同上。

65　《明宪宗实录》成化四年六月条。

66　《明太祖实录》卷七十。

67　《明太祖实录》卷一二九。

68　《明太祖实录》卷二五二。

69　〔明〕王在晋:《越镌》卷二十一《通番》。

70　乐承耀:《宁波古代史纲》,宁波出版社1999年版,第308页。

71　《明经世文编》卷二四三。

72　《明史》卷二百五《朱纨传》。

73　[明]王在晋:《越镌》卷二十一《通番》。

74　同上。

第二章　浙海关的建立与管理

　　宁波港位于我国海岸中段,地理位置适中,江面宽阔,航道畅通,内河航运四通八达,具备海外贸易港的地理条件。正是这一优越的条件,使宁波港自唐宋以来成为我国对外贸易主要港口之一,海外贸易非常发达。但到清代,由于实行闭关锁国的政策,阻碍了宁波海外贸易的发展,使宁波港口和海外贸易在清代前中期的发展殊为曲折。

一、浙海关的建立

　　历史发展的进程是错综复杂的,这要求我们以实事求是的态度,依据那个时代的社会环境进行考察。浙海关的建立,与当时的历史背景密切相关。

(一)清初浙东的"海禁"及其影响

　　所谓"闭关政策",并非与外国完全断绝往来,而是对港口及海外贸易实行极严格的控制。清朝处在封建社会晚期,国势衰微,日趋没落。与此同时,西方欧美资本主义却非常迅速地发展起来。封建统治者为防范欧美殖民者对沿海地区的骚扰,开始实行"海禁",关闭通商口岸,推行闭关政策。尤其是清初,为了摧毁沿海的抗清力量,海禁更加严厉。为对付抗清将领张煌言和郑成功,清政府断绝粮食物资供应,禁令"寸板不许下海",严禁出洋贸易。顺治十二年(1655)六月,清廷"严禁沿海省份,无许片帆入海典"[1]。但这一禁令并没有好的效果。顺治十三年(1656)就发布"上谕":"今后凡有商民船只私自下海,如果将粮食货物等与逆贼〔指抗清军队〕贸易者,不论官民,俱闻处斩,货物入官;本犯家产,尽给告发之人。其该管地方文武各官不行盘辑,地方官吏皆革职从重治罪。地方保甲不行举首,皆处死。"[2]民国《浙江通志稿》大事记也记载,康熙十八年(1679)清廷以"欲灭海寇必断内地私贩",在浙江沿海设立巡海官员,遇到越界出海者,一律严惩,以杜绝浙江沿海往来贩卖。

为了打击郑成功、张苍水等抗清力量,清政府在执政初期还实施迁界政策。顺治十八年(1661)颁布江南、浙江、福建、广东四省濒海居民"迁移内地"的迁界令。[3]并派官员前往各省视察,立界移民,各地迁界相继展开。一般说迁界内地 30 里,但也有说是 40 里或50 里。

宁波地处沿海,又是浙东抗清力量集中的地方。清军进入浙东后,出现了一定规模的抗清斗争,著名的有钱肃乐、张煌言、王翊抗清活动。明鲁王朱以海也监国于绍兴,后撤舟山。当时的史籍就有记载:顺治三年(1646)"七月而江上溃,时浙东未下者翁洲,弹丸地,而士大夫以至军民尚惓惓故国,山寨四起,皆以恢复为辟"[4]。因此,宁波成为清廷迁界的重点地区,舟山、镇海、象山以及宁海等地都有迁界,尤其以舟山为最烈。雍正《浙江通志》"海防"说:"顺治十八年,以温、台、宁三府边海居民迁内地。康熙二年〔1663〕,奉檄沿海一带钉定界柱,仍筑墩堠台寨,竖旗为号,设目兵若干名昼夜巡探,编传烽火歌词,互相警备。"[5]时属台州府的宁海县在顺治十八年奉文迁界,弃去民田 1156 顷,另有 212 顷涂田也被全部放弃。[6]象山"徙沿海居民入内地"[7]。昌国的 1118 户、5221 人也迁入定海(镇海)。舟山更受其害。顺治十三年,徙舟山居民于内地;康熙二年,奉檄沿海一带钉定海桩,下令商舟、渔舟不许一艘下海,筑墩堠台寨,竖旗为号,设目兵,昼夜巡探,遍传烽歌词,互相警备;康熙二十三年,移定海镇总兵于舟山,复界沿海遂定。雍正《宁波府志》卷二"定海县"条说:"国初为明季遗顽所据,顺治八年固山金汝砺等平之,仍徙其民。康熙二十三年展复海界,特赐名定海山。"又"镇海县"条说:"康熙二十三年展复海界,赐舟山名定海山,后遂以名其县,而改定海为镇海。"黄宗羲的《舟山兴废》也揭示了迁界给舟山民众带来的灾难:"丁酉,北人以舟山不可守,迁其民过海,迫之海水之间,溺死者无算,遂空其地。"[8]翁洲老民所著的《海东逸事》有过类似记载:顺治十三年(1656)八月,"北师〔清军——引者〕复取舟山,莫义伯阮骏、总制陈雪之并赴海死。北人以舟山不可守,迫其民过海,溺死者无算,遂空其地"[9]。

上述史料已经表明,清初的海禁与大规模的迁界,束缚了中国经济走向世界,给浙东等地沿海地区造成了严重危害。不仅导致宁波的人口急剧减少,而且田地荒芜,经济衰退,海外贸易几乎窒息,财政收入减少,给沿海人民带来灾难。正如康熙时河道总督靳辅在一份奏疏中所云:"申严海禁,将沿海之民迁之内地,不许片板入海,经今二十年矣。流通之银日销,而壅滞之货莫售……民情拮据,商贾亏折……。臣细察舆论,实因海禁太严,财源杜绝,是以民生穷困,至于此极。"[10]这一措施的实施事实上影响到清初社会稳定和政权的巩固。

(二)浙海关的建立

清初,浙海关的建立有其一定社会环境和历史背景。这是宁波海关发展史上第一次正式以"海关"两字名命的开始,结束了近一千年以"市舶司"管理机构的历史。

1. 浙海关建立的背景

为对付抗清将领郑成功和张煌言,清政府禁令"寸板不许入海"以及后来的迁界,致使浙东海外贸易受到阻拦。但海外贸易的发展趋势是不可阻挡的。这是因为明末清初是世界市场正在孕育、形成和发展的重要时期。海外贸易是无可逆转的历史潮流,是不依人们意志为转移的客观过程。这一形势要求中国与世界接轨,融入世界市场之中。而清代前期也是我国海洋经济开拓与发展时期,沿海地区的海洋资源的开发与利用,海上交通及向外寻求生存与发展的空间,都需要开海贸易。其实,沿海地区民众已经冲破种种阻力,进行着海外贸易。正如康熙帝所说:"向虽严海禁,其私自贸易者,何尝断绝。"[11]宁波商人就通过种种方式,冲破清廷的海禁政策,千方百计地与海外进行走私贸易。顺治十二年(1655),被清政府抓获的从宁波鄞县出洋的船户朱云、朱盛、朱国臣、舒风、舒茂峰等,每人都雇佣船工水手多人,驾驶艚网船出海贸易。其中朱盛就雇佣了毕小姐、舒三、朱振、朱四、朱五、朱六、朱寿、朱孟麟、朱邦茂等人。这些船工都有明确分工。[12]这种不可抗拒的形势要求开海设关。

连心豪在《再论施琅与清初开放海禁》中曾指出,由于清初实行海禁迁界是针对明郑成功反清势力而采取的非常措施,与清郑之间军事局势的发展变化密切相关。只要郑氏政权继续存在,作为清郑对峙的前线的江浙闽粤尤其是福建,即无实现复界开海之日。[13]康熙帝是深深懂得这一点的。康熙帝统一台湾后,清郑对峙局面结束。清廷对外政策作了调整,随即宣布结束海禁。这就表明国家统一是开海设关一个重要的先决的条件。康熙二十三年(1684)十月,清廷准浙江照福建、广东例,使用500石以下船只出海贸易,但必须申报地方官备案,船头烙印,登记人数后发印票,并由防守海口官员验实后才能放行。

变化了的实践使有作为的清初统治者有所思考。一些志士仁人

"开禁"后的宁波。清康熙二十三年（**1684**）朝廷正式在宁波设立浙海关，关址在江东包家道头，商舶往来于此验税。自后，宁波不但对日贸易，而且对南洋各国贸易，获得了很大发展，促进了手工业、商业的繁荣。

纷纷提出开海设关的主张。康熙十九年（1680）二月初七日，江南巡抚慕天颜会同阿席熙尊旨密题，提出尽快开海贸易的主张。主要观点是：(1)开海贸易是解决民生和财政问题的出路。慕天颜认为，古海洋商舶之利于民者即"海舶通商，诚有利益于民生。盖地产所出丝布药材等货，原属平常之物，一至外国，得价数倍，使外国之金银岁入于我；百姓赖以充裕，赋饷赖以转输，岂非生财之大原，较之斤斤议节议捐不啻霄壤悬殊也"。(2)沿海地区可先行开禁。"浙、闽、粤海禁之宜开与否，仍听各督抚臣之确议，尚或可缓；而江南一省民生日戚，财用日艰，不开海禁，困苦益深。"(3)必须对海上贸易管理。他认为，一旦实行开海贸易，便要"烙号编船，察货征税"，"定货物之禁例，勘口岸之通塞"，"其稽督巡防必兼资于文武"。同时提出展界同时进行。二月二十六日,康熙帝令九卿詹事科道会议具奏。九卿詹事科道会题:"臣等会议得江南巡抚慕天颜疏称,海舶通商有利益于民生云云。臣等伏查海贼未靖,故广东、浙江奉旨特差部员严禁边界,况福建现在征剿海逆,其该抚题请江南开海贸易之处,目今毋庸议,俟荡平海贼、该抚具题之日再议可也。"[14]

时隔不久,慕天颜又上《请开海禁疏》,在他看来,由于连年的兴师讨伐,造成了财政危机,流亡迭见,灾歉频仍。唯一破目前之成例的只能是开海禁。他强调了海外贸易的重要性,认为对外贸易可致富强:"惟番舶之往来,以吾岁出之货而易其岁入之财。岁有所出,则于我毫无所损,而殖产交易,愈足以鼓艺业之勤。岁有所入,则在我日见其赢,而货贿会通,立可以袪贫寡之患。银两既以充溢,课饷赖为转输,数年之间,富强可以坐致。"他从清初的实际出发,对海禁前后的优劣作了分析,认为"顺治六七年间,彼时禁令未设,见市井贸易咸有外国货物。民间行使多以外国银钱,因而各省流行,所在皆有。自一禁海之后,而此等银钱绝迹不见一文。即此而言,是塞财源之明验也可知。未禁之日,岁进若干之银,既禁之后,岁减若干之利,揆此二十年来所坐弃之金钱,不可以亿万计,真重可惜也"。

康熙年间的河道总督靳辅在《生财裕饷第二疏》中亦尖锐批评过"海禁"政策。靳辅认为:"海禁太严,财源杜绝",致使"民生穷困"。为此提出:"莫若另为立法,将商人出洋之禁稍为变通,方有大裨于国计民生也。"他认为江南、浙江、福建、广东四省每年每省出口货物值银为100万两,"则四省之民,每岁可增其财七八百万",建议令江、浙、闽、粤等近海各省之督抚,"将该省向来商贾出洋最便之地,调设道、镇各一员,道臣稽查收税,镇臣弹压防奸"。[15]

尽管慕天颜、靳辅等清廷官员提出开海贸易的主张,但最终决定权还在康熙帝。作为明君的康熙帝,他目睹清初连年的战争与海禁,使沿海人民饱受痛苦,要使百姓安居乐业,就要尽快恢复沿海地区的经济。当统一大业大功告成后，他就决定开海设关以尽快恢复和发展经济，促进社会的稳定。"国家设关权税，原以阜财利用，恤商裕民，必征输无弊，出入有经，庶百货通流，民生饶裕"，这就表明康熙认识到开海贸易、设关权税，可成为国库重要税收来源。但康熙帝开海设关是从封建统治者理念中"国计民生、巩固政权"出发，是高瞻远瞩的。浙海关正是在这样的背景下建立的。

2. 浙海关的建立

为加强对海外贸易的控制和征收税收，增加国家财政收入。康熙二十四年，清政府在宁波正式设立浙海关，行署在府治南董庙的西边，今中山西路鼓楼旁。对此，雍正《宁波府志》有记载："海关行署，在府治南〔旧理刑馆地〕。中为正厅五间、檐厅三间，两旁廊屋各五间，前为仪门，又前为大门，门左为土地祠。东西两辕门，西南为照墙，后为川堂，又后为内衙计六间，书屋三间。雍正五年护关事、知府江承玠捐造庖屋三间，东北内署前后共八间。"[16]关口设在甬东七图，就是现在江东的包家道头，又称浙海大关，俗称税关。浙海关设监督1员，笔帖式1员，由宁波府知府、同知、通判及宁绍道台署理，海关笔帖式署设在原督粮馆，即府治西察院内署左边。海关口的设置，系由该地区区域经济重心所在地、交通、地理、人文等因素所决定。

据雍正《浙江通志》卷八十六《权税》记载，浙海关设在宁波，下辖宁波、乍浦、温州三大口，三大口下面设7个分口、11小口、15旁口及1厅（钱江渔税厅）分布于浙江沿海。具体为：今天宁波的7口，即大关口，在宁波江东，离关署2里；古窑口，在慈溪县，离关署150里；镇海口，在镇海县，离关署60里，另有澥浦和邱洋两个旁口；湖头渡，在鄞县、奉化县及时属台州府的宁海县地方，离关署150里，辖墙下潭旁口；小港口，在镇海县，离关署90里，另有穿山、大碶两个旁口；象山口，在象山县，离关署360里，另有泗洲、西周、东乡、石浦、爵溪5个旁口;白桥口,在宁海县,离关署220里,属台州府的宁海、临海二县,另有健跳1个旁口。此外,有平湖的乍浦口,离关署720里,海盐的头围口(澉浦口),离关署700里,绍兴的沥海口,离关署300里,另有王家路1个弯口,临海的海门口,离关署450里,另有金清巷1个旁口,太平(今黄岩)的江下埠口,辖楚门旁口,永嘉的温州口,辖宁村、状元桥、坎门、蒲岐4个旁口,瑞安的瑞安口,离关署850里,平阳的平阳口,离关署920里,辖大渔一个旁口。此外,有钱江渔税厅。

1684年建立在江东的浙海关,新浙海关建立后俗称"常关"

　　康熙年间英国商人经常到定海停泊。为了加强管理,浙海关监督多次要求清廷在定海设关。康熙三十三年(1694),监督常在具题谓:"初设海关时,定海尚未置县,故驻扎宁城。凡商船出洋、回洋出入镇海口，往还百四十里，报税给票，候潮守凤，又蛟门虎蹲水急礁多，绕道陟险，外国番船至此，往往回帆而去，请移关定海，岁可增税银万余两。"但户部没有同意。康熙三十五年，监督李雯再次请求户部同意"移关镇海县，照闽省设关厦门、粤省设关澳门之例设红毛馆一座，外国商船必闻风而至"[17]。可是户部再次否定浙海关监督的意见。其主要原因是考虑迁徙需建关署衙门。康熙三十七年，浙海关监督张圣诏对户部又一次提议，要求在定海设立分关："定海岙门宽广，水势平缓，堪容外国大船，可通各省贸易，海关要区，无过于此。自愿设法捐造衙署一所，来往巡视，以就商船之便。另设红毛馆，安置红毛夹板大船人众，可增税一万余两，府城廛市仍听客商贸易。"[18]这次户部同意了浙海关监督的建议，在定海城外道头街之西设立浙海关分关。由此外国商船可以在定海验税。同年，在定海县城外道头西新建红毛馆，作为外国商人及船只馆宿的地方。这样，来自荷兰、英吉利的西欧商船都云集宁波，进行贸易。

　　对于浙海关的设立时间，一般认为是康熙二十四年（1685），但实际创立的时间应该是康熙二十五年（1686）。这在雍正《浙江通志》有记载："康熙二十四年覆准，浙江省设满汉海税监督一员，笔帖式一员"；乾隆《鄞县志》也记载："康熙二十四年，浙江设满汉海税监督一员，笔帖式一员"[19]；浙海关首任满汉监督能代、塔塞"于康熙二十五年任"[20]。《镇海县志》记载："二十四年部议覆准浙江照福建、广东例，许用五百石以下船只出海贸易，地方官登记人数，船头烙号给发印票，令防守海口官员验票放行，二十五年特设监督浙海钞关一员，统辖诸口址。"[21]浙海关实际创立的时间是康熙二十五年（1686）。

關大波甯

La Dogana cinese di Ning-po (Cekiang).
Tai-Kwan in Ning-po (Chekiang).

浙海关。这是明信片上的宁波大关。宁波是具有悠久历史的重要对外贸易口岸,清政府早在 1684 年即在宁波设立浙海关,又于 1698 年在定海设立分关。

二、浙海关的组织制度

从资料看,浙海关的组织制度是比较健全的,主要是监督制,"四房"之设及用人制。

(一)监督制

清代前期沿海海关的官制设"监督",名义上由皇帝从各部的资深官员中选拔任用,但实际上由内务部和户部满属官员派员充任。康熙二十四年(1685),清廷覆准江南、浙江二省,设满汉海税监督各1人,笔帖式各1人。[22]浙海关按比定例。康熙二十六年(1687),清廷议准粤、闽、江、浙四省海差,一年更代,专用满员。仅康熙四十八年(1709)至康熙六十年(1721)的18年中,先后有杨天成(内务府)、常明(内务府员外)、宁柱(鸿胪寺鸣赞)、德成(礼部主事)、戴保(内务府广储司员务)、钟保(工部郎中管佐领事)、明阿图(内务府笔帖式)、存柱(吏部文选司)、吴金泰(太常寺赞礼郎)、常寿(翰林院侍讲学士)、翁鄂洛(内阁中书)、保在(内务府慎刑司员外郎)、忒克斯、赵敏(内务府营造司员外)、达图(内务府会计司员外)、佟蔼(太常寺少卿)、黄茂(钦天监五官正)、倭赫(内务府都虞司员外郎)等18人,其中原职内务部的就有8人,占44.4%。[23]而这些监督绝大部分是满族。康熙六十年(1721)后,由浙江巡抚兼巡监督。后由宁波知府或宁绍台道兼任浙海关监督。比如,1722年,浙江巡抚屠沂兼任监督,1729年,宁绍台道台孙诒兼任监督,1732年,宁波知府曹秉仁兼任监督。

关于浙海关交由巡抚兼理的问题,雍正《浙江通志》和雍正《宁波府志》记载有不同说法。雍正《浙江通志》的《海关监督》名录较之《宁波府志》多了屠沂及王坦二人。王坦雍正十一年以宁波府知府兼任浙海关监督。而《宁波府志》是王坦的前任宁波知府曹秉仁主持编纂的,王坦没有被收入名录是可以理解的。在屠沂名下注曰:"康熙六十一年以巡抚兼理",但此说与雍正《浙江通志·巡抚都察院》的名录屠沂条之注有所不同。该注曰:"康熙五十九年任。"他的后任吕犹龙条注曰:"康熙六十一年以福建巡抚调任。"可见屠沂任浙江巡抚是在康熙五十九年（1720）至康熙六十年（1721）间。《清国史·大臣划一传档正编》也说："五十九年十一月擢浙江巡抚，六十年闰六月兼理海关并分办铜斤。"[24]《大清会典则例》则曰："五十九年议准江海关交与江宁巡抚；浙海关交与浙江巡抚。即令各该巡抚办八处铜。"[25]议准交由巡抚兼理监督应该是康熙五十九年，实施是在六十年闰六月。这与《清国史·食货志·关税》相一致，也与《江南通志》卷一百五《海关监督》任期相一致。

从上述分析中，我们可以这样说，浙海关由巡抚兼理的时间是康熙六十年（1721）。

乾隆元年以后，浙海关仍归巡抚管理，但是关印却归宁绍台道就近护理。比如，乾隆二十年（1755），护理浙海关宁绍台道为罗源浩，乾隆二十七年（1762）护理浙海关钞由分巡宁绍道海防道陈梦说兼，嘉庆十三年（1808），护理浙海关印务为宁绍台道陈廷杰，道光元年（1821），浙江巡抚师承瀛，护理浙海关印务宁绍台道史谱。

（二）浙海关的衙署

浙海关衙署在宁波府治理南，旧理刑厅馆地。《宁波府志》记载了浙海关衙署初建时规模："海关行署，在府治南，旧理刑馆地。中为正厅五间、檐厅三间，两旁廊房各五间，前为仪门，又前为大门，门左为土地祠，东西两辕门，南为照墙，后为川堂，又后为内衙，计六间，书室三间。雍正五年护关事知府江承玠捐造庖屋三间，东北内署前后共八间，系旧清军署地。"[26]

时隔十余年，浙海关又在定海县城东南再建一处衙署。康熙三十三年（1694），浙海关监督常在具题："初设海关时，定海尚未置县，故驻扎宁城。凡商船出洋、回洋出入镇海口，往还百四十里，报税给票，候潮守风，又蛟门虎蹲水急礁多，绕道涉险，外国番船至此，往往回帆而去，请移关定海，岁可增银万余两。部议移关定海，府城市尘必致弃毁,定邑又须建造,仍令驻扎宁波,差役前往收税。"康熙三十五年(1696),浙海关监督李雯复题:"请移关镇海县,照闽省设关厦门、粤省设关澳门之例设红毛馆一座,外国商船必闻风而至。部议:移关殊毁成功,设馆恐糜正帑。俱未准行。"[27]

康熙三十七年(1698)浙海关监督张圣诏题:定海岙门宽广,水势平缓,堪容外国大船,可通各省贸易,海关要区,无过于此,自愿设法捐造衙署一所,往来巡视,以就商船之便;另设红毛馆,安置红毛夹板大船人众,可增税一万余两,府城廛市仍听客商贸易,不致毁坏。由于张圣诏的建议,既考虑到定海扩大对外通商的益处,又维持宁波的客商贸易,并表示拟在定海再建衙署系"自愿设法捐造",为的是"往来巡视"方便。这样,才得到"部议覆准,奉旨依议钦遵"。这就表明,浙海关有两处衙署。这在雍正《浙江通志》中也有记载:浙海关先建"行署在府治南旧理刑厅馆地","又榷关公署在定海县城东,康熙三十七年海关监督张圣诏建"。[28]之所以在定海建"红毛馆",主要也是为了吸引外商。康熙三十九年(1700)七月有2艘"红毛船"到定海,船主一名未氏罗夫,一名未里氏;不久,又有卢咖利船一艘和飞立氏船一艘,"一时称为盛事云"[29]。

(三)"四房"的职责

浙海关由于从事海上贸易管理,为此,海关衙役的组成,既参照内在榷关的成例,又从实际出发,其海关衙门之组织结构,形成自己体系。

资料显示,浙海关衙门设有"四房",即稿房、洋房、闽房、梁头房。雍正《浙江通志》说:"本关办事书吏,有稿房、洋房、闽房、梁头房,分四项。"[30]黄国盛的《鸦片战争前的东南四省海关》一书中,对于浙海关的"四房"职能作了详细分析,今节录如下:

稿房:"承办部、院、司、道、府、厅、州、县一应文武衙门文稿档案及奏销,呈送黄册、青册,商填簿籍,督催大小房口钱粮报册,按季核算收兑并应支、解、给等款,及各房应用进出口红单,商船牌照,俱由编号送印。凡闽、广、山东、江南等省及本省杂货,已经洋、闽房并各口查验收税进宁者,本货复往别处发卖,向给官单出口。又船商贩运土酒赴定海、象山及乍浦、台州各属售卖向免输税,给照出口,俱由稿房填给,赴经过口岸照验。并兼管梁头房、家子口税务。"

洋房:"承办奏销、呈送部、科册档底簿,并协解盈余税银、收税档册,赴部交纳。因有经办税务,历派清书进京,代办该房经征宁港商船置货报往南洋、暹罗等处贸易、回棹进出洋税,及各省商人从南洋、海南等处来宁贸易货税。"大关口税务,向系梁头房书吏兼管,雍正十一年(1733)改归闽房书吏兼办,乾隆三十六年(1771)详归洋房书吏兼办;经征出口棉花、布匹、草席、毛竹并杂药、果品、瓷器等项杂货。

闽房:"承办奏销、呈送部科稽考循环季簿等簿,经征闽、广商船装载闽广各省货物及宁港商船由闽省载回糖货、橄榄、杂油等项货税。"

梁头房:"承办奏销、呈送房部红单,及沿海各县成造新船,报销坏船,查催各县商、渔各船只梁头册籍,经征鄞、慈、镇、象、定五厅、县出海贸易商船梁头税银,换给新照。其宁属渔、采、靖、渡等船向免输纳梁税。如有揽载货物出入镇海关口,验明梁头尺寸、照则征收梁税一限,填给印单。"如该船上限期内载货贸易、下限期内采捕营生,只征上限梁税;若上限期内采捕生理,至下期限内载货贸易者,只征下限梁税。倘该船上限期内在别口载货往来,至下限期内进宁者,征收两限梁税。[31]

为分办稿房、洋房、闽房、梁头房及镇海口、乍浦口、温州口、瑞平口税务,浙海关还设经制书吏8名。每年于关期年满时,由护理浙海关印务宁绍台道"酌核各吏人地相宜,秉公派遣;将调拨执事口址造册,禀详抚宪批示饬遵"。另外添设红毛馆书吏一名,改拨家子口办事。浙海关凡额设经制书吏,"定例:自着役日起,连闰扣至五年为满。所遗名缺,即于本关书识内拣选一名,详院顶补。一面檄行原籍地方官,查取地邻亲族甘结,该县加具印结送关,俟奉到院批准充,并由藩司给发吏札,到日再取亲供、互保各结,造具有役册结,移司详咨"。**32**

据黄国盛记载,浙海关衙门额设书识 41 名、清书 22 名,分拨大小各房口办事。因口址繁多,沿海沿汊,均须派人稽查,额设清书不敷派拨,向所各吏自行请帮。又额设经制巡拦 106 名,按年掣拨各口巡查办事,嗣因不敷派巡,于乾隆二十五年(1760)、四十六年(1781)两次详奉院宪,添设循环两班巡拦各 68 名。间年上班,拨口随同经制巡拦,巡查偷漏。此项循环班巡拦,向于拨口五年后饬令归农,另行召充。

浙海关衙门额设书吏、门厅、承、皂各役,经制巡拦等遵照部行按年造其花名清册,详咨其各口监收。家人、巡船、舵水及厨子、水火夫等项人役花名,于文内声明,免造。"门皂轿伞夫之属例同南北两关,其余杂役因时增减。"**33**

三、浙海关的管理

浙海关建立后,由于清代前中期的形势变化,管理时松时紧,但总的趋势是严格管理。

(一)严格的管理措施

清初有限制的开放,致使宁波港口与海外贸易一度出现了活跃的景象,乾隆年间,一度开放的宁波港口和逐渐好转的海外贸易又出现了波折。乾隆二十二年(1757),清政府下令关闭漳州、宁波、云台山三关,保留广州一口对外贸易。次年,关闭宁波浙海关。随着浙海关的关闭,定海的红毛馆遭废弃。乾隆五十九年(1794),清廷对浙江嘉兴、宁波、台州、温州四府,并玉环厅所辖各岛进行清查。除一些岛屿让当地居民居住外,其余实现封禁。在清代的前中期,浙海关实施严格的管理。主要采取以下措施:

第一,制定税制。在关税法规方面,由清政府内定总的原则,授权地方海关草拟,由皇帝钦定之后,再由地方海关颁布执行。康熙二十八年(1689)清廷制定江、浙、闽、广四省海关征税则例。并列为清朝财政收入重要来源。按清廷要求,浙海关于康熙年间制定海关税规定,在乾隆十八年(1753)明确规定:凡商船出洋及进口所携带的各种货物,主要按斤、匹征税,也有按个、副、条、筒、块、只计算。并分食物、用物、杂物等税则。比如,宁波大关进出口货物的税则是:每100斤作80斤征税,散仓货物丈量其深、宽、长三者相乘折算为重量,论斤征税。对于安南、东洋货税则,每100斤作60斤或70斤征税。如果作80斤征税,则与福建、广东货相同,都以9折征收。[34]

第二,加征浙海关税收。18世纪中叶,清政府发现,自开辟宁波等四个通商口岸以来,外商"至宁波甚多,番舶云集",于是采取加重浙海关税收,以限制商贾之间贸易。乾隆年间,"浙关正税,视粤关则例,酌议加征一倍"[35]。此后,清政府一再加征正税,增加规礼和加耗,以限制外商来浙。清政府加征浙海关正税的目的并不是为了增加一点税收,而是为了限制外国商人来宁波经商。乾隆帝在他的谕旨中说得很明白:"洋船至宁波者多,将又成一粤省之澳门矣。于海疆重地、民风土俗均有关系,是以更定章程,视粤稍重,以示限制。意并不在增税也。"清政府的本意也并不是多征收钱粮,"原令其不来浙省而已,非为加钱粮也"[36]。

第三,对出口货物的品种和数量有严格限制。在清政府闭关政策下,当时的宁波当局对出口货物的品种和数量作了严格限制。诸如规定粮食、茶、丝、铁器、硫磺等严禁出口。清初浙海关明令禁焰硝、硫磺和军器等出口。康熙帝统一台湾后，抗清武装残余势力在海外尚有零星存在，因此，浙海关禁止硫磺、军器等出海。康熙三十四年(1695)，清廷重申禁令，并在禁令中明确表明硫磺为火药原料，决不能偷运出洋，浙海关执行这一法规，下令禁止商船出海携带炮火军器。再比如，乾隆二十四年(1759)，"江浙等省丝价日昂，以该处船只滨海，不无私贩出洋之弊。令江浙各省督抚转饬滨海地方文武官员严行查禁"[37]。浙东是产茶区，由于清政府的限制，浙东各府所产茶叶都不能在宁波出口。清政府为了防止宁波的商船前往西欧从事远洋贸易，还按航行所需的时日和船只的人数，严格限定了出海船舶携带的大米和其他必需品的数量，在进出口时作详细的清点登记，凡是超过规定者，都要受到严厉的处罚。

第四，禁止外商来宁波贸易。为了保护封建经济，防止危害其封建统治的外来因素，清政府一再拒绝外商来宁波开辟通商口岸。比如，乾隆二十四年(1759)东印度公司派英商洪任辉等，"欲赴宁波开港，既不得请，自海道驾船直入天津，仍乞通市宁波"，对此，乾隆很不高兴，他严加拒绝，而且把洪任辉从陆路"押赴澳门圈禁，三年满日，释逐回国"[38]。乾隆五十八年(1793)，英国利用乾隆帝80寿辰的机会，以贺寿为名，派遣马戛尔尼为首的代表团来华，又提出开放宁波等地为通商口岸，减轻税则，放宽限制。这些要求，都遭到乾隆帝的拒绝。道光十二年(1832)，几艘英国船驶到镇海洋面，要求到宁波来贸易。当地官员以"市舶有定，不能窜越"为由，令商船回国。

第五，浙海关的"稽征"。主要有以下几个方面：(1)制发和检验进出宁波港船只的执照。经核实无误，登记入册后放行。(2)缉私。船到宁波港或其他有关口址时，海关负责检查有否夹带禁品，并和守口官兵一起缉拿走私船只。对走私罪的处罚是相当严厉的。例如：私运大米出口超过50石的没收，超过100石的，除船货变价充公外，还要受到流放充军的重罚。(3)征税。浙海关一般征三种税,即船钞(船税,也叫梁头税)、货税(正税)和规例(附加杂税)。税金是根据所载货物的总值按一定的税率来征收的。初时,国货的税率为4.6%,洋货为14%—16%。船税则是按船的梁头的尺寸,即船的大小来征收的。**39**

清政府通过海关严格管理,实施了闭关政策,也直接阻碍了宁波港口的发展,致使宁波在清代前中期的海外贸易逐渐衰微。自章程更定以来,外洋市舶知违行道之无利,不复收舶宁波。乾嘉时期宁波港口趋衰,海外贸易受到抑制。

(二)关税的征收

如前所述,浙海关设立15个口岸,且有不少旁口,这些地方都是辐辏商旅聚集之处,清政府在此设置收税关卡。

资料显示,浙海关的关税包括"正税"、"商税"、"船料"税。"正税"和"商税"以货物出产地、货物品种、大小、质量及通过量为标准,确定税额与纳税的比例。"船料"税又称"船钞",是商船通行税,按梁头大小、舟车的货物容量(长宽相乘)的1/10,确定税额及纳税比例,即所谓"税车船"。康熙三十七年(1698),清廷就分别对出洋大船的船料征税银。比如,船宽2.2丈、长7.3丈以上称一等船,每丈征"船料"税15两,而四等船则是船宽1.6丈、船长5丈以上,每船只征"船料"税9两,仅为一等船的60%。

对于浙海关在清代前中期的关税征收。黄国盛有过详细介绍,并列有关税收入表。今节录自康熙至乾隆年间的征税内容,见下表:

清代前中期浙海关关税收入表　　　　　　单位:银两

年份		正额税银	实征盈余	共征税银	备注	资料出处
康熙		32030.629			《海关衙门须知事宜册》云:本关原定正额银 32030.629 两,又奉增铜斤水脚银 3750 两,又奉增澉浦口长江税银 127.601 两。共正额银 35908.23 两	《近代史资料》总 55 号,第 24 页
雍正	元年七月"关税额数档册"规定	32030.629			铜斤水脚银 3750 两。康熙六十年额增银 1 万两,又添红毫馆税银 10030.42 两	《历史档案》1988 年第 1 期
	十三年五月九日至乾隆元年五月八日	32219.7	59499.5		正额税银中未包括铜斤水脚银	户、税、关乾隆元年第 43 号
乾隆	四年四月九日至五年四月八日	32231.6	55679.5		"红毛"船只并无到浙。正额税银中包括正额梁头货税银 32030.6 两,长江税银 127 两,加增丝税银 74 两	户、税、关乾隆五年第 42 号
	五年四月九日至六年三月八日	35722.7	57749.9		正额税银中包括铜斤水脚银 3750 两	宫、财、关第 312 号
	八年三月九日至九年二月八日	35908	58075		正额税银中包括正额梁头货税银 32030.6 两,长江税银 127 两,铜斤水脚银 3750 两	户、税、关乾隆十一年第 42 号
	九年二月九日至十年二月八日	32247	58035		正额税银中未包括铜斤水脚银	户、税、关乾隆十年第 48 号
	十年二月九日至十一年二月八日	32989	52420	88409	正额税银中包括正额梁头货税银 32030.6 两,长江税银 127 两,加增丝税银 81 两,铜斤水脚银 3750 两。"红毛"税银无征	户、税、关乾隆十一年第 14 号、41 号

年份	正额税银	实征盈余	共征税银	备注	资料出处
十一年二月九日至十二年一月八日	35908	57455.7		正额税银中包括正额梁头货税银32030.6两，长江税银127两，铜斤水脚银3750两	宫、财、关第322号
十二年一月九日至十三年一月八日	35908	54939.6			户、税、关乾隆十七年第23号
十三年一月九日至十三年十二月八日		54830			户、税、关乾隆十四年第50号
十三年十二月九日至十四年十二月八日	35981	54820.7		正额税银中包括正额梁头货税银32030.6两，长江税银127两，铜斤水脚银3750两,加增丝税银73两	户、税、关乾隆十七年第23号
十四年十二月九日至十五年十二月八日		54833			户、税、关乾隆十六年第26号
十五年十二月九日至十六年十一月八日		41177			户、税、关乾隆十九年第44号
十七年十一月九日至十八年十一月八日		51746			户、税、关乾隆十八年第36号
十八年十一月九日至十九年十月八日	35982.5	51759			户、税、关乾隆十九年第44号
十九年十月九日至二十年十月八日	35985.9	54645.7		正额税银中包括正额梁头货税银32030.6两，澉浦口长江税银127.6两，铜斤水脚银3750两,加增丝税银81两，"红毛"船税钞另题	户、税、关乾隆二十一年第33号

乾隆

年份	正额税银	实征盈余	共征税银	备注	资料出处
二十年十月九日至二十一年闰九月八日	35980.5	52936.5		其中加增丝税银为72两	户、税、关乾隆二十二年第30号
二十一年闰九月九日至二十二年九月八日		53784		另乾隆二十二年到浙"红毛番船"征收出口货税正银1322.4两;丝税正银997两;又照粤关规例收火耗杂规等银3671两	户、税、关乾隆二十一年第33号;二十四年第28号
二十二年九月九日至二十三年九月八日	35986	53660		正额税银中包括铜斤水脚银3750两。一年之内无"红"船只到关,无从征税	户、税、关乾隆二十三年第18号
二十四年八月九日至二十五年八月八日	35908	53450	89358	正额税银中包括正额梁头货税银32030.6两,长江税银127两,铜斤水脚银3750两	户、税、关乾隆二十六年第25号
二十五年八月九日至二十六年八月八日	3590	53469			户、税、关乾隆二十六年第25号
二十六年八月九日至二十七年七月八日	35908	53451.8			户、税、关乾隆二十七年第22号
二十七年七月九日至二十八年七月八日	35908	53524			户、税、关乾隆二十八年第38号
二十八年七月九日至二十九年七月八日		53338			户、税、关乾隆二十九年第18号
二十九年七月九日至三十年六月八日	35908	53646.9			户、税、关乾隆三十年第35号

乾隆

续表

	年份	正额税银	实征盈余	共征税银	备注	资料出处
乾隆	三十年六月九日至三十一年六月八日	35908	53665			户、税、关乾隆三十一年第36号
	三十一年六月九日至三十二年六月八日	35908	53695			户、税、关乾隆三十三年第25号
	三十二年六月九日至三十三年五月八日		53695			户、税、关乾隆三十三年第26号
	三十三年五月九日至三十四年五月八日		53722			户、税、关乾隆三十四年第36号
	三十四年五月九日至三十五年五月八日	35908	53727			户、税、关乾隆三十五年第30号
	三十六年四月九日至三十七年四月八日	35908	53764.8			户、税、关乾隆三十七年第38号
	三十七年四月九日至三十八年闰三月八日	35908	53776			户、税、关乾隆三十八年第34号
	三十八年闰三月九日至三十九年三月八日	35908	53792			户、税、关乾隆三十九年第31号
	四十年二月九日至四十一年二月八日	35908	53780			户、税、关乾隆四十一年第29号

续表

年份		正额税银	实征盈余	共征税银	备注	资料出处
乾隆	四十一年二月九日至四十二年二月八日	35908	53806.6			户、税、关乾隆四十二年第11号
	四十二年二月九日至四十三年二月八日	35908	53844			户、税、关乾隆四十三年第27号
	四十三年二月九日至四十四年一月八日	35908	54256			户、税、关乾隆四十四年第21号
	四十四年一月九日至四十五年一月八日	35908	54270			户、税、关乾隆四十五年第20号
	四十五年一月九日至四十六年一月八日	35908	54277.5			户、税、关乾隆四十六年第19号
	四十六年一月九日至四十六年十二月八日	35908	54288			户、税、关乾隆四十七年第27号
	四十六年十二月九日至四十七年十二月八日	35908	54290.9			户、税、关乾隆四十八年第22号
	四十九年十一月九日至五十年十一月八日	35908	54310			户、税、关乾隆五十年第11号
	五十一年十月九日至五十二年十月八日	35908	54229			户、税、关乾隆五十三年第17号

续表

年份		正额税银	实征盈余	共征税银	备注	资料出处
乾隆	五十二年十月九日至五十三年十月八日	35908	54321			户、税、关乾隆五十三年第17号
	五十四年九月九日至五十五年九月八日	35908	54335			户、税、关乾隆五十六年第15号
	五十五年九月九日至五十六年九月八日	35908	54346			户、税、关乾隆五十七年第28号
	五十六年九月九日至五十七年八月八日	35908	54389			户、税、关乾隆五十七年第28号
	五十七年八月九日至五十八年八月八日	35908	54412.9			户、税、关乾隆五十八年第36号
	五十八年八月九日至五十九年八月八日	35908	54436			户、税、关乾隆五十九年第26号
	五十九年八月九日至六十年七月八日	35908	54449.6			户、税、关乾隆六十年第34号

资料来源:黄国盛:《四省海关关税收入表(1684—1844 年)》,福建人民出版社2000 年版,第455—463 页

上表表明,康熙年间至雍正元年浙海关正额征银32030 两6 钱2 分9 厘。后来奉增铜斤水脚银3750 两,又奉增澉浦口长江税银127 两6 钱1 厘。三项共征正额银35908 两2 钱3 分。内除支给各役工食银258 两外,其余银两,每年分作四季解交藩库。所征盈余,亦据实具报。[40]

　　雍正《浙江通志》记载：浙海关另有加征丝税银 52 两 2 钱（旧额 48 两 2 钱 4 分）。[41]但乾隆年间加增丝税银属尽收尽解，每年数额不一。如乾隆七年（1742）三月至八年（1743）三月，浙海关加增丝税银 75 两余。九年（1744）二月至十年（1745）二月，加增丝税银 81 两。二十年（1755）十月至二十一年（1756）闰九月，加增丝银 72 两。[42]

　　雍正十三年（1736）五月初九至乾隆元年（1736）五月初八，浙海关共征银 91719 两（不包括铜斤水脚银），其中盈余 59499 两。这是清代前中期，浙海关年征税银最多的数据，往后很少达到或超过此数。如，乾隆十年（1745）二月初九日至十一年（1746）二月初八日，浙海关共征银 88409 两（含铜斤水脚银等），其中加增丝税银 81 两，盈余 52420 两。[43]但嘉道年间浙海关所征关税比乾隆年间有所减少。

　　嘉庆四年（1709）浙海关盈余，定为 39000 两。直至鸦片战争前后，浙海关盈余额数在 4 万两左右。

　　在关税正额之外，有"盈余银两"，开始为地方所有，雍正八年（1730）后总汇解部，成为正项税收，且"盈余银"的数额非常大，往往超过正额关税。比如，乾隆二十四年（1759）八月初九日至二十五年（1760）八月初八日，共征银 89358 两；其中正额银 32030 两余，加增长江税银 127 两余，铜斤水脚银 3750 两，盈余 53450 两。[44]

四、浙海关在宁波海外贸易中的作用

　　清代前中期，由于清政府的闭关政策影响，浙海关尽管对沿海实施严格管理，使宁波的海外贸易曲折，但毕竟做了不少工作，在宁波海外贸易中起到重要作用。

（一）清初对外国商船的管理

　　浙海关在清初主要是对外国商船的管理。清初的有限制的开放,致使宁波港口与海外贸易一度出现了活跃的景象。

　　清代前中期,宁波的国际市场主要是日本。这在一些资料中有记述,康熙二十七年(1688),是中日贸易船进入日本长崎数量最多的一年,计 193 艘,其中宁波有 32 艘,普陀有 5 艘,计 37 艘,占19.2%。[45]次年,日本实施《割符仕法》,制止金银外流,限定中国船舶的贸易额和船只数量。春夏二季,清朝对日本贸易的 46 艘船只,宁波有 14 艘(宁波 11 艘,普陀 3 艘)。尽管如此,宁波与日本的贸易还是照常进行。《华夷变态》卷二十三载,康熙三十五年(1696),陈元庚为船头的 65 号厦门船先航宁波、普陀山采购生丝,然后驶往日本。康熙五十六年(1717)即有 5 艘粤船途经宁波载搭客、货,然后驶往日本长崎。其中第 8 号咬蹓吧(今印尼雅加达)船四月九日从长崎返航回国,途中驶入宁波港。第 14 号厦门船也在长崎,返航途中驶入宁波停泊,然后借小船往厦门,在彼地备齐货物运往宁波,再装船驶长崎。当年与上述船相类似的还有第 7 号广东船、第 15 号厦门船,皆从宁波去日。另据《风说书》所记,该年春,福建、广东、浙江等处共有 5 艘商船去柬埔寨。其中,一艘船从柬埔寨回宁波,添载生丝诸物后,再渡海去日。[46]康熙中期(1688—1703),是浙江丝织品物出口日本最盛的时期,宁波舟山成为对日的主要贸易港口。

　　这一期间宁波从日本进口的货物,主要是铜和金、银,还有海参、干鲍鱼、鱼翅、海带;向日本出口的货物有白丝、绉绸、绫子、绫织、纱绫、锦、南京缎子、金丝布、葛布、毛毯、棉罗、茶、纸、竹纸、扇子、笔墨、砚石、瓷器、药、漆、方竹、冬笋、南枣、黄精、笕实、竹鸡、红花、林犀、附子、药种、化妆用品等。从宁波出口的货物有丝织品、药材、金钱、铁器、糖、畜牧皮、土特色等数十种。康熙三十六年(1679)底,从宁波港起航赴日的一条船中,仅纺织品就有丝、绸、绫、锦、罗、缎、棉、纱等。其中生丝 3281 斤,绵 400 斤,各种绸缎 12651 匹。

　　由于对赴日商船的限制,宁波商人逐渐转向南洋经商,与商洋贸

易有所发展。到 18 世纪,宁波港与其他港口一样,"商人往东者十
之一,往南洋者十之九"[47]。其通商范围以菲律宾、安南(今越南)、
柬埔寨、暹罗(今泰国)为限。从宁波出海走南线的船只每年约 585
艘。从南洋进口的货物有大米、木材、糖、香料、象牙、珍珠、药材及机
制毛织物。宁波出口有丝、茶、药材、瓷器、海产品、干果和各种土产
品。比如,雍正年间(1723—1735),暹罗商人给宁波运来大米。从
宁波驶往暹罗的商船主要有白银、丝、茶、土布,换取暹罗的蔗糖、苏
木、海参、象牙等物。宁波商人措资结队往"南洋吕宋、新加坡,西洋
苏门答腊、锡兰诸国开设廛肆,且有娶媳长子孙者"[48]。雍正《浙江
通志》卷一百三《物产》亦有所载:"宁郡切近海洋,自设立海关以来,
外洋诸货毕集,居民遂摹仿之。如漆器之类,虽不及洋制,而民间
亦资之以为利。他如纸扇、铜砚、小刀之属亦多。"但好景不长。乾
隆二十二年(1757),清廷下令关闭漳州、宁波、云台山三关,保留广
州一口对外贸易。次年,关闭宁波浙海关。随着浙海关的关闭,定海
的红毛馆遭废弃,并对宁波港口及海关贸易采取限制措施,这在上面
已经阐述,主要是加征浙海关税收,对出口货物的品种和数量进行严
格限制;禁止外商来宁波贸易。以后,清政府一再加征正税,增加规
礼和加耗,以限制外商来浙。由于关闭宁波口岸,致使宁波的海外贸
易急剧减少。康熙二十八年(1689),宁波开赴日本的商船为 14 艘。
乾隆二十二年(1757),宁波口岸关闭后,赴日商船减少,到乾隆五十
五年(1790)为 10 艘,这种状况一直持续到道光初。对于这一点我
们从所征的关税中也可以看到。乾隆十年(1745)二月初九日至十
一年二月初八日,共征税银 88409 两,其中正额税银 35989 两,实征
盈余 52420 两,但到嘉庆四年(1799)六月初九至五年(1800)五月初
八日,实征盈余 30789 两,缺征盈余 21631 两,其主要原因是浙洋商
船进口较少。嘉庆帝被迫于嘉庆九年(1804)将浙海关盈余额数定
为 44000 两。效果不佳。"是年及十年、十二、十三等年,各口征不足

额。"直至鸦片战争前后,"俱因暹罗等处洋船无进,洋税缺额"。道光四年(1824)至二十年(1840)前后,浙海关几乎每年都缺征钦定盈余数百两左右,均"照数赔补"。四省海关中,浙海关经常出现"赔补"。[49]

(二)埠际贸易的管理

宁波港停止对西方国家商船的开放,从而使国内的埠际贸易有所发展。浙海关的主要任务是对进出宁波港的本国商船进行"稽征",即制发和检验进出宁波港船只的执照,经检合无误登记入册后放行;进行缉私,负责检查有否夹带禁品,并缉拿走私船只,对犯走私罪的商人重罚;征收税收,税金是根据所载货物的总值按一定的税率来征收的。初时,国货税率为4.6%,洋货为14%—16%。这就导致官方的贸易迅速减少,而民间贸易却有所发展。比如,乾隆年间的鄞县海商王世荣,多年将盐引30万包经天津贩往直隶大名府销售。一个叫信公兴的甬商,也频繁从事与山东登州等地北方贸易而致富,并以此"闻名宁波"[50]。闽、广等地商人也把各地货物运到宁波。尤其是闽广与宁波的港口贸易更有密切的关系。当时的宁波港"海洋春夏之间,闽广商船辐辏"。浙海关为此专设"闽房",征闽广商船装载闽广各省货物及宁波港商船载回闽、广的糖、橄榄等货税。

嘉庆、道光年间,宁波港与国内沿海诸港间贸易取得了前所未有的发展,以内河为港口货物的集疏渠道而形成的转运贸易亦随之活跃。清廷在嘉庆年间开始放宽限制。道光初,宁波的海外贸易又有新的进展。在宁波的各地商人帮会林立,较有影响的有福建帮15家,宁波帮北号9家、南号10家、山东帮数家,计30余家。同时,宁波与国内沿海各港口的贸易进入快速发展阶段,甬商遍及全国各地,北至关东、天津、直隶,南至闽广。中到苏、湘、鄂入川渝。嘉庆九年(1804),仅在镇海、上海等地驻港的宁船达400艘。这些宁船主要是北上天津、营口，一年往返三次。比如，嘉庆十三年（1808），甬商严信皮等18人就贩运关东特产到上海。道光初，宁波每年从事海运的船只，对山东、辽东的约670艘，对福建和海南的约560艘，对广州的约25艘，宁波港口出现了繁荣的景象。光绪《鄞县志》卷二记载了嘉道间宁波港口繁忙的景象："鄞之商贾，聚于甬江，嘉道以来，云集辐辏，闽人最多，粤人、吴人次之。""滨江庙左，今称大道头〔江厦码头〕，凡番舶、商舟停泊，俱在来远亭至三江口一带。帆樯矗竖，樯端各立风鸟，青红相间，有时夜燃樯灯。每遇广船初到或初开，邻舟各鸣钲迎送，番货海错，俱聚于此。"因为海运的发展和海外贸易的需要，沿江两岸开辟了不少新的码头，致使江东地价攀升。昔日的荒凉之地，到嘉道间，半亩的土地已"值十千"[51]。

浙海关所属口岸在埠际贸易管理中，逐渐形成了各种相对稳定的经贸关系。

位于宁波江东的大关，与福建、广东的经贸关系密切。上面已经提到，为了加强对闽广商人及货物的管理，浙海关为此专设"闽房"，设有经制书吏并设书识和清书。其职责是"承办奏销、呈送部科稽考循环季簿等簿，经征闽广商船装载闽广各省货物及宁港商船由闽省载回糖货、橄榄、杂油等项货税"[52]。

浙海关镇海大口，据光绪《镇海县志》记载，通直隶、山东、福建、关东，本省通杭州、绍兴、嘉兴、台州、温州、处州各地。南船常运糖、靛青、板材、胡椒、苏木、药材、杉木、尺板等，北船常运四川、湖北、山东牛骨、核桃、枣子诸果，这些商船都在镇海口征税。省内的台州、杭州水产品及绍兴、余姚的土产棉花自内河至镇海关。"市舶分征，船货有定，所科征百物有定额。"[53]

温州大口设在温州府城镇海关（后称东门）。经征进口闽货及海蜇、鱼鲞、海哲、虾皮及出口杉木、杂木、松板、木炭、山药、靛青等货税。而瑞安平阳大口则经征鱼鲞、海蜇、白矾、靛青、桂皮等项货税。

乍浦大口,地处平湖县,联结着当时经济最为发达的苏州、松江、杭州、嘉兴、湖州地区。其埠际贸易地区主要是闽广、山东及本省的温州。其舶来的闽广商品有松、杉、楠等板材及橘柚、龙眼、荔枝、橄榄等果品。从温州等地来乍浦的有竹、木、炭、铁、鱼、盐、铁等商品。出口货物为布匹、牛骨、豆饼等。"豆饼乃山东船带至上洋,乍浦又从上洋办来,转售于客商。牛骨系江北所出。其贩至乍浦者则多往苏州及无锡县置办。出口之装载布匹者闽广船及温州船俱有之;豆饼、牛骨二物则闽船装载为多,温台州船亦有装载牛骨者。"[54]钱泳为乾嘉年间的学者,他在《履园丛话》中曾记载:"今查上海、乍浦各口,有善走关东、山东海船五十余只,每船可二三千石不等。其船户俱土著之人,身家殷实,有数十万富者,每年载豆往来,若履平地。常时放空北去,而必以泥土砖石以压之,及装豆回南,亦无货不带。一年之中,有往回四五次者。"[55]可见乍浦在清代前中期贸易比较兴旺,浙海关乍浦口所征关税不少。正是因为浙海关的几个大口的严格管理,所征收的关税是不少的。乾隆三十四年(1769),浙海关的总税额为97000余两,其中宁波关为21240两、温州关额9970余两,乍浦关征银36860余两,其余关口征银28900两,分别占浙海关总税额的21.9%、10.3%、38%和29.8%。

注　释

1　［清］蒋良骐：《东华录》卷七，齐鲁书社 2005 年版，第 109 页。

2　《光绪大清会典则例》卷六十三。

3　《清世祖实录》卷四，顺治十八年八月己未。

4　［清］华夏：《过宜论》卷二《附录》，《四明丛书》第 5 册，广陵书社 2006 年版，第 2520 页。

5　［清］雍正《浙江通志》卷九十六《海防》二。

6　顾诚：《南明史》，中国青年出版社 2003 年版，第 1074 页。

7　陈汉章总纂民国《象山县志》卷九《史事考》。

8　［清］黄宗羲：《行朝录》卷七《舟山兴废》，《黄宗羲全集》第 2 册，浙江古籍出版社 2005 年版，第 179 页。

9　［清］翁洲老民：《海东逸史》卷二《监国记下》，浙江古籍出版社 1985 年版，第 18 页。

10　［清］靳辅：《生财裕饷第二疏》，《靳文襄公奏疏》卷七。

11　《清圣祖实录》卷一一六，康熙二十三年秋七月乙亥条。

12　林仁川：《明末清初私人海上贸易》，华东师范大学出版社 1987 年版，第 354 页。

13　连心豪：《再论施琅与清初开放海禁》，《中国海关与对外关系》，岳麓书社 2004 年版，第 52 页。

14　《皇朝政典类纂》卷一一八，《皇朝经世文编》卷二十六。

15　［清］靳辅：《生财裕饷第二疏》，《靳文襄公奏疏》卷七。

16　雍正《宁波府志》卷十一《公署·海关行署》。

17　［清］缪燧：《番舶贸易增课始末》，雍正《浙江通志》卷八十六《榷税》。

18　同上。

19　乾隆《鄞县志》卷五《公署·海关行署》。

20　雍正《浙江通志》卷一二一《职官》十一。

21　《镇海县志》卷九《关税》。

22　《钦定大清会典事例》(嘉庆朝)卷一八九《户部》。

23　雍正《浙江通志》卷一二一《职官》十一。

24　《清国史·大臣划一传》卷一百一《屠沂传》。

25　《大清会典则例》卷四十八《户部·关税下》。

26　雍正《宁波府志》卷十一《公署》。

27　[清]缪燧:《番舶贸易增课始末》,雍正《浙江通志》卷八十六《榷税》。

28　《雍正浙江通志》卷八十六《榷税·海关》。

29　[清]缪燧:《番舶贸易增课始末》,雍正《浙江通志》卷八十六《榷税》。

30　雍正《浙江通志》卷八十六《榷税·海关监督》。

31　黄国盛:《鸦片战争前的东南四省海关》,福建人民出版社 2000 年版,第 54—56 页。

32　黄国盛:《鸦片战争前的东南四省海关》,福建人民出版社 2000 年版,第 55 页。

33　雍正《浙江通志》卷八十六《榷税》。

34　任与孝主编:《宁波海关志》,浙江科学技术出版社 2000 年版,第 184 页。

35　《清高宗实录》卷五八九。

36　同上。

37　《光绪大清会典则例》卷六十三。

38　[英]肖令裕:《英吉利记》(一),《鸦片战争》(一),上海人民出版社 1957 年版,第 23 页。

39　郑绍昌主编:《宁波港史》,人民交通出版社 1989 年版,第 105 页。

40　雍正《浙江通志》卷八十六《榷税》记载:康熙六十年十二月内尚书孙渣齐等议定,浙海关除正额钱粮外,每年加增银 1 万两。雍正二年四月户部为钦奉恩诏事议准加增银尽行裁去;如有盈余,另行据实奉闻。康熙年间浙海关另添设红毛馆税银 10030 两余,后亦裁去。另见雍正《宁波府志》卷十二《户赋》。

41　雍正《浙江通志》卷八十六《榷税》。

42　黄国盛:《鸦片战争前的东南四省海关》,福建人民出版社 2000 年版,第 71 页。

43 《海关衙门须知事宜》,《近代史资料》总第 55 期,第 24 页。

44 上述数据见黄国盛:《鸦片战争前的东南四省海关》,福建人民出版社 2000 年版,第 71 页。

45 [日]大庭修:《江户时代中国典籍流播之研究》,杭州大学出版社 1998 年版,第 22 页。

46 王慕民等:《宁波与日本经济文化交流史》,海洋出版社 2006 年版,第 214 页。

47 《清朝文献通考》卷二九七《四裔考》,浙江古籍出版社 1998 年版。

48 光绪《鄞县志》卷二《风俗》。

49 黄国盛:《鸦片战争前的东南四省海关》,福建人民出版社 2000 年版,第 72 页。

50 [日]松浦章:《乾隆年间海上贸易商人几件史料》,《历史档案》1989 年第 2 期。

51 乾隆三年七月十五日浙江提督总兵官驻扎宁波李灿奏,见中国第一历史档案馆编《清代中琉关系档案选编》,中华书局 1993 年版,第 4 页。

52 黄国盛:《鸦片战争前的东南四省海关》,福建人民出版社 2000 年版,第 54 页。

53 光绪《镇海县志》卷九《户赋·关税》。

54 《乍浦备志》卷六《关梁》。

55 [清]钱泳:《履园丛话》上册,中华书局 1979 年版,第 108 页。

第三章　浙海新关的建立与地位

根据《南京条约》的规定,宁波作为五口通商口岸之一被迫开埠,随后在宁波江北岸开辟外国人居留地。1861 年 1 月,浙海新关建立,宁波海关开始了由外国人掌握和控制的历史,直到南京政府建立后才收回海关主权。

一、浙海新关的建立

1861 年 1 月建立的海关,人们一般称"新关"或"洋关"。浙海新关的建立与当时背景有密切的关系。

(一)浙海新关开设的背景

浙海新关是在怎样的历史条件下开设的,这是一个复杂的问题。但从资料看,浙海新关的创建是在一定历史背景下出现的。

1840 年的鸦片战争的后果是中英《南京条约》的签订,接着法、美又迫使清政府签订中法《黄埔条约》和中美《望厦条约》,中国的关税主权随之丧失。外国列强利用参与中国海关关税征收的机会,开始控制中国的海关。1854 年 5 月 1 日,阿礼国提出将江海关的关税征收"置于三个有缔约国有效管辖之下"[1]的主张。6 月 15 日,他向英国公使包令提交了夺取江海关行政权,实现"负责和可靠的外籍税务监督和负责海关行政的中国执行官的合作"方案,明确提出英、法、美各派一名代表进入江海关,掌握江海关的大权。6月29日,苏松太兵备道兼江海关监督吴健彰与阿礼国(英)、马辉(美)、伊担(法)就江海关的重建与管理举行会议,达成8条协议。其第一条写明"道台〔海关监督〕承认无法物色到诚正勤勉、精明强干、通晓西文的中国人士来担任海关吏员,切实履行条约和海关规章","惟一适当的补救办法是海关机构引用外籍人员"。这是中国政府聘用外国人管理海关的最早文本。根据协议,7月6日,重建江海关和税务管理委员会,成为外国人掌握和控制中国海关之始。正如赫德所说:"在它的起源和它主要预期目的方面,与其说税务管理委员具有本〔中〕国机关的性质,还不如说它具有外国机关的性质。"[2]后来外国列强以"公平公正地征税,维护老实商人"为理由,要求将这一制度在广州、福州、厦门、宁波四个通商口岸推行。浙海新关正是在这样的背景下创建的。

英国于1844年在宁波设立领事馆,1880年建于宁波江北岸的英国领事馆

　　浙海新关的开设与宁波开埠和外国人居留地设立有很大关系。1842年的《南京条约》签订,使宁波成为五口通商口岸之一。1843年12月,英国政府按照《南京条约》和《虎门条约》的有关条款,在江北岸建起领事馆,并指定江北岸为外国商人和通商居留地。这一举措并没有和清政府宁波当局划定界址或订立协议,也没经省一级长官巡抚批准。但是,清政府宁波当局默认既成事实的外国人居留地。这与视为"国中之国"的租界是有所区别的。

　　浙海新关建立与英国外交官是分不开的。早在1854年10月,赫德奉命到宁波领事馆工作,他途经上海与上海领事馆的阿礼国、威妥玛相识。当时李泰国任上海领事馆代理副领事,赫德与他的关系十分密切。他在日记中写道:"这副领事多童子气呵!我知道他已22岁,可看上去还不到19岁哩。"[3]不久,赫德前往宁波,在英国驻宁波领事馆工作,他和宁波道台、知县、提督有很多的交往。1855年6月,赫德被提升为助理翻译员,还代理几个月副领事的职务。就在这年6月,赫德向宁绍台道提出建立浙海新关的设想。1855年6月初,他在日记中说:"今天玛高温先生和全家回到宁波,包令小姐同行。她是与文极司脱太太一同来游览的。几天前,我们拜访了道台,向他建议在这里设立一个与上海海关相似的外国海关。他接受了建议,比我们预料的要好得多。"[4]

　　李泰国对通商口岸海关创建予以关注,也促使了浙海新关的开设。1859年,李泰国出任总税务司,完成了外人监督制度向外籍税务税制度的转变。李泰国根据《通商章程善后条约:海关税则》的规定,准备筹划建立以外籍税务司为核心的海关制度。1859年3月,李泰国向上海道呈送《江海关呈送税务条款清折》,他在《清折》中指出:"外国人帮办税务,系载入上海善后条约第十款。现蒙总办通商钦差何宫保邀伊帮同总办,务须新旧各口一律照上海式,各派外国人为税务司,俾归划一,以外国人治外国人,始能得法。"[5]这里明确提出,全国各关口要按照上海募用洋员办法,在通商口岸建立"划一"的海关。李泰国认为,向有广东(州)、福州、厦门、宁波、上海五口,新增广东之琼州、潮州,福建之台湾、江南之镇江、山东之登州、盛京之牛庄6处,共有码头11处。"综观全局,应以上海、广东两处为总口,税必大旺;余如琼州、潮州、福州、厦门、台湾五处定为中口,宁波、镇江、登州、牛庄等四处定为小口。"为此,李泰国认为,如上述11口,"概用外国人为税务司,每年共可收税一千万两以上"[6]。李泰国指出,作为五口通商口岸之一的宁波,由于其经济上的地位,应该按照上海的方式概用外国人为税务司,每年可收税银一二十万两。

在李泰国的胁迫之下,清政府的官员只能应承和支持,答应在11口中可办新关。吴煦就认为,应以"上海先定一切,使各口得以仿行,诚为紧要关键"[7]。薛焕在与王有龄相商之后亦认为江苏先立规模,"别口自然仿照办理,最是妙策"[8]。不久,吴煦与李泰国拟定《会议海关条款》,其中一条与其他口岸密切相关。即由李泰国总税务司选用各税务司人员。"本关税务司及各项办公外国人等,均议归李总税务司选用约束,不分何国人,总期正派妥当;如有不妥,惟李总税务司是问。"[9]这里明确提出由总税务李泰国筹建11口海关。在《会议海关条款》中还对宁波口的编制及活动经费作了粗略估计,认为宁波口每月经费600两,每年经营约为7200两。[10]5月10日,李泰国致吴煦函附送海关税务各条款中亦提到:"海关税款,外国商运外国货,外国商运内地货,内地商运外国货,俱归税务司管理。凡外国船及外国商雇用内地之船,内地商雇用外国之船,并外国洋式之船,无论挂何旗号,统归税务司管理。"[11]

为实现其各口创办新关的愿望,李泰国开始创设海关的实践,他按上海的办法迅速筹办了粤海新关和潮海新关。1860年6月,由于英法联军进攻北京,各口的新关建立暂时中断。李泰国只能以请假的形式暂停和中国海关的联系,同时劝告其他英国人员同样办理,失去了完成海关外籍税务司制度的机会。到了这年9月20日才恢复海关职位。在继续工作过程中,他曾打算筹设浙海新关。

　　资料显示,李泰国与鄞县人杨坊关系密切,他曾派杨坊来宁波筹设新关。杨坊也于咸丰十年十月十六日(1860年11月18日)到宁波,同来的有唐丞、朱倅、高二尹,以上海江海关章程为蓝本,与当地外国领事及宁绍台道协商新关事宜。并打算于11月23日开关。宁绍台道张景渠致吴煦信函中已经有记载。该信函说:"赵吟翁于前月杪来宁,杨憩翁暨唐丞、朱倅、高二尹于初六日同到,已将新关章程会同商酌,定于十三日开关,并将所定章程出示晓谕矣。"**12**杨坊,谱名启堂,字荣阶,号憩棠,鄞县(今宁波市鄞州区)人。道光二十三年(1843)到上海,很快就在五方杂处、华洋并存的上海滩站住脚,在上海商界如鱼得水,积累了一定的财富,开始与外人打交道。同治《上海县志》称其"贾上海,西人通市交易,不数年,明习各国事"**13**。光绪《鄞县志》卷四十四亦称其"商于上海,与西人习,西人亲礼之",成为上海著名买办和最富有和最有才干的人之一,活跃于上海社会。杨憩翁正是鄞县人杨坊。他与李泰国有密切关系。受李派遣到家乡宁波筹办浙海新关。原定咸丰十年十一月十三日开关,不知什么原因新关开办时间向后推迟,至十一月二十九日(1861年1月9日),浙海新关在江北岸开设。

　　对于浙海新关税务司人选,李泰国应该有所考虑。咸丰十一年二月初九日(1861年3月19日),吴煦致宁绍台道张景渠的信中已有说明。该函说:"已谕派英人李泰国为总司税,所有各关司税均责成李夷选募等因。是各关司税之外国人,不得不凭伊选募,以外国人治外国人,亦能深悉其中底蕴。""宁关司税伊亦必选募前来。"**14**从吴煦的信函中,我们可以看到李泰国是关心浙海新关税务司的人选。但从上述信函中,还可以看到清廷派杨坊到宁波处理浙海新关的有关事务。该函云:"昨接雪轩中丞函礼,饬调候补道杨憩棠观察至甬,襄办宁关税务。""憩棠观察非不愿来,特因现在局势如此,即来亦不便插身办事,设因嫉忌饶舌,转于公事有碍。""顷与憩棠兄商酌,李泰国在沪与否,办法不同,倘该夷果欲乞假,宁关司税伊亦必选募前来。憩兄深愿亲回四明,帮同料理一切,不敢辞劳,专视李夷行止如何方可定见。"**15**这里说明两点:一是李泰国准备回国休假,但他会决定浙海新关税务司人选;二是杨坊来宁波协同浙海新关的管理。但不久,李泰国回国休假,5 月 20 日,费士来被派为宁波海关税务司。**16**

(二)浙海新关建立的时间

对于浙海新关开关的时间,有不同的说法。从目前看,主要是两种。

《浙江通史》是一种说法。该书认为浙海新关的设立是 1859 年(咸丰九年)。《浙江通史》第九卷在"浙海新关的开设"标题下,介绍了浙海新关设立的情况,明确指出:"1844 年宁波开埠后,对外贸易事宜仍归原设宁波江东包家道头的浙海钞关办理。由于兼顾国内贸易与对外贸易颇有不便,至 1859 年(咸丰九年)另设新关于江北岸,专征对外贸易之税。"**17**

另一种说法是 1861 年 5 月 22 日(咸丰十一年四月十三日)建立浙海新关。从目前的史书及资料看,持这种说法的颇多。从一定意义上说,这是一种"正统"的说法。《宁波市志》、《宁波海关志》、《近代中国海关大事记》等资料都持这一观点。现摘录如下:

《宁波市志》说:"〔1861 年〕5 月 22 日,江北岸浙海关(俗称"洋关")建成,英人费士来、华为士为税务司,江东的海关改称常关。"**18**

《宁波海关志》说:"〔1861 年〕5 月 22 日,清政府在宁波江北岸外滩设置税务司,建立浙海新关,专征国际贸易税。原浙海大关,改称常关。"**19**

《中国近代海关史大事记》在 1861 年(咸丰十一年)5 月 22 日条中说:"5 月 22 日,清政府在宁波江北岸外滩设立税务司公署,浙海新关(洋关)在宁波正式成立,专征国际贸易税。原在康熙年间建立的江东浙海关——浙海大关,改称为浙海常关。"**20**

以上两种说法是否有依据,笔者认为有其一定依据,主要是民国《鄞县通志》。但仔细分析、推敲,尤其是按照一些档案材料对照,发现这些依据是站不住脚的。

查阅有关资料,我们发现第一种说法的依据与民国《鄞县通志》有关。民国《鄞县通志》"榷税"下面有一个条目,称"宁绍台道护理其属有税务司一员"。在此条目下有小字注释:"道光二十二年,订《南京条约》,宁波为五口通商之一,辟江北岸为商埠。咸丰九年,于钞关外别设新关,以征国际贸易之税。十一年,乃延外人为税务司,以司征收之事。"**21**这里明确提出宁波的浙海新关的设立时间是咸丰九年(1859)。对于这种说法,可能与李泰国任总税务司有关。1859年 1 月,李泰国内定为总管新关的总税务司。李泰国向上海道呈送了《江海关呈送税务条款清折》16 条,提出各口参照上海的模式建立新关。但从资料看,李泰国在各口新关设立中主要是着手组织粤海新关和潮海新关两个海关。1860 年 6 月,由于英法联军进攻北京,新关的建立暂中断。当时李泰国就声明暂时停止和中国海关的联系,而且劝告其他英国人同样办理。其他海关的新关李泰国都没建成,最后由赫德完成。但浙海新关的建立他是做了不少工作的。《中国近代海关史》晚清部分就这样认为:"李泰国开办粤海、潮海两新关,这是《通商章程善后条约》第十款推行的开始,也是李泰国开办海关的结束。此后大量新关的开办,大多由赫德承担了。"李泰国开设的海关,除原有的江海关外,只有粤海、潮海两个新的海关。而新关征收洋税,1859 年在宁波的浙海关没有征洋税的职责。1860 年12 月,张景渠致吴煦的信函中就指出:"英商宝顺行欲将洋药五十箱剥运宁波,已经江海关征纳税银,而浙海关必向征税,与新约第四十五款所载相违等因。弟查江海关已完税货,持有免单来宁者,浙海关并无必向征税之事。……其时宁波尚未开关收纳洋税。"[22]如果说宁波在1859年已经设立新关,那么是有征收洋税权利的。但作为宁绍台道的张景渠于1860年底明确指出当时浙海关没有征收洋税的职责,正好说明1859年宁波建立浙海新关是不可能的。这就明确否定了1859年设置浙海新关的说法。

持第二种说法的依据,也主要是民国《鄞县通志》。在浙海关"沿革"中就这样说:"清道光二十二年,与英人缔结《南京条约》,辟宁波为五口通商之一,别设海关,专征国际贸易之税,成立于咸丰十一年。"并以小字作注:"咸丰十一年,即西历一千八百六十一年。是年五月二十二日,由税务司费士来及华为士与巡道张景渠设立。"同时还说:"主管征税者曰税务司,以客卿任之,隶浙海关监督。初名新关,俗称洋关,地址在江北岸海关巷。"[23]

但仔细推敲有许多疑点,固且同一民国《鄞县通志》,有1859年与1861年5月22日两种说法,自相矛盾。我们以有关档案资料为依据可以发现上述二种说法是值得商榷的。

其一,档案材料对于浙海新关开关的日期有明确记载。因为《吴煦档案选编》第6辑收录两份档案,一份是《宁绍台道张景渠致吴煦的信函》;另一份是《马新贻奏报浙海关洋税收支折》。张景渠致信时间为1861年1月中旬。信中的内容是:"知宝顺行已向江海关收回税银,并将免单查销等因。查该洋行既在沪关索取已纳之税,则必以已在宁关纳税为词。惟宁波新关十一月二十九始设,十二月初二方收洋药税银。"[24]这里提到在宁波的浙海新关始设的时间是十一月二十九日,虽然没有提出咸丰十年,按推算应该是咸丰十年十一月二十九日,即公历1861年1月9日。张景渠为宁绍台道兼首任护理浙海关监督,对于这样一个掌管宁波全面工作及主持海关征税的

税之稱焉蓋榷也名起于漢稱之者曰榷獨木也漢獨木水上保客人行橋稅務之基歟也垵人法之榷關稅者每當衝要之地而後

何築關而投制易子足幾半天下所見榷稅之地如幾捕之盛溝山東之臨清江南之滸墅淮右之廬陽江之卅圌等句之雲海

近知稅城之南北關莫不富水院之衝四方車馬舟楫探其壬午冬予自即暑陞陞紹臺三郡護理海關鈔務而寧郡大關則在城東

施得地利也壬午冬予自即暑陞陞紹臺三郡護理海關鈔務而寧郡大關則在城東

相接遠及僻陋內遊紹郡外遊鄞象等處以達臺郡不書經由天下復置三港別設小關故聯延陰導泉大關不及

周胍私收馮載幾務遊舉其特有訟十課抑且有屬于清貫人漢之不減亦地勢使之然也子維關守宜級一不

宜亭分賢其兩關遶乎中反滋疏涡竭若擬大關竟駐三港西南三面均在一垯之中斯貴賤無徙

裹閒而作其形勢之祥也幾今夏爰購陳地于三港口泉岸詳開

撫憲嗚工厎杯購置樓房三間兩廡平屋合十餘閒外舉黃翰工畫閱勢俊廠恐莴紊

而來出入回竣總在指顧之下為在鄞江咫尺而有不及顧者那然則擊郡為浙江之抵要三港為鄞郡之抵要而新建游關又

為三港之抵要　特修年滋瀝而爽澄合兩關為一　慮然此迤迤遠迤往帶絕利與上指

國儲下安斯民張戈木始非地利之效也斯然我尤望夫人之盡人事者是為記

賜進士出身

誥授中憲大夫分巡寧紹臺海防道兼管水利事務護理浙海鈔關前禮部精膳司郎中記名御史刊部浙江清吏司員外郎安徽清吏司主事紀錄十九次奇陳蓁謹撰並書

乾隆二十八年十一月　日立

新建浙海关大关记碑

张景渠来说,对于浙海新关开关时间是绝对不会说错的,而致吴煦的函又是 1861 年 1 月中旬,即与宁波新关设立仅隔 10 天左右时间,其真实性是绝对可信的。

时隔 5 年半后,即 1866 年 7 月 7 日,马新贻《奏报浙海关洋税收支折》(抄件)中,更是明确提出在宁波设立浙海新关的时间是 1861 年 1 月 9 日(咸丰十年十一月二十九日)。他在奏报中说:"兹据护海关宁绍台道史致谔详称:宁波口第一期内,并无征收洋税,缘新关系于咸丰十年十一月二十九日设立,起征洋税税课。"马新贻在"分缮清单"中再次提到:"查浙海新关于咸丰十年十一月二十九日设立,启征洋税,核计已在第二结期内。"**25** 这里的证据很可靠,史致谔是继张景渠后的清宁绍台道,且护理浙海关。对于这样一个掌握宁波军政、海关大权的大员、要员,他所指出的浙海新关设立的时间与他的前任张景渠一模一样。前后 5 年,两任宁绍台道和浙海新关监督都认为浙海新关设立的时间是 1861 年 1 月 9 日(咸丰十年十一月二十九日),这应该说是确证的。

其二,征收洋税(夷税)的时间表明浙海新关设立时间只能是 1861 年 1 月 9 日(咸丰十年十一月二十九日)。对于清代的钞关来说,一般只能收国内税,不能征收国际贸易税(洋税、夷税),夷税只能由新关征收。1859 年 4 月 13 日,王有龄致吴煦函中已经指出:"查江海关征收税银,大关系收商税,新关系收夷税。凡由海关进货物,华商则在大关、即老关完税,夷商在新关交纳。"**26**《吴煦禀陈洋药收捐办法(底稿)》中指出:"遵照江海大关向设新旧两关,新关专收洋税,旧关专收商税。"**27** 江苏巡抚薛焕的奏折中也说:"查上海所设江海关,向分新旧两关,旧关专征华税,新关专收洋税。现值开办新章,洋药进口税,系由洋商向新关投纳。"浙海关参照江海关的模式,常关收国内税,国际税则由新关征收。

按照这样征税的原则,我们可以看到 1861 年 1 月 9 日(咸丰十年十一月二十九日)前,宁波是不征夷税的,国际税由上海的江海关征收。只是到了1861年1月12日(咸丰十年十二月初二日),浙海新关开始征收国际税。夷税征收每年分4个结期,每期3个月。第一期自1860年10月1日(咸丰十年八月十七日)起,至1860年12月31日(咸丰十年十一月二十日)止。由于浙海新关在1861年1月9日始设,故在第一结期内没有征收夷税,只是到了第二结期内开始征收国际税,张景渠致吴煦函中指出这一点。信函中说:"惟宁波新关于十一月二十九始设,十二月初二方收洋药税银。而恒顺持宝顺行免单,系十一月初六日事,新关未设,老关不征收夷税,伊持免单赴洋药局免捐,经局中以款目不同,未允所清。"[28]

这里很明确地指出,宁波的浙海新关在1861年1月9日设立,1月12日征收夷税,而宝顺行免单系1860年12月17日(十一月初六日),当时新关还没有设立,而老关是不征洋税的,则宝顺行的免单在宁波不能接收。1861年1月19日(十二月初九日),王有龄给吴煦信函中也提到:"闻近来外国商船来宁波贸易者,其进口税银均在上海预行完纳,由江海关给发免单,是以浙海关并未收过夷税。""现当新章甫经开办之时,惟有各归各口,各征各税,不必互相代收。"[29]我们从王有龄致吴煦的信中可以看到1861年1月19日已经是"新章甫经开办之时"。写这封信的时间是浙海关新关设立后的第十天,由于洋关已设,为此可以"各征各税,不必互相代收",江海关为宁波代收洋税的时代结束了。马新贻的奏报中亦说:"宁波口第一结期内,并无征收洋税,缘新关于咸丰十年十一月二十九日设立,起征洋税,税课已在第二结期内,是以第一结期无税征收。"[30]按此原则,浙海新关第一结期是1860年10月1日至1860年12月31日。但这一结期内,浙海新关还没有设立,不能征收洋税,到1月9日新关成立后,浙海新关才征夷税,而这个时候,恰恰是第二个结期,即1861年1月1日至1861年3月31日。为此,马新贻在他的奏报中说:"起征洋税,已在第二结期内。"从征收洋税的时间看,浙海新关在"第二结期内",只能在 3 月以前,新关设立的时间不可能在 1861年 5 月 22 日。

至于民国《鄞县通志》为什么要提出 1861 年 5 月 22 日开设新关,这个问题还有待我们继续研究。

（三）浙海新关的近代沿革

经清政府总理衙门的批准,1861 年 1 月 9 日浙海新关建立,在江北岸设立税务司,征收对外贸易税,俗称新关或洋关,原浙海大关称浙海常关,在江东。英国人华为士被任命为第一任浙海关税务司。宁绍台道张景渠被任命为第一任浙海关监督。从此,海关行政管理权、关税自主权和税款支配权逐步丧失。

同年 12 月 9 日,太平军攻占宁波,即设"天宁关",代替原来的浙海关,潘起亮任监督,在镇海设"天平关"。按太平军的规定,外国商船进出宁波,照例纳税,否则不准过关,一切手续符合后,才盖上"出口"字样,对于不服"天宁关"、"天平关"的管理,对抗稽查、不纳税的洋商,太平军通过正常的外交途径加以处理。次年 5 月 10 日,太平军退出宁波,"天宁关"和"天平关"结束,前后仅存半年。浙海关税务司恢复工作。浙海关的监督权力进一步削弱,仅对常关进行管辖,浙海关沦为半封建半殖民地性质。比如,外国商船来宁波贸易,按理进出口的牌照由清政府批准,但英国轮船的进出口牌却由英国领事签发,不必由中国政府批准。浙海关名为中国政府所有,实际上几乎完全落入外国人之手。"别立新关,其运输出入之权,乃操诸客卿之手。"[31]赫德任职期间,禀自拟行或由其批准的《通商者募用外人帮办税务章程》、《新关内班诚程》、三联单制度、验估制度等先后在浙海关实行。

在浙海关丧失主权过程中,个别官员也进行一定程度上的抵制与抗争。比如1887年(光绪十三年),薛福成任宁绍台道兼浙海关监督,提出把枫径镇(该镇分属江苏、浙江)的南镇和湖州的南浔镇设立常关分卡,对税务司的揽权计划并不买账,由于江海关税务司的抗议,这两所分卡才被撤销。

　　1901年11月,根据《辛丑条约》的规定,距口岸50里以内的江东浙海关常关、镇海分关及小港、沙头两口,划规浙海关税务司兼管。常关的收入抵还赔款,按定额汇集江海关。浙海关监督派宁波府试用经历王明仕为委员,监察江东、镇海两常关税务。1911年(宣统三年)11月5日,宁波辛亥光复,成立军政分府,由都督兼任海关监督。浙海关税务司柯必达向总税务司安格联详细报告宁波辛亥光复情况,为本国政府提供情报。当时,英国为首的债权国借口中国国内发生战争,所欠外债缺乏按期偿付本息,决定扣留中国关税,交外国银行保存,由总税务司代付债款。浙海关税务司柯必达按照安格联的旨意,夺取海关监督的海关税款保管权,并将征收的全部税款汇解上海汇丰银行。1911年11月10日,柯必达致总税务司安格联的函明确表示"将所征全部税款汇解上海汇丰银行总税务司税款专账",虽然柯必达向宁波革命党人保证"将钱存在保险箱里不同,但是,无论如何要执行安格联批示,并将尽量设法摆脱困难"[32],夺取了浙海关包括"关余"在内的税款保管权。"这个办法是经过列强批准的,海关和税款一受干涉,列强就会反对。"[33]浙海关监督的关税自主权、海关行政权、税款收支权完全丧失,浙海关完全沦为半封建半殖民地性质的海关。

　　1912年,根据总税务司令,浙海关悬挂中华民国国旗,取消海关关旗上龙的标志。这年6月,浙海关监督署成立,地址在中山西路清代海关行署内,设海关监督1人。1916年,浙海常关在定海县沈家门、岱山、衢山、螺门等地添设4卡,由定海分关管辖。1928年5月25日,蒋锡侯任浙海关监督,兼宁波外交交涉员,由于其是蒋介石的胞兄弟的特殊关系,使浙海关监督权力与其他各地海关监督相比,稍有增加。1930年起,浙海关税司所辖区域进一步扩大,包括杭州府一部分地区,计关口11处,旁口26处。1932年10月,卢寿改任浙海关税务司,成为国人任该职最早一员。1935年,政府下令划航政与海关权力,浙海关税务司将原辖普通民船、木帆船、中小轮船公司的检验、丈量登记、船员管理及海事处理等,移交给新成立的上海航政局宁波办事处。

1941年4月,随着宁波沦陷,浙海关被日寇接管。日军特务部在镇海设立办事处,办理帆海登记税务及船舶管理事务。这年12月8日,伪总税务司长岸本广吉派伪总税务司署企划处副处长藤畦一来宁波接收海关。次年,任命李广业为伪副税务司。不久,浙海关关员迁往上海,关产由日本宪兵队接管。1943年5月在宁波江东成立日伪"海关转口税宁波征收所"。时隔2月,日伪"海关转口税宁波征收所"分所在镇海建立,并在江东、江北、灵桥、新江桥、长春门、望春门、永宁桥等处设立分卡,海关管理权沦落在日本侵略者手中,成为日本侵略者大肆掠夺宁波财富的一种工具。

抗日战争胜利后,国民政府派员接收伪"海关转口税宁波征收所",恢复浙海关税务司,关署迁至原江东浙海关常关。浙海关税务司、代理税务司和副税务司全由华人担任,副总税务司丁贵堂兼浙海关税务司,恢复执行《1934年进出口税则》,暂准宁波口岸与外洋贸易,海关对外发给凭单一律用中文,采用法币为唯一计税单位,海关罚金改为美元等。然而,由于外贸停滞不前,宁波经济趋于奄奄一息之中,港口经济也完全衰落。1948年,浙海关划归江海关管理,更名为江海关宁波分关。1949年5月宁波解放,江海关宁波分关被军管会接管,直到1951年12月奉海关总署令撤销,关员全部派往其他海关。

二、浙海新关的特征

浙海新关自 1861 年 1 月 9 日建立后,长达数十年之久。能够表现出明显特征的是三个方面,即呈垂直领导结构,实行华洋分治及实施以内制外的体制。

(一)垂直领导结构

考察中国近代历史,我们可以看到这样一个事实,即海关权力处于垂直领导结构。总税务司为海关行政之最高长官,对于关员任免黜陟,关税的征收等都握有全权。如果说海关作为一个庞大的金字塔,那么总税务司就是其顶端的法老。当然,总税务司的这种独特的地位是经历了一个发展过程的。从 1861 年 4 月赫德接任始,采取种种方法,逐步攫取了对全国海关的行政管理权,尤其是 1864 年起草颁布《海关总税务司署通令》第 8 号,以文字的形式确立了总税务司的特权,形成了独立于海关监督之外的总税务司——各关税务司——各级关员的垂直领导体制。《通令》第五、六、十、十三、十五、十七、十九、二十一条款都十分具体,十分明了地赋予了总税务司对于各个海关税务司的权力。比如,《通令》第十条指出:"总税务司绝不准许任何一方税务司干预其他口岸或本关管理辖区以外之任何事务,不论其为海关事务或非海关事务。"第十二条规定:"未经总税务司特准,除非出于绝对必需,任何口岸海关主管人员不得离开所在府或驻在地辖区。任何主管人员于离岗位前……必须立即向总税务司呈报实情及理由。"第十三条规定:"税务司不得对任何帮办、通事、总巡事、副巡施以降薪或开革处分,但上述人员如有渎职行为,为维护法律可暂令停职,呈报总税务司听候处置。若任何人辞职,须即刻呈报总税务司。"第十七条明确提出:"非经总税务司批准,不得为海关租用洋船。"第十九条对于海关工作人员任用更有绝对权力："惟有总税务司拥有录用或开革、晋升或降级以及口岸调遣之权。"**34**

从一些海关总税务司署的通令看,总税务司与各关税务司是垂直的关系。名义上,总税务司是由总理衙门奉钦准而任命,是总理衙门的属员,但实际上总理衙门是不可能对海关进行有效的管理和监督的,海关为总税务司单独所控制。比如,在关员迁调公函上,总税务司训导的第一句话都是"要绝对服从我的命令并按我的要求办事"。一位曾经和赫德共事三十多年的下属在其回忆录中这样写道:"毫无疑问,他把所有真正的权力控制在自己手里。他的下属,不过是一群无足轻重的角色。人来人往,一个总理文案接替另一个总理文案,但是没有一个人对这位矮小、消瘦和严酷的独裁者而言,是必不可少的。"**35**

由于清政府的主动让权,总税务司把握了人事行政、征税等权力,这是凭借不平等条约的强取豪夺,脱离总理衙门、架空各关监督的过程中形成的。这是依赖不平等条约所赋予的特权。在谈到海关监督及其税务司之关系时,赫德明确指出税务司只听从总税务司,不从属海关监督。他在《海关总税务司署通令》第24号中,就明确了各地海关与监督间的关系,指出税务司与监督各自之地位以及相互关系特殊。各地海关的监督名为"首长",各关税务司奉命与监督共事,"与监督彼此为同僚,非为监督下属也。监督多由上谕直接任命,而税务司仅由总税务司任命"**36**。这就表明,浙海关税务司直接听命于总税务司,与监督虽为同僚,但并不是属员。

在1873年颁发的《海关总税务司署通令》第13号中,甚至认为税务司称"海关监督阁下"也不妥。赫德认为"'阁下'两字实属不妥,应即停用",嗣后凡致函海关监督,一律只称"海关监督",停止使用"阁下"字样。监督"并非命令税务司"。依照职务条例,海关监督与税务司乃会同办事,遇有"海关监督与税务司意见相左时,虽由监督定夺,但并非'命令',亦不得称为'命令'税务司"。与他人的文件中,亦应注意及此,即不可称"奉监督之命令如此办理",或"受命于此",或"此事须请示监督",各税务司所用之向监督"请示此事"一词,应改称为与监督"相商"。通令还说:"各税务司应即停止使用'阁下'一词,否则将置于监督尴尬之境,并于与公众交往中停止使用上述之不妥言词,此种言词往往令人误以为税务司乃其同僚,口岸中国监督之属。"[37]

上述两个总税务司通令明确了这一点,各海关的负责人是海关监督,但他无权命令税务司,而税务司与监督是同僚的关系,并不属海关监督,管辖海关税务司的只能是总税务司。对于这种垂直的体制结构,宁波籍经济学家李权时在《中国关税问题》一书中作过精辟论述:"海关之集权政策,肇源于赫德,当赫德就任总税务司之时,各地税务司每多听命于各地海关道,对于税款之解缴,屡有迟延短少情事,赫德阳示服从中国政府,阴命各地税务司须绝对服从总税务司之令,有违抗者立斥以儆,结果收效颇宏。"[38]这种"超然性"和"独裁性",使总税务司与各地海关的关系形成于垂直领导结构。

(二)实行华洋分治

中国近代海关是在各国洋员管理之下的,实行华洋分治,这是中国近代海关的一个特点。浙海新关也具有这个特征。

由于海关既是"国际性"的机构,内部成分十分复杂,但是按其根本利益可分成洋员和华员两大集团。海关华员约6倍至7倍于洋员。但华员的地位远远低于洋员。洋员与华员之间则完全是由少数的洋人统治多数的华人。洋员对华员进行绝对统治。

第一,洋员地位高于华员。从海关总税务司署通令及有关资料看,洋员地位特殊,而华员地位低下。海关中的所有重要职位,都由洋员包揽,华员只居低微职位。"华人关员甚多,惟地位均在下级。

开关以后,华人中仅有一人被任为亚东之代理税务司,且非参与征税事务者;除此而外,华人从未占据重要地位,亦从未有一日之一关之主任,专备外人部下之补助机关而已。"[39]杨德森曾经考察了洋员关员的特殊情况。他说:"洋员在海关服务本为帮办性质,处于客卿地位。今尽占高级,各职华员仅任中下级助员,以听外员指挥,无升任正付税务司及其它主任职。"[40]比如,任职浙海关税务司的在1932年以前,几乎是清一色的洋人。到1932年10月,卢寿改任浙海关税务司,才打破这一局面。浙海关验估处是最重要部门之一,洋员独多,除土货出口和土货进口两部分外,最重要的洋货进口各部门都由洋员任主管。由于地位低下,华员备受岐视和奴役。多数的华员只能担任低微工作,诸如听差、轿夫、更夫、匠人、杂人等。"办事,则华员任其实,洋员承其名;权位,则洋员享其实,华员任其役","同为帮办,华班受洋班节制,同为钤子手,华班供洋班驱使"。[41]1914年,浙海关征税科有帮办4名,其中洋员3名,2名为一级、二级帮办,另外1名为三级帮办,而华员只能充任四等帮办。1919年有钤字手4名,洋员3人分别为超等、头等或三等钤子手,华员为一般钤字手,无等级。

第二,洋员待遇高于华员。由于华洋分治,致使洋员待遇高于华员,出现华洋待遇不平等现象。这种不平等在晋级上表现为洋员晋升快而华员慢。19世纪60、70年代,浙海关的华员有不得担任四等帮办以上职务的规定,以后虽有松动,但差别依然很大。一个外籍年轻人徜能干勤奋,8至10年可任税务司,而华员假如顺利,实习期满考取四等二级帮办,两年一级往上爬要二十多年。从薪俸方面看,华洋员工同工不同酬、同级不同酬,差距很悬殊。从1861年(咸丰十一年)的浙海关制定的薪俸章程看,担任帮办、供事、头等验估、二等验估及头等钤子手、二等钤子手的只能是洋员,其薪俸为70两到250两,由于华员很少担任上述职位,一般薪俸低于70两。即使同一级别,华员的平均水平仅为同级洋员的60%。另外,高级洋员还发给房租,其租金也可抵华员三四人的薪俸。从请假方面看,也不平等。洋员内班进关 7 年后,得请假 2 年,支半薪,此后每 5 年一次。外出第一次例假,在入关 9 年以后,此后每 7 年一次。帮办每 3 年有 1 次休假,为期 3 个月,支全薪,税务司每两年可休假 1 次,为期两个月,支取全薪。华员不论等级,供职 4 年,才有 4 个月例假,支半薪。

浙海关的税务司、副税务司等内班洋员还有房租、公务费、汽车费及家具费等补贴。陈善颐《外国侵略者控制下的浙海关见闻》就说:洋员经济待遇十分优厚,浙海关的税务司的月薪是银 800—1250 两,“还有各种津贴,如交际费、公务费、汽车费和住宅、家具、炊事员、杂役等津贴”[42]。退休补助洋员、华员也有区别,外国洋员可领十几万、二十多万元,而华员只有几千元。

(三)以内制外机制的实施

一般认为,海关组织机构由税务、海务两部分构成,税务部分为内班(Indoor Staff)、外班(Outdoor Staff)和海班(Coast Staff)。陈诗启认为内班是在办公室的办公人员,掌握整个海关的征税行政,是海关组织系统的核心;外班则以检查船舶、查验货物、防止走私等事为本务,工作性质上,内班属于管理部,外班属于监视部。

内外班原系工作之分,1869 年的《大清国海关管理章程》就有“内班”、“外班”之分,并没有门户之界、尊卑之序。但事实上新关是实施以内制外的机制,重内班轻外班,这是构成浙海新关的又一特征。从海关管理章程看,内班的机构主要由税务司、副税务司、帮办组成。外班由总巡、验货、钤字手组成。二者自成体系,有所区别,不能互调。在晋级方面,内班快,外班慢。“其服务内班者,例得循序或越级晋升至高级职位,而服务外班者,则永抑于中下级”,“查海关人事管理及奖惩之权,尽操内班之手,以此赏则重内轻外,罚则外重内轻,凡属有利关誉者,不记大小功绩,论功行赏,尽归内班。而今内班服务 10 年以上而跃高级职位者,不胜枚举,反之服务 15 年至 20 年以上之外班人员,则仍列中下职级"[43]。而且在原则上外班人员不得擢升为正副税务司。另外,在薪俸、请假等方面,内外班也相差不少,内班都明显优于外班。内班的定员为税务司、副税务司、帮办,其薪银最高的税务司为关平银 9000 两,最低的三等帮办,后班是 900 两,而外班的头等总巡薪银最高为 2400 两,相当于内班中头等帮办后班,最低的三等钤子手为 600 两。浙海关在 1869 年(同治八年),内部定员有税务司、署理税务司及帮办,最高薪银是浙海关税务司,月薪 400 关平银,最低的是四等帮办,月薪 100 关平银。而外班职员最高薪金是超等验估员关平银 200 两,相当内班二等帮办前班薪银,最低的是二等钤字手,月薪关平银 50 两,只有内班四等帮办的薪银 50%。总税务司以"海关经费有限"、"这是一个循序渐进的过程"为由,并未采取重大的调整措施。

　　另外,海关对华员的工作也不信任,认为工作"靠不住"。1870 年总税务司署通令第 9 号中指出:"若华员工作不可信赖,则制止营私舞弊之唯一办法乃为此项工作交由洋员查核。本总税务司要求各关税务司将下述列入规定,即:未经税务司本人或任何一名洋员内班签署之任何单证不得由尔关发出。各关税务司对各种海关验单与准单之查核工作必须特加注意。"[44]浙海关税务司完全执行这一指示。且海关洋员还有"治外法权",不受中国法律管辖。总税务司曾经明确指出:海关监督有什么过犯,要受斥责、惩罚,甚至处死;但税务司只有撤职,不受中国法律惩办。《新关内班诚程》"帮办"条就有规定:"凡帮办遇有毙人命、伤人身之事","应立报知税务司,并立辞职任,嗣后由该国领事官照例为之办理完案"。[45]洋员的特权化昭然若揭。

　　从《大清国海关管理章程》和浙海关的实践看,内外班人员不同的地位和待遇是不同任用方式、不同教育程度的结果。内班人员由海关驻伦敦办事处招来,或者直接推荐;而外班人员均就地募集;内班人员大多要求具备普通大学教育程度,而外班人员强调其身体素质和品行,对教育程度的要求低。其源是受英国文官制度影响,因为近代英国文官制度的基本原则之一,即把行政工作分为智力工作和操作工作。智力工作必须由受过大学教育、文化程度较高的人担任,担任机械操作工作的职员无须受高等教育,但却不能升入高级职位。正因为这样,中国海关实际上把内班视为高级管理人员,把外班看做低级操作人员,前者是管理类的,后者是执行类的。相对华员而言,洋员更集中于内班,且职位较高,总税务司实施以内制外机制,这正是体现了洋员统治华员的实质。

上述表明,浙海关是一个以英国为首的列强控制下的"国际官厅",是体现了中国近代海关以上制下、以洋制华、以内制外这种特征。表明浙海关制度是服从于资本主义列强侵华的总体目标,具有半殖民统治的性质。

三、浙海新关的地位

对于浙海新关的地位,我们可以从两个方面加以考察,一是浙海新关的性质,二是浙海关所处的历史地位与影响。

(一)浙海新关的半殖民地半封建性质

中国近代海关的性质是什么? 陈诗启认为是半殖民地半封建性质。他认为,以鸦片战争为起点,中国开始由独立的封建社会转化为半殖民地半封建社会,中国海关被迫依附于外国资本主义,逐步丧失它的独立性。尽管外国势力开始控制中国海关,但名义上行政权力依然掌握在清廷官员手里。因此,中国海关具有半殖民地半封建性质。浙海关也具有这种性质。赫德在一个递送英国议会的备忘录中明确地说:中国和外国签订的条约"无论有多大的互相利益,总是制定者从外国利益出发强迫签订的。因此,极端重视的是要求外部〔外国〕利益的发展,而不是首先发挥中国内部的潜在能力"[46]。这就表明海关是代表外国利益的机构。1867 年赫德还说,他"将作出一种合理的尝试[让海关]代表主要的缔约国"[47]。在近代中国,这个尝试在一步步地实现,这个机构是一个名副其实的"国际官厅"。浙海新关就是这样的机构。我们可以从下面几点中认识:

首先,促进中外势力的结合。自 1861 年 1 月的辛酉政变后,清政府与外国侵略势力逐步结合起来,逐步控制清政府的外交、财政、军事,清政府成为"洋人朝廷"。外国列强从维护自己的利益出发,加大对清政府的支持力度。赫德任总税务司后积极主张这一做法。他认为"英国在中国的政策是支持帝国的事业",尽管它的官员是腐败的,"但它总比试图统治的太平军好些,希望更加支持它,加强它"。[48]这是海关对待太平天国和清政府的基本立场。鉴于这种态度,凡是太平军所占领的口岸,外籍税务司总是与当地清军相配合,扑灭太平军战火。宁波当时是浙江唯一的通商口岸,太平军占领宁波可以打开茶丝出口的通道,关税征收权会落在太平军手中。英国税务司和清政府无法对生丝贸易征收任何关税。为此,浙海关税务司在镇压太平军活动中是十分积极的。浙海关税务司日意格和法军将领勒伯勒东组织了洋枪队,与宁绍台道张景渠联合攻占余姚等地,"直捣上虞县城,节节进剿,连破贼卡十四座。勒伯勒东、日意格挥兵逼下,连放炸炮,毙贼千余人,乘胜踏毁通明堰贼卡二座,中外官兵直薄城下。日意格跃马当先,右臂陡中枪子,负救回营"。其后,"进攻奉化,与诸军克之,攻安吉思溪双福桥,驾小轮船赴荻港,毁袁家汇贼垒"[49]。日意格 1861 年 11 月 9 日至 1863 年 4 月 8 日在宁波任浙海关税务司。从税务司日意格对占据宁波的太平军的助剿中,可见浙海关对清政府是十分的支持。

其次,为外国列强搜集侵华情报。外国资本主义通过他们所控制的近代中国海关,不断地搜集所需要的一切情报,各个地方的区域情况都是其所搜集的情况。浙海关税务司也运用种种方式搜集宁波以及浙江的重要情况,进行分析整理,通过函文和电报向总税务司汇报。《浙海关贸易报告》和《浙海关十年报告》就是例证。1911 年辛亥革命爆发,各地海关税务司就不断地搜集这方面情报报告总税务司。浙海关税务司柯必达在次日致总税务司安格联的呈函中就报告了辛亥宁波光复的情况:"今天我在第 3923 号呈文中向你简单地报告了宁波昨天发生的政变〔辛亥宁波光复——引者〕,这一政变已顺利完成。发动政变的顶多只有六个革命党人,他们没有遇到任何反抗,地方秩序始终很好。我往城里走了一趟,看见所有的商店都开门营业,街上挂满了白旗。人们显然是同情和支持革命党的。""看来知府已投到革命党那一边了。昨天我听说宁波城内发生骚扰,立即去见知府(道台不在这里,由他代理)。他的态度很不自然,并且否认革命党已经占领宁波。过了两小时,当革命党的代表来拜访我时,我就听到了确实消息,知府已经为他们办事了。"**50**

再次,维护外国经济利益。外国资本主义以近代中国海关为据点控制对外贸易。通过一系列对华不平等条约,操纵了议定中国海关税率的权力,中国关税权力失去。1861 年 1 月,清政府在宁波江北岸设立新关。宁波的海关行政、人事大权皆被英国控制。税务司均由外人担任。第一任浙海关税务司为英人华为士(W. W. WARD),浙海关税务司不权控制宁波对外贸易,并且垄断宁波的远洋、沿海及内河航运业及税收权。"别立新关,其运输出入之权,乃操客卿之手。"**51**公开征收国际贸易税。另外,按照《南京条约》"协定关税"条文,明文规定征收英国商品的进出口税率,必须与英国共同议定。《五口通商章程》明确规定"值百抽五"的低税率,成为世界上最低的进口税,第二次鸦片战争后,又提出洋货输入内地以一次纳半税(2.5%),有利于外国资本主义在宁波市场倾销商品和攫取廉价原料。尤其是《通商章程善后条约·海关税则》的签订，税目明显增长，进口税仍分 14 类，税目增加 73 个，连同原有的 104 个共 177 个。"进口药材类"中增加了"洋药"等税目，鸦片用"洋药"的名目公开进口，在宁波进行贸易。

正是由于中国海关进口税率的十分低下，外国列强通过浙海关为资本主义国家倾销商品、掠夺宁波市场提供方便之门。表现在西方列强对宁波倾销其工业消费品和掠夺原料以及由此而产生的不等价交换。从进出口商品结构分析，通过浙海关宁波输入的货物主要是鸦片、棉布、煤油、棉纱等，出口商品是农产品、矿石原料、少量手工业产品。第二次鸦片战争后，鸦片贸易合法化，在宁波输入量逐年增加，据浙海关贸易报告统计，1870 年至 1873 年 4 年分别进口小洋药白皮土分别为 4569 担、5117 担、6283 担和 7111 担，逐年增多。"鸦片——此一进口产品仍逐年增加。本年〔1875 年——引者〕比去年进口多了 1051 箱，比 1872 年就多 2000 多箱。"[52] 通过浙海关，宁波还把鸦片输入其他地区。"去年〔1874 年——引者〕至少有 7000 箱经由宁波运入内地，其中相当大一部分是运往安徽南部和江西北部以及福建省。"[53] 洋布也大量涌入宁波，1875 年进口洋布为 721,566 匹，到 1899 年增到 918,063 匹。与此相反的大量农产品出口数量也激增。仅绿茶 1864 年为 59116 担，到 1874 年为 154,242 担。

由于洋纱洋布倾销，夺去了宁波土纱土布市场，使手工棉纺纱织业不得不宣告破产。《鄞县通志》记载了外国资本主义国家倾销棉布对宁波土布生产打击的情况："土布俗称结布，或称老布，为民间家庭工艺之最普泛者，当清同〔治〕光〔绪〕之际，洋布输入，花色尤少，惟光滑为土布所不及，故其时民俗多好土布，以其质量耐用也。……至光绪十年〔1884〕后，外人益诣吾国民嗜好，乃有各种膏布输入……而土布已受打击矣。""巡行百里，不闻机声。耕夫馌妇，周体洋货。"[54] 鸦片对宁波的倾销，也给宁波带来影响，当时宁波鸦片的零售店达500家,其中江北达80家。熟鸦片烟0.9银元1两,"那些吸烟室内供应的鸦片,其中也不知掺杂了些什么,吸一口得20文铜钱,一般都是最贫穷之瘾君子也"[55]。鸦片的倾销吸收了大量购买力,致使白银外流,严重地阻碍宁波的财政和货币流通,摧残人们的体质和精神,丧失劳动生产能力。

与此同时,通过浙海关,宁波的大量土特色产品出口海外,丝、茶、药材源源不断地出口西方国家,仅光绪元年(1875)宁波生丝出口为717担,次年出口为1321担,比上年增加604担。

第四,沦为列强债赔的出纳机构。新关建立后,海关税收稳定上升,成为清政府巩固执政地位的财政支柱,海关沦为列强债赔出纳机构,关税大量抵押给外债。第二次鸦片战争后,仅1861—1866年,浙海关偿付英法赔款达598,528库平两。[56]《辛丑条约》签订后,清政府向外国列强赔款总额达4.5亿两,分39年还清,加上利息共计9.8亿两,关税、盐税、厘金支付,海关税为此变成向各国列强债赔的抵押品。据陈诗启估计,从1902年到1910年,各海关共计摊付庚子赔款33,609,858两,约占第一期偿付庚子赔款的1/5;而各海关每年偿付之数共达300—400数十万两。[57]这就表明,浙海关每年应摊付庚子赔款达300多万两到400万两。汤象龙的偿付庚子赔款统计表中更是有具体数据,今就浙海关偿付数据摘录如下:

1902—1910年浙海关偿付庚子赔偿统计表　　单位:库平两

年次	偿付	年次	偿付	年次	偿付	年次	偿付
1902	35941	1903	49401	1904	53881	1905	49455
1906	58799	1904	64782	1908	35002	1909	34636
1910	17574	历年总计			399,471		

资料来源:根据汤象龙《全国海关历年偿付庚子赔款统计表》整理,《中国近代海关税收和分配统计》(1861—1910),中华书局1992年版,第204页

作为外国列强控制的浙海关为满足赔偿需要,总是在总税务司署的直接指挥之下,竭尽全力以完成此项任务。1911年11月8日,总税务司安格联致电浙海关税务司柯必达:"速将所征全部税款汇解上海汇丰银行总税务司款专账。"[58]

柯必达收电后于11月10日致安格联第95号函,明确表明执行总税务司"指示",尽量设法摆脱困难,把钱汇至上海汇丰银行。安格联接函后当即作出批示:"你所作的安排,我不想干涉,但是我不了解你怎么能够在保险箱里无限期地存放税款呢?你最好告诉有关当局说,为了维护中国信用,避免外国干涉,凡是已不效忠北京的地方,税款现在都是以总税务司的名义存入外国银行。你还可以说,这些钱将专供还债之用,北京政府管不着。这个办法是经过列强批准的,海关和税款一受干涉,列强就会反对。可能的话,使他们同意这样办,并继续报告。"[59]这就表明浙海关已经成为外国资本主义列强债赔的出纳机构。

(二)浙海新关在宁波近代化进程中的影响

外国侵略者控制下的浙海关,处处方便洋商,尤其是代表英国在华利益,但在为西方资本主义列强服务的同时,浙海关在客观上也做了一些有利于近代宁波发展的工作,进行了一些促进宁波近代化进程的活动。

一是沟通宁波与世界的联系。宁波城市发展史表明,宁波要快速发展必须走开放兴市的发展之路。这是研究近代宁波城市史所得到的一个有益启示。

世界是开放的世界,中国经济要发展,必须走向世界、了解世界,同时也使世界了解中国。宁波是一个港口城市,唐宋以来已经成为我国对外开放的重要口岸。宋元期间成为我国三个开放口岸之一。可是,明清两朝政府基本的政策是海禁,而清初的海禁比明代更严

厉,宁波的开放是有限开放。鸦片战争打开了宁波的大门。根据
《南京条约》的签订,宁波被迫开埠。1844 年 1 月 1 日宁波对外开
放。1861 年 1 月,浙海新关开关。尽管浙海关的主权丧失,为外国
资本主义的洋货输入宁波和土货出口提供了方便,但也沟通了全国
及海外市场的商品流放,与国际市场接轨,促进了近代宁波的全方位
开放。开埠以后,甬江沿岸一片繁华。"鄞之商贾,聚于甬江,嘉道
以来,云集辐辏,闽人最多,粤人、吴人其次。"[60]仅 1870—1872 年(同
治九年至十一年),宁波港就与牛庄、天津、汉口、九江、靖江、上海、
福州、汕头、广州、台北、打狗(高雄)、香港、澳门等口岸城市进行埠
际贸易。民国《鄞县通志》说:"甬埠通商要以清代咸同间为最盛。
是时国际因初辟商埠,交通频繁;国内则太平军起各省梗塞;唯甬埠
巍然独存,与沪渎交通不绝。故邑之废著鬻财者,舟楫所至,北达燕
鲁,南抵闽粤,而迤西川,鄂、皖、赣诸省之物产亦由甬埠集散。且仿
元人成法,重兴海运,故南北号盛极一时。"[61]这里所指的是涉及山
东、河北、湖南、江西、安徽、四川等地。

　　从上面看来,宁波在晚清除了扩大埠际贸易外,还进一步融入国
际市场,贸易国家有所扩大,既有东南亚国家,也有大洋洲国家。当
然,与欧洲也有贸易。主要有英、法、德、荷兰、丹麦、葡萄牙、瑞典、挪
威等国。比如,与德国在 1871 年贸易值为 493,584 关平银两,到次
年为 1,016,021 银两,承运吨位为 13984 吨,到了第二年上升到
23092 吨;与荷兰之贸易值 1871 年为 12653 银两,次年之贸易为
19275 两。与丹麦自 1870 年至 1872 年的 3 年的贸易额分别为
68596 银两、60705 银两、25577 银两。正是通过浙海关管理之下的
宁波海外贸易,沟通了宁波与全国各地和世界主要资本主义国家城
市的联系。当然,这种开放是被动开放,它曾给宁波带来了无数的屈
辱和灾难。但开放也给宁波带来了经济和活力。被迫开埠,主动融
入,开放,使宁波走向世界;开放,也使得世界了解了宁波。这与浙海

关口岸贸易的管理是分不开的,尤其是浙海新关的国际贸易的管理,征收洋税,更是起到一定的作用。

二是推进宁波城市工商业的发展。在浙海关的管理下,近代宁波港口腹地的扩大和港口的发展,也必然会促进宁波城市工商业的发展。

浙海关与宁波近代城市工业发展是密切相关的。主要体现在两个方面,一是为宁波近代工业企业的创办和发展提供原料、构买机器;二是为宁波企业生产的产品提供出口服务。对于上述两点不妨做一个考察。

企业的创办和发展固然要资金、技术和劳动力,但也需要原料、销售。没有原料,企业就会是巧妇难为无米之炊,但没有市场销售,企业同样无法生存。而原料或市场正是跟港口的腹地、海外的贸易有着重要的关系。民国《鄞县通志》称原料是"发展工业之要素"[62]。近代宁波城市的支柱产业是棉纺织业和轻工业。到1932年,宁波全市有工厂158家,多数为棉纺织厂和轻工业的企业,如和丰纱厂、恒丰染织厂、正大火柴厂等。

浙海关正是进口国外及埠际的原料、机器,为宁波企业提供原料、机器和市场。宁波和丰纱厂、太丰面粉厂和正大火柴厂的原料、机器,不少是通过进口来解决的。20世纪初,宁波工业所需之原料每年总值约在700万元,以棉花、麦占多数。纱、线及棉籽值20—30万元,煤10万元,火柴厂使用的片子杆子与化学药品值10万元,铁及笋、茶、人造丝等各数千元,探其主要来源,麦由澳大利亚、美国、加拿大进口,棉花一部分为美国、印度进口,另外一部分来自省内余姚及陕西、天津、九江及济南等处。煤来自开滦煤矿,而这些原料多由上海转来宁波港。1932年,立丰面粉厂从美国、加拿大进口麦50万担,和丰纱厂除从本地余姚、慈溪收购棉花外,还需要进口一部分棉花,从美国、印度进口棉花4800担以及陕西2900担,天津、济南、九江共3300担。这些原料不少是经过浙海关管理下所得到的。对于立丰面粉厂的小麦进口,浙海关税务司威立师在《浙海关贸易报告》中提到:"直接进口洋货总值较之上年,增加关平银350万两,其中以米、麦两项为大宗,……本年〔1932年——引者〕2月间,有面粉厂〔立丰面粉厂——引者〕一家开始工作,为年内本埠新兴工业之一,且为本埠面粉厂嚆矢,购进小麦不下25万袋之多。"[63]浙海关税务司辛盛在《光绪三十二年宁波华洋贸易情形论略》中亦说:"年内〔1906年——引者〕,初次进口价值关平银205,898两之机器设备。那是宁波一家华商新成立之棉纺厂直接向英国一家制造厂订购之车间设备也。"[64]从时间推算,这家华商新成立之棉纺厂应该是和丰纱厂。

除此之外,浙海关还担负对当地工厂产品的出口任务管理。20世纪20年代后,宁波近代工业发展较快,主要是棉纺织业和轻工业。棉纺、棉布、火柴、面粉、针织等产品都纷纷出口,运销国内各埠。而这些工业品除了一部分由火车运输外,主要是通过宁波港出口的。以火柴为例,据《浙海关贸易报告》记载,1926年到1931年,宁波港分别出口火柴110,500罗、89,600罗、241,050罗、315,250罗、252,839罗和343,350罗,合计1,352,589罗。其实,对于宁波各大工厂企业出口情况都有记载,1932年,立丰厂的面粉年产60万包,"经销本外埠",和丰纱厂产6支、8支、10支、12支、14支、16支、20支纱,"行销川、湘、鄂、粤、桂及本省",恒丰染织厂年产布72000匹,亦"销本外埠",而正大火柴厂生产的1500箱火柴行销本省温州、台州、杭州等外,则行销上海、芜湖、福州、宜昌等埠。[65]这些产品出口是在浙海关管理下实现的。

浙海关管理下的贸易,对近代宁波商业发展也有促进作用。从资料看,近代宁波商业分工渐细,规模扩大。宁波进口商品数量和品种增加后,出现了许多新的行业,诸如,绸布业、洋广杂货、五金业、西药业等。

　　绸布庄是近代迅速发展的行业。最初棉布棉纱的经营互相兼顾,19 世纪末出现了不少绸布店。据《鄞县通志》记载,20 世纪 30 年代初宁波就有 91 家绸布店,即旧城区 73 家,江厦 11 家、西门外 1 家,计 85 家,这是今天海曙的范围;江东 5 家,江北 1 家。绸布店不少经营洋布,其中后市 22 家,东大路(今中山东路)19 家,由于洋布精美漂亮,且价格便宜,绸布庄开始兼营推销洋布。屠景山的"源康洋布店"就销售洋布。

　　洋广杂货业,其商品大都进口,经营洋油、洋烛、洋皂、洋火、洋烟等,旧城区、西门口、江厦街就有 113 家。其中城区 99 家,江厦 13 家,西门航船埠头 1 家。

　　西药业也是开埠后兴起的。1932 年,宁波城区有 9 家西药店,其中,东门 2 家,江厦的小江桥 1 家,天妃宫前 2 家,江北岸的同心街 1 家,新江桥塊 1 家,江东的百丈街 1 家,打铁弄 1 家。1934 年增到 16 家,进口西药 60 万元,著名的有"屈臣氏药房"、"天一信孚房"和"四明大药房"、"宁波华英大药房"等。四明药房就经理德国先灵洋行、瑞士哈夫门以及国产西药厂家上海信谊药厂生产的西药。比如《德商甬报》在广告中就曾提出西药的进口:"本号自上海分设,采办泰西各国道地药材,监制灵验丸散、膏丹。"[66]1910 年(宣统二年)开办的"四明大药房"也"自运各国上品药材"[67],所销售的不少是西药,而且销路很旺。民国《鄞县通志》在"商业"栏目中记载了 1934 年宁波西药的有关情况:"本业共有十六家。历年各业皆趋衰颓,独本业反见增进。计去年〔1933 年——引者〕进口西药六十余方,国货占其半。销路以鱼肝油等补品最多,次之为国产针药。"[68]社会各界对此认同,西药房经济效益看好,1935 年,四明药房盈利 5000 元,华通药房盈利 2000 元。而上述洋布、洋广货和西药正是浙海关组织进口的。

　　三是给宁波吸收先进管理经验提供条件。管理有其两重性,即社会属性和自然属性。资本主义国家的管理经验可以为其他国家所用。经济的强盛、企业的发展固然要有丰富的资源和先进的技术,但更重要的是组织经济和企业发展的能力,即管理能力,就是如何以最小的资本、最小的劳动力投入,产出最大的效益。无论是泰罗、法约尔等人的科学管理原理,还是梅奥、马斯洛的行为科学理论,其核心是提高劳动生产率。洋人治理浙海关,把资本主义国家先进的管理方法、管理制度、管理理念引进宁波,不仅基本完成浙海关的近代化,而且为宁波吸收先进管理经验和管理方法提供了重要条件。浙海关的人事制度和规章制度,诸如人事方面的职位分类、人员录用、考核以及俸薪、奖惩等,这些都是以西方文官制度为基础所订立的,在当时是先进的,对于提高关员的素质都有作用,这种先进的人事制度对于近代宁波的人事管理,也必定会发生影响。统计制度、会计制度、审计制度,以及船舶的管理、轮船常年保结制度,海关征税制度以及港务、灯塔、巡缉管理,都符合近代科学管理精神,不可否认,这些管理方法和管理经验带有相当多的有利于西方列强商品输出和资本输出的半殖民地色彩,但必竟是提高了工作效率、规范管理,有利于宁波近代化、现代化进程的推进。宁波和丰纱厂引进西方的科学管理原理后,对企业进行改革。企业改为三级管理,设部、科、股。这样的组织结构不但管理宽度适宜,而且职责明确,也能处理好集权与分权的关系,为企业组织系统形成及正常运行提供了保证。企业同时实施计划、财务、劳动、物资、设备、基建等管理,提高了劳动生产率。

　　就城市地域空间实施管理,并提供公共服务,这是城市发展的要求。这就需要一系列的城市设施,诸如车站、商业网点、住房、邮政、市内外的水陆交通、公用事业、公园、娱乐、卫生等与之相适应。这就对城市的规划、建设和管理提出了前所未有的要求,促使人们去探索和实践,而浙海关恰恰为此提供了可供借鉴和移植的近代西方的相关经验。浙海关主持下的工程委员会,一般由税务司任主席,正是在工程委员会的组织、指挥、协调之下，江北岸外国人居留地逐步实施了建设与管理模式；注重规划设计，实施筑路架桥、建立自来水等近代城市生活基础设施和市政管理，及时制定相关管理章程，并设定行政当局的职责。从而使外国人居留地成了宁波城市近代化进程的先行区。近代宁波的城市规划、建设和管理就是在这种开放的大环境下逐步发展和进步的。浙海关还开办了海关书信馆，1897 年成立宁波邮政局，促进了宁波近代邮政业的发展。

注　释

1　魏尔特:《中国关税沿革史》,三联书店 1958 年版,第 120 页。

2　[英]赫德:《关于总税务司署创设问题备忘录》(1864 年),《汇编》第 6 卷,第 116 页,转引自陈诗启《中国近代海关史问题初探》,中国展望出版社 1987 年版,第 11 页。

3　[美]F.布鲁诺、费正清:《步入中国清廷仕途——赫德日记》,傅曾仁 等译,中国海关出版社 2003 年版,第 214 页。

4　同上书,第 177 页。

5　[英]李泰国:《江海关呈送税务条款清折》,《吴煦档案选编》第 6 辑, 江苏人民出版社 1983 年版,第 279—280 页。

6　同上书,第 280 页。

7　《吴煦禀李泰国商议江海关各事(底稿)》(1859 年 5 月 1 日),《吴煦档 案选编》第 6 辑,江苏人民出版社 1983 年版,第 298 页。

8　《薛焕致吴煦函》,《吴煦档案选编》第 6 辑,江苏人民出版社 1983 年 版,第 299 页。

9　《吴煦禀送与李泰国会议海关条款(底稿)》(1859 年 5 月),《吴煦档 案选编》第 6 辑,江苏人民出版社 1983 年版,第 301 页。

10　同上书,第 304 页。

11　《李泰国致吴煦函附送海关税务各条款》(1859 年 5 月 10 日),《吴煦 档案选编》第 6 辑,江苏人民出版社 1983 年版,第 315 页。

12　《张景渠致吴煦函》(1860 年 12 月),《吴煦档案选编》第 6 辑,江苏人 民出版社 1983 年版,第 382 页。

13　同治《上海县志》卷二十三《游寓》。

14　《张景渠致吴煦函》(1861 年 3 月 19 日),《吴煦档案选编》第 6 辑,江 苏人民出版社 1983 年版,第 413—414 页。

15　同上。

16　总税务司署造册处编印:《海关主管官员名录》(1859—1921 年),第 223 页,转引自陈诗启《中国近代海关史》(晚清部分),人民出版社 1993 年版,第 85 页。

17　金普森等主编:《浙江通史》第 9 卷,浙江人民出版社 2005 年版,第 80 页。

18　俞福海主编:《宁波市志》,中华书局 1995 年版,第 62 页。

19　任与孝主编:《宁波海关志》,浙江科学技术出版社 2000 年版,第 15 页。

20　孙修福主编:《中国近代海关史大事记》,中国海关出版社 2005 年版,第 20 页。

21　民国《鄞县通志·政教志·现制行政·经政》,宁波出版社 2006 年版。

22　《张景渠致吴煦函》(1860 年 12 月),《吴煦档案选编》第 6 辑,江苏人民出版社 1983 年版,第 383 页。

23　民国《鄞县通志·食货志》戊编下《产销》。

24　《张景渠致吴煦函》(1861 年 1 月),《吴煦档案选编》第 6 辑,江苏人民出版社 1983 年版,第 391 页。

25　《马新贻奏报浙海关洋税收支折(抄件)》(1866 年 7 月 7 日),《吴煦档案选编》第 6 辑,江苏人民出版社 1983 年版,第 99 页。

26　[清]王有龄:《致吴煦函》(1859 年 4 月 13 日),《吴煦档案选编》第 6 辑,江苏人民出版社 1983 年版,第 289 页。

27　[清]吴煦:《禀陈洋药收捐办法》(1859 年 4 月 16 日),《吴煦档案选编》第 6 辑,江苏人民出版社 1983 年版,第 285 页。

28　《张景渠致吴煦函》(1861 年 1 月),《吴煦档案选编》第 6 辑,江苏人民出版社 1983 年版,第 391 页。

29　《王有龄致吴煦函》,《吴煦档案选编》第 6 辑,江苏人民出版社 1983 年版,第 390—391 页。

30　《马新贻奏报浙海关洋税收支折》(抄件)(1866 年 7 月 7 日),《吴煦档案选编》第 6 辑,江苏人民出版社 1983 年版,第 98 页。

31　民国《鄞县通志·食货志》戊编下《产销二·通商史略》。

32　[英]柯必达:《致安格联第 95 号函》,《中国海关与辛亥革命》,中华书局 1964 年版,第 175 页。

33　同上。

34 《海关总税务司署通令》第 8 号(1864 年 6 月 21 日),《旧中国海关总税务司署通令选编》第 1 卷,中国海关出版社 2003 年版,第 32—33 页。

35 孙建国、翟后柱:《从中国近代海关人事管理制度的基本架构和特点看赫德》,《赫德与旧中国海关论文选》,中国海关出版社 2004 年版,第 167 页。

36 《海关总税务司署通令》第 24 号(1873 年 12 月 18 日),《旧中国海关总税务司署通令选编》第 1 卷,中国海关出版社 2003 年版,第 183 页。

37 《海关总税务司署通令》第 13 号(1873 年 9 月 8 日),《旧中国海关总税务司署通令选编》第 1 卷,中国海关出版社 2003 年版,第 175—176 页。

38 李权时:《中国关税问题》下册,1936 年版,第 458—459 页。

39 陈向元:《中国关税史》,世界书局 1926 年版,第 44—45 页。

40 见陈诗启:《中国近代海关史》(晚清部分),人民出版社 1993 年版,第 153 页。

41 潘忠甲:《解决关税十大问题意见书》,《京报》1925 年 10 月 31 日。

42 陈善颐:《外国侵略者控制下的浙海关见闻》,《宁波文史资料》第 9 辑,第 40 页。

43 中国海关学会:《赫德与旧中国海关论文选》,中国海关出版社 2004 年版,第 171 页。

44 《海关总税务司署通令》第 9 号(1870 年 11 月 4 日),《旧中国海关税务司署通令选编》第 1 卷,中国海关出版社 2003 年版,第 97 页。

45 陈诗启:《中国近代海关史》(晚清部分),人民出版社 1993 年版,第 157 页。

46 《关于总税务司署创建问题备忘录》(1864),魏尔特《中国近代海关历史文件汇编》第 6 卷,第 191 页。

47 赫德:1867 年 3 月 16 日《沿海灯塔备忘录》,《中国近代海关历史文件汇编》第 1 卷,第 201 页。

48 陈诗启:《中国近代海关史》(晚清部分),人民出版社 1993 年版,第 109 页。

49 浙江巡抚左宗棠奏折,同治元年十一月十日,《筹办奏务始末》同治朝,卷十一。

50　柯必达:《致安格联第 94 号函》(1911 年 11 月 6 日),《中国海关与辛亥革命》,中华书局 1964 年版,第 175 页。

51　民国《鄞县通志·食货志》戊编下《产销二·通商略史》。

52　斐式楷:《光绪元年浙海关贸易报告》,《近代浙江通商口岸经济社会概况》,浙江人民出版社 2002 年版,第 163 页。

53　同上。

54　同上。

55　民国《鄞县通志·博物志》乙编《工艺制造业·土布》。

56　汤象龙:《全国海关历年偿付英法赔款统计表(1861—1866 年)》,《中国近代海关税收和分配统计》,中华书局 1992 年版,第 203 页。

57　陈诗启:《中国近代海关史》(晚清部分),人民出版社 1993 年版,第 235 页。

58　柯必达:《致安格联第 95 号函》(1911 年 11 月 10 日),《中国海关与辛亥革命》,中华书局 1964 年版,第 175 页。

59　见柯必达《致安格联第 95 号函》(1911 年 11 月 10 日)安格联的批示,《中国海关与辛亥革命》,中华书局 1964 年版,第 176 页。

60　光绪《鄞县志》卷七十四《土风》。

61　民国《鄞县通志》食货志戊编《产销》。

62　民国《鄞县通志》食货志丙编《工业·工厂原料表》。

63　《民国 21 年海关中外贸易统计年刊(宁波口)》,《近代浙江通商口岸经济社会概况》,浙江人民出版社 2002 年版,第 396 页。

64　辛盛:《光绪三十二年宁波口华洋贸易情形论略》,《近代浙江通商口岸经济社会概况》,浙江人民出版社 2002 年版,第 520 页。

65　民国《鄞县通志》食货志丙编《工业·各大工厂概况表》。

66　《宁波华英大药房》,《德商甬报》光绪二十四年十一月二十五日(1899 年 1 月 6 日)。

67　《新开四明大药房广告》,《四明日报》宣统二年六月初二日(1910 年 7 月 8 日)。

68　民国《鄞县通志》食货志丁编《商业》。

第四章　浙海关与近代宁波人事行政

　　人事行政是开发人力资源、加强人才建设的重要途径,它包括职位分类、任用、考核、晋升、培训、奖惩、退休等管理活动。人事行政是政府行政管理重要组成部分,其水平怎样会直接影响行政管理的效率。浙海关作为政府的对外贸易、港口、邮政、税收等管理的重要机构,其人事行政的水平会直接影响上述部门的管理,也会影响宁波经济、社会的发展和近代化、现代化的进程。当然,这些制度中很大程度上是针对在浙海关供职的华人职员。

一、职位分类

　　近代中国海关关员的职位分类是借鉴西方文官制度中的职位分类的做法,建立以关员职位分类为基础,兼顾品位分类因素的职位分类制度。主要内容是进行职位设置,以"事"为中心,并用西方的分类标准,按职位的工作性质、责任轻重、难易程度和所需资格条件进行分类,有利于关员管理规范化。浙海关按照总税务司要求,在关员人事管理中注意职位分类。

(一)海关职位的特点

　　海关关员的职位是由总税务司所确定的,由关员所担负的工作量以及职务与责任的集合体,含有三个组成要素,即各关的职位由总税务司所确定,而不是关员自己随意所定;以每个关员的工作量为其衡量标准;职务与责任结合。

从上面的阐述中,我们考察浙海关,可以看到海关职位的五个特点。

一是海关职位是执行海关公务的基本单位,是各地海关人事工作的重要组成部分。海关机构是由不同职位构成的,但从总税务司编制的《海关职员录》看,职位分类有纵向、横向之分。浙海关就设有税务司、帮办、验货、钤字手等。在各部门又分若干等级,如帮办就有头等帮办、二等帮办、三等帮办、四等帮办等。洋班验货员有头等验货员、二等验货员、三等验货。1919 年,浙海关洋班验货员头等1 名、二等1 名、三等2 名。

二是海关职位以"事"为中心而设置,是为了落实海关的职能而进行职能分解的单元,具有相对稳定性,不受该职位上人员变动的影响,人走职位在。比如林纳 1865 年 4 月 15 日被任命浙海关税务司。1865 年 2 月 1 日任期满,调往他处,但浙海关税务司职位依然在,很快由包腊任代理税务司,1870 年 4 月 6 日,包腊调至其他海关,就由惠达任浙海关税务司。

三是职位有数量限制,受海关机构的职能、规模和经费等因素制约。比如,浙海关只能设税务司 1 员。1861 年 9 月 19 日,总税务司给浙海关副税务司乔治·休斯函中提到《各口岸外班人员的组织及其配制(编制)》,明确规定宁波口的外班人员设头等验估 1 名、二等验估 1 名;头等验货 1 名、二等验货 3 名;头等钤字手 2 名、二等钤字手 2 名、三等钤字手 4 名。

四是每一职位都有一定的标准,包括职位的名称、工作内容、责任、工作标准、任职条件、晋升方向等。比如,税务司职位,《大清国海关管理章程》第六、七条有规定:税务司职位之任命,由总税务司遴选,从副税务司及一等帮办中遴选(总税务司署总理文案税务司及汉文文案税务司之任命除外）；其标准考虑六点，即大体合适、历任职务、品德性情、汉文知识、特殊资格、国籍。其他条件相同，以资历不少于持续供职3年优先。凡各类考试不及格者，或其汉文知识不足，在处理特殊事务时需要译员帮助者，则不能任命为税务司。[1]尤其是海关税务司的汉文水平十分重要。《汉关税务司署通令》中明确提出这个要求：应关心汉文学习，能学之人都学汉文。贯通汉文将于个人有益、海关有用，希望诸税务司及其属员"严加注意"[2]。

　　五是每个关员的职位对应一定的类别和等级，与所定的薪俸（工资）待遇相挂钩。1869年（同治八年），总税务司赫德主持制定《大清国海关管理章程》，海关的主要部门——税务部门分为内班、外班和华员三个部分。浙海关按此规定内班设税务司、署理税务司、帮办等职位，其薪俸统一标准：浙海关税务司，月薪俸关平银400两；署理税务司，月薪俸关平银325两，加代理津贴每月关平银100两；超等帮办，月薪俸关平银300两；一等帮办前班，月薪俸关平银250两，一等帮办后班，月薪俸关平银225两；二等帮办前班，月薪俸关平银200两；二等帮办后班，月薪俸关平银175两；三等帮办前班，月薪俸关平银150两；三等帮办后班，月薪俸关平银125两；四等帮办，月薪俸关平银100两。而外班职员薪俸是：超等验估员，每月薪俸关平银200两；头等验估员，每月薪俸关平银150两；二等验估员，每月薪俸关平银125两；超等验货员，每月薪俸关平银100两；头等验货员，每月薪俸关平银90两，二等验货员，每月薪俸关平银80两；超等钤字手，每月薪俸关平银70两，头等钤字手，每月薪俸关平银60两，二等钤字手，每月薪俸关平银50两；港务长，每月薪俸关平银250两。[3]

（二）海关职位分类的作用

　　考察近代浙海关，我们可以看到其职位分类的作用主要有以下三点：

1. 为关员的考试与任用提供标准

近代海关实行职位分类制度。由于总税务司有一套统一、规范的通令，使每个职位的工作内容、任职标准、工作职责和晋升方向比较明确，这就有利于各个口岸海关制定合理的选拔和任用人才的标准，并且有针对性地确定考试科目、考试内容、考试方法和录用的标准，有助于海关关员的调任、职务晋升等环节贯彻"因事求才"的原则。1867 年(同治六年)9 月，根据总税务司署第 14 号通令，全国外班有 233 名人员，浙海关税务司外班人员为 14 名，其中头等总巡 1 名、三等总巡 1 名、四等总巡 1 名、一等验货 3 名、二等验货 2 名、一等钤字手 2 名、二等钤字手 4 名。[4]比如，钤字手、验货晋升就有一定条件。其智力、资历为晋级之决定条件。浙海关出现空缺时，从三等钤字手提升为二等及一等钤字手。但晋升者必须具有才能，在三等钤字手岗位上工作过。如读写不顺畅，计数不准确，不能自三等钤字手晋升到二等及一等钤字手。验货是海关关员职位之一，专司进出口货物检查。一等钤字手，若能熟悉进出口各种商品之类别及质量，可晋升为验货。验货除精通钤字手及验货职责，并在识别及判断公正方面完全合格，可晋升总巡职位。其他条件相同时，最谙汉语者优先，如在上海或任何一南方口岸，会操当地方言，当遇空缺时，钤字手与验货可由税务司提名上报，待总税务司批复后，方予正式确认并公布。

2. 为关员的考核提供依据

海关关员的职位分类，对一个职位的工作任务、工作内容、工作标准和职责权限有具体的、明确的规定，这就为海关关员的考核内容和等次标准提供了依据。总税务司成立后，为了提高海关工作效率，19 世纪 70 年代中期，总税务司编辑了各种办事细则，当时称为《诚程》，诸如《新关内班诚程》、《新关外班诚程》、《新关理账诚程》等。

各种《诚程》列出部门内的各个职位,然后就每一职位撰写专条,将这个职位应办、不应办和禁绝的各项事项写清楚。比如,《新关内班诚程》中"税务司条",列明的应办事项有"接任交任"、"章程宜熟悉"、"札文宜谨遵"、"处事宜速"、"册簿宜清"、"急事宜申呈"、"总巡匿报宜禀"、"应酬地面职官"、"选拔钤字手"等;其不应办的有"官权勿私用"、"不可轻诺"、"钤字手毋亲雇"等。由于规定了每个关员的职责范围,分清了职责权限,哪些做到,哪些没有做到,使各个职位都有自己的工作任务、工作标准和工作要求,使每人职有专司,无从推诿,从而为考核提供了依据。

3. 为关员待遇的确定提供参照系

近代海关关员待遇的最重要内容体现在关员的薪俸上,这与职位分类是紧密相联的。近代海关关员职位分类是根据所在职位的责任轻重、难易程度、所需资格划分为职位等级层次,规定不同职级的职位有不同的薪俸。工作难度大、责任越重、所需资格越高的职位,他的薪俸就越高,反之就越低。同样,尽管职位的工作性质不同,但只要工作难易程度、责任轻重和所需资格条件大体上相同,就应享受相同的薪俸。比如,1903 年(光绪二十九年)浙海关的部分关员薪俸作了适当调整,除税务司有所提高外,其他人员却有所降低:浙海关税务司,每月薪俸关平银 800—1000 两;署理税务司,每月薪俸关平银 700 两,其津贴和特别津贴不变;超等帮办,每月薪俸关平银 400 两;一等帮办前班,月薪俸关平银 375 两;一等帮办后班,月薪俸关平银 350 两;二等帮办前班,月薪俸关平银 300 两;二等帮办后班,月薪俸关平银 250 两;三等帮办前班,月薪俸关平银 225 两;三等帮办后班,月薪俸关平银 200 两;四等帮办,月薪俸关平银 150 两。[5] 当然,一些职位的工作性质有所不同,因工作难易程度与所需资格相同,所享受的薪俸也是一样的。

二、人员的选拔与任用

选拔任用包含两层意思：一是海关根据需要和职位吸收新工作人员，通常把这一活动称录用；二是海关关员的任命、转任或晋升。

（一）关员的录用

海关人员录用，是进入海关的"入口"，亦是海关关员管理的重要环节，对于保证海关关员队伍的素质具有重要作用。在近代，浙海关税务司按照总税务司署的有关通令，重视人员的录用。

浙海关人员录用是 1864 年（同治三年）颁布的《募用外国人帮办税务司章程》作为基础来录用关员。19 世纪 70 年代起，进入海关工作的中外关员都要通过考试后正式录用。当时主要是募用洋员。浙海新关初期，浙海关的洋员主要来自欧洲。为了保证海关录用人员的素质，总税务司于 1899 年（光绪二十五年）就订有招聘、录用海关人员的条件。凡应聘海关职位者，必须符合各机构设定的年龄、文化程度、身体、婚姻状况等条件，其中内勤人员要求较高。在年龄上规定，内班在 19 至 23 岁之间，外班放宽在 30 岁以下。文化程度要求提供合格的证书，其标准是具有欧洲各国之职员所具备的平均高中水平，内班必须受过高等教育。在身体上，必须进行一次体格检查，对于有器质性疾病、生理缺陷、包括严重缺陷者，不予录用，婚姻方面，要求未婚。外班不重学科考试，强调品德和健康等。浙海关的关员录用就是这样做的。《宁波海关志》提到浙海关录用人员："内班年龄限制在 19—23 岁，外班不超过 30 岁，均应未婚。内班人员需要受过普通高等教育，或者毕业于税务专科学校；体格检查不及格者，不予录取；外班人员的录用，不着重于学科成绩，而以身体健康及品德良好为主。"[6]

对于被录用的关员,为防止其借退职而造成工作困难,浙海关按照总税务司的要求及江海关的做法,实行保结办法,对于新录用的海关人员一律呈交保证书,表示忠诚服务、遵守规章、赔偿损失等内容,"必能恪守一切关章,勤慎服务,特为保证。如有违章情事,保证人愿负法律上之责任,并抛弃先诉抗辩之权"[7]。交付一定数额的保证金,并殷实商号、有 2 名有声望的公务员或中高级关员做保。录用人员服务满 8 年后,退还其保证书和保证金。

有关资料显示,海关人员录用,还要有试用期。录用后关员予以试用,试用期一般为一年,也有 3 个月、6 个月。试用期内,被试用者轮流被派往有关部门接受实习培训,并须在限定的时间内掌握指定部门的业务知识和实际操作技能,每季度接受一次业务考核,实习情况及考核成绩直接上报总税务司。《海关总税务司署通令》第 14 号指出:"钤字手之遴选与录用,取决于各口岸税务司。新雇人员支薪与三等钤字手同,然须经三个月试用期,方可正式录用。试用期满,若税务司满意,即将该试用人员姓名上报总税务司,并正式载入关册,该员方可享用外班人员各种待遇。"[8]1869 年 11 月 1 日的《海关管理章程》中也说:"钤字手由税务司派任。任何新雇人员均须试用六个月,然后将其姓名,并附医生证明书,上报总税务司列入定员名册。"自 1867 年起浙海关按照上述通令对于钤字手的录用就有规定。新雇人员支薪与三等钤字手同,但必须经 3 个月试用期,方可正式录用。试用期满,若税务司满意,即将该试用人员姓名上报总税务司,并正式载入关册,该员可享有外班人员各种待遇。

但海关关员的录用的最终决定权趋于集中,由总税务司最后决定。《海关总税务司署通令》第 8 号就规定:"惟有总税务司有录用或开革、晋升或降级,以及口岸间调遣之权。"[9]

当然,海关关员录用有其原则,主要是公开、竞争、择优录用,这是近代西方文官制度的核心。中国近代海关人事管理制度以西方文官制度为蓝本，也采用公开、竞争、择优录用的原则。浙海关的人员录用是遵循上述原则的。

公开原则是中国近代海关录用关员的重要原则。它要求把海关关员的录用标准、条件、方法、程序等向社会公开，并接受监督。公开的内容主要是海关关员招考的对象、数量、招考的职位、拟任的职务、责任、所需资格；录用考试的科目、办法、程序等向社会公开。比如，上海、广州、青岛、大连等地区招考中外关员，都在报刊上登载招录启事，对于招录关员的要求、考试的日期都有提到。浙海关关员的招考也采取过类似的做法。

竞争原则是中国近代海关录用关员的另一重要原则。考试是近代中国海关录用关员的最基本竞争方式。这里有两层意思：一是有志于成为海关关员者，以自己的才能、智力和品行作为条件，参加主考机关组织的选拔考试；二是主考机关通过考试，让报考者以自己的成绩作为竞争内容，让主考机关根据报考者的成绩择优录用。报考者能否被各口岸海关录用，主要取决于报考者本人的品行、能力、智力等。海关用人无论中外，俱须经过考试，哈佛、耶鲁、剑桥、牛津等名牌大学的高才生纷纷服务中国海关。在录用过程中，在"国际性"原则的基础上强调人员的素质，为保证进入海关工作的中外关员有较高的素质和良好的工作效率。由上海、广州、青岛和伦敦办事处等地设点公开考试招募，这些考点都提前在报刊上登载招录启事。尤其强调洋员的汉语水平和华员的英语水平。学员必须统一考试后录取，试卷由学堂统一出题，分送各关，由各关税务司与海关监督主持考试，试毕将试卷寄回学堂，由其批改后，合格者录取。关员一经正式录用后，其职位有切实保障，如果不犯重大过失或有贪污行为决不能任意辞退，更不以长官的变动而影响其职位。浙海关在录用海关关员中都进行严格的考试。华员中的内班供事、文案等职员，就由浙海关税务司通过考试录用。

择优的原则，是指海关关员录用在公平、竞争的前提之下，对报考者按照其品行、学识、工作、才能等标准，进行考试、考核，全面考察其品行、能力、智力，并且以考试成绩、考核结果作为其依据，从高到低排列出合格者的名，择优录用。

坚持择优原则，才能保证海关录用的关员不但具有好的品行，而且具有较高的业务素质。从浙海关录用的人员看，华员内部人员的录用都需要大学毕业或海关、税务专门学校毕业。自1908年的"税务学堂"成立后，不少毕业生陆续进入海关。比如，曾任浙海关代理税务司的陈善颐在北京税务专门学校毕业后，就曾在浙海关见习。

（二）关员的选拔与任用

浙海关根据《大清国海关管理章程》和总税务司署的有关通令，并根据自身的实际情况形成一套选拔、任用海关人员的方法与途径。尽管这种任用方式的目的是维护外国列强在华的利益，但毕竟是有利于近代浙海关关员的素质和事业的发展。

1. 用人注意品行与才能

用人注意品行与才能就是德与才的兼顾。海关事业发展必须要有一支德才兼备的较高素质的队伍，这是事关海关事业发展的问题。在德与才的比较中，德更重要，但不能缺乏有技术、懂业务的人才。海关要发展必须选拔任用德才兼备的人，不能只顾其一而不顾其二。比如，《大清国海关管理章程》中就税务司、副税务司的职位任命中就提出六个标准，即大体合适、历任职务、品德性质、汉文知识、特殊资格、国籍。这里第三点"品德性质"是"品行"或者说是德的标准，当然，对于德的认识有其特定含义，即忠诚海关事业，某种意义上是以满足外国列强需要作为其标准。"汉文知识"就是学识，这是"才"的具体体现，章程明确规定："凡各类考试不及格者，或其汉文知识不足，在处理特殊事务时需要译员帮助的，则不能任命为税务司。"[10]

上述三个条件是反映一个海关工作人员的"才"与能力、智力的的问题。正因为如此,赫德把汉语水平作为税务司任职的"才"的重要内容,要求税务司等海关高层学习汉文。在海关总税务司署第25号通令中就认为:"余素来作如是观:任用既熟悉汉语又书写清晰计数合格者担当海关通事一职,有何不可","故一直在寻找愿学汉语之人,并奖励学而有成者。即令如此,仍定汉语知识并非每个人惟一资格,但当其他方面与他人条件相等,而汉语优于同僚者,则理所当然任命此人"。浙海关税务司休士、裴式楷、德璀琳、杜德维、班谟、康发达、葛显礼等都有才能,且熟悉汉语。比如,葛显礼,英国人,1862年进入中国海关任职。1884年7月30日到1886年4月16日,被赫德任命浙海关税务司,任职期间,为建立海关邮政多次上书赫德等人,在呈文中内容丰富,说理到位,分析有力,表明他有较高学识和才能。而他有较高汉语水平,与宁绍台道、浙海关监督薛福成及洋务委员李圭交往很深。

2. 用人不唯资历

有用即人才。海关关员资历是需要的,这是其经历丰富和经验积累的一种表现。尤其新关设立之初。内班更是如此,内班晋升通常以资历为准,但不是唯一的,重要的是忠于海关事业,对事业执著追求,能够独立地脚踏实地开展工作。尽管一些人资历不深,只要能够创造价值,这样的人还是要用的。近代海关对于这一点是注意的,既看关员的资历,更重要地是看重能力和实际操作水平。《海关总税务司署通令》第25号令中对于这个问题有所涉及。通令说:"在同等条件下,资历仍有其自身之价值。""日后,资历仍受重视,但因办事效率之标准不会一成不变,故资格居次要位置。资格者,因时因事所视也。海关此一部门,始于1860年批准条约之日,不可认为海关成立既久,毋庸特别管理亦不得一味推崇资历。应予指出,有人仅较他人供职略早几个月或几年,却图谋凭此索取晋升。资历之于晋升,实是其中微小之数,不值夸大。"而谋于海关各级职位中,"不采纳惟资历晋升之法"。[11]

海关总税务司第26号通令中也认为,唯资历晋升、任用,会使一些人熬年头。内班晋级(税务司职级与副税务司职级除外),通常按资历为准,每等级中有二成之晋升定为择优选拔。资历制度自有其利其弊,"按资历晋升,人人到期即可晋升,而力求进取富有才能之人,则每每不满,如此等待"。为此,总税务司把税务司、副税务司职位及成空缺职位不按资历晋升,而是"提升较有前途之人"。这样"能激发关员更加努力工作,给予成绩优秀者以更多机遇"。"不要以为一切论资排辈,只要工作期届满,迟早定得晋升。"

浙海关税务司结合实际执行《大清国海关管理章程》及海关总税务司的第25号通令和26号通令,在关员的任用中,对其资历作为晋升依据,尤其是内班晋升、任用,但对于那些"有前途的人"也进行择优晋升。尤其是进入民国后,更注重这一点。1930年9月30日至1931年2月20日,陈善颐为浙海关办公室秘书,由于查缉走私有功就被择优提升,他在浙海关代理税务司柏德立的保举下,破格晋升为帮办,后又送往海关税务学校深造,1945年12月至1946年1月被任命为浙海关代理税务司。

3. 用人的权力在于总税务司

从总税务司的各种通令及近代海关实践看,各口岸海关用人权都集中于总税务司。在《海关总税务司署通令》第8号令中,赫德指出:"未经总税务司批准,海关不得雇佣支俸人员,或准许无俸而在关执行任何任务。未经总税务司批准,亦不得任用任何人担任总巡或代理总巡,临时充任除外。"各关税务司、帮办、供事、洋员,他的使用除了为清政府服务外,还要得到总税务司的认可或任命。作为中国政府责任代理人总税务司对彼等品行职责方面表示满意,即可保留其职位。唯有总税务司拥有"晋升或降级,以及口岸间调遣之权"**12**。这里明确说明总税务司对于海关人员的晋升、转任、委任有绝对权力。浙海关的人员使用完全证实这一点,至于关员任用的方式,主要有委任、转任、调任等几种方式。

委任是总税务司依据法规及职位直接对关员任命。对于税务司、副税务司的任命就由总税务司所定。1861年1月浙海新关设立后,税务司、副税务司人员的任命就由时任海关总税务司李泰国所定。1861年3月19日(咸丰十一年二月初九日),吴煦致宁绍台道张景渠的信中就提到浙海关税务司人选的任用:"已谕派英人李泰国为总税务司,所有各关司税责成李夷选募","宁关司税伊亦必选募前来"。**13**这年5月,李泰国委任华为士为浙海关税务司。《筹办夷务始末》(咸丰朝)亦有记载:"李泰国又派外国人日意格为宁波副税务司,因日意格在广东,派华为士暂行代办等。"**14**

赫德任总税务司后,也十分关注浙海关税务司人员,他曾亲自委任浙海关等税务司。这在他的日记中有记载。1865年5月7日的日记中指出:"我从4月1日至25日,做好我的全部工作安排。马吉已辞职,任命:天津,狄妥玛;牛庄,马福臣;芝罘,休士;上海,费士来;镇江,惠达;九江,汉南;汉口,日意格;宁波,林纳;福州,美里登;厦门,克士可士吉;打狗,麦士威;淡水,一;汕头,威涵励;广州,吉福罗。还有布浪,作为副税务司去上海。"**15**这里明确委任林纳为浙海关税务司。

对于下级的海关工作人员,诸如缉私艇船长、巡丁头目、巡丁等员由各口岸税务司任命。具体是税务司挑选,海关监督批准,发给任命书。1864年(同治三年),宁绍台道、浙海关监督史致谔发给浙海关下级洋员委任状。比如,二月初三日,史致谔发给署巡丁头目培克·麦罗纳,巡船船长三怀士,巡丁阿·密士、安德森、斯惟纳、毛列、福列士等人委任状(喻单)。

转任是指海关关员在海关内跨职类或跨部门、跨单位、跨地区转换岗位。由于工作需要或休假，一些税务司、副税务司及帮办等高级海关人员在一定时间内离开其工作岗位，在海关内部就有人员跨地区、跨单位转岗位任职，这是在海关内部进行的。1870年（同治九年），粤海关税务司吉罗福请假回国，浙海关税务司包腊调往广州。而台湾税务司惠威林调至浙海关任职。这些调令均由赫德确定，为此总税务司发出调派税务司照会："据总税务司赫德申呈，内称：窃据镇江关税务司葛显礼请假回国，查有江汉关副税务司吴得禄堪以调署。又粤海关税务司吉罗福请假回国，查有浙海关署税务司包腊堪以调署，所有浙海关税务司事宜，查有前经请假回国台湾关税务司惠威林现已销假堪以接补。"[16]

海关关员从低一级职位升任高一级职位的，通常称为提拔和升任。这种晋升通常也由总税务司发出通令。1889年（光绪十五年）浙海关税务司康发达不再任浙海关税务司，由法国人雷乐石（Ls. Rosker）升任浙海关税务司。为此也由总税务司赫德签发雷乐石升任浙海关税务司的照会："钦命总理各国事务衙门咨开：光绪十五年四月十八日，据总税务司申称，浙海关税务司康发达另有差委，所遣之缺，查有淡水关署税务司雷乐石（法国人）堪以升补。所遣淡水关税务司一缺，查有台湾关税务司葛显礼（英国人）堪以调补之。"[17]即使帮办的升迁也由总税务司直接经办。英国人戴乐尔，为浙海关头等帮办，调任九龙关署副税务司，也由总税务司办理。

三、考核与培训

关员的考核和培训是海关人事行政的内容，也是海关人力资源开发不可缺少的重要环节，这对于提高关员素质和工作效率，促进海关发展有其重要作用。但总税务司牢牢抓住人事权，故考绩报告与培训成为控制关员、巩固外人在海关统治的重要手段。

（一）海关员工考核

所谓关员考核，是海关针对员工所承担的工作，应用定性和定量的方法，对员工的实际效果及其对海关的贡献或价值进行考核和评价。这是海关对关员进行奖惩的重要依据，也是促使其完成本职工作、实行海关发展的内在驱动力。

1. 考核的种类

海关对关员都实行考绩制度。对关员考核一般是两种形式，即平时考核和年终考核。

平时考核。这是海关对关员的日常工作用定量、定性的方法，对各口岸的关员进行考核，主要是考勤、制发考核手册。总税务司署的有关通令就提到关员考勤簿上签到。1929 年 11 月 21 日，海关总税务司署发出第 4002 号通令，"规定实行关员每日六小时工作制事"，规定关员每日办公时间。各海关应于规定后缮具汉英文布告各一份，在各关关员每晨签到处"永远张贴，以资遵守"。"关员签到考勤簿应于每晨关员开始办公时间后五分钟，一律缴呈各该关税务司或副税务司查核，如有迟到者，应即向该管主任申述迟到原因，以凭核办。"[18]关员每天工作 6 小时。按照总税务司通令，浙海关的关员开始办公前必须签到。一般工作时间为 6 小时，即上午 9 时至 12 时，下午 1 时至 4 时。这是对关员每天工作量的考核。

年终考核。海关考核主要是年终考核。年终考核以平时考核为基础。关员考核一年一度，层层审核。考成报告由税务司及关员所在部门主管官员编制。1869 年的《大清国海关管理章程》中对关员考核已作过说明："每年之六月三十日及十二月三十一日，税务司对其属员之品德、品行和资格之优劣，有应予叙述者，应以密件上报总税务司。此项密件副本可存放税务司公事房保险箱中，虽此类文件与其他公文同按连贯数编号，但不登发文簿。"[19] 1929 年提出品行、学识、工作、才能、健康、迁调及总评六项内容进行考评。浙海关根据关员的不同职务、不同标准而分别填报,由于是秘密考绩,规定考成报告只填写一份,并于每年12月将关员的年终考成报告汇送总税务司署,由典职课加以研究,并定等级,加注特殊符号后备案。内容如何,其他人一概不知道。《宁波海关志》指出:"按照总税务司通令,浙海关职员必须于每年底填报年终考绩报告:内容分为德、才、能、知四项。"[20]1945年8月以后,浙海关通行的考核标准分为智力、办事能力、是否负责、态度与仪表、工作表现、一般操作,用百分制给以评分。当税务司核定评语较差,关系到某一关员的停止晋级或免职处分时,税务司必须亲自找关员本人谈话,在了解情况后再作慎重处理。

2. 考核的作用

海关的考核制度对提高关员素质和工作效率,保证海关高效运作是有作用的。

第一,有利于海关员工加强纪律性。通过考勤制度与工作制度的考核,能促进关员遵守纪律。比如,关员考勤签到,就是要求关员在6小时内努力工作。全年考勤合格的就有奖励。在工作期间,如果懒散、不遵守时刻、疏忽大意、工作不胜任、好生口角、无故缺勤、泄露公务、贪污侵吞、挪用、受贿、欺诈、酗酒等,考核不合格,就要受到处罚,遭到"私下训斥、当众训斥、上报总税务司、上报期间暂停职支半薪、总税务司裁定之停职时间支半薪、列名于同级之末位、列名于同等之末位、列名于低一等级、开革"[21]。浙海关依据总税务司通令通过考勤制度与工作制度的考核,促使关员严格纪律、遵守制度。

第二,有利于对海关员工实施奖励、培训、职务升降、辞职等。海关的人事行政包括奖励、培训、职务升降、辞职、辞退等各个环节。对海关关员进行考核,就可以对关员的德才的表现和工作业绩作出比较客观的、实事求是的评价,并以此作为依据对海关员工进行奖惩、培训、职务升降和辞职辞退。1944 年 3 月 8 日,总税务司署渝字第720 号通令中规定考核在考绩晋升中的作用:"考试成绩应作为各该与试人员考绩总分的百分之五十,其历年考成报告所列成绩,亦应计为百分之五十。"这里清楚表明考核在考绩中的所占地位。关员的晋升,固然要经过考试,但还需要全面考核。浙海关的员工晋升中把考核作为重要依据。1947 年 9 月,浙海关举行甄拔稽查员的考试,规定所有本关的额外、临时、本口稽查员及打字员、书记、办事员等均可参加。凡考试合格者,经过 6 个月的试用期后,可擢升为正式四等稽查员。除业务知识考试外,还对有关晋升人员进行考核,只有考试、考核合格,才能晋升稽查员。比如,浙海关稽查员曹文奎除考试外,还对其考核,考核中成绩佳,智力、能力、操行三项均为 90 分;态度与仪表、工作表现两项为 80 分;"愿否负责"项为 75 分。1947 年10 月 1 日,晋级为试用四等稽查员。1948 年 3 月 31 日,试用期满,浙海关代理税务司童炳对他所作的考语是"该员工作甚为勤慎,处事精明干练,对于外勤职务颇知,悉心研究,实系可造之材"。并且上报总税务司,经总税务司批准后,于 1948 年 4 月 1 日起晋升为四等稽查员。[22]

(二)关员的教育培训

1. 提高关员素质需要教育训练

　　海关培训是指有组织、有目的、有针对性地对海关员工进行文化水平、语言能力和专业知识的培养与训练。

　　海关的培训是海关根据经济、社会发展的需要和职位的要求进行教育和训练,其目的是通过各种形式,有组织地提高海关人员各种素质。通过此种手段,加强对海关人员的人力资源开发。这是近代中国海关税务司的一项重要工作。赫德曾经指出:"对下属训练为税务司任务中最重要之一项,对于外人帮办则直接加以训练,经常调换其工作,使其熟悉各方面事务,监督其学习中国语言,预备作他日税务司之人选。"1873 年 10 月 6 日,海关总税务司署发出第 15 号通令。明确指出:"各税务司应注意训练属员业务能力。"[23] "知晓对属员培训乃长运之计,各税务司应不仅确保本口岸海关办事顺当有效,而且倘若某通事由本口岸调往另一口岸,对公事房各项业务一无所知,则该税务司理当受责。"在通令中还提出培训的重要性:"税务司训练属员,无论对公众、对海关及对个人,均属至关重要。"[24]

赫德认为,作为税务司,应该把对关员训练作为其重要工作,"应注意训练属员",其所谓的"一般胜任",应为"包括训练属员在内",对具有才能与资格人员,只需稍加指导、监督,使其数周内即可熟悉。"务望各税务司能注意及此。切勿抱怨新人不能胜任工作,而应加以训练,使其堪当所任。"[25]

2. 培训的形式

近代海关对关员培训采取多种形式,主要是参加培训基地接受培训,实践中锻炼培养,到国外考察培训。浙海关利用上述各种形式对员工进行培训。

一是参加培训基地培训。海关的人才直接影响海关事业发展。为培养更多的海关人才,总税务司注意创办学校,建立培训基地。税务学堂是海关培训人员的重要基地。1908 年 9 月 29 日,海关总税务司裴式楷发出第 1501 号通令,任命了学堂总办。通令说:"顷接税务处札文通知开办税务学堂,并派定第一股帮办补用知府陈銮及海关税务司邓罗为学堂总办。嗣后凡由税务处督办及总税务司署之学堂公事,径由学堂总办会衔照知本总税务司,以免周折。仰即知照遵行。"[26] 在总税务司的关注下,1909 年在北京开设了税务专门学校,1929 年,上海设税务专门学校,从而培养了大批的海关人才。浙海关不少人员毕业于税务学校,比如,抗战胜利后任浙海关代理税务司的陈善颐，就于 1931 年毕业于北京税务专门学校。

除了税务学堂创办外。总税务司还指示各口海关办专门训练班，招收学员学习。1873 年，鉴于部分关员缺乏业务知识，海关税务司署第 15 号通令中，要求各口海关通事参加业务学习，"税务司将托付与己关务及训练通事诸事办好"[27]。浙海关时有 4 名通事参加业务知识培训。

1923 年 12 月 11 日，总税务司指示江海关办验估专门训练班，培训人才，支援各关，训练班所学内容有税则、出入口货、高等数学、英文、中文文牍、验估及验货实习等。培训对象是从为海关服务、成绩优良、品行端正的外勤人员中选取。3 年后，受训扩至 11 个海关，取得好的效果。浙海关派员到上海参加学习。

二是上岗前培训。随着海关事业的发展，各口海关每年都需接收相当多的新关员。这些人员来自学校。为使他们很快适应工作，训练当从新入关者开始，对于新入关的关员进行上岗前的培训。1873 年 10 月 16 日，赫德发出"为训练属员业务能力事"的通令，通令指出："每名关员开始办事前均需经一般性训练，并于嗣后各阶段再辅以专门训练。"当关员首次任命前大致确认该员具有担任通事之资格，即具有学习海关通事专业之条件。一旦分配至某个口岸，"该口岸税务司对该关员工加以训练，使其胜任关内各项工作"[28]。浙海关当时有 4 名通事，税务司对这些通事进行业务培训，并针对宁波当地特点给予专门训练，用 3 个月时间从事每一部门之业务，在一年内学会全部业务。1915 年 12 月 24 日海关总税务司署发出第2443 号通令，要求招聘因战争关系而失业，且符合海关招募资格的人员进入海关任钤字手。但这些被招人员必须进行上岗前的培训，"试用人员分别赴上海及广州受训十二个月，月薪关平银 20 两。试用期满后，即调往各个口岸"[29]。

三是实践中培养。实践出才干。海关总税务司注意在实践中培养海关关员。通过培训引导关员用所学的文化知识和专业技能解决实际问题。验货的责任在核实货物与商人申请准单时所报货名相符。这要求验货员具有多种业务知识,这些知识掌握、运用的一个重要方面在于从港口验货实践中获得。"一名真正优秀验货须具备多种品质,如廉洁可靠、天资聪敏、熟知商品、语言流利、详悉税则、计算迅速准确、记录精确得法等等。其具备之品质愈善,其验货成绩愈佳。但具备所有品质者实凤毛麟角,必须经过多年磨炼始可成为高手。"[30]浙海关对所招的验货员,让他到港口,集中于某一船,检查每一包件,通过实践训练培训验货员的业务能力。

四、关员的待遇

为了吸引优秀人才进入海关的队伍,并保持这支队伍的相对稳定,海关关员的待遇是丰厚的,主要是薪俸、酬劳金(恩俸)、津贴、休假与退休金发放等。这些待遇在总税务司的各种通令中都有涉及。浙海关的关员都享受上述待遇。

(一)关员的薪俸

关员的薪俸是各口岸海关,根据总税务司的规定,结合口岸的情况,按海关人员的编制及薪俸表规定的数额发给的,薪俸的数额是随着服务的年限的增加、职级的升迁等而逐步增加的。

资料显示,关员的薪俸是由总税务司所定的。海关总税务司1864 年的第 8 号通令中已有涉及,"税务司不得对任何帮办、通事、总巡或副总巡施以降薪或开革处分。但上述人员如有渎职行为,为维护纪律可暂令停职,呈报总税务司听候处理。若任何人辞职须即刻报总税务司"。"华员月薪十两或以上者,洋员月薪六十两或以上者,未经总税务司批准不得增薪。"[31]1869 年 11 月 1 日的第 26 号通令中也有阐述,认为海关的"现时之薪已相当丰厚"。并指出所有内班、外班人员按第 26 号通令"所附名单支薪"。[32]

从总税务司通令及浙海关关员薪俸发放看,关员的薪俸是贯彻了责酬相符的原则,按等级或职位发放。总税务司的第 26 号通令中指出:"应注意名册中每名帮办姓名左侧为一级、二级、三级及说明其在名册中之等级或职位之数字;而姓名之右另一数字和词:指明其薪俸属何等。"第 25 号通令及《大清国海关管理章程》中对内班、外班、华员各个职位及其相对应的薪俸都有明确规定。浙海关就是这样执行的。根据总税务司 1867 年 14 号通令,浙海关外班有 14 名人员,都有明确的薪俸。现列表如下:

1867 年浙海关外班人员薪俸表

职位	头等总巡	三等总巡	四等总巡	一等验货	二等验货	一等钤字手	二等钤字手
人数	1	1	1	3	2	2	4
年薪（银两）	2400	1500	1200	3240	1920	1680	2880

资料来源:《海关总税务司署第 14 号通令》(1867 年 9 月 19 日),《旧中国海关总税务司总署通令选编》第 1 卷,中国海关出版社 2003 年版,第 52—53 页

上表说明,浙海关的有关职位,由于职级不同,其薪俸也有区别。头等总巡年薪高,为 2400 银两,最低为二等钤字手,年薪为 720 两。正如第 14 号通令说:这样能建立秩序与统一制度,"使占有重要职位之众多关员获得稳定与保障,履行重要职责之部门享受应有地位。"

根据总税务司 1870 年 12 月 31 日第 25 号通令附件,浙海关在1872 年宁波灯标雇佣人员的薪金也有规定,今节录如下:

1872 年浙海关灯标雇佣人员薪俸表　　单位:关平银(两)

灯塔地点	头等灯塔值事人月薪	华班水手月薪	副灯塔值事人	灯塔供应船华班水手
白鸦山	25	15		
大虎岛	20	15		
鱼腥脑	50	30	30	30
合计	205			

资料来源:《海关税务司署第 25 号通令》附件(1870 年 12 月 31 日),《旧中国海关总税务司署通令选编》第 1 卷,中国海关出版社 2003 年版,第 126 页

海关员工的薪俸与其本人的年资密切相关,员工的工龄越长,其薪俸也越高。1922 年,总税务司对部分外班华员年资的薪金调整为:新进关的称货每月薪金 18 元,工作 25 年以上可增至 53 元。水手巡役起始薪金 15 元,工作 25 年以上可增至 34 元。轿夫、更夫、门役等起始工钱 13 元,25 年后可升至 23 元。《宁波海关志》记载了1926 年的浙海关海务处就地录用的员工薪俸表,反映了这一事实。节录如下:

1926 年浙海关海务处就地录用员工薪给表

薪给(\$)　　　工龄(年)	称货员	水手	跟班	听差	指泊手
1	17	14	15	12	14
2	18	15	16	13	15
3	19	16	17	14	16
4	20	17	18	15	17
5	21	18	19	16	18
6	24	18	19	16	18

续表

工种 薪给（＄） 工龄（年）	称货员	水手	跟班	听差	指泊手
7	24	19	20	17	19
8	27	19	20	17	19
9	27	21	22	18	21
10	30	21	22	18	21
11	30	23	24	20	22
12	33	23	24	20	22
13	33	24	26	21	24
14	36	24	26	21	24
15	36	26	26	22	25
16	39	26	28	22	25
17	39	27	28	22	25
18	42	27	28	22	25
19	42	29	30	22	25
20	45	29	30	22	25
21	45	30	30	22	25
22	45	30	32	23	25
23—24	48	30	32	23	25
25	48	30	34	23	25
26—27	53	30—33	34	23	25
28	53	30—33	34—37	23—25	25—27
29—30	53—58	30—33	34—37	23—25	25—27

资料来源:任与孝主编:《宁波海关志》,浙江科学技术出版社2000年版,第95页

　　从资料看,海关员工的薪俸也是有变化,有增有减,这与当时的社会环境和本人任职情况有联系,关员的晋升与经济社会情况紧密

相连。

关员随着职务的晋升,其薪俸也越高。浙海关根据总税务司通令精神,对外班华洋查验人员薪俸有过规定,分为试用稽查员和监查员两种,随着职务晋升,薪俸增长。分试用稽查员、四等稽查员、三等稽查员、二等稽查员、一等稽查员、超等稽查员六等,其薪俸分别为50两、65两、80两、95两、110两、135两。除超等稽查员外,其余五等每等薪俸差15两,每晋升一级,薪俸增15两。而超等稽查员再往上升至二等副验货员、二等副监查员、一等副验货员、一等副监查员、二等验货员、监查员。每一等级之间薪俸差25两。华洋查验人员薪俸最高的是总查长和越等验估员,薪俸为350—550两。

我们还可以用浙海关的事例来说明,海关关员随着职务的晋升而薪俸不断增加。如浙海关一等帮办后班来安仕月薪350两;1915年11月晋级为前班,他的月薪增为400两;1916年晋级超等帮办,月薪增为500两;1917年5月晋级为浙海关代理税务司,月薪增为550两。

关员的薪俸与海关的经济效益也有关系。关员的薪俸发放不仅要考虑海关的征税情况,而且要考虑货币的变化状况与消费品价值水平。海关的关税收入多,税务司等人员的薪俸就有提高。浙海关由于关税收入增加较快,税务司等高层的薪俸也有增加,1876年(光绪二年)五月,浙海关税务司月薪增加为500两。而税务司秋妥玛月薪为750两。其他人员工薪不变。

但货币的变价变化也会促使薪俸变化。甲午战争前后,白银贬值,英镑猛涨。而薪金与工资系以白银支付,关员负担加重。为此,从1898年6月起,浙海关税务司给关员的薪俸都加倍发给。1919年11月11日的总税务司署第29号通令中对薪俸明确提出"银价下落时应调高薪俸"。

当然,消费品价格上涨幅度也会对薪俸发生影响。物价上涨过快,关员的实际收入下降。薪俸要及时调整,以保证关员的实际收入不下降。由于战争带来的巨大创伤,致使物价持续上涨,严重影响了关员的生活,尤其是初级关员的生活明显下降。比如,1946 年 1 月,大米每担(75 公斤)8500 元(法币),实际房租 1700 元、蔬菜 60 公斤为 6000 元,到 6 月份分别上涨到 54000 元(法币)、1200 元和 18000元,致使关员生活水平下降。为此,自 1947 年 10 月 1 日起,浙海关的税务员、打字员、统计员、副校对员、书记、核税员、经收员、制图生、材料管理员及港口警察、办事员等都调整薪俸,按现行本口稽查员给予支薪。

(二)酬劳金与津贴

这是一种薪俸之外的赏金,系为列名《职员录》的关员而设。海关人员除了品行不端或才力缺乏者不给外,一般都能够享受。1876年 5 月 5 日,赫德所发的《海关总税务司署通令》第 5 号就是有关"为酬劳金之新规章事"。在其第二条中,对于"酬劳金"发放等作了规定:关于酬劳金其惯常做法为,"对在海关服务满十年或十年以上而退职之所有内班关员发给一年之薪俸,并且按照大致相同比率发放额外退休补贴予相应之外班关员"。这一做法是经总理衙门授权由总税务司自行决定,"对由于健康原因辞职离华之员工,凡服务满五年者发给六个月薪俸之酬劳金,满十年者发给一年薪俸之酬劳金,满二十年发给两年薪俸之酬劳金"[33]。

从上述通令看,发放酬劳金的权力也由总税务司决定。通令第四条中规定:"总税务司有权决定是否定期发给前述之酬劳金。凡品行不良或业绩不佳者,总税务司得扣发部分或全部酬劳金。"[34]

但酬劳金的发放,华洋有别。征税部门的内班洋员,供职满 7 年后,按第七年末季所支的薪额计算,发给一年薪俸之酬劳金;征税部的外班洋员和海务部门的外籍工程师,供职满 10 年后,以第十年末季所支薪额为准,给一年酬劳金。可是,中国员工的酬劳金却比外籍员工低,征税部与船钞部门的中国员工,供职满 12 年以后,以第 12 年末所支薪额为准,发给一年薪俸之酬劳金。其他的中国员工,凡供职满 3 年者,只能在新年时多领一个月的薪俸作为酬劳金。

浙海关开办新关早,基本按总税务司署所颁布的通令办事,华洋关员都有酬劳金,但洋员的酬劳金比华员酬劳金领的多。1929 年 7 月,国民政府规定海关华洋人员待遇一律相同,除帮办及同文供事可于服务届满 7 年享受一次外,所有其他列名《职员录》的中国员工,均得参照服务满 7 年发给酬劳金的规定。

津贴,是薪俸以外的各种补贴,各类关员享受名目繁多的津贴。主要有岗位津贴、代理津贴、房租津贴、家具津贴、伙食津贴、学费津贴、外籍关员的侨居津贴等。海关关员享受合理的津贴,有利于物质上的补偿,以稳定这支队伍。《大清国海关管理章程》中就提到关员津贴问题。明确提到岗位津贴、住房津贴、家具津贴等。[35]

岗位津贴　这是发给高级职员的津贴,按其任职年数的长短,按月发给。由总税务司决定。1861 年,浙海关刚成立,代理税务司月薪俸关平银 350 两,另加代理津贴每月关平银 100 两。1869 年,浙海关署理税务司月薪俸关平银 325 两,另有代理津贴每月关平银 120 两。

房租津贴　关员未娶或已娶而未携眷属者,均住海关所备房屋,不给房租津贴。携眷租赁房屋居住时,按职级发给一定数额的房租津贴。四等帮办或一等稽查员以下人员,海关不供已婚人员的宿舍,他们婚后在外租屋居住,只能领取单身房租津贴。比如,《大清国海关管理章程》第二十一条准予发给副税务司及一等甲级及乙级帮办住房津贴,每月不超过 50 两,第三十三条规定已婚之甲级或乙级头等总巡及甲级验货,享有住房津贴每月不超过 25 两。

1908 年(光绪三十四年)和 1911 年(宣统三年)先后将华员各级

津贴取消,屡次请求恢复,终未获准。洋员却十分优惠,不仅发房租津贴,或者由公家置产供其居住,其电灯、自来水、木器家具和仆役费,都由海关支给。浙海关副税务司、头等总巡及甲级验货等都有住房津贴。

学费津贴　海关内班洋员学习汉文、汉语者,发给学费津贴。年给津贴150两;仅学习方言的年给75两。

人员调动贴　比如,同文通事沿海口岸间调动就可获得固定津贴银50两,上海、宁波,或于上述两地之一调至另一长江口岸,则给予津贴银25两。浙海关的同文通事因工作需要调至上海及长江口岸能获得25两津贴银。

1909 年在江北岸建造的浙海关外勤职员宿舍

从浙海关看,岗位津贴、住房津贴、人员调动津贴、学费津贴、家具津贴等都在发放，但洋员几乎享受各种津贴。1848 年任浙海关代理税务司陈善颐，他在回忆录中就提到："税务司的月薪是银 800—1250 两，还有各种津贴，如交际费、公务费、汽车费和住宅、家具、炊事员、杂役等津贴。帮办月薪是银 120—480 两，税务员月薪是银 85—350 两（每隔二年升一级），外加房租津贴，金价补贴等。"税务司"工作调动时，坐轮船超等舱，发里程津贴，家具补贴等"[36]。

（三）休假与退休

休假与退休也是关员的待遇，有利于调动关员的积极性。

休假是海关关员的一项待遇，早在 1864 年（同治三年），赫德发了《海关总税务司署通令》第 8 号，对员工在工作中应享受的假期作出规定："如公务许可，各税务司、帮办及总巡服务五年后，得准一年长假，支领半薪。请假申请应提前三个月作出，假期尽量安排始于一月或四月。在无碍所在部门业务效率条件下，可准予每年六周全薪假期。华员通事每三年可准假三个月，支领全薪。各税务司无须请示总税务司，即可随时准予本关关员不超过十天之假期。"[37]

在 1869 年（同治八年）《大清国海关管理章程》中规定："凡供职满 7 年的内班洋员，给予半薪 2 年的假期。税务司每隔 2 年，给予为期不超过 2 个月的假期，支取全薪。帮办每隔 2 年，给予为期不超过 3 个月的假期，支取全薪。同文通事供职满 4 年，可有 2 个月长假，支取全薪，或 4 个月长假支取半薪。"

《大清国海关管理章程》还对关员病假作出规定：海关洋员因病在中国缺勤超过三个月的，整个出缺期间支取半薪；缺勤超出 2 年的，或 2 年以后不得支薪；但可以保留其名字，从停薪之日起 2 年内仍准回关，作为额外人员列名在原等级丙级之末位。

华员同文通事因病并取得口岸医务人员证明者，请假不超过一个月的，仍支全薪；超过一个月的，在整个缺勤期间支半薪；但到六个月之后,停止支付半薪。

　　1929 年 3 月 14 日的《海关总税务司署通令》第 3873 号,明确提到华洋员工享受同样待遇。在附件第九条中专门以"例假"为标题,详细谈了休假问题。主要是:

　　所有华员税务司、副税务司、帮办及税务员并汉文文牍员等,每年得请不逾 14 日的短期假;服务满 3 足年,给予 2 个月长期假;满 4 足年,给予三个月长期假;满 5 足年,给予四个月的长期假;满 6 足年或 6 足年以上,给予六个月的长期假。所有华籍校对员、副校对员、额外税务员、本口录用税务员、汉文书记及核税员等,得请不逾 14 日的短期假;服务满 3 足年,给予一个月的长期假;满 4 足年,给予两个月的长期假;满 6 足年或 6 足年以上,给予三个月的长假期。信差、邮差、杂役等每年给予 20 日的假期。外班各级华员比照内班所规定的办法办理。

　　在通令附件中对于病假也有规定。凡内外班华洋人员如经海关医生证明确系因病不能到关服务的,得准予病假。如其病假在三个月以内,所有应领之薪给照旧支给;如逾三个月而不到六个月者,其所逾期限内应领薪给,按半数支给;如逾六个月仍未痊愈,不再支给薪俸;是否应令按因病退职、或继续给予病假,应由总税务司酌核办理。[38]

　　海关关员退休是指关员工作到一定年限,达到规定年龄,根据有关规定办理退休手续。1867 年 9 月 17 日的海关总税务司署第 14 号通令中已明确提到:"任何人工作十年后,迫于健康原因退休者,给予相当于一年薪俸之酬劳金,若超过十年者,其超过年份之酬劳金每年按两个月薪俸增发。"[39]但当时还没有正式规定关员的退休年龄。1869 年的海关总税务司第 25 号通令中亦提到:"在海关工作,纵不能使人暴发,退休后之养老金亦不致使人难图温饱仅可维持生命。相反,海关内各级人员均可有所积蓄,不必过度节俭过类如苦行僧之生活,关员于服务二十五年或三十年后,在 50 岁前后退休时,手头可有一笔钱,使其家居仍有相当收入。"[40]这里再次提出海关关员退休及退休金问题,但没有强令老年员工的退休。

1911 年,安格联任总税务司,他认为当前没有年老人员退休的规定,会妨碍年轻关员的上进,年老关员尽占高位,而因已到衰龄,工作能力逐渐丧失;年轻关员则因所有高位尽为老年关员所占,自己无晋升希望,因感触望而不能积极工作。这有碍海关工作效率提高。[41]为此,安格联以西方经验为鉴,决定对关员的退职人员,由国家发给终身年金,或为实俸 1/2,或 1/4 不等。并组织人员完成《拟定海关人员强制退职暨养老金以及强制储金办法》。办法称:"为所有海关人员至予定年限取强制退职,腾出升进之阶级,借以增进海关之功效","对于此项退休人员予以资助,俾暮年得有养赡。"[42]1919 年 12月,办法拟定,并呈总税务司批准执行,计 18 条。1919 年 11 月 11 日的总税务司署通令第 29 号中也提到"工作满 35 年强制通休"[43]。1923 年 4 月 3 日总税务司通令第 3397 号改为洋员和华员服务 35 年自动退职养老的一律按比例享受各种利益。

浙海关依照总税务司规定:自 1920 年起,凡服务期满 35 年的关员,强迫退职,并享受全数养老金;年龄满 60 岁的关员,亦强迫其退职,养老金按服务年限比例发给;服务满 30 年或 30 年以上者,可自动退职,其养老金按比例发给;凡因病退职或因裁员、改组而辞退者,其养老金同样照规定比例发给。此外,又实行强制储金法:凡华、洋关员(除低级杂役外),每月由海关扣除月薪金 6% 代储生息,月俸逾关平银 1000 两者,不将千两以外之数加入计算,在退休、辞职、亡故、免职时,如数发归利息。

1929 年规定:华员退职年限,应按照现行洋员退职年限办法,一律办理。在职华洋员中其有不堪继续任用者,在其未到退职年限以前将其辞退,予以一定比例之养老金。浙海关按此规定执行。1932

年,总税务司署颁布新《海关任职条例》,向浙海关发出第4399号信函,进行裁员和紧缩编制。浙海关决定裁减税务员1名,稽查员5名。当时特等二级税务员姜某应于是年9月30日退休,浙海关允许他到期退休,不再递补。并动员工龄最长的2人离职,予以优厚待遇。另外3名稽查员则给予解雇,给一定的经济补偿。

从海关总税务司的有关退休的规定与浙海关的实践看,实行海关人员的退休制度是人事管理的重要举措,这个制度的实施,使海关人员不但在职时有优厚的待遇,而且在退休之后生活也有保障。这有利于海关关员积极性的调动和创造性的发挥,也有利于关员廉洁作风形成。

注　释

1　《大清国海关管理章程》,《旧中国海关总税务司署通令选编》第 1 卷,中国海关出版社 2003 年版,第 86 页。

2　《海关总税务司署通令》第 8 号(1864 年 6 月 21 日),《旧中国海关总税务司署通令选编》第 1 卷,中国海关出版社 2003 年版,第 31 页。

3　任与孝主编:《宁波海关志》,浙江科学技术出版社 2000 年版,第 93—94 页。

4　《海关总税务司署通令》第 14 号(1867 年 9 月 19 日),《旧中国海关总税务司署通令选编》第 1 卷,中国海关出版社 2003 年版,第 53 页。

5　任与孝主编:《宁波海关志》,浙江科学技术出版社 2000 年版,第 94 页。

6　同上书,第 50 页。

7　转引自陈正恭主编:《上海海关志》,上海社会科学院出版社 1997 年版,第 105 页。

8　《海关总税务司署通令》第 14 号(1867 年 9 月 19 日),《旧中国海关总税务司署通令选编》第 1 卷,中国海关出版社 2003 年版,第 53 页。

9　《海关总税务司署通令》第 8 号(1864 年 6 月 21 日),《旧中国海关总税务司署通令选编》第 1 卷,中国海关出版社 2003 年版,第 33 页。

10　《大清国海关管理章程》(1869 年 11 月 1 日),《旧中国海关总税务司署通令选编》第 1 卷,中国海关出版社 2003 年版,第 86 页。

11　《海关总税务司署通令》第 25 号,《旧中国海关总税务司署通令选编》第 1 卷,中国海关出版社 2003 年版,第 81 页。

12　《海关总税务司署通令》第 8 号(1864 年 6 月 21 日),《旧中国海关总税务司署通令选编》第 1 卷,中国海关出版社 2003 年版,第 33 页。

13 [清]吴煦:《致张景渠函(底稿)》,《吴煦档案选编》第 6 辑,江苏人民出版社 1983 年版,第 413 页。

14　[清]王有龄:《奏宁波设立新关与上海各自征收折》,《筹办夷务始末》卷七,咸丰十一年四月,《筹办夷务始末》(咸丰朝)第 8 册,中华书局 1979 年版,第 2877 页。

　　15　［美］凯瑟琳·F.布鲁诺等:《赫德日记——赫德与中国现代化》,陈绛译,中国海关出版社 2005 年版,第 332 页。

　　16　《1870 年镇江关、粤海关、潮海关、台湾打狗关等海关调派税务司照会》,《中国旧海关与近代社会图史》第 1 分册,中国海关出版社 2008 年版,第 71 页。

　　17　《1889 年法国人雷乐石升任浙海关税务司照会》,《中国旧海关与近代社会图史》第 1 分册,中国海关出版社 2008 年版,第 78 页。

　　18　《海关总税务司署通令》第 4002 号,1929 年 11 月 21 日,《旧中国海关总税务司署通令选编》第 2 卷,中国海关出版社 2003 年版,第 485 页。

　　19　《大清国海关管理章程》,《旧中国海关总税务司署通令选编》第 1 卷,中国海关出版社 2003 年版,第 91 页。

　　20　任与孝主编:《宁波海关志》,浙江科学技术出版社 2000 年版,第 83 页。

　　21　《大清国海关管理章程》,《旧中国海关总税务司署通令选编》第 1 卷,中国海关出版社 2003 年版,第 90 页。

　　22　任与孝主编:《宁波海关志》,浙江科学技术出版社 2000 年版,第 89—90 页。

　　23　《海关总税务司署通令》第 15 号,《旧中国海关总税务司署通令选编》第 1 卷,中国海关出版社 2003 年版,第 177 页。

　　24　同上书,第 178 页。

　　25　《海关总税务司署通令》第 1213 号,《旧中国海关总税务司署通令选编》第 1 卷,中国海关出版社 2003 年版,第 531—532 页。

　　26　《海关总税务司署通令》第 1501 号,《旧中国海关总税务司署通令选编》第 1 卷,中国海关出版社 2003 年版,第 608 页。

　　27　《海关总税务司署通令》第 15 号,《旧中国海关总税务司署通令选编》第 1 卷,中国海关出版社 2003 年版,第 178 页。

　　28　同上。

　　29　《海关总税务司署通令》第 2443 号,《旧中国海关总税务司署通令选编》第 2 卷,中国海关出版社 2003 年版,第 139 页。

　　30　《海关总税务司署通令》第 106 号,《旧中国海关总税务司署通令选编》第 1 卷,中国海关出版社 2003 年版,第 235 页。

　　31　《海关总税务司署通令》第 8 号(1864 年 6 月 21 日),《旧中国海关总税务司署通令选编》第 1 卷,中国海关出版社 2003 年版,第 33 页。

　　32　《海关总税务司署通令》第 26 号(1869 年 11 月 1 日),《旧中国海关总税务司署通令选编》第 1 卷,中国海关出版社 2003 年版,第 93 页。

　　33　《海关总税务司署通令》第 5 号(1876 年 5 月 5 日),《旧中国海关总税务司署通令选编》第 1 卷,中国海关出版社 2003 年版,第 212 页。

　　34　同上。

　　35　《大清国海关管理章程》,《旧中国海关总税务司署通令选编》第 1 卷,中国海关出版社 2003 年版,第 91 页。

　　36　陈善颐:《外国侵略者控制下的浙海关见闻》,《宁波文史资料》第 9 辑,第 40 页。

　　37　《海关总税务司署通令》第 8 号(1864 年 6 月 21 日),《旧中国海关总税务司署通令选编》第 1 卷,中国海关出版社 2003 年版,第 34 页。

　　38　《海关总税务司署通令》第 3873 号附件(1929 年 3 月 14 日),《旧中国海关总税务司署通令选编》第 2 卷,中国海关出版社 2003 年版,第 456 页。

　　39　《海关总税务司署通令》第 14 号(1867 年 9 月 19 日),《旧中国海关总税务司署通令选编》第 1 卷,中国海关出版社 2003 年版,第 54 页。

　　40　《海关总税务司署通令》第 25 号(1869 年 11 月 1 日),《旧中国海关总税务司署通令选编》第 1 卷,中国海关出版社 2003 年版,第 84 页。

　　41　陈诗启:《中国近代海关史》(民国部分),人民出版社 1999 年版,第 48 页。

　　42　同上。

　　43　《海关总税务司署通令》第 29 号(1919 年 11 月 11 日),《旧中国海关总税务司署通令选编》第 2 卷,中国海关出版社 2003 年版,第 259 页。

第五章 浙海关与近代宁波海务

征税与海务是海关的两项重要工作。浙海关在引进海务科学技术管理方面做了不少工作,尽管是服务于外商的轮运业务,毕竟使宁波的海务由比较落后向近代化推进。但也必须清醒认识到,这是以部分权利受侵害作为代价的。

一、宁波海务部门的沿革

(一)海务:近代海关的职责

海关的海务是什么?学者对于这个问题有不同的认识。姚梅琳在《中国海关史话》中认为海务是近代海关的重要职责,包括灯塔等助航设备、气象预测通讯、引水管理、航道测绘、堤岸与港口等事务,主要服务于外商的轮运业务。[1]陈诗启认为海关的海务,主要包括五个方面,即指定航船停泊地段,维持泊船界内航船的秩序,制定指示行船章程等港务工作;灯塔浮标的设置和保养;气象观测;疏浚航道;检疫。[2]而任与孝主编的《宁波海关志》则从另一个视角来谈海务,认为近代浙海关的海务分为灯务和港务两大类。[3]本书采用陈诗启的说法,并以此为依据来谈浙海关的海务工作。

海务工作是海关业务工作重要组成部分,是与税务平行的两项基本业务。之所以这样,是有其原因的。

海务工作正是在近代中国经济社会发生变化的情况下出现的。

开埠后,洋货倾销,对外贸易。第二次鸦片战争后,外国侵略者通过不平等条约,在中国获得更多的经济特权,进一步增加对华商品输出和扩大原料掠夺,致使外国在华轮运势力扩张。在通商口岸进出港口的轮船十分频繁。甬江外滩码头林立,千船竞发,英、美、法、德等国轮船频繁出入宁波港,停泊在宁波外滩一带。下面摘录 1863 年(同治二年)至 1865 年(同治四年)进出宁波港轮船数。

1863—1865 年进出口船只表

进出	1863 年 (同治二年)		1864 年 (同治三年)		1865 年 (同治四年)		三年小计	
	艘	吨	艘	吨	艘	吨	艘	吨
进宁波船只	1554	252,587	1409	296,311	910	258,247	3873	807,145
出宁波船只	1644	250,272	1429	299,355	906	250,787	3979	800,414

根据林纳《同治四年浙海关贸易报告》(《近代浙江通商口岸经济社会概况》,浙江人民出版社 2002 年版,第 100 页)整理

上表显示,自 1863 年至 1865 年的 3 年时间里,宁波港进出口轮船达 7852 艘,1,607,559 吨,平均每年进出口轮船为 2618 艘,535,853 吨。怀特先生在 1872 年(同治十二年)对于轮船频繁进出宁波港口就有记载:"甬江轮船犹如众星之月,前后鸭尾船、左右夹板船,层层排列在甬江之一边,好繁荣热闹贸易景象。"[4]为了使进宁波港的轮船安全行驶,不仅需要引水及船舶管理,而且需要设置船行设施,如灯塔、浮标等。其目的是使外地来宁波港之轮船"每日之航行安全",尤其在黑夜和大雾天"方位明确"。[5]海关的专门海务工作正是在这样的背景下应运而生的。

近代海关兼办海务,与不平等条约签订相关联。第二次鸦片战争前后,外国列强强迫清政府签订《天津条约》等不平等约。1858 年10 月签订的《通商章程善后条约:海关税则》第十款,明确将"判定

口界,派人指泊船只及分设浮桩、号船、塔表、望楼等事"纳入海关
"邀请外人帮办税务"的范围,并指定这些事务的"经费,在于船钞下
拨用"。[6]这就表明,维持泊船界内航船的秩序、灯塔浮标的设置和保
养气象观察等,是海务成为近代海关的又一项重要职责,其目的是为
外商货轮安全、快速地进出通商口岸,提供保障和交通运输上的
便利。

　　第二次鸦片战争后,各个口岸海关开始征收船钞,自 1860 年至
1865 年,一成船钞用于海务。款项被清政府挪用于镇压太平军起义
的军费,一些外商对此不满并进行强烈抨击。赫德与总理衙门、英国
公使等多次磋商,决定自 1866 年起,除船钞的 30% 用于同文馆外,
海关获得 70% 的船钞,作为办理海务的经费。从通令看,浙海关船
钞主要用于改善沿海航运之开支,自 1865 年(同治四年)至 1868 年
(同治七年),宁波开支沿海航运达 6405.7 关平银。1868 年至 1870
年开支 12960 关平银两。[7]

(二)理船厅的设置

　　组织形式是与经济社会发展相应的,主管海务的职能部门是船
钞部。赫德的原来意图是把海关办成具有各种职能的机构,而条约
规定海务由海关管理,如果另搞一套机构,可能会把可资利用的经费
作为新的机构的开支。为节约开支,他认为应该组织一个和海关联
在一起,并在某些方面由海关人员构成的部门。为更好地对引水、灯
务等海务工作进行管理,总税务司于 19 世纪 60 年代设立船钞部。
1868 年 4 月 25 日,海关总税务司署第 10 号通令中明确指出:"为改
进港口航道,便利中国沿海地区之船舶航行,船钞部之筹建已有时
日。""需建立一部门,由海事税务司之事,灯塔及理船营造司辅之,
机构并入海关。此举可使部门间相互协作。节省专款,保障公众利
益。如此,则海关实由税务与船钞两个孪生部门组成。"[8]1868 年所

设立船钞部正是海务专职部门,管理各项海务。

船钞部由海务税务司与各理船厅组成。海务税务司其协办人员包括 1 名理船营造司、1 名文案、2 名灯塔营造司,下设 3 名巡查司,分别驻北段(芝罘)、中段(上海)、南段(福州),以对各个口岸的港口理船厅进行监督。理船厅分为三级,各理船厅在其辖区所监督的本口职员包括港口引水、持照引水、灯塔看守、巡港吏及船员等。

海务税务司除听命于总税务司署外,其职权独立。各巡查司听命于海务税务司,海务税务司下达理船厅命令,应经巡查司转达,然按令行事之前,命令须经理船厅转呈本口税务司同意及会签。上述各巡查司还须受命于其常驻地或停留地各口主管税务司。

在行政职级,海务税务司与海关税务司相同,巡查司及咨议营造司与海关副税务司同级,而一、二、三级理船厅分别与一、二、三等通事同级。

晚清,中国海岸线分为北、中、南三段。有关资料显示,浙海关当时属中段。海岸线的中段范围为江苏与浙江之海岸,自北纬 34° 至 27°,包括上海与宁波两个口岸以及长江之商埠镇江、南京、九江及汉口。为确保各个口岸停泊秩序和遵循有关规章,口岸都设有理船厅,以便对引水、塔标、锚地管理。最早设立理船厅的是上海和牛庄。然后在沿海各个口岸相继推广。费士来、卢逊及布郎对设立理船厅事宜,曾来宁波进行调研和商讨。1868 年 4 月 25 日的海关总税务司第 10 号通令中多次提到:"牛庄与上海已设有理船厅。为牛庄、天津、上海、宁波、福州、淡水及厦门锚地、港口水域、航道及沿岸提供浮标和标桩。为保障更有效之引水工作已拟定引水章程,正在有关各港口相继推行。前者,费士来先生、卢逊先生及布郎先生曾对沿海灯标诸事宜,于上海、芝罘、宁波与福州等地有所研究及商讨,期望洞悉海岸真正需求,以利于遗留工程不再拖延及时峻工。"[9]

根据总税务司的通令,宁波于 1868 年(同治七年)设置理船厅。[10]按照当时的宁波实际情况,宁波为二级理船厅,有港口引水、持照引水、灯塔看守、巡港吏等人员。1870 年宁波理船厅所管辖的白鸦山、大虎岛、鱼腥垴灯塔就设有灯塔看守值事人和副灯塔值事人,月薪支出 205 关平银两。[11]理船厅任务是管理宁波港口内外的引水、浮筒、灯标、航标,指定船只停靠泊位,监督船泊进出等。

宁波理船厅接受上海巡查司监督。巡查司对宁波口岸进行视察,检查浮标及标桩状况、引水情况及理船厅履行港口职责进行督察,尤其是留意监督浙海关所辖区域沿海设置之灯标是否熄灭。宁波理船厅应收集从事贸易之轮船船主对沿海灯标之意见,为巡查司准备撰写说明书提供材料,备有收发文簿,每次向巡查司发文之前须经浙海关税务司过目并会签。同样,理船厅收到巡查司文后,也必须呈税务司审阅会签后方可行事。

经费开支由总税务司署拨款,以船钞的七成支付。上面已经提到,宁波理船厅仅灯塔看守,每月所支付经费为 205 关平银两,自1868 年至 1870 年的 3 年时间里支付 14051 关平银两。这些经费都由船钞部所拨,且专款支付。

1913 年 3 月,总税务司把海务部门划分为海务、工务两个部门,海务管理船、灯塔,工务管营造,宁波基本参照这个模式设置。1926年浙海关海务处就地录用人员中就有称货员、水手、跟班、听差、指泊手等,并专门设有港务课和港务长(原名理船厅)。督率其所属人员负责管理航政、港务等事项,与税务部门别成系统,但遇事尽量合作。1946 年,浙海关设总务、文书、会计、察验四课。其中察验课设总监察长,并兼任港务长,由英国人兼任。1948 年 8 月浙海关的编制为六课,即总务、文书、会计、监察、验估、港务。港务为单独一课,设港务长。港务长的任免权属总税务司,管理权属浙海关,事实上成为浙海关税务司的下属。

二、海关的助航设备

海关的助航设备主要是指灯塔及气象观察站的设置。它是海务工作的重要组成部分。

(一)总税务司与灯塔设置

在海关新关建立以前,虽然已有一些指示航行的设备,主要是守望台、土堆、浮筒、石桩等,极少数的险要地方,比如山东成山角、澎湖渔翁岛设有油盏,用来照耀民船的进出;但这些设备十分简陋。开埠以后,尤其第二次鸦片战争以后,设立了新关,海外贸易不断扩大,已由帆船向轮船转化。原来的助航设备远远不能满足外商发展中国航运业和商业贸易的愿望。为了满足外商的强烈愿望,为此,新关设立专门机关船钞部,从事海务工作管理。其目的是"为船舶在中国沿海贸易的利益计"[12]。并且把助航设备作为海务工作重要内容。

灯务即灯塔建筑和管理事务,是助航设备重要工作。灯塔作为海轮夜航的指路明灯,成为海上安全服务的重要设施。不仅对船舶的导航具有其重要性,而且"对海员而言生命攸关"[13]。因为,在航道上,对危险处应提供警示,即设置必要之灯塔。只有灯塔矗立在海面上,夜航的海路才不会迷航,排除触礁险境,在漆黑的海面上破浪而进。"灯塔,就实际而言,足可用做港口标志。"[14]

赫德早已明白,中国沿海,春季多雾,秋季有台风,冬季又吹强劲北风。与世界其他各处相比,则少沙洲、暗礁及险岬引发沉船之大害。除台风外,海难起因不全在航海之危险。而多在守望者粗心大意,招致船舶碰撞。在沿海设置灯塔,可为"航海者提供方便"[15],有利于航运业和商贸业的发展。赫德控制了中国海关后,"为改善航运及便利于中国水域内行驶,拟拨专款于各项:灯塔,有以标明沿海

1870 年始燃的花鸟山灯塔

参考图片:中国第二历史档案馆、中国海关总署办公厅编著:《中国旧海关与近代社会图史》,中国海关出版社

之危险处。灯船,驻于不能设置灯塔之岸边。灯标及灯桩,用以标明通向港口之航道及河流、港内应予避开之处"[16]。为此,他在沿海、内河险要地点设置了从西方引进的先进的海务技术设备,管理方法,并构成了一定的体系,从沿海来说,各通商各口险要地点,都设置了灯塔、灯船、浮桩等助航设备,并构成了连锁体系。并设沿海灯塔司,总管灯标部门事宜,对从牛庄至海南间的沿海 15 座灯塔进行管理。

　　总税务司的通令中对灯塔设置有明确原则。如何设置灯塔?总

花鸟山灯站无线电室（1870 年）

参考图片:中国第二历史档案馆、中国海关总署办公厅编著:《中国旧海关与近代社会图史》,中国海关出版社

税务司认为,灯塔的设置要注重节俭,符合海岸实际。为确保航行安全并力求节约资金,建造灯塔位置务必"认真测定、选择,防止在非迫切需要位置盲目建造,一旦建成公告须维持灯光不灭"。就沿海灯塔而言,首先须详尽研究港口状况。在资金方面历年船钞数额有限,仅敷薪饷支出。另外,为招募能为灯塔工作尽责尽守而无高薪要求且足以信赖之灯塔看守人,亦常陷困境。针对上述种种情形,总税务司要各口岸,"一切应当符合需要,节约开支,讲求实效,切勿草率从事。总而言之,应稳妥安全,欲速则不达"[17]。

为对灯塔进行有效的管理,总税务司在其通令中提出由专门从事这项工作的灯塔值事人来管理。赫德说:"为求压缩开支,原本灯塔值事人之职责拟由铃字手轮值。然经验证明不可行,故决定改为任用常设人员专充灯塔值事人。"为此,总税务司从欧洲召来少数有过专门训练的"有素者",或"任职于灯船或灯塔"。[18]明确规定每座灯塔任用洋班值事人3人(后配2人),并招募华员学习管理清洗灯塔的复杂之机械装置、灯具。

(二)浙海关的灯务管理

在近代,宁波是五口通商城市之一,与沿海各口岸埠际贸易发达,世界各国也到宁波发展航运与商贸,但直接联系较小,比如,1875年直接从外国来宁波的船仅有4艘。宁波港对外交通主要集中在和上海的联系上,墨贤理在《浙海关十年报告》中说:"宁波和世界其它地方的交通,在十年中有很少变化。和外国交通根本不存在,偶尔有一艘轮船从日本装煤来,从香港装了杂货,这就是整个直接交通。上海是宁波出售产品和采购供应的市场,在年中,每天有轮船往来,上海向来是我们进行商业的中间媒介。"[19]19世纪60年代以后,由于宁波对外贸易的快速发展,驻上海的外国办事机构在宁波有不少办事处,旗昌、太古、怡和、永兴、宝隆等都在宁波有洋行办事机构。1864年(同治三年),在宁波的洋行有24家,到1890年(光绪十六年),在宁波开设的洋行已达28家,主要以英、美两国为主。与此同时,外资的轮船公司所行驶的轮船来往于沪甬航线上。1864年美籍旗昌轮船公司的"湖北"、"江西"两轮,率先营运宁波至上海的定期客、货航线。1869年,英国航业公司"北京"、"盛京"两轮行驶甬申线。这样宁波华商旧式航运业大批破产。"宁波、上海间航行的宁波华商旧式帆船竟至完全绝迹,本地商人被迫把他们的货物送交外国轮船和洋式中国帆船运输。"[20]外国籍的船舶占大多数。以1865年为例,这一年进出宁波港中外船舶1816艘,运货509,034吨,其中,中、美、英、法、德五个国家分别所占的比率为14.7%、27.7%、

43.6%、0.88%、7.8%，吨位为 3.5%、48.7%、32.18%、0.83%、8.48%。[21]

宁波市镇海区的甬江出海口处的七里屿灯塔。它始建于清同治四年
(1865)始燃的七里屿灯塔，由英国人主持的浙海关税务司与宁绍台道共同
建立，是我国最早的一座灯塔之一

参考图片:中国第二历史档案馆、中国海关总署办公厅编著:《中国旧海关与近代社会图
  史》,中国海关出版社

　　为了使沪甬线上航行的外国轮船平安无事,海关十分重视这条
航线上的灯塔修筑。赫德在《沿海灯塔之节略》中在谈到宁波灯塔
时指出:"水位高时,一淹没之礁石称虎尾石者,乃为引向宁波河道
口唯一险处。进出时如不顺风,则对潮力大少之任何计算误差,或对
帆船操作之任何失误,不论礁上有无浮标,均将危及船舶。已有浮标
置于该处,并有灯标三处,其设置足使恶劣天气进入河口无有困
难。"[22]从赫德的通令中可以看到宁波沿海至 1872 年至少有 3 座灯
塔存在。

　　其实,浙海关的灯塔修建与海难有一定关系。1865 年(同治四
年),在恒山列岛西鄙的"南大险礁",英国轮船"拉拉克汝"(Lalla
Kookh)号和"义拉瓦那"(llawana)号触礁沉没,船上人员全部遇难。
1869 年(同治八年)又有美轮"江泗"号在此触礁搁浅,未几即得出

险。1871 年 1 月 28 日,海洛脱号在白鸦山失事,12 月 5 日,福利号
慈汽拖船在舟山册子山触礁。次年 5 月 9 日、11 月 10 日,清福公号
和福财号也触礁。1873 年 5 月 31 日,一艘来自汉口装茶叶去伦敦
之英国轮船特拉蒙城堡号在舟山东南因遇雾触礁。浙海关鉴于浙东
沿海惨案出现,并根据总税务司的通令,决定建筑灯塔。1865 年在
甬江入海处建置虎蹲山(大虎岛)、白鸦山(七里屿)两座灯塔,由浙
海关管理。1870 年建花鸟山灯塔,1872 年 9 月 14 日又建成鱼腥垴
灯塔。照明器透镜四级。灯离海面 93 英尺,晴天 15 里内即见。塔
高 33 英尺。位于北纬 30°20′25″,东经 121°51′45″。

1865 年始燃的虎蹲山灯塔

参考图片:中国第二历史档案馆、中国海关总署办公厅编著:《中国旧海关与近代社会图
　　　　史》,中国海关出版社

　　鱼腥垴灯塔的设置完全是航行的需要。1871 年 1 月 31 日,惠
达在他的《同治九年浙海关贸易报告》中已经指出:"从外地来宁波
港之海上航行设施,如灯塔、浮标等已经算是不差了,但是为了从上
海来宁波每日之轮船安全,特别是黑夜里进来,窃以为在鱼腥垴岛之
最外面似有添设一新灯塔之必要。特别是进入冬季雾大季节,这个
新灯塔可照明确凿方位,使船只从灯塔到灯塔,方位明确无误,是乃

功德无量之举也。"[23]

据惠达的《同治十年至十一年浙海关贸易》报告记载：1872 年 5 月至 6 月，白鸦山、虎蹲山的灯塔分别重建。白鸦山灯塔之照明为透镜五级，具固定白光射向地平线，离海平面约 123 英尺（37.5 米），天气晴朗时 9 里内即见。塔高 17 英尺，用砖砌成八角形。方位为北纬 29°59′22″，东经 121°45′6″，由"机器操作"。虎蹲山照明器为透镜六级，发固定红光至地平线可见。离海面 148 英尺（45.1 米），远至 5 里可见。塔为圆形，高 20 英尺，由石砌成。方位为北纬 29°57′43″，东经 121°43′51″。[24]

上述 3 处灯塔设有灯塔值事人、副灯塔值事人和华班水手，每月支付 205 关平银两费用。

民国期间，宁波港域又建成下三星、菜花山 2 座灯塔。1915 年设置甬江最狭窄处灯桩一座，1936 年，置张礁碛、梅墟、游山江礁灯桩 2 座。

随着时代的变迁，灯塔的设备也不断更新，使科技含量扩大。自 1894 年的甲午战争后，

花鸟山灯塔镜机（1870 年）

参考图片：中国第二历史档案馆、中国海关总署办公厅编著：《中国旧海关与近代社会图史》，中国海关出版社

根据总税务司要求,浙海关对助航设备进行有计划的更新改良。巡工司毕士璧便认为:"就现在经济而论,似应将已建各灯塔,加以改良,俾使追踪西欧。如沿海重要灯塔设有透镜定光灯者,则宜改装明灭相间灯;其燃用植物油者,则宜改用煤油,俾增光力,而宏效用。"1895 年,灯塔改燃煤油,当时较大灯塔燃用植物油,不下 12 处,而设置定光灯的也有 12 处。从这一年起,尤其是从 1900 年开始,各灯塔都相继改装明灭相间灯、煤油蒸汽灯头,甚至"阿格式"电石瓦斯灯头,燃用平楚瓦斯和电石瓦斯;安设新式镜机。灯光烛力大为增进。宁波港域的花鸟山灯塔,设置了新发明的指示机械——无线电桩。七里屿灯塔于 1903 年始改置明灭相间镜机,光强度增到 200 支烛光。1932 年,改装电石瓦斯灯头,每 5 钞钟自动闪光一次,光强度增到 600 支烛光。浙海关副税务司欧礼斐在他的浙海关贸易报告中称为"彼七里屿灯塔月间新换一乍明乍灭之灯"[25]。镇海的白鸦山灯塔于 1921 年改换为回应式的"雾炮"。[26]虎蹲山灯塔于同年 6 月,换上电石白光灯 1 盏,每一秒半钟自动闪光一次,光强度为 250 支烛光。建于 1907 年(光绪三十二年)的唐脑山灯塔,是沪甬航线上从上海方向来的第一座灯塔,配置有六级明灭相间灯。光强度为 155支烛光。1915 年,将旧式单芯灯头及明灭镜机一并撤换,改设"阿格"电石瓦斯灯 1 盏,每 2 钞半钟自动闪光 1 次,光强度增加 7 倍。次年,改置为四级镜机,光强度增为 2500 支烛光,发放红白二色光。

1937 年抗战全面爆发,这年 11 月 5 日,两艘日舰炮击七里屿灯塔,造成人员伤亡。为此,浙海关镇海分关将七里屿、虎蹲山两灯塔管理人员撤回。1941 年 4 月 20 日,宁波沦陷,浙海关宣告暂时停闭。浙海关所属海上灯塔移归海关总署海务科掌管。

抗日战争胜利以后,虎蹲山、七里屿二处灯塔于 1945 年 10 月17 日恢复,浙海关税务司也于同年 12 月 11 日恢复开关。次年 10月 24 日,海关总税务司署训令浙海关,准将虎蹲山、七里屿两处灯塔

浙海关灯塔工作人员合影

参考图片:中国第二历史档案馆、中国海关总署办公厅编著:《中国旧海关与近代社会图史》,中国海关出版社

连同灯塔看守员 2 人及海务科灯塔看守员 3 名,划归浙海关管辖,并请将前在甬辞退之灯塔看守员陈思道等 3 名人员予以复用。

从资料看,近代浙海关兼管的浙东沿海灯务辖区:南包三门湾,北至扬子江的南水道,东达马鞍列岛的花鸟山。分为外线和内线,内线为核心,分布在沪甬航线道两侧;其余则为外线灯区。自 1865 年起至 1949 年 5 月,浙海关关辖的宁波港域有虎蹲山、七里屿、花鸟山、鱼腥垆、白节山、小龟山、洛伽山、太平山、半洋山、唐脑山、东亭山、下三星、菜花山灯塔 13 座,由于战争影响,除虎蹲山、七里屿 2 灯塔尚完好外,其余都遭到不同程度损坏,基本有塔无灯。

浙海关把灯塔管理作为海务重要工作,有利于轮船在夜间安全航行,不但有利于航海者和广大旅客,对宁波航运业和商贸业的发展也有很大作用。

(三)建立气象观测站及联络体系

气象观察与民生福利关系甚密,凡农林、水利、航海、航空,皆资保障,以策安全。这就表明,气象与船舶航行安全是密切相关的。1869年,赫德决定设立气象站。他于是年11月12日,向各税务司下发第28号通令,认为建气象站"将有力推进揭示自然规律,为科学界提供地球在此地区之丰富气象现象与数据",对于科学的价值,对于东海航行的实际价值"将在不久得到承认与赞赏"。"余谨以此相告以引起有关税务司重视,并期待得到诚挚合作。"[27]应该说,赫德的这种结论与举动颇有见地。在赫德的推动下,1870年起,各海关在沿海沿江及内陆主要地区设立测候系统,进而构成了以上海徐家汇天文台为中心的全国大部分地区的气象预测联络体系。

浙海关在总税务司的关注和支持下也进行气象站的筹建。1870年,宁波建立气象站,并有观察记录,这在浙海关的贸易报告中已有提及。浙海关的气象记录为徐家汇天文台提供了浙江沿海气象数据。1915年徐家汇天文台主持人溥洛克神甫曾高度评价海关的气象工作:"今日中国测候系统,组织完美,所有工作,咸称满意","饮水思源,海关职员辅助实多。盖以中国沿海各处,南起琼州,北迄牛庄,凡有海关,皆有信号之设置,以资传达;而现在信号之编制,亦多由海关人员所赞助"。溥洛克神甫所指的"沿海各处"海关,当然包括浙海关在镇海设立的气象站。

为确保海上航行安全,浙海关在镇海设立气象站。其经费由海关开支。1922年3月9日至1923年,浙海关派科技人员在沿海进行磁力测量。1935年3月,观察沿海地磁气象。至1937年7月,全国海关设气象站32处,其中也有浙海关所设气象站。《中国旧海关与近代社会图史》中有1937年7月海关所设各气象站地点一览表,在

《海关原设气象站地点清表》中这样记载：“附设于各地海关者：瑗珲、珲春、安东、牛庄、葫芦岛、秦皇岛、天津（塘沽）、烟台、威海卫、上海（吴淞）、镇江、芜湖、九江、汉口、岳州、宜昌、重庆、长沙、宁波（镇海）、温州、三都墺、福州（青屿）、厦门、汕头、广州、三水、梧州、龙州、北汉、腾远、琼州（海口）。”**28**镇海气象站由浙海关巡江司负责，积累了系统的气象记录。浙海关在镇海设立的气象站，对保护船舶不受台风侵袭，为沿海航行的中外商船提供了良好的保障，维持正常航行，开拓宁波近代气象事业，具有十分重要的积极意义。

三、引水管理

引水管理是海务管理的重要职责，其目的是使货轮安全。由于近代中国沦入半殖民地半封建社会，主权遭劫夺，浙海关的引水管理权亦长期落入外人之手。由于引进西方先进技术，致使引水、船舶航行管理规范，也有利于近代宁波航运业和对外贸易的发展。

（一）引水权的丧失

引水权是一个主权国家港口实行自我保护的一项重要权力，是国家主权的象征，事关国防安全。

鸦片战争以前，中国作为一个主权国家，对它的领水范围内的引水，从引水员的选择、任用到引水业务的管理均由海关监督负责，清政府对于引水有绝对的管辖权。

鸦片战争后，中国逐步丧失独立国家的地位。在一系列不平等条约的强制下，引水权被外国列强所把持。中国的旧海关便成为把持引水的唯一机关。1843年的中英《五口通商章程及海关税则》第一款为“进出口雇用引水一款”。明确提出，英商货船到达五口，“准令引水即行带进”；英船“欲行回国，亦准引水随时带出，俾免滞延”，雇募引水工价,即由英国派出管事官"秉公议定酌给"。[29]中法《五口贸易章程:海关税则》进一步作出规定:法国商船到五口通商口岸,就可以"自雇引水",清廷官员"不得阻止留难";"凡人欲当佛兰西船引水者,若有三张船主执照,领事官便可着伊为引水"。[30]这里明确提到外国领事在中国领水可以取代中国官员管理中国的引水事务。宁波作为五口通商口岸之一,其引水权也由外国领事管辖,宁波官员无法管理。

尽管中国的引水权被各国所夺取,由于没有统一的管理机构,致使各自为政,各国船舶停泊决定,引发不少矛盾,影响了港口的秩序。为此,赫德建议设立"引水管制委员会",以海关税务司为主,领事团的领事为辅,外国轮船和邮船公司董事与引水董事联合组成。委员会拥有制定章程细则、划定引水界限、规定引水费、调查违章行为等引水事务管理权,但公使团拒绝这个建议。1867年4月22日,总税务司拟订了《引水章程》,提交英、法、俄、美等国驻华公使,"各代表亦均表赞同"[31]。后经总理衙门批准,于1867年4月26日,以总税务司署通令第3号,通饬各关税务司执行。该章程规定"条约各国之民"与华民一体充当"引水者"。考选局由保险公所和外海轮公所各挑选1人参加,"凡参选局派充引水者,应赴税务司,由税务司代地方官发给引水字据"。而引水的管理权由海关理船厅掌握。"凡引水宜听制于理船厅也",处罚银两或暂撤执或将执据撤销"皆由理船厅办理"。各口的分章议定及引水之界、引水各费"均由理船厅准情酌理",所拟之章应"知会各国领事"。[32]这样,从法律上保障了外国人引水的利益,虽然,由税务司代当地官员代发引水字据,事实上各口的引水权已经旁落于外人。

但各口领事、外商、外籍引水还是不满,因为海关是中国行政机关,他们不让海关在引水问题上拥有过大的权力。对此,对《引水章程》进行了修改,于1868年出台《引水章程专条》,总税务司以第30

号通令发至各口海关。该"专条"共 10 款,其"最重大之变化系废除强制引水条款"。这一条款取消后,"海关即可免除诸多责任",各口的分章内容"无须制定众多",引水事务因该条款之废险而"得以简化"。章程承认中国之引水权,规定所有执照应由中国官员颁发,但却由"海关税务司代表中国政府并以中国政府之名义颁发"[33]。说到底,引水的权力还属外国人。当时的海关税务司均由洋人充任,由海关税务司管理,实际上由洋人管理。对于这点,马士在《中华帝国对外关系史》中也做过记述:"在其它各个口岸,各国领事联合起来要求中国当局'把他们的引水监督权转移给海关',并且由于这种方法在实行上的便利使它得以普遍的采行。因此,在 1867 年遂制定出通行的章程,经 1868 年修改,这些章程现今仍在施行。依照这些章程,批准引水属于中国的权利,由海税务司代表执行。"[34]

(二)浙海关的引水管理

浙海关在开埠前的引水全是国人,但开埠后由外国人当了引水员,主要是船只到达时迎进泊位,离港时把它们送出去。《引水章程》及《引水章程专条》出台后,浙海关执行总税务司的通令,并就引水数目、引水界限、锚地外停泊的引水收费、港口内引水费的收取与安排等有关引水项目,写成专题报告呈交总税务司。

同时,浙海关税务司根据总税务司署 1868 年 10 月 27 日的第 30 号通令及《引水章程专条》,结合宁波港口引水的实际情况,于 1869 年 1 月 6 日(同治七年十月二十五日)公布了《宁波口引水分章》与《宁波口引水专条》。宁波口分章"章程"为 14 条,指出宁波口引水界限,以镇海口外向东一路至东寨为限,向南一路至东池山为限,向北一路至乌龟头为限。规定宁波口引水费,无论是轮船还是篷船(帆船)均应一律,以船只吃水一尺计算引水费,依路途远近分为 2元、3 元、4 元、5 元。"凡引船进出,其引费均应遵照所定数目收取。

倘有不遵定数和相高下者,或暂撤执据,或将执据撤销。"船停泊后"引水者应即禀理船厅。若该船遇有搁浅及别项事故,其执据及章程则由船主扣留,转交理船厅办理"。"凡引水者与船主有争执情事,准该引水于该船未卸货之先,赴理船厅处禀诉原委。"总之,凡船只的进出口,都得"听候税务司或理船厅办理"[35]。这就清楚说明宁波港口的引水是由洋人来管理的。因为浙海关税务司与理船厅都由洋人控制。

《宁波口引水专条》为 17 条,规定引水人员应该遵守的纪律及引水的其他事项。凡有引水人不安本分,酗酒闹事,以致船舶破坏,因此而有履险之事,或遇船被难而不帮同救控者,"或撤执据,或将执据撤销";对于船主东有"馈送请事",未经理船厅批准而"私自收领",一经查出立将其"执据撤销";引水人私开酒店,或违反海关章程及不遵守税务司、理船厅谕令之事也应受罚,"缴洋一百元,仍按其犯事轻重,或暂撤执据,或将执据撤销"。但这个"专条"所有应有管束各引水口内口外之规矩,"应由理船厅随时说法妥办"并"约同各国领事官酌拟",如有应行增减之处,"亦可因时制宜,约同妥为更正"。[36]这就把管理引水人的权力置于浙海税务司与理船厅之中。

《宁波口引水分章》和《宁波口引水专条》是根据总税务司通令及 1868 年《引水章程》所制定的。这些引水章程的依据是在不平等条约关于外船引水规定的基础上形成的,在浙海关税务司和理船厅的绝对控制下进行的,维护了外国列强在宁波的航行及商贸利益。只是到了 1933 年 9 月,浙海关公布由国民政府核准的《引水管理暂行章程》,这个问题才得到解决。但我们应该看到宁波口引水"分章"与"专条"毕竟是比任其滥充、舞弊的无政府状态终胜一筹。1921 年,宁波港英国籍的引水员斐尔格和爱克林酗酒后,将应该引领游山里面的一艘糖船糊里糊涂地引到游山外面,致使船只搁浅、船底漏水,遭到惨重损失。沪甬航运界及中国船员表示强烈不满,希望浙海关按有关章程撤换外籍引水员。强大的社会舆论迫使浙海关税务司和港务长依据《宁波口引水专条》,撤换了英籍引水员斐尔格和爱克林。同时,选拔原"超武"巡洋舰大副周裕昌和原"镇北"轮的船长顾复生,经过考试合格,正式成为引水员。[37]这是宁波港的第一批中国引水员。

　　有了《宁波口引水分章》和《宁波口引水专条》,便于对引水人集中管理、加以约束,加强对宁波港口的管理,逐步建立了宁波近代引水管理制度和管理秩序。在宁波口各个领事国争夺引水权和引水权处于无政府状态下,这些规章制度,对于进出宁波港口的中外轮船的管理、促进海外贸易都是有益的,是有利于宁波港口近代化的。

注　释

1　姚梅琳:《中国海关史话》,中国海关出版社 2005 年版,第 192 页。

2　陈诗启:《中国近代海关史问题初探》,中国展望出版社 1987 年版,第 105 页。

3　任与孝主编:《宁波海关志》,浙江科学技术出版社 2000 年版,第 316 页。

4　杜德维:《光绪三年浙海关贸易报告》,《近代浙江通商口岸经济社会概况》,浙江人民出版社 2002 年版,第 173 页。

5　惠达:《同治九年浙海关贸易报告》,《近代浙江通商口岸经济社会概况》,浙江人民出版社 2002 年版,第 135 页。

6　王铁崖编:《中外旧约章汇编》第 1 册,三联书店 1957 年版,第 118 页。

7　《有关使用中国政府征自外洋船舶之船钞之节略》,《旧中国海关总税务司署通令选编》第 1 卷,中国海关出版社 2003 年版,第 121、122 页。

8　《海关总税务司署通令》第 10 号(1868 年 4 月 25 日),《旧中国海关总税务署通令选编》第 1 卷,中国海关出版社 2003 年版,第 56 页。

9　同上书,第 56 页。

10　同上书,第 59 页。但《宁波海关志》对此内容没有涉及。

11　《有关使用中国政府征自外洋船舶之船钞之节略》,《旧中国海关总税务司署通令选编》第 1 卷,中国海关出版社 2003 年版,第 127 页。

12　《海关总税务司署通令》第 10 号(1868 年 4 月 25 日),《旧中国海关总税务司署通令选编》第 1 卷,中国海关出版社 2003 年版,第 56 页。

13　同上书,第 56 页。

14　《沿海灯塔之节略》,《海关总税务司署通令》第 25 号附件(1870 年 12 月 31 日),《旧中国海关总税务司署通令选编》第 1 卷,中国海关出版社 2003 年版,第 110—111 页。

15　同上书,第 110 页。

16　《沿海灯塔之节略》,《海关总税务司署通令》第 25 号附件(1870 年 12 月 31 日),《旧中国海关总税务司署通令选编》第 1 卷,中国海关出版社 2003 年版,第 110 页。

17　《海关总税务司署通令》第 10 号,1868 年 4 月 25 日,《旧中国海关总税务司署通令选编》第 1 卷,中国海关出版社 2003 年版,第 56 页。

18　同上。

19　墨贤理:《浙海关十年报告(1882—1891 年)》,《近代浙江通商口岸经济社会概况》,浙江人民出版社 2002 年版,第 17 页。

20　中国社科学院近代史所:《中国近代史稿》第 2 册,人民出版社 1984 年版,第 295 页。

21　郑绍昌主编:《宁波港史》,人民交通出版社 1989 年版,第 138 页。

22　《沿海灯塔之节略》,《海关总税务司署通令》第 25 号附件,《旧中国海关总税务司署通令选编》第 1 卷,中国海关出版社 2003 年版,第 112 页。

23　惠达:《同治九年浙海关贸易报告》,《近代浙江通商口岸经济社会概况》,浙江人民出版社 2002 年版,第 135 页。

24　同上书,第 146 页。

25　欧礼斐:《光绪二十九年宁波口华洋贸易情形论略》,《近代浙江通商口岸经济社会概况》,浙江人民出版社 2002 年版,第 314 页。

26　甘福履:《浙海关十年报告(1912—1921 年)》,《近代浙江通商口岸经济社会概况》,浙江人民出版社 2002 年版,第 75 页。

27　《海关总税务司署通令》第 28 号(1869 年 11 月 12 日),《旧中国海关总税务司署通令选编》第 1 卷,中国海关出版社 2003 年版,第 94 页。

28　《海关原设气象站地点清表》,《中国旧海关与近代社会图史》第 3 编,第 2 分册,中国海关出版社 2008 年版,第 64 页。

29　《中英五口通商章程及海关税则》,见牛剑平等《近代中外条约选析》,中国法制出版社 1998 年版,第 149 页。

30　王铁崖编:《中外旧约章汇编》第 1 册,三联书店 1957 年版,第 40、52、59—60 页。

31　《海关总税务司署通令》第 3 号(1867 年 4 月 26 日),《旧中国海关总税务司署通令选编》第 1 卷,中国海关出版社 2003 年版,第 44 页。

32　《引水章程》,《旧中国海关总税务司署通令选编》第 1 卷,中国海关出版社 2003 年版,第 45 页。

　　33　《引水章程专条》,《旧中国海关总税务司署通令选编》第 1 卷,中国海关出版社 2003 年版,第 76 页。

　　34　[美]马士:《中华帝国对外关系史》第 2 卷,张汇文等译,商务印书馆1958 年版,第 174—175 页。

　　35　《宁波口引水分章》,民国《鄞县通志》食货志,戊编《产销二·通商史略》。

　　36　《宁波口引水专条》,民国《鄞县通志》食货志,戊编《产销二·通商史略》。

　　37　任与孝主编:《宁波海关志》,浙江科学技术出版社 2000 年版,第320 页。

第六章 浙海关与近代宁波税收管理

海关的一个主要任务是对出入国境的货物征收关税。这是国家主权的体现。开埠后关税自主权丧失,外商以极低的关税或免税,为其商品倾销提供条件,在一定程度上阻碍了我国民族工业的发展。关税种类多,收入迅速增长,成为支撑政府统治的稳定、可靠的财政支柱。浙海关就是在这样的背景下进行关税的征收与管理的。

一、关税自主权的丧失及其对宁波的影响

近代史上的海关主权通常包括关税自主权、行政管理权和税款收支权三部分。鸦片战争后,外国列强以武力逼迫清政府签订了一系列不平等条约,强制我国订立片面协定税则,致使外商以低税或免税在我国输入或输出货物,对近代宁波形成重要影响。

(一)关税自主权的丧失

鸦片战争前清朝政府根据自身的利益自行制定海关税则。这种税则尽管是自主的,但是由于清朝统治日趋腐败,管理松弛,不仅陋规苛繁,所定税则也层层加码,扰商损商。比如,乾隆年间,浙海关的正税,视粤海关则例加征一倍,以后又增加规礼和加耗,其目的是限制外商来浙江、宁波贸易。为使外商打开中国的市场销路,就要减少

纳税。为此,列强于1840年以炮舰打开古老中国的大门,签订《南京条约》等不平等条约,采用片面的协定税则。《南京条约》第十款规定:英国商人"应纳进口、出口货税、饷费,均宜秉公议定则例,由部颁发晓示,以便英商按例交纳"[1]。这里隐含"商议制定"的意义,是对中国关税主权的侵犯。1843年中美《五口贸易章程:海关税则》第二款明确规定:"倘中国日后欲将税则更变,须与合众国领事等官议允"[2];中法《五口贸易章程:海关税则》第六款也规定,佛兰西人在五口贸易,凡入口、出口均照税则及章程所定,"如将来改变则例,应与佛兰西会同议允后,方可酌改"。从上面规定看,所谓税则的制定须待"议定",税则的修改,须待"议允",正是单方面的强制,因为这些税则是在列强强制之下所制定的,实际上是片面协定。片面协定税则的规定,是列强对中国海关一项重要主权的篡夺,标志着中国关税自主权的丧失。

1865 年在江北岸建造的浙海关税务司公馆

新税则于1843年7月22日在香港公布,但签订日期为1843年10月8日,《五口通商章程:海关税则》指出:"凡议准通商之广州、福州、厦门、宁波、上海等五处,每遇英商货船到口准令引水即行带进,迨英商贸易输税全完,欲行回国,亦准引水随时带出,俾免滞延。"[3]"凡系进口、出口货物,均按新定例,五口一律纳税,此外各项规费丝毫不能加增。"[4]这个税则分为出口税则和进口税则两大表,大部分税目属从量税,少数为从价税。出口税分为12大类,68个税目;进口税分14大类,104个税目。所谓从价税,规定按其物之价值,课以若干之税率,即值百抽几。比如某物之税率为从价百分之十,假设其价值为百,则应纳之税额为10元。从量税者,不论其物之价值,只按每若干单位,课税若干。比如,某物之税率为从量,每石课税2元5角,设共有物2石,则应纳税5元。但从税则看进出口货中属于从价税的,其税率基本分"值百抽十"与"值百抽五"两个税级。值百抽十的都属进口货品,但税目甚少。"凡出口货有不能赅载者,即论价值若干,每百两抽银五两。""几属进口香料等货,例未赅载者,即按价值若干,每百两抽银十两",进口免税货品有:金银类、各样金银洋钱、锭锞、洋木、洋麦、五谷等。[5]

新海关税则缩小了从价税目,在结构上较粤海关税则有所改进,但它废除了所有附加规礼税费,实施后的进出口货都是普遍地、大幅度地减了税。以出口大宗的茶叶、丝棉来说,协定税则较粤海关税则降低58.33%和77.01%。[6]

凡进出口货物,应完纳值百抽五的关税。这个税率是英国强加的。1842年签订的《南京条约》及其随后签订的各国条约,并没有提到进出口货物值百抽五税率的规定。《南京条约》只规定英商在五口"应纳进口、出口货税、饷费,均宜秉公议定则例,由部晓示,以便英商按例照纳"。1843年签订的中英《五口通商章程:海关税则》也只说"凡系进口出口货物,均按新定则例,五口一律纳税,此外各项规费丝毫不得加增"。比如，香料等货"每百两抽银拾两"。进口木材，如红木、紫檀木、黄扬木等，"例不赅载者，俱按价值若干，每百两抽银拾两"，以及进口铜、铁、铅、锡等类也是按值百抽十的从价税率完税。但进口香水、香油、绒货、钟表类、各样玻璃、水晶器、写字盒、梳妆盒等却按价值若干，每百两抽银五两，税率按"值百抽五"。由此可见，在当时并没有采用值百抽拾和值百抽五税率的硬性规定。

第二次鸦片战争期间签订的《天津条约》，其第二十六款却这样写道："前在江宁立约第十条内，定进、出口货各货税，彼时欲综算税饷多寡，均以价值为率，每价百两，征税五两大概核计，以为公当。"[7]《江宁条约》系《南京条约》。这里所说的"每价百两，征税五两"，在《南京条约》第十款中并没有这样记载；而《五口通商章程：海关税则》，亦无这种说法。当时的税率有"值百抽拾"与"值百抽五"，并没有规定出口货物一律实现"值百抽五"的原则，可见"每价百两，征税五两"一语，系《天津条约》签订者的说法。《南京条约》如已规定值百抽五，《天津条约》便无须重载了。自此以后，"在进口货方面是严格依据值百抽五从价标准计算的，在出口货方面虽也依据同样的标准，惟以茶、丝两项税率为维持不变的显著例外"[8]。这样，"值百抽五"便成为硬性不变的税率。《天津条约》没有经过中英双方的谈判，而是在英国强迫下一字不改签订的。事实上是上海的英商通过商会向侵华英军总代表额尔金呈递申诉要求的文件中提出"一切应当纳税的进口货物，都应实行按平均价值征收 5% 关税"的要求，额尔金为此向起草《天津条约》的威妥玛下达指示。由于清政府一味迁就，把英国自定的税率接受下来了。自 1858 年（咸丰八年）后，中国海关对进出口货物一律实施"值百抽五"的税率。一直到 1922 年，在中国关税自主的呼声下，华盛顿会议达成的《九国关于中国关税税则协定》后才解决。1929 年，民国政府制定、公布《进出口税则》,中国海关开始自主关税。不久,又颁布了《进出口税则暂行章程》9 条和《税则分类估价评议会章程》10 条。

浙海关就是在这样的背景下,严格按照总税务司的通令,执行近代海关的税制和税则。

(二)近代宁波外贸结构的变化

与世界上一些国家相比,中国关税税率十分低下,不仅达不到财政收入的目的,更谈不上保护生产的作用。如此低的税率为大量的洋货输入和农产品的输出提供了方便。

宁波作为第一批通商口岸被迫向西方开放,欧美的资本主义列强凭借特权及低税企图扩大其贸易额。英国驻宁波领事罗伯聃曾认为宁波进口可以比上海的税率更低,绿茶将成为这一口岸的出口大宗。他在给英国政府报告中提到宁波是一个良好的市场,洋白布、大米在此销路颇佳,同时建议再运来羊毛、棉花、毛线等。[9]然而他们高兴得太早了。由于宁波在鸦片战争以后,其经济结构依然是小农业和家庭手工业相结合的自给自足的自然经济,这种经济结构对外国资本主义的商品特别是棉纺品侵袭进行顽强的抵抗。宁波在洋纱洋布的倾轧后,其棉纺织业远远没有处于崩溃的境地。从棉花的产量和输出量来看,半数以上的棉花仍在本地加工。土布对洋布的抵抗表现得十分顽强。宁波开埠不久,英国政府不仅难以打开宁波这个广阔市场,而且所看到的是对宁波贸易在明显下降。1844 年(道光二十四年)宁波开埠后,当年贸易额为 50 万元(西班牙元,4. 615 元合 1 英磅),到了 5 年以后的 1849 年却降到 5 万元。这在英国驻宁波领事罗伯聃、索里汪给英国驻华公司的报告中有所提到。1846 年1 月 10 日,罗伯聃说:"宁波的对外贸易似乎是不会繁荣起来了。"[10]1847 年,宁波的进出口贸易值比前一年减少了约 2/3。1848 年 7 月31 日,索里汪报告说:"我很遗憾地通知阁下,在去年下半年以内,这

个港口的贸易没有增加。"**11** 可是，在第二次鸦片战争后，由于推行
"值百抽五"的税率，宁波的进口贸易出现回升的现象，而且迅速发
展，洋布、洋纱、洋油、洋钉大量向宁波倾销。姚贤镐的《中国近代对
外贸易史资料》记载了自 1867 年(同治六年)至 1874 年(同治十三
年)宁波港直接从外洋进口的贸易货值，总体看是迅速上升的，今根
据上述资料整理如下：

1867—1874 年的宁波港直接从外洋进口的贸易货值表：

年份	直接从外洋进口额 （海关两）	占我国进口总额 （％）	占本港进口额 （％）
1867 年(同治六年)	675,445	1	14
1868 年(同治七年)	537,870	0.8	11
1869 年(同治八年)	101,988	0.58	8
1870 年(同治九年)	765,906	1.16	13.6
1871 年(同治十年)	579,363	0.8	11
1872 年(同治十一年)	1,225,147	1.7	20
1873 年(同治十二年)	17,866,875	2.58	28
1874 年(同治十三年)	1,977,925	2.94	32.9

　　上表表明，自 1867 年至 1874 年的 8 年中，宁波直接从外洋进口
的贸易额有明显增长，1867 年直接从外洋进口额为 675,445 海关
两，占全国进口总额的 1％，占宁波港进口额的 14％，而至 1874 年，
宁波直接从外洋进口的贸易已达到 1,977,925 海关两，占全国进口
总额的 2.94％，占宁波港口额的 32.9％，在 8 年之中，分别增加 1.39
倍、1.94 倍和 1.35 倍。
　　这在《浙海关贸易报告》中也有记述：林纳在他的报告中说："宁
波之进口贸易，本年〔1867 年——引者〕情况还是令人满意的。棉制

品已显增 130,815 件,毛织品也增 17519 件。"[12] "1867 年全国通商口岸进口本色洋布之总数为 2,398,000 件,而该年宁波进口 221,585件,约占十分之一。1868 年比 1867 年增长了 73650 件,与各口岸增长额持平。"[13]

同光年间,宁波与世界各个重要通商口岸有着密切的联系。只要考察晚清的宁波港口贸易,就会一目了然。下面摘录《浙海关贸易报告》中有关数字,列成下表:

1870—1872 年(同治九年至同治十一年)宁波海外贸易表

单位:海关两

国家和地区	1870 年(同治九年)		1871 年(同治十年)		1872 年(同治十一年)	
	进口	出口	进口	出口	进口	出口
澳大利亚	2728				17365	
新加坡、海峡	151,066		70778	487		
马尼拉	6188	7655			7467	
日本	2675	113,669			30070	1143
暹罗	38358			7746		10898
香港	649,142	185,901	575,419	85641	1,307,095	318,501

资料来源:同治十至十一年、同治十三年《浙海关贸易报告》,《近代浙江通商口岸经济社会概况》,浙江人民出版社 2002 年版,第 136—156 页

从上表看到,宁波在晚清进一步融入国际市场,贸易国家有所扩大,既有东南亚国家,也有大洋洲国家。当然,与欧洲也有贸易,主要有英、法、德、荷兰、丹麦、葡萄牙、瑞典、挪威等国。

19 世纪 70 年代以后,宁波的港口贸易曲折发展,其原因是温州与杭州开埠。《烟台条约》签订开放芜湖、温州通商口岸。从此,温州、芜湖进出口不需要再经宁波,而是可以自行采购洋货,出口也可以从其他口岸进行。随着《马关条约》的签订,1896 年杭州开埠,给

宁波对外贸易又投下一层阴影。

进入民国以后，洋货对宁波输入还是不少的。尤其是 20 世纪20、30 年代，宁波港进口的洋货数额急剧增加。1921 年的洋货进口额比 1920 年增长了 43%，1922 年又比 1921 年增长了 20%。1928年至 1931 年，全国洋货输入额增长 20%，而宁波从 1928 年至 1930年增长达 52% 左右，远远超过全国的平均水平。1930 年是近代宁波港史上洋货进口额最高的一年，超过 2000 万海关两。抗日战争爆发后，宁波的洋货进口也有一定规模。1938 年洋货进货为国币1,212,111 元，1939 年增至 1,667,080 元。

由于税率低下，宁波的茶叶、蚕丝、棉花等农产品，出口数字不断上升，商品化程度加大。自浙海新关成立后，宁波茶叶、棉花、蚕丝就不断出口。烘茶出口从 1861 年至 1866 年，分别出口 44019 担、5178担、20990 担、53809 担、70661 担和 102,782 担。除 1862 年（同治元年），由于太平军在浙东战事，出口较差外，其余都是逐年上升。棉花从 1861 年到 1864 年的 4 年间，出口数为 5849 担、19648 担、125,155 担、103,201 担，致使余姚、慈溪近百里的农民"皆植木棉为业"[14]。茶叶的出口推动了茶叶加工业，仅 1872 年，宁波有茶叶加工厂二十余家，工人约 9450 人。镇海的瑞若乡产茶兴盛，柴桥则有"茶市"，外洋、邻省来这里设庄购茶，销售额可达二三十万缗。蚕丝的出口也有增长，慈溪"近日种桑者多，诸村妇女咸事蚕织"[15]，鄞县的小溪、鄞江桥，奉化的泉口都普遍种桑养蚕。1878 年（光绪四年），宁波的缫丝产量为 1952 公斤，到第二年猛增至 3140 公斤，增长 62%。光绪中叶，宁波府产鲜茧为 13000 担。棉花出口也猛增，1886 年，宁波出口原棉 66 万磅，到第二年增至 138 万磅，增加了一倍多。

上述情况表明，从 19 世纪 60 年代起，由于片面的协定关税，使外商享受低税，导致洋货倾销和土货出口猛增，使宁波进出口的商品结构发生重要变化，一方面洋货充斥，另一方面大量农产品出口，外

1887 年在宁波江北岸建造的浙海关俱乐部

国资本主义已经把宁波变为他们倾销商品、掠夺原料的市场,卷进了世界资本主义的旋涡,自给自足的自然经济加速瓦解。当然,也沟通了宁波与海外各国及国内城市之间的联系,使宁波与国内市场及世界市场接轨,推动了宁波工商业的发展和港口的发展。

　　民国期间,宁波的土特产出口依然有所增长。即使在"九一八"事变后,所出口的农产品和加工的成品也有增无减。1932 年的《浙海关贸易报告》中有所提到:"本年茶叶产量虽较上年增多三成,然品质则异常恶劣,其中平水茶一项,因海外市面消沉,售价较前低廉。棉花与本色棉纱运输出口亦见激增。"[16] 1933 年棉花、茶叶出口"销路则佳","报经海关出口之棉花,以视上年,计增 5 万担。茶叶市价稍低,惟输出数量亦趋上游"。[17] 抗日战争全面爆发后,由于战事,一些口岸的土特产出口受到影响,宁波反而出现茶叶等土货出口增多现象。1937 年出口绿茶,连小珠绿茶及雨前茶包括在内,由上年的62199 公担,增至 69636 公担,"颇有进意"[18]。1938 年,茶叶出口为47409 公担,价值国币 470 万元。

二、浙海关的税课种类

中国海关征税项目主要是关税。此外有代征税费和附加税费,浙海关所征税种基本与上述相同。

(一)关税

根据总税务司的通令,浙海关的关税项目有进口正税、出口正税(正税系附加税的对称)、子口税(内包运入内地半税、运出内地半税)、复进口半税、船钞(吨税)、洋药税厘和常关税。这主要是晚清,但不同时期所征关税项目也有不同。比如,1939 年就有进口税、出口税、转口税、船钞、进出口附加税、救灾附加税。下面对主要税种作简单介绍。

1. 进口税

1843 年的海关税则,明确把进口税率与出口税率截然分开排列。当时是出口税排在前面,进口税排在后面。进口税商品共 14 类103 项。进口货中除木料之中的红木、紫檀木、黄杨木,铜铁铅锡类中的白铜、黄铜等未列载于税则之内的货口,每百两抽税 10 两,其他大多数货口未列载于税则的,按所估价值每百两抽税 5 两。1858 年10 月,《天津条约·海关税则》签订后,把进口税税率排在前面,突出进口税的常要性。并正式确立进出口税值百抽五的税率,扩大了进口免税的范围。

宁波作为五口通商口岸之一,在第二鸦片战争后,洋货大量涌入宁波，尤其是"洋药"更是大量进口，而且不少外国进口货是从上海来的。1878年，宁波从上海进口的外国商品值为4,437,905海关两，1879年则为5,414,725海关两[19]，增加了近百万两。1882年，宁波从上海进口印度烟7820担、波斯烟393担，共计8213担。次年，宁波从上海进口印度烟7943担、波斯烟355担，共计8298担。两年共计从上海进口"洋药"16511担。[20]从而使浙海关所征进口税额不断增多。比如，1900年（光绪二十六年）、1901年、1902年、1903年进口税分别为59114关平银两、87826关平银两、96848关平银两、120,341关平银两，分别为关税总数的8.7%、13%、14.4%和18%。[21]民国初，我国的进口税远远低于"值百抽五"的税率，浙海关进口税都低于12万关平银两。其原因主要是鸦片的禁绝。

　　1929年，国民政府制定、公布《进出口税则》，这是中国海关从片面协定关税逐步向自主关税过渡。1931年1月1日实施《1931年国定进口税则》，税率大幅度提高。1931年进口税却增至关平银860,889两，占浙海关总税收77.85%。1932年，进口税增至关平银1,007,387两。1933年3月，浙海关按总税务司署令，废止关平银，税收改用银本位币"元"，155.8元合关金100两。本年直接进口洋货3,106,318两，进口税增至关平银1,283,631两，占本年度总收入1,663,004两的78%以上。抗日战争全面爆发后，进口税受到影响。1936年，浙海关征收进口税为1,622,758.61元，那么在1937年"八一三"事变后，进口税收减少，1939年为国币660,312.06元，与1936年相比，减少了962,447元。

2. 出口税

　　货物出口税也是海关征收的基本税种。1843年的《海关税则》，出口税排在进口税的前面，直到1858年的海关税则才把出口税排在进口税的后面，出口税的财政作用有所下降。开关初，土货出口量急剧增加。但1861年（咸丰十一年）至1872年（同治十年）经营土货贸易出口的大多是洋商;或者是中国商行以洋商的名义经营。为此浙海关缴纳出口正税的都是外国商人。1872年是浙海关土货出口额最高的一年,进出口净值关平银1800万两,而土货出口超过了关平银1000万两。全年税收总计关平银826,739两,占全国新关税收总数的7.13%。位居15个通商口岸的第五位。土货出口以前主要是鱼、盐两大宗货。比如,墨鱼1861年出口7214担,1862年32512担,1863年为37118担。新增本地产的棉花和大部分为过境的茶叶,1870年出口棉花38501担、绿茶146,461担,1871年分别为45933担、161,924担,1872年为50081担和176,780担。[22]作为原料的明矾和手工业产品草帽也大量出口。这时出口土货已大多数是中国商人。1873年,华商开始缴纳关税,以后逐渐增加。

海关出口税所征收货币难以统一,有许多种类。所得币种种类繁多;银元、银两、港币、法币、日本银元、铜元、中山币等数十种。杭州关及在宁波的浙海关出口税征收的货币种类主要是银元及钞票。据《中国旧海关与近代社会图史》记载,1930年12月,浙海关所征税的钱币为银元、钞票,为银元154元5角,货币所占成数为百分之百征收。

1930年浙江三关出口税征收货币种类及货币所占成数表

关别	计算各种货币之收数	备注
杭州	一百五十三元四角	百分之百
浙海	一百五十四元五角	百分之百
瓯海	一百五十元八角	百分之百

资料来源:《中国旧海关与近代社会图史》第7辑,中国海关出版社2005年版,第152页。根据1930年征税币种统计整理

3. 子口税

英语称Transit Dnty。通商口岸称"母口",进出口货物经过内地常关或厘卡即称"子口"。这就表明,子口税是中国海关对进口货物

运销国内各地或内地土货发运出口所征收的一种国内税。子口税率无论是进口还是出口,一律为正税之半,即2.5%,因此凡进口洋货运销中国内地,或出口土货从内地运销国外,除在口岸海关完纳进口或出口税外,另缴2.5%的子口税便可免除口岸与内地之间各常关厘金应征的一切内地税,称"子口半税"。由于可以代替厘金和常关税,为此又称"低代税"。这在《通商章程善后条约·海关税则》第七款与《天津条约》第二十八款中都有明确规定。"惟有英商已在内地买货,欲运赴口下载,或在口有洋货欲进售内地,倘愿一次纳税,免各子口征收纷繁,则准照行。此一次之课,其内地货,则在路上首经之子口输交,洋货则在海口完纳,给票为他子口毫不另征之据。所征若干,综算货价为率,每百两征银二两五钱。"[23]但从《天津条约》第二十八款的内容看,享受子口税特权的是外商,华商过关必须纳关税、遇卡交厘金,这不仅给外商较低的税率,扩大在内地的洋货倾销,另外,使洋商领取子口税单后,以高价出售给华商,从中牟利。这一现象直至《烟台条约》签订后才算解决。"嗣后各关发给单照,应由总理衙门核定,画一款式,不分华洋商人,均可请领,并无参差。"[24]1931年1月1日,国民政府下令裁撤厘金税和子口税。在近代,子口税制度实施,是协定关税从国境关税向国内关税延伸,有利于洋货竞争力增强,民族工商业受到影响。

浙海关的子口税征收自新关设立开始。1862年5月,由于太平军撤出宁波,浙海关恢复对子口税的征收,虽有7个半月时间,征子口税25392两关平银。1863年征子口税达65481两,1864年创造历史最高纪录,达111,506两。1865年和1866年又回到64973两和61319两。1867年又回升到第二个高峰,子口税关平银79795两。次年下降1/3以上,为45323两。1869年又下降1/3以上,仅26723两。1872年(同治十一年),两江总督曾国藩认为:发给进口子口税单,不以申请人的国籍为转移。浙海关最早响应,自1873年开始,浙海关在"内地子口半税"统计中已不分华、洋商人。由于上海商业日趋繁荣而洋商的子口税大多已在上海江海关完纳,故浙海关子口税征收一直下降,1873 年至 1878 年,从 29986 两下降至 19755 两,其中1885 年竟下降至 10977 两,仅为 1864 年的 9% 左右。直到 1897 年,浙海关子口税的征收回升,达 27745 两关平银,接近 1873 年的水平。1903 年回升到关平银 39321 两。

民国期间,浙海关子口税的征收始终徘徊在上述水平。其中最高的是 1925 年,也仅有 32236 两。自 1931 年 1 月 1 日起,随国民政府下令裁撤子口税,浙海关也不再征收。

4. 复进口半税

复进口半税是按照正税的一半税率征收后的俗称。这是《南京条约》签订以后出现的现象。有洋货的"复进口"和土货的"复进口"。洋货的"复进口"就是允许外商把货物转其他口岸销售,给予免税单证,不需重复纳税。复进口税属于国内税性质。外商所载运的土货"复进口",是侵夺中国沿岸贸易权。但更重要的是土货的"复进口",使征税复杂化。因为新关专征外商税收,华商的征税由常关负责。外船载运土货的征税收入的归属,对户部、厘金局、地方财政都有影响。闽、粤、上海、宁波通商口岸通融照办。[25]

为使外商有豁免内地的一切通过税的优惠,赫德在与恭亲王奕诉、英国公使卜鲁斯、威妥玛共同协商后,明确规定外船载运土货出口须缴纳出口正税,再进口,只要缴纳进口半税,称做"复进口半税"。对此,1861 年 9 月 8 日,赫德发布了总税务司第 7 号通令,"饬令各关执行",各口岸的海关监督在接到通令后也"迅即执行"。[26]复进口半税的征收,使原来由户部常关征收的税入大多转入海关之手,致使中国民船的沿海贸易受到打击。

成立于 1861 年(咸丰十一年)的浙海关按照总税务司署的第 7号通令,于 1862 年(同治元年)开征洋商复进口半税,当年仅关平银

7847 两。次年即增至关平银 44193 两。1873 年浙海关初次征收华商复进口半税关平银 274 两。1875 年即增加至关平银 6934 两；1886 年增加到关平银 22368 两；而该年洋商复进口半税下降为关平银 11001 两。此后，华商一直超过洋商（除 1895 年因中日战争除外）。但因洋商的起步较早。自 1862 年至 1911 年的 50 年中，浙海关所征复进口税：华商为关平银 729，977 两；洋商为关平银 931，233 两。[27]

进入民国后，浙海关所征复进口半税减少。1922 年，为关平银 31900 两，1928 年为 42200 两，1929 年为 58300 两，1930 年为 56600 两。1931 年 1 月 1 日，奉国民政府财政部令，浙海关停征复进口税。是年只征复进口半税关平银 2800 两。

5. 船钞

船钞即外国的吨税。是关税的组成部分。按照近代国际有关条约，华洋商人的洋式船只，出入通商口岸，都由海关征收船钞。鸦片战争后，船钞的征收由条约国规定，逐步丧失自主权。1843 年 10 月 8 日，在虎门签订的《海关税则》明确规定："凡英国进口商船，应查照船牌开明可载若干，定输税之多寡，计每吨输银五钱。"[28] 新税则对船钞作了原则性的改革：将按丈输钞改为按吨位计算。计每 1 吨，征银 5 钱。所有纳钞旧例及进口、出口等月规各项费用均行停止。在次年的中美《望厦条约》的《贸易章程》中规定：凡所载货物在 250 吨以上者，每吨纳钞银 5 钱；船舶不及 150 吨者，每吨纳钞银 1 钱。船舶运载进口货物的未售完部分，从一个通商口岸前往另一个口岸，毋庸重纳船钞。

1858 年的中英《天津条约》第二十九条规定船钞的税率：150 吨以上货船，每吨钠钞银 4 钱；150 吨正及 150 吨以下货船，每吨钠钞银 1 钱。凡船只出口，欲往通商他口并香港地方，该船主禀明海关监督，发给专照，自是日起以 4 个月为期，如系前往通商各口，俱毋庸另纳船钞，以免重输。当然，船钞由海关征收作为办理海务、港务的经

费。光绪年间又有新的规定。1880 年(光绪六年)《中德条约》补充
公约第二款,引用了吨税享受"最惠国条款"优惠;1882 年又公布了
《通商海关征免船钞章程》9 条,使征收吨税的规定不断补充和完整。
当然,1870 年,海关总税务司署发出《各关征免洋商船钞章程》,计
11 条,除重申不平等条约规定的 150 吨以上每吨纳钞银 4 钱、150 吨
以下每吨纳银 1 钱外,并对一些具体问题作了规定。此项办法于
1882 年、1909 年先后作修正,但船钞税率未变。

　　1861 年夏天,浙海新关按章对外籍轮船征收船钞。至年底,仅 7
个月,计征收洋商船钞 3951 两。1862 年底,征收洋商船钞 6001 两。
1863 年增至关平银 25381 两,1864 年达到高峰,激增至关平银 35302
两。据汤象龙统计,自 1861 年至 1910 年的半个世纪,浙海关总计征
船钞库平银 315,911 两。

6. 洋药(鸦片)厘金

　　这是对进口鸦片征收的厘金。清王朝与英国等国通过不平等条
约把原来属于内地各关卡征收的这一税收改由海关征收,再一次扩
大了海关税务司征收内地税厘的权力。按照《天津条约》的规定,子
口税的制度不适用洋药(鸦片)进口,每箱收银 30 两,运往内地仍须
逢关遇卡另付税厘,1885 年(光绪十一年),中英签订《烟台条约续增
专条》,其第五款规定,英商运鸦片进入通商口岸。"由新关派人稽
查","买客一并在新关输纳"。1887 年 2 月颁行《洋药税厘并征章
程》,规定鸦片输入中国口岸时,由海关封存,每 100 斤向海关交纳
进口税 30 两,并纳厘金 80 两之后,发给"内地准单",不再交纳任何
税厘。浙海关自 1887 年(光绪十三年)起,即进行洋药(鸦片)税厘
并征。这年征收之鸦片厘金之总额为关平银 253,939.803 两。1888
年,华商、洋商的洋药(鸦片)厘金占浙海关全年总税收的 40% 弱;
1889 年占 40.7%;以后其比重逐渐下降。1910 年(宣统二年),浙海
关洋商洋药(鸦片)、洋药(鸦片)厘金均无收。[29] 1913 年取消洋药

（鸦片）厘金。

7. 常关税

这里所说的常关是指户部管辖的 24 关和工部管辖的 5 关。浙海关的大关及镇海分关为常关。常关的一项重要工作是税则或税率调整引起的税额管理。浙海关新关建立前的旧浙海关对帆船贸易所征的税,直属清廷,由海关监督管辖。新关建立之后,常关征收国内税,而新关专门负责对外国贸易的征税。新关负责轮船（汽船）征税,常关则负责除作为外国籍船登记在册之外的帆船课税。海关税的增收对中央财政有利,常关税的征收则直接与地方财政有关。

依照《南京条约》所定五口通商之一的宁波,1861 年的新关建立后,税收分为常关税和洋税两部分。作为户关的宁波大关,常关税仍为雍正年间制定的户部则例征税,基本上是从量税。宁波大关和常关镇海分关征收的主要税课有进口税、出口税和船钞等。进口税是来自国内其他口岸,诸如厦门、镇江、烟台、温州以民船运来宁波及宁波内地的货物的征税。出口税是对宁绍地区的土特产、水产品所征的税,如余姚的棉花、土布,奉化的毛竹及竹器,象山的海味等。船钞按梁头尺寸征收,后改为以担计算。

浙海新关成立以后,沿海常关的收入大为减少。以前,浙海常关收入在 79000 两库平银以上,1895 年下降至 40000 两库平银。

1901 年（光绪二十年）,根据《辛丑条约》规定,宁波口岸 50 里以内的常关由税务司兼管。浙海关兼管江东宁波大关、镇海分关及沙头、小港两卡,并订立《1901 年宁波海关所属常关税则》。出口的征税货物有:棉花、粗白布、宁麻、五味子、土红、白帆、碗盘等瓷器、陶器、纸、火腿、贝母、白术、门冬、山萸肉、乌木筷、木炭、毛竹、草席、笋干、木耳、菜饼、油、小粉、茶叶、福建烟叶。进口的征税货物有:靛青、杉木、沙木、鱼类、鱼鲞、鱼胶、紫菜、各色粮食、铜器、红铜、皮、香、胡椒、翠毛、石青、苏木、藤黄、紫梗、土红木、生漆、药材等等。据佘德的

《光绪二十八年宁波口华洋贸易情形论略》记载,常关归税务司管理后,依然以办理埠际贸易进出口货为主。进口货物如福建之杉木与各种糖,镇江之米与猪,北方的辽东、山东的豆与枣子及油;出口之货往福州的有药、棉花、棉纱、彩蛋;往北方山东等地有纸、瓷器、毛竹,往长江沿岸等处者有锡箔、纸、草席、陈酒。

1902 年(光绪二十八年),宁波大关和镇海常关分关计征本口土税关平银 101,250 两,至 1906 年上升至 109,712 两。[30] 1907 年至 1910 年分别为库平银 96721 两、97605 两、110,713 两、98993 两。[31]

民国初,常关的税收也很可观,1912 年,宁波大关和镇海常关分关进口完税各货共估值关平银 7,937,034 两,征收进口税 35549.53 两,土货出口估值 6,154,487 两,征收出口税 28113.56 两,又征茶税 9333 两,船钞 2384 两,补税 31525.6 两,共收税关平银 106,805.76 两。

据《浙海关贸易报告》记载,在 20 世纪开头的 25 年中,浙海关的税收总数呈下降趋势,而 50 里内常关却保持着相对平稳状况,并略有上升。除附加赈捐外,1920 年为关平银 116,256 两,1921 年为 127,361 两,1922 年为 113,623 两,1923 年为 118,739 两,1924 年为 124,962 两,1925 年为 127,596 两(此外尚有附加赈捐计关平银 2400 两)。1926 年,50 里内常关共征关平银 126,904 两,附加赈捐 4176 两在外。1927 年为 106,146 两,1928 年为 109,082 两,1929 年为 139,830 两,1930 年为 115,530 两,1931 年 1 至 5 月份为 52648 两。[32]

《浙海关贸易报告》中对"常关"的进出口贸易及税课征收有专门记载。浙海关税务司葛礼《民国 8 年宁波口华洋贸易情形论略》中,在谈到常关"税课"时说:"本年〔1919 年——引者〕进出口税收按之总数约短关平银 9800 两,而进口税之征收竟有 14000 两之多,盖进口货物既少,税课自必从之而减,无足怪也。"[33] 甘福履的《民国

10年宁波口华洋贸易情形论略》中也说:本年常关税课,"除附加赈捐外,共征关平银127,361两,上年仅有116,256两"[34]。

由于浙海关新关的设立,汽船和帆船的税金额也有区别,海关负责对汽船征税,常关负责除作为外国籍登记在册之外的其他帆船课税。

由于上述区别,在财政方面,新关与常关税收也有不同。海关税的收入出现迅速增长的局面,常关税却不断减少。由于海关税的增长有利于中央财政,而常关税的减少则给地方财政带来财源不足的压力,因此,在税收征收过程中两者存在着一定矛盾。为此,每个地区的常关,为维护地方财政的正常收入,在正税之外还收取平余税银和其他许多杂税,常关的监督以此来补足正税中的不足,以充当当地官吏的薪俸和赏金,以维护其正常之运作。其结果是税则之外的其他规费的征收明显增加。

1931年6月1日,浙海关所属50里内常关全部于6月1日裁撤。

(二)附加税和代征税

从近代浙海关资料看,除了征收关税外,还征附加税和代征税,主要是以下几种:

1. 附征赈捐

这是按照赈济需要临时附征税,是海关附加税的一种。1920年至1921年间,河南、陕西、浙江、山东、山西等省,连遭旱灾、水灾。为此,民国政府与各国使团"协商"后于1920年12月13日发函:"拟于海常关附带赈捐一成,以一年为限,专为赈济灾民之用","所有海关及海关兼管之五十里内常关,应即定于民国十年一月十六日起开征往来各货之附带赈捐,其征税即系比照该货所纳税银十分之一,其征期以扣足十二月为限"。[35]这就是海关对从国外运进救灾物资,临时征收附加税。1920 年 12 月 21 日,海关总税务司署发出第 3102 号通令,通告自明年 1 月 16 日起"海常各关附征十分之一税收赈捐（除船钞外),为期一年",1921 年 1 月 16 前起运"来华货物"不征赈捐。[36]

正是按照总税务司署的通令,浙海关在征收关税附征赈灾附加税。甘福履在他的《民国 10 年宁波口华洋贸易情形论略》中就提到:"本年税课。本年征收总数,为关平银 429,629 两,自民国 5 年以来此数实为最巨;较诸民国 9 年多征 92221 两,尚有附加赈捐 35413 两不在其内。"在谈到"常关"税课时亦说:"本年税收除附加赈捐外,共征关平银 127,361 两。"[37]据《宁波海关志》记载,浙海关在 1921 年附征赈捐关平银 35413 两;次年为 4130 两;1925 年征赈捐关平银为 9434 两;1926 年为 16620 两。与此同时,浙海关所属常关也附征赈捐;1921 年征关平银 9822 两,1922 年为 1687 两,1925 年为 2400 两,1926 年为 4176 两。[38]

2. 救灾附加税

1931 年夏天,长江水灾为患,以筹集捐款为名开征救灾附加税,对所有进出口货物从同年 12 月起至次年 7 月 31 日止,皆按进出口率 10%的附加税征收。从 1932 年 8 月 1 日起,改为正税的 5%。浙海关按国民政府令在海、常关征救灾附加税。1936 年浙海关征收救灾附加税法币 81512.71 元,1937 年"八一三"事变后,因战时影响,有所减少。1939 年征救灾附加税法币 33165.69 元。

3. 进出口附加税

浙海关根据国民政府要求,曾在近代课征税率为 2.5%和 5%的进口临时附加税,作为裁厘加税的过渡措施。

浙海关曾于 1926 年课征过税率为 2.5%的进出口的临时附加税。1927 年 1 月 1 日武汉国民政府在北伐军控制区域征收内地税,自该年 1 月 20 日起,浙海关监督开征附加税。1929 年 2 月 1 日,浙海关施行新税则,启征土货出口二五附加税和土货复进口的二五附加税。1932年7月27日,海关总署署长张感印发出关务署第1145号电:"奉政府决定,凡按海关进出口税则征收之进出口税自本月八月一日起,概按关税税率征收5%之附加税,以一年为期。"[39]7月28日,海关总税务司给各口海关发出通电:"政府命令海关进出口各税征收5%附加税,为期一年,自1932年8月1日起征。"[40]1932年8月5日,海关总税务司署发出4461号通令,令各关税务司"自1932年8月1日至1933年7月31日,对进出口各税加征5%附加税"。"此项附加税之征收,应视为关税征收之一部分,并应单独列入税收统计报表中之'附加税'项下。"[41]1932年8月1日起,浙海关奉财政部令,对所有进出口货物征收5%的附加税,以一年为期,凡在该期报关者,均予征收。1936年征收进出口税附加税收法币81512.94元,1939年为法币33165.69元。

4. 码头捐

1898年,浙海关税务司在宁波江北岸设立工程局。为建造沿甬江的马路,为此征收码头捐,规定进出口货物每件捐钱3文。时任浙海关税务司穆麟德在《光绪二十四年宁波口华洋贸易情形论略》中就指出:"年内宁波成立市〔市政工程委员会——引者〕,年初筹划,中外人士都有。修筑河边道路和码头。年内起征码头捐,每件收3文。"[42]并设专人征收码头捐,由浙海关支付工资。1901年4月24日至1903年4月11日,佘德任浙海关税务司。他的《浙海关十年报告》中说:"增加我们部门的另一个职能是管理委员会的事务,征收码头捐,对在江北岸上下的货物每件征收三个制钱,这是其中最重要的。这项工作已委交一名华员供事和两名书办,由本关支付工资,而委员会的总账目则由税务司的帮办无酬编写。"[43]这里不仅提到浙海关征收码头捐的问题,并提到海关雇员专职征收码头的事。

民国初年,宁波的码头捐为每件征收银元4厘。1927年5月,宁波市临时政府工务局长王玉川接收原由工程局征收的江北货物装卸的码头捐,同时,商定由浙海关代征。[44]浙海关税务司郭本在《民国16年宁波口华洋贸易统计报告书》中也提到这件事:1927年6月中旬,江北工程局董事会停止工作,其职责由宁波市临时政府接收。"此董事会收入之主要来源为一轻微自愿之码头捐,征自江北沿岸装卸之货物者,是项码头捐,现已增高捐率,商定由海关代市政局征收。"[45]宁波市政府颁布了《宁波市码头捐条例》,作出如下规定。凡进口货物均须缴纳码头捐,其捐率以应征关税数目2%计算,但每件货物除特定规定外,至少以5厘为起点,至多以2分为限,一律以通用银元征收。凡已在他口缴纳转口来甬的货物,仍须缴纳码头捐,其捐率为每估价1000两,抽捐1元。凡各项进出口免税货物,除米、麦及苞米外,每件应缴纳码头捐银元5厘。1929年3月1日起,《修正宁波市码头捐》实施。条例规定:凡进出口货物及已在他口缴纳关税转运来甬的各项货物,每件估价1%计算。但每件货物除特定规定外,至少缴关平银4厘,至多以关平银2分为限,凡各项进口免税货物除米、麦、苞米外,每件应缴纳码头捐关平银4厘。宁波市市长罗惠侨在后来的回忆录中说:"市政经费规定为:(1)土地税及土地增加税;(2)房捐;(3)营业税;(4)牌照税;(5)码头税;(6)广告税;(7)公产收入;(8)营业收入;(9)其他法令特证征收之税捐。"这里明确提到了征收码头捐问题。在他任市长期间,征收码头税(捐)5万元。[46]

1933年3月10日起,废除关平两,改为法币。由于1931年宁波市并入鄞县,码头捐由浙海关监督会同当鄞县政府征收。1933年9月,鄞县县政府以法币征收码头捐。规定外海进出口货物(普通进出口货物)每件最低额法币7厘;最高捐额法币3分2厘。内港轮船装运货物每件一律征收法币1分。其少数特别规定之货物亦改为法币征收。

三、浙海关的税课征收、保管及减免

近代海关的税课征收、保管及减免,是海关的一项任务,但长期以来这些权力被外国列强所控制。浙海关也是如此。

(一)税课的征收与减免

我们从上面的阐述中,可以了解到浙海关在较长的时间内,海关税收的权力被列强所控制。所征收的税课,时有增长,时有减少,但总体上是增长。这与当时的社会背景有一定关系。

晚清的税课征收中,开埠初,由于自然经济的抵抗,宁波税收的征收并没有取得好的成效。第二次鸦片战争后,由于浙海新关的建立和鸦片贸易合法化,洋货倾销,进口货物激增,且出口额也不断扩大,致使这一时期浙海关税课征收也日益扩大。

惠达在《同治十至十一年浙海关贸易报告》中提到"关税"时说:"本年〔1872 年——引者〕比去年增长税金达海关两 84783.953两。"[47]为说明问题,把1870 年(同治九年)至1872 年(同治十一年)浙海关的关税列表如下:

1870—1872 年浙海关关税征收表　　　　单位:海关两

年份 项目	1870	1871	1872	增(+)或 减少(−)
进口税	49426.939	34613.882	34663.937	+
鸦片税	149,689.370	161,204.441	196,298.480	+
出口税	430,934.408	463,036.373	508,126.996	+
沿海贸易税	31173.522	33083.243	31405.017	−
子口税—进口	21910.25	21523.069	23873.010	+

项目　　年份	1870	1871	1872	增(+)或减少(-)
子口税—出口	979.744	1563.866	6066.654	+
船钞	5295.600	3329.867	2704.100	-
合计	689,409.608	718,354.741	803,138.194	

资料来源:惠达:《同治十至十一年浙海关贸易报告》,《近代浙江通商口岸经济社会概况》,浙江人民出版社2002年版,第144页

上表表明,从1870年至1872年的3年间,除了沿海贸易税和船钞略有减少外,进口税、出口税、子口税、鸦片税都有较大幅度增大。

一些口岸的开埠,致使宁波的港口腹地有所减少,进出口贸易会受影响,也导致税收的减少。根据中英《烟台条约》,1877年后,温州、芜湖开辟为商埠,宁波口岸失去了南部和西部的腹地,比如,皖南的祁门茶叶改从芜湖出口,使宁波口岸的土货出口贸易受到较大的影响,建立在此基础上的浙海关税收也随之下降,1879年(光绪五年)关税收入减少。《光绪六年浙海关贸易报告》中说:"税收中只有出口税年内比1879年增长计达68000海关两外,其他各项都是减少。而国库虽这两年来有了盈余,但长期以来均趋下坡之势。看来宁波再也不可能达到1872年贸易高峰,因为一方面是温州开放后日益发展,另外在宁波之北面使宁波相形见绌的上海的强大的影响都是宁波之障碍。"[48]但宁绍台地区的生产发展,逐步弥补了失去南方腹地的损失,税收也逐年增加。1895年的出口正税收入,有较大幅度的增加。

1896年(光绪二十二年)根据《马关条约》杭州开埠,使宁波口岸失去了西北部广大的腹地,进出口贸易和关税渐趋萎缩。以外国洋药(鸦片)进口为例,1895年、1896年两年,进入浙江全省的为6960担、6647担,其中从宁波进口的为5164担、5001担,经南浔和

枫泾站为 1796 担、1646 担,但杭州开埠后,杭州直接进口洋药(鸦片),1897 年、1898 年分别为 978 担和 993 担,而宁波进口明显减少。1897 年为 3787 担、1898 年为 3580 担,与 1895 年相比差了 1500 多担。进出口的减少,必定影响关税的收入。[49]汤象龙编著的《中国近代海关税收和分配统计》中有《浙海关历年各项税收统计表》,其所统计的浙海关在 1896 年后的税课收入就可说明问题。1896 年(光绪二十二年)浙海关的税收为库平银 1,168,672 两,1897 年为 1,022,908 两,1898 年为 702,029 两,1899 年为 825,458 两,1900 年为 710,164 两,1901 年为 687,767 两。这就表明,自杭州开埠后,浙海关的税收急剧下降。

　　进入民国以后,浙海关的税收也有变化,其主要原因鸦片税厘自1912 年起停征和出口的茶叶税减免。浙海关税务司贸易报告中已有说明:认为这十年中起伏大,十年之平均税收关平银 441,000 两,比上一个十年平均少关平银 181,000 两。"下降原因是鸦片税厘自1912 年起停征,后来出口茶叶豁免,每年要减少相当关平银 80000两。"[50]为说明问题,把这十年的海关税收列表如下:

浙海关关税税收表(1912—1921 年)　　　　单位:关平银两

年份	进口税	出口税	土货沿海贸易	船钞	内地贸易	总计
1912	68506	311,844	35670	12703	20569	449,993
1913	114,852	296,561	36708	10348	24986	483,455
1914	119,595	324,603	49712	12937	30129	536,976
1915	101,892	322,592	31698	11793	17502	485,477
1916	116,526	306,273	29991	10164	16882	479,836
1917	87596	253,981	26740	10655	11992	390,964
1918	111,707	243,927	25159	8278	16474	405,545
1919	113,483	247,958	27612	7366	16292	412,611

年份	进口税	出口税	土货沿海贸易	船钞	内地贸易	总计
1920	113, 102	174, 009	28948	8455	12894	337, 408
1921	182, 529	185, 268	3485	9574	17873	465, 042

资料来源:甘福履:《浙海关十年报告(1912—1921 年)》,《近代浙江通商口岸经济社会概况》,浙江人民出版社 2002 年版,第 73 页

　　1922 年至 1931 年的十年间,浙海关关税征收猛增,1922 年为396, 700 两关平银,到 1931 年增长为 1, 136, 700 两,"突破从前纪录"。[51]今将 1922 年及后四年各项税课数列表如下:

1928—1931 年浙海关关税表(含 1922 年)　单位:关平银两

项目	1922 年	1928 年	1929 年	1930 年	1931 年
关平银折合美金	0.83	0.71	0.64	0.46	0.34
进口税	152, 100	160, 400	284, 000	394, 300	860, 900
出口税(包括转口税在内)	17900	224, 600	327, 500	317, 800	254, 200
复进口半税	31900	42200	58300	56600	2800
入内地子口税	21000	20600	9400	8000	400
船钞	11800	20800	18700	23100	18400
共计	396, 700	468, 600	697, 900	799, 800	1, 136, 700

资料来源:安斯迤:《浙海关十年报告(1922—1931 年)》,《近代浙江通商口岸经济社会概况》,浙江人民出版社 2002 年版,第 83 页

　　从上表看,1929 年无论是进出口税,还是船钞及子口税,都有显著增长,其主要原因是新订海关进口税税则自该年 2 月 1 日起实施。1930 年,进口洋货银两总值,较诸 1929 年又激增 45%。1931 年各项税课有所减少,主要是上半年的银价续跌和下半年的"九一八"事变爆发,出现抵制日货现象。

1941 年 4 月 20 日，宁波沦陷后，由于进出口贸易影响，税收减少。

浙海关关税征收中，也会出现不少关税减免现象。主要有外商的特权、当地政府为发展民族经济而减免关税等原因。

在近代，外国商人凭借不平等条约享受减免关税的范围和品种很多，1843 年 10 月 8 日在虎门签订的中英《五口通商附粘善后条款》的"海关税则"就规定凡进口金银类、各样金银洋钱、锭锞、洋米、洋麦、五谷等"皆免税"。出口免税货品有金银洋钱及各样金钱类、瓦砖、瓦片等造屋材料。

1858 年（咸丰八年），清政府与英、法、美三国在上海分别签订了《通商章程善后条约·海关税则》，其中中英《通商章程善后条约·海关税则》第二款列举的免税品目有金银、外国银钱、米粉、牛油、外国衣服、金银首饰、外国烟丝、烟叶、酒、纸张、外国自用药物等 32 种。1869 年（同治八年）签订的《新修税则》规定："英商船厂所有杂物，英商家用杂物、船用杂物均免征进口税、洋煤、鸟粪免税进口。"

1872 年 4 月 22 日，海关总税务司署发出第一号通令，将全部免税品分成三类物品，并规定每类物品的"处理原则"，又将全部免税品分成食品、饮品、烟、洗涤用品及芳香剂、照明及燃烧用品、餐桌用品、家具陈设、通信用品、配制用品、支付用、自用非卖品、穿着用品12 项，制定《免税放行之物品及物品类另清单》分三类。第一类：单项物品。如金银、外国银钱、面粉、干酪、黄油、外国纸烟、外国酒等17 种。上述物品不论进口或出口，不论由何人携带，不论数量多少，也不论个人使用还是出售，均予免税放行。第二类：同类物品，如蜜饯、熟肉、熟菜、洋式衣服、金银首饰、玻璃器皿、铁刀利器、香水、文具等 11 种。凡制成品均免税放行。至于原材料，若由外国零售商小批量进口的，且是少量出售给外国人，或由进口商加工为成品给外国人使用的，也可免税放行。第三类：各类及各项物品组别，如家用杂物、船用物料、行李等。凡属"自用合理数量",均可免税放行。

章程旨在使外国人自用之一切,均可享受免税待遇,然而无意使销向华人之物品享受免税待遇。清政府依据免税章程所采取的措施,为使外国人得以享受税则之最大优惠,又使现行之免税章程与税则的内涵相符。这项免税制度一直施行到1902年止。为使《辛丑条约》巨额赔款偿付有保障,外国列强同意修订税则,除米粮、金银、外币,全归之于进口核实值百抽五的项下,这才缩小免税品范围。1901年至1911年,浙海关对宁波领事公署征税很小,仅关平银87两。官用物料免税关平银2499两。

1912年后,仍受协定关税束缚,只是到了1929年的关税自主后,税则章程经重新修订,除外交官的所用物品、邮包、旅客行李,各有免税规定外,其他商品的免税项目按进口税章程与进出口税则。嗣后于1918年、1922年又进行两次修订,新修税则规定的免税品范围与原订税则大致相同,即米、谷类、面粉、金银币及生金银、书籍、海图、地图、杂志、新闻纸等一律免税进口。

民国政府定都南京后,又于1929年、1931年、1933年和1934年四次颁布和实施"国定税则",对金银条币;铂未制成物件者,如锭、条、片、板及废料、碎屑;已装订或未装订印本或抄本书籍、海图、书报、杂志,动物、肥料等准予免税进口。

浙海关在民国以后关税的减免主要是官用物料的免税和外交官的免税。1912年官用物料免税计关平银1471两,次年14785两;1914年计关平银271两,1915年152两,1916年为385两,1917年为187两,1918年为1206两,1919年计关平银1211两,1920年为635两,1921年为312两。10年合计为关平银20615两。宁波领事署所用物品免税自1912年至1921年间仅免税计关平银41两。

对于宁波民族工业,浙海关也采取一些免税措施。主要是铁路购料免税。如1912年为关平银33两;1913年为关平银14783两。

另外,1913年8月至1921年10月的8年时间里,为扶植宁波民族工业,浙海关核准宁波正大火柴公司生产的火柴、全茂烛皂厂、美球丰记织袜厂、粹成阳伞制造厂、大成织袜厂、振华工厂、明华烛皂厂、美球丰记织袜厂、华隆棉织厂等企业产品照机制洋货例减税。比如,1920年浙海关对宁波市的翔熊机制软席厂生产的机制软席,自1920年4月1日起免纳海关正半各税及常关税各一年。

宁波席草纺织业发达,以长河为中心的三北地区金丝草帽,是宁波著名的手工业产品。浙海关监督积极支持草帽业的发展。1928年1月,经宁波市草帽业同业公会申请,浙海关给予编织企业一些免税。1928年2月27日,国民政府财政部通令浙海关监督:"对于各种草帽及各草帽缠所有应征一切税厘,自令到之日起,概予免征。"浙海关监督张传保于3月1日致函税务司郭本:对出口各种草帽及各色草帽缠,概予免征出口税。浙海关于3月2日起,对草帽及草帽缠及免征出口税。仅1928年3月2日至4月11日,金丝草帽、刨花帽、粗细麻帽、粗草帽、各项杂草帽免税共估值关平银62196.55两,免征出口税关平银3109.828两。

(二)税收的解缴与保管

海关征税后由谁保管,从晚清的历史看,这一权力始终在清廷指派的海关监督,外籍税务司并未掌握。考察近代海关,外籍税务司在海关的权力主要表现在关税的征收,及责成各地海关税务司计算税款、呈报税款数字,并审核纳税收据而已。这在一些不平等的条约、总税务司署的通令中都已说明。但对于税款的保管权没有涉及。海关所征收的税收、存款完全由清政府指定银号收纳,关税税款的解缴、保管和支付,亦完全由清政府指派的海关道或海关监督办理,外籍税务司或其他外国势力都无权干预。所以终清一代,中国虽然丧失了海关关税的征收权,但保留着税款的保管权。[52]

其实,对于海关税款保管指定在一定银号,这在一些条约中已有说明。《中英五口通商章程》第八款说:"英商进口,必须钞税完全,方准出口。海关应择殷实铺户,设立银号数处发给执照,注明准某号代纳英商税银字样,作为凭据,以便英商按期前往。"[53]按照这一规定,外商进出口货应纳的税款必须到清政府所定的银号完纳。滨下武志说:"虽然各地通商口岸设立海关之后,征税由外国税务司进行管理,但征收银还处于中国方面的海关监督之下,由海关银号进行其管理及上缴工作。"[54]上海于1852年开设官银号,这是清政府设收税机关的开始。此后,各口岸都设有银号,保管海关税收。

为使浙海关的税收得到保管,19世纪70年代后半期,宁波设立了被称做海关银号的金融机构。当时称阜康银号,由胡光墉(雪岩)设立。胡光墉为捐纳的道台。他所开设的阜康银号,有16名从业人员。俸禄总计年额6600美元。胡光墉借给宁绍道台衙门7000两。其在宁波的海关银号的利润一年为5万两。[55]阜康银号对浙海关税收进行具体管理和做好上缴工作。阜康银号用海关两收取税金,然后用库平银上缴税金。就是说,商人交纳税金时,按海关两计算,即每105.83宁波两作为100海关两支付;而阜康银号在上缴税金时,将其换算成库平两后再上缴,这时的换算变成104.70宁波两比100两库平银。这样一来,每上缴100海关两,阜康银号就获利1.13宁波两,全年获利高达8000两。"阜康银号不仅以宁波为中心,从沿海各港口直到扬子江沿岸各港口都拥有广大的贸易圈,而且还在北京开设分店,与官方也保持着密切的联系。它还利用这种联系,同时负责管理海关银号。在汉口、宁波、温州以及福州都有其负责管理的海关银号。"[56]

1883年(光绪九年),胡光墉经营生丝出口破产,阜康银号停业闭歇,由宁波商人严信厚所设源丰润银号承接浙海关关税的收支报解。浙海关的新关和常关所征得的税课银两,都由商人向宁波源丰润银号交库,归入浙海关监督署的账户下。1897年后,严信厚曾表示同意将源丰润银号及设在各地的分号,包括宁波源丰润银号改为通商银行的分支机构。后因翻悔而未实现,盛宣怀在致李鸿章电中称:"严筱舫〔即严信厚——引者〕忽为其伙蛊惑,银号暂不合并,幸股份甚踊跃,开春总行可开办。"三日后李鸿章在回复盛宣怀时说:"筱舫谓银行垄断各银号生意,于国家无益,亦甚有见。"二年后的1898年(光绪二十四年),盛宣怀又函内阁总理翁同龢谓:"各省关均为私家银号所把持,严信厚原议将伊独开之海关银号归并银行,嗣有所扞格。"[57] 1910年9月初,源丰润银号因亏损而倒闭,亏欠浙海新关、常关公款本息计关平银13000余两,银洋10800余元。浙海关监督派人接收宁波源丰润银号,旋改为大清银行宁波分行,收纳海关税课,汇兑并按时交付利息。

1911年辛亥革命爆发,总税务司凭借统辖各口海关税务司,一统中国海关行政的庞大权力,利用全国各地起义和清王朝统治瓦解和混乱局面,夺取中国海关关税的保管权。这就完成了中国关税从征收权到保管权的全面控制。

总税务司剥夺海关关税保管权是以确保如期偿付指抵洋债、赔款的关税,以免列强干涉为理由。海关总税务司安格联看到全国的蓬勃发展、势如破竹的革命形势及清王朝的行将就木的崩溃境地,就提出他们在起义口岸海关税款保管权。这年10月23日,安格联向清政府税务处大臣胡惟德提出:"采取某种方针确保关税不致为革命党用作军费,并留供偿外还债,现在已经是时候了。"[58] 11月3日,安格联向江海关税务司墨贤理发出指示:"我们的方针是这样的:关税是外债的担保品。因此,税务司应当向有关方面说明,为了避免外国干涉,关税必须以总税务司或领事团名义暂时存储,如果有外国银行可以存人税款,最好用总税务司的名义。"[59]

浙海关税务司正是按照总税务司署的要求做的。1911年11月5日,宁波辛亥光复。此后几天,总税务司安格联与浙海关税务司柯必达多次通函,安格联要求浙海关税务司把征收的关税款交上海汇丰银行。1911 年 11 月 8 日,安格联致函柯必达电函:"速将所征全部汇款汇解上海汇丰银行总税务司税款专账。"柯必达收函后,于 11 月 10 日致安格联第 95 号函,表示执行指示,"并将尽量设法摆脱困境"[60]。安格联收电后即刻作了批示:"你所作的安排,我不想干涉,但是我不了解你怎么能够在保险箱里无限期地存放税款呢?你最好告诉有关当局说,为了维持中国的信用,避免外国干涉,凡是已不效忠北京的地方,税款现在都是以总税务司的名义存入外国银行。你还可以说,这些钱将专供还债之用,北京政府管不着。这个办法是经过列强批准的,海关和税款一受干涉,列强就会反对。可能的话,使他们同意这样办,并继续报告。"[61]

为保护浙海关税款不落入革命党人手中,避免损失,浙海关税务司柯必达在一些不重要的问题上,诸如不用官衔,日期改用西历等问题上与革命党人达成一些共识,其目的是保护海关税款。"在目前情况下,我想只要他们不染指税款,最好还是保持缄默,避免和他们发生一切不必要的争执。"[62]安格联又在柯必达的电函上做了批示:"你的方针是正确的,一切问题都要服从掌握税款和保证海关工作顺利进行。只要革命党当权并尊重你的地位,没有理由不同他们维持友好关系。"[63]

1911 年 11 月 20 日,海关总税务司安格联以 1858 号通令,通饬全国各海关税务司:"根据最近情况,宜在没有外国银行之口岸,以本总税务司名义,在外国银行内开设税款与船钞账户,为此,有必要预作指示。各口岸可按如下户名开设三个账号,即:海关总税务司洋关税款账户、海关总税务司常关账号、海关总税务司船钞账户。"[64]在未设有外国银行并由当地政府主管一切之口岸,税务司应遵照指令取得关税收入,将其汇入总税务司在上海或广州汇丰银行,宁波作为长江下游的口岸,应按规定把税款汇至上海汇丰银行。浙海关税务司"应尽可能按通令之规定行事"[65]。从而使浙海关监督的关税包管支配权被浙海关税务司所夺取。

1929年1月由梅乐和接替总税务司职务。2月1日,"国定进口税则"实施,海关所收税款分为两部分,即原"值百抽五"的旧税部分和新增关税及附税部分。其中旧税部分仍由各关汇交上海汇丰银行。中国银行宁波分行应照浙海关指定办法办理各项关税,汇往上海总税务司账户,汇费为2%。据《宁波海关志》记载,1932年,浙海关采用银行兑率为:法币100元,折合关平银72.55两;沪平银100两,折合法币137.836元;沪平银100两,折合江平银94.90两;江平银100两,折合国币146.031币元;关平银100两,折合江平银105.83元;关平银100两,折合国币154.52元。

1932年3月1日起,国民政府下令各关全部税款一律汇解上海中央银行收存。1933年4月30日起,浙海关与中国银行宁波分行取消收税合同。5月1日,浙海关税务司与中央银行宁波办事处签订收税合同。银行同意依照税务司指定办法代收各项税款及公款。存款在银行时,银行应负全责。银行代收的税款归入税务司名下账户内分别存储。税务司有总税务司所授随时提取款项之权。所有存款,概不计息。银行须对于关金予以便利。征存的银元税款于何时汇沪,悉听税务司通知办理,免计汇费。银行汇沪票据,应是即期兑现汇票。商人如以国币完纳者,银行逐日挂牌规定与关金的折合率。银行同意按照税务司所定名目,将经收税款分别登记;逐日并按期开具清册,送由税务司核对。银行代收各项税款,手续费按6‰计算,于每月月底支付。

四、浙海关关税的增长及分配

海关关税征收在近代稳步增长,这有其原因。各口新关关税的迅速增长,不仅成为政府可靠的财政收入,巩固其执政地位,同时,也促进了各海关口岸所在地的经济社会发展。

(一)关税增长的原因

我们考察浙海关,可以发现近代的关税增长十分迅速。1861年,浙海关税收为 373,256 两库平银,到 1910 年为 602,199 两库平银。[66]在近半世纪中增长近 2 倍。关税之所以得到快速增长是有其原因的。汤象龙在他的著作中提出三个观点,即帝国主义经济侵略日益深入,洋商进出口贸易不断增长,这是海关税收增长的主要原因。鸦片贸易合法化,进口激增,洋药税厘由海关征收,是海关税收增长的另一原因。把属于国内税性质的子口税、复进口半税纳入海关征收的税种中,是海关税收增长的又一原因。[67]陈诗启在他的著作中认同这个观点。[68]笔者结合浙海关关税征收的情况,发现上述三个原因都是存在的。

首先,外国列强凭借特权进行经济侵略日益深入。外国资本主义列强凭借一些不平等条约对中国实行商品倾销,经济侵略日益深入和扩大。这种趋势在浙海关对外商征税中可以看出。从浙海关征收的进出口税看,1861 年(咸丰十一年)为 340,545 两库平银,到1872 年(同治十一年)为 560,034 两库平银;1873 年(同治十二年)为 478,240 两库平银,到 1895 年(光绪二十一年)为 569,522 两库平银。[69]在近代 35 年时间中,除了 1878 年(光绪四年),由于 1876 年的《烟台条约》签订,温州、芜湖开埠,使宁波港腹地有缩小,导致进出口税收减少,这一年的进出口税只有 356,681 两库平银,但在杭州开埠后,自 1897 年起,浙海关的税课收入又一次减少,这在上面已经谈到了。但总体上是逐年增多的。浙海关的税收迅速增长正是进出口税收增多的原因。造成这个事实是外商凭借不平等条约进行大量商品倾销的结果。

其次,鸦片贸易合法化。第二次鸦片战争期间签订的《天津条约》,在 1858 年 10 月修订的中国关税税则会议上,英国政府敦促清政府接受对鸦片进口重税的意见。在外国列强威胁利诱之下,且考虑到国内财政困窘的情况,清廷同意鸦片贸易合法化,并由海关以每担征收进口正税 30 两白银,约货价 7%—8% 的低税率列入 1858 年税则第五款。税则中却以"洋药"作代名词。1887 年 2 月,海关总税务司颁行《洋药税厘并征章程》,明确规定从此年 2 月 1 日起由海关对洋药(鸦片)合并征收关税 30 两及例定厘金 80 两,"海关放行之前,应一并付清此两项税赋合计一百一十两",然后"缴纳各地当局认为应征之其他税赋"。[70]海关征收"洋药"税是海关税收增长的重要原因。

1897 年,宁波进口的鸦片、棉制品、金属、糖类、毛麻织物、煤油、煤炭、机械 8 类主要商品中,其比重分别为 28.5%、26.3%、11.9%、13%、1.6%、4.8%、1%、0.6%。这表明鸦片在宁波对外贸易中占有重要地位。随着鸦片进口的增多,所征洋药(鸦片)税也不断上升。从近代浙海关鸦片税的征收中,可以看到这是一项重要收入。从 1862 年至 1910 年的近 50 年中,洋药(鸦片)收入 6,748,313 两库平银,占海关税总收入 37,634,255 两库平银的 17.93%。如果 1863 年(同治二年)两浙海关的"洋药税"为 23710 两库平银,占当年关税收入 346,060 两库平银的 6.8%。1892 年(光绪十八年),洋药税收入为 184,238 两库平银,占当年关税收入 1,198,033 两库平银的 15.3%。

再次,税务司职权日益扩大。新关在各口岸设关以后,原不应该属于海关征收的税种,诸如,属于国内税性质的子口税、复进口半税纳入海关征收。1887 年实行洋药(鸦片)税厘并征后,原属内地税的鸦片厘金征收由新关征收。1901 年的《辛丑条约》规定的通商口岸 50 里以内的常关税也由税务司征收。比如,《浙海关十年贸易报告》

中就有子口税、复进口税(鸦片除外)、鸦片厘金征收记载,今把1887年至1891年5月内数据摘录如下,制成下表。

浙海关子口税、复进口税、鸦片厘金征收表 单位:关平银两

年份	子口税	复进口税(鸦片除外)	鸦片厘金
1887	18213. 410	37690. 248	253, 939. 803
1888	15167. 796	34581. 994	483, 227. 250
1889	13326. 498	31988. 562	474, 581. 510
1890	22241. 557	33287. 464	482, 027. 600
1891	25260. 106	32272. 686	482, 149. 760

资料来源:墨贤理:《浙海关十年报告(1882—1891年)》,《近代浙江通商口岸经济社会概况》,浙江人民出版社2002年版,第19页

常关税收自1902年起也归浙海关征收。1901年(光绪二十八年),常关宁波大关和镇海分关归并于浙海关税务司,一周年后,进出口货物共估值关平银1200万两,征收关税银10万余两,税率在1%以下。次年,常关出入船数共有11415艘,为11,061,832吨位;轮船共有1052艘,为239,568吨。浙海关税务司佘德在《宁波口华洋贸易情形论略》中说:"自常关归并以来已及一载,查进出口货物共估值关平银1200万两,所征之税银10万两。由估价合计所征之税未及1%。"[71]欧礼斐说:"翌年出入船数共有11415艘,吨位共有11,061,832。至轮数共有1052艘,吨位共有239,568。所有常关完税计其货色估值共9,690,405两,其中洋货455,804两。"[72]

(二)海关关税的使用分配

税务司制度确立后,海关税收的分配形式虽然按照清代旧制,由海关监督按例将税收数目每年分季上报,然后按照清廷的规定将税款解归户部或按户部指定各项开支拨解和留用。如何留用,汤象龙、

陈诗启都认为,近代海关税收使用、分配在三个项目,即"国用"、"省用"和"关用"。其一是"国用"。这是指关税用于清政府重大支出项目,包括户部指拨和皇帝专用的各项费用。无论在全国关税总的分配比例还是口岸关税收入分配比例,国用一般占总支出的 2/3 或 4/5 以上。主要是解部、饷项、赔款、外债、皇室经费、中央经费六项。其二是"省用"。这是海关解交所在省的款项,居于海关税收分配第二位,占税收分配总数的 20%—30%。其三是"关用",包括所在口岸海关税务司的经费、关用经费以及海关使用的汇费川资、倾熔火耗等项。[73]

浙海关的税收使用、分配,基本按照这一模式进行。浙海关每年有大量的税收进账,但首要的开支是"国用",所开支的项目是上面所指的解部、饷项、赔款、外债、皇室经费、中央经费六项。

解部是"国用"项下第一个重要项目,由浙海关解关户部直接分配的专款,包括京饷、四成洋税、五成二厘华商税和洋药(鸦片)厘金,而主要是京饷。浙海关 1865 年解部为 1 万两库平银,次年为 141,668 两库平银。饷项是指有关全国性的国防和重要军事费用,包括轮船制造费、军备制造费、海防经费、筹备饷需和省协饷六项。比如,军备制造费是指各省设仿制外洋军火制造、火药、枪弹等军备。宁波在 1875 年至 1884 年(光绪元年至十年),城区观音寺开办的制造军械局,其经费主要来自浙海关关税和厘金,经费额为 3000 两,由浙海关开支。[74]同治、光绪年间的南北洋海防也由浙海、江海、闽海、粤海等关的四成洋税及浙江省的厘金内拨解。[75]1880 年(光绪六年)李鸿章令户部筹措经费以资军用,指拨各海关税银 62 万两,其中浙海关为洋税 5 万两。此外,浙海关还承担战争赔款。仅第二次鸦片战争后的 5 年(1861—1865 年),浙海关偿付英法赔款就达 598,528 库平两。庚子赔款(1902—1910 年),为 399,471 库平两。[76]

为说明问题,今把浙海关 1862 年到 1867 年(同治元年至同治六

年)"国用"项开支经费列表如下:

1862—1867 年浙海关"国用"项下开支表　　　单位:库平两

年份	解部	解拨饷项	偿付赔款(英法赔款)	皇室经费	中央经费
1862			69320		
1863			107,058		
1864			141,978		
1865	1 万	1 万	119,831	15000	7146
1866	141,668		52363	15000	23240
1867	405,061	5 万		20660	10725

资料来源:汤象龙:《浙海关历年税收分配统计表》,《中国近代海关税收和分配统计》,中华书局1992年版,第391—393页

　　省用作为海关解交所在省的款项。在 1867 年(同治六年)以前省用项居国有、省用、关有三大项中第二位,占各年税收分配总数的20%—30%。1867 年后,省用项在三项支出中退居第三位,每年省用总计只占税收分配总数的百分之几,最多一年也只有11%。各海关解交省用的主要是行政费、军政费、民政费、军饷等。比如,1861年(咸丰十一年)到 1867 年(同治六年),浙海关省用政府分别为169,000 库平两、51000 库平两、101,008 库平两、269,858 库平两、238,206 库平两、106,000 库平两、3 万库平两。

　　海关的"关用"经费一般分为两个系统,即税务司经费和关费经费,这项经费归入国用的"中央经费";而"税务司经费"则归关用。在"关用"项下的支出包括海关监督经费的"关用经费"和海关监督汇解税款的"汇费川资"与"火耗"。浙海关是按这一模式使用"关用"经费的,今根据汤象龙的近代数据把浙海关晚清的"关用"项下的支出列表如下:

浙海关晚清"关用"统计表

单位:库平两

年份	共计	税务司经费	关费经费	汇费川资	火耗	其他 (补拨常税)
1861	23555	7871	6780	1517	7387	2万
1862	36964	15374	16578	722	4290	2万
1863	52809	24877	22427	933	4572	2万
1864	76027	31200	36964	2140	5723	2万
1865	50582	31200	12968	1733	4681	2万
1866	45466	31200	7703	1055	5508	2万
1867	52694	31200	14981	424	6089	2万
1868	63634	31200	8786	16451	7197	2万
1869	77829	31200	8433	30349	7847	2万
1870	71548	31200	8353	23650	8345	2万
1871	75480	31200	8358	27780	8142	2万
1872	80552	31200	8389	31073	9890	2万
1873	77630	31200	8400	29008	9022	2万
1874	79244	31200	8449	30659	8936	2万
1875	77060	31200	8583	28031	9246	2万
1876	110,890	61800	5743	34838	8509	2万
1877	120,002	72000	13715	25709	8578	2万
1878	115,655	72000	8672	27418	7565	2万
1879	119,089	72000	8669	30573	7847	2万
1880	114,657	72000	8677	25830	8150	2万
1881	111,374	72000	8679	21838	8857	2万
1882	105,609	72000	8722	16856	8031	2万
1883	110,156	72000	8708	21562	7886	2万
1884	109,680	72000	8657	19990	9033	2万
1885	105,111	72000	8648	15700	8763	2万
1886	115,955	72000	8645	26858	8452	4万

年份	共计	税务司经费	关费经费	汇费川资	火耗	其他 （补拨常税）
1887	131,890	72000	28628	21466	9796	2000
1888	129,885	78000	11632	25509	13744	
1889	127,861	84000	8648	21035	14178	
1890	122,711	84000	6991	17593	14127	
1891	129,067	84000	12297	18077	14693	
1892	124,810	84000	8724	17763	14323	
1893	131,711	84000	8722	23048	15941	
1894	129,658	84000	10724	20796	14138	
1895	137,893	84000	8735	20207	24951	
1896	122,625	84000	8723	15921	13981	
1897	143,191	108,000	8722	14254	12215	
1898	132,195	108,000	8727	7101	8367	
1899	141,060	115,500	8741	8199	8620	
1900	158,626	138,000	8720	4775	7131	
1901	157,222	138,000	8718	3472	7032	
1902	156,846	138,000	8721	3491	6634	
1903	157,142	138,000	8739	5179	5224	
1904	154,077	138,000	8728	3178	4171	
1905	154,330	138,000	8713	3808	3809	
1906	152,475	138,000	8720	2200	3555	
1907	152,779	138,000	8722	2312	3745	
1908	154,722	138,000	8722	3789	4211	
1909	150,412	138,000	6957	1964	3491	
1910	153,548	138,000	8849	3662	3037	
历年 总计	5,585,988	3,875,822	518,010	762,496	426,660	572.788

资料来源:汤象龙:《浙海关历年税收分配统计表》,《中国近代海关税收和分配统计》,中华书局1992年版,第395—396页

外籍税务司管理下的浙海关按照西方模式,废除了清代包税办法,所有的税款"尽收尽解",这样从税收项下进行合理的分配,不仅为中央政府提供了财政经费,而且为地方海关的工作开展提供了活动经费,同时支持了浙江省与宁波市的经济社会建设,推进了宁波近代化进程。

注　释

1　《南京条约》，见牛剑平、牛冀青编著《近代中外条约选析》，中国法制出版社 1998 年版，第 10 页。

2　王铁崖编：《中外旧约章汇编》第 1 册，三联书店 1957 年版，第 53—54 页。

3　《中英五口通商章程：海关税则》，见牛剑平、牛冀青编著《近代中外条约选析》，中国法制出版社 1998 年版，第 149 页。

4　同上书，第 152 页。

5　同上书，第 155—156 页。

6　陈诗启：《中国近代海关史》（晚清部分），人民出版社 1993 年版，第 211 页。

7　中英《天津条约》，见牛剑平、牛冀青编著《近代中外条约选析》，中国法制出版社 1998 年版，第 20 页。

8　魏尔特：《中国关税沿革史》，三联书店 1958 年版，第 53 页。

9　王尔敏：《宁波口岸渊源及其近代商埠地带之形成》，第 58 页。

10　姚贤镐：《中国近代对外贸易史资料》第 1 册，中华书局 1962 年版，第 547—548 页。

11　同上书，第 548 页。

12　林纳：《同治六年浙海关贸易报告》，《近代浙江通商口岸经济社会概况》，浙江人民出版社 2002 年版，第 106 页。

13　包腊：《同治七年浙海关贸易报告》，《近代浙江通商口岸经济社会概况》，浙江人民出版社 2002 年版，第 110 页。

14　杨积芳总纂：民国《余姚六仓志》卷十七《物产》。

15　光绪《慈溪县志》卷五十五《风俗》。

16　威立师：《民国 21 年海关中外贸易统计年刊（宁波口）》，《近代浙江通商口岸经济社会概况》，浙江人民出版社 2002 年版，第 396 页。

17　同上书，第 397 页。

18　同上书，第 400 页。

19　阿连壁:《1879 年度上海贸易报告》,《上海近代贸易经济发展概况》(1854—1898),上海社会科学院出版社 1993 年版,第 514 页。

20　许士:《1886 年度上海贸易报告》,《上海近代贸易经济发展概况(1854—1898 年)》,第 650 页。

21　任与孝主编:《宁波海关志》,浙江科学技术出版社 2000 年版,第 191 页。

22　惠达:《同治十年至十一年浙海关贸易报告》,《近代浙江通商口岸经济社会概况》,浙江人民出版社 2002 年版,第 142 页。

23　中英《天津条约》,见牛剑平、牛冀青编著《近代中外条约选析》,中国法制出版社 1998 年版,第 20 页。

24　中英《烟台条约》,见牛剑平、牛冀青编著《近代中外条约选析》,中国法制出版社 1998 年版,第 36 页。

25　军档,咸丰十一年九月二十七日王大臣奉旨批薛焕折。

26　《海关总税务司署通令》第 7 号(1861 年 9 月 8 日),《旧中国海关总税务司署通令选编》第 1 卷,中国海关出版社 2003 年版,第 4 页。

27　任与孝主编:《宁波海关志》,浙江科学技术出版社 2000 年版,第 197 页。

28　《中英五口通商章程及海关税则》,见牛剑平、牛冀青编著《近代中外条约选析》,中国法制出版社 1998 年版,第 150 页。

29　任与孝主编:《宁波海关志》,浙江科学技术出版社 2000 年版,第 218 页。

30　[日]滨下武志:《中国近代经济史研究——清末海关财政与通商口岸市场圈》,高淑娟、孙彬泽,江苏人民出版社 2006 年版,第 336 页。

31　汤象龙:《中国近代海关税收和分配统计》,中华书局 1992 年版,第 19 页。

32　任与孝主编:《宁波海关志》,浙江科学技术出版社 2000 年版,第 200 页。

33　葛礼:《民国 8 年宁波口华洋贸易情形论略》,《近代浙江通商口岸经济社会概况》,浙江人民出版社 2002 年版,第 359 页。

34　甘福履:《民国10年宁波口华洋贸易情形论略》,《近代浙江通商口岸经济社会概况》,浙江人民出版社2002年版,第367页。

35　《海关总税务司署通令》第3102号附件(1920年12月21日),《旧中国海关总税务司署通令选编》第2卷,中国海关出版社2003年版,第289页。

36　同上书,第288页。

37　甘福履:《民国10年宁波口华洋贸易情形论略》,《近代浙江通商口岸经济社会概况》,浙江人民出版社2002年版,第365—367页。

38　任与孝主编:《宁波海关志》,浙江科学技术出版社2000年版,第212页。

39　《海关总税务司署通令》第4461号(1932年8月3日),《旧中国海关总税务司署通令选编》第3卷,中国海关出版社2003年版,第174页。

40　《海关总税务司署通令》第4461号(1932年8月5日),《旧中国海关总税务司署通令选编》第3卷,中国海关出版社2003年版,第173页。

41　同上。

42　穆麟德:《光绪二十四年宁波口华洋贸易情形论略》,《近代浙江通商口岸经济社会概况》,浙江人民出版社2002年版,第301页。

43　佘德:《浙海关十年报告(1882—1891年)》,《近代浙江通商口岸经济社会概况》,浙江人民出版社2002年版,第58页。

44　《江北工程局昨日实行接收》,《时事公报》1927年6月16日。

45　郭本:《民国16年宁波口华洋贸易统计报告书》,《近代浙江通商口岸经济社会概况》,浙江人民出版社2002年版,第388页。

46　罗惠侨:《我当宁波市市长旧事》,《宁波文史资料》第3辑。

47　惠达:《同治十年至十一年浙海关贸易报告》,《近代浙江通商口岸经济社会概况》,浙江人民出版社2002年版,第144页。

48　穆和德:《光绪六年浙海关贸易报告》,《近代浙江通商口岸经济社会概况》,浙江人民出版社2002年版,第234页。

49　佘德:《浙海关十年报告(1892—1901年)》,《近代浙江通商口岸经济社会概况》,浙江人民出版社2002年版,第49页。

50　甘福履:《浙海关十年报告(1912—1921年)》,《近代浙江通商口岸经济社会概况》,浙江人民出版社 2002 年版,第 74 页。

51 安斯迤:《浙海关十年报告(1922—1931 年)》,《近代浙江通商口岸经济社会概况》,浙江人民出版社 2002 年版,第 83 页。

52 陈诗启:《中国近代海关史问题初探》,中国展望出版社 1987 年版,第256 页。

53 《中英五口通商章程》,见牛剑平、牛冀青编著《近代中外条约选析》,中国法制出版社 1998 年版,第 151 页。

54 [日]滨下武志:《中国近代经济史研究——清末海关财政与通商口岸市场圈》,高淑娟、孙彬译,江苏人民出版社 2006 年版,第 345 页。

55 同上书,第 344 页。但《宁波金融志》认为胡光墉(雪岩)开设的是"通裕"银号,见贺师三主编《宁波金融志》第 1 卷,中华书局 1996 年版,第 152 页。本书采用滨下武志说法。

56 同上书,第 348 页。

57 贺师三主编:《宁波金融志》第 1 卷,中华书局 1996 年版,第 152 页。

58 《安格联致胡惟德函》(1911 年 10 月 23 日),《中国海关与辛亥革命》,中华书局 1964 年版,第 330 页。

59 《安格联致墨贤理函》(1911 年 11 月 3 日),《中国海关与辛亥革命》,中华书局 1964 年版,第 153 页。

60 《柯必达致安格联第 95 号函》(1911 年 11 月 10 日),《中国海关与辛亥革命》,中华书局 1964 年版,第 175 页。

61 安格联:《柯必达致安格联第 95 号函》批示(1911 年 11 月 10 日),《中国海关与辛亥革命》,中华书局 1964 年版,第 176 页。

62 《柯必达致安格联第 95 号函》(1911 年 11 月 25 日),《中国海关与辛亥革命》,中华书局 1964 年版,第 176 页。

63 安格联:《柯必达致安格联第 96 号函》批示(1911 年 11 月 25 日),《中国海关与辛亥革命》,中华书局 1964 年版,第 177 页。

64 《海关总税务司署通令》第 1858 号(1911 年 11 月 20 日),《旧中国海关总税务司署通令选编》第 3 卷,中国海关出版社 2003 年版,第 17 页。

65 同上。

66　汤象龙：《中国近代海关税收和分配统计》，中华书局 1992 年版，第 71—76 页。

67　同上书，第 20—22 页。

68　陈诗启：《中国近代海关史》（晚清部分），人民出版社 1993 年版，第 232—233 页。

69　同上。

70　《海关总税务司署通令》第 358 号（1887 年 2 月 3 日），《旧中国海关总署通令选编》，中国海关出版社 2003 年版，第 292 页。

71　佘德：《光绪二十八年宁波口华洋贸易情形论略》，《近代浙江通商口岸经济社会概况》，浙江人民出版社 2002 年版，第 311 页。

72　欧礼斐：《光绪二十九年宁波口华洋贸易情形论略》，《近代浙江通商口岸经济社会概况》，浙江人民出版社 2002 年版，第 313—314 页。

73　汤象龙：《中国近代海关税收和分配统计》，中华书局 1992 年版，第 25—47 页；陈诗启：《中国近代海关史》（晚清部分），人民出版社 1993 年版，第 232—237 页。

74　樊百川：《清季洋务新政》第 2 卷，上海书店出版社 2003 年版，第 1336 页。

75　军档，光绪二年六月初七日御批江苏巡抚吴元炳折。

76　汤象龙：《中国近代海关税收和分配统计》，中华书局 1992 年版，第 203—204 页。

第七章 浙海关与近代宁波缉私

走私活动是逃避海关监管的违法行为,每个主权国家都厉行缉私。缉私是国家赋予海关的一项重要职能,国家主权是海关缉私的根本保证。在近代,宁波自鸦片战争以来逐步沦为半殖民地半封建社会,浙海关不能独立自主地行使缉私主权。这一现象直至南京国民政府时期才解决。尽管如此,浙海关在近代缉私工作中也做了不少工作。

一、频繁的走私活动

宁波开埠后外商凭借特权进行走私,浙海关不能独立自主地行使缉私主权,对近代宁波经济社会发展带来一定危害。

(一)开埠后的外商走私

为防范进出口货物的走私偷漏,拥有检查、搜查和违章处分的权力,这是一个国家主权的体现。鸦片战争后,中国开始沦为列强的半殖民地,关税的主权受到破坏,但中国仍拥有缉私和违章处分的权力,不容任何国家干预。1843年签订的《五口通商附粘善后条款》就称:"倘访闻有偷漏走私之案,该管事官即时通报中华地方官,以便本地方官捉拿,其偷漏之货,无论价值、品类全数查抄入官,并将偷漏之商船,或不许贸易,或俟其账目清后即严行驱出,均不稍为袒护。

本地方官亦应将串同偷漏之华商及庇护分肥之衙役,一并查明,照例处办。"[1]英国全权大臣璞鼎查也表示,任何英国商人从事非法贸易,按照中国法律,不会得到英国政府保护。1845 年 7 月 22 日,他宣布签订《虎门条约》之时,在声明中指斥"此种可耻肮脏之大规模走私,如若听之任之,不仅将迅速损害及破坏现有一切合法交易之基础,而且可能使合法交易成为稳定正常体面之通商贸易之所有努力化为乌有"。并宣称,中国当局可指望在打击非法贸易时,得到其条约规定范围内之帮助,对香港港口内之走私者及其船只不予保护。在另一声明中又宣称:"决心尽其所能,令今后从事中国贸易之商人履行商约之规定;如若英国领事或中国当局提出有违(或企图违犯者)商约情事,且理由充分,定将对违者采取极严厉措施。"这就表明,中国可以行使查缉走私的权力,而英国等国商人的走私偷漏,既要受到捉拿、没收、驱逐,且英国领事有责任向地方官提供走私的情报。

由于中英《南京条约》等一系列不平等约的签订,使外国商人取得了进出口货的最低税率,尽管如此,英国等外国商人还利用这些特权进行走私活动,与鸦片战争前相比,走私活动更加频繁。在外国领事庇护下,开埠后,条约的签订,并没有制之走私。相反,在 1843 年至 1854 年的十年间,私下贸易,尤其鸦片走私如火如荼。香港作为自由港变成走私者的乐园。大量的普通商品及鸦片可贮存香港,任凭运往何处,都无官方监管。1866 年前,清政府严格禁止民船载运鸦片,但不少民船凭借武器装备随意从香港运出鸦片,毫无惩罚。开放口岸均有接货之船或趸船停泊。外国商人无所顾忌地在宁波走私逃税。英国驻宁波领事罗伯聃是大鸦片商怡和的"好朋友",当宁波开埠后,怡和老板就指示他的经理达拉,要多多借助宁波领事的照拂,以便进行大规模的走私活动。[2]其他资本主义国家仿效英国大量走私棉布、棉纱,走私货物充斥宁波市场。"50 年代初期的宁波,全部贸易有一半是通过走私进行的。"宁波已成为"外国通商走私逃税的场所"[3]。

尤其是鸦片走私严重。在 19 世纪 40 年代,鸦片贸易名义上还是非法的。1845 年各种鸦片输入定海约 3650—4400 箱,价值白银 200 多万两,为当年全国鸦片输入总额的 1/10;1849 年走私输入宁波鸦片 1840 担;1854 年走私输入宁波鸦片增至 4495 担。英商专门从事鸦片走私的飞剪船"伊蒙特号"和"西风号"在宁波洋面活动。

1886 年在宁波江北岸建造的浙海关网球场

赫德于 1854 年 10 月 20 日至 1855 年 7 月 29 日在英国驻宁波领事馆工作,他在日记中记载了宁波走私的情况:"宁波渐渐地聚集起一个外国人的小社会,其中良莠杂处,国籍不同,有亡命之徒,有走私贩子,也有敲诈勒索者。"[4]"1848 年中期,宁波河至少有十来艘葡萄牙船的三桅帆船，两三年后，有 20 个或更多来历不明的外国人，就住在宁波城外——是一些从澳门、马尼拉、果阿来的逃兵、走私者和地痞流氓。"[5]这里所说的走私贩子，表明在 19 世纪 50 年代，宁波有走私活动存在，而参与走私活动的主要是外国人。赫德在日记中还说："据说到 1850 年，逃税数字已经非常庞大，以致海关报给领事馆的出口贸易统计完全失去了实际意义。在宁波，中小额贸易中估计有一半是走私货。"[6]为此，引起一些人的不满。1856 年，英籍税务监督李泰国就向苏松太兵备道蓝蔚文指出宁波、福州两海关的纵容走私情况，说宁波丝毫不稽查，全无税则，运米出洋，亦不阻止，以致上海商人不服。

　　第二次鸦片战争后，沿海口岸新关普遍设立，外籍税务司制度确立，中国海关实际上成为由英国人控制的"国际机关"。由于英国商民及其他外国人在华享受领事裁判权，为此中国近代海关对于外国商人的走私行为没有处分的权力，加上关税不能自主，关税率很低，外货走私并没有减少，相反十分严重。一些洋行继续进行走私活动。总税务司赫德送给英国驻华公使卜鲁斯的一件备忘录中举出了一些"著名"洋行试图偷漏关税或"在违反条约规定的情形下进行业务"的情况，其中提到宁波一家洋行：1861 年 5 月，一家上海洋行从海关领得一张 484 担茶叶的装船准单，关税是在宁波完纳的；但一经查验，却是 700 担。领事拒绝将茶叶没收，理由是宁波的准单是 480 担，错误应在宁波发现。[7]这说明这批茶叶在宁波逃税时，浙海关是默许的。但是，由于西方列强驻华领事馆治外法权的限制，尤其是 1868 年赫德《会讯船货入官章程》的颁布，明确提出各口岸凡是有走私案件由"领事馆先与税务司彼此关照或面见会议"[8]，领事对应受处罚之违法者或违法责任人拥有管辖权。领事确定审判日期并主持讯问，税务司则坐堂并支持诉讼。[9]这就明确表明，海关只有没收权，对走私违法案的罚款权明显被剥夺。从而导致浙海关在晚清走私比较严重。

1929 年,国民政府获得了关税自主权,可自行修订,1929 年 2 月 1 日起又实施"国定税则",到 1934 年先后进行四次修订,关税率有大幅度提高,尤其是对高档奢侈品开征高额关税,从而使政府财政收入增加不少。由于高额利润的刺激,一些不法之徒继续走私,他们贩运各种货物,进口敌货,不惜铤而走险,带来严重的危害。仅浙海关在 1939 年一年中走私估值法币 629,000 元,其中法币 122,615 元,黄金 2,550,967 克,银币 952 元、外国银币 41 枚,银饰 16717 克,禁运进口洋货估值法币 1 万元,出口资敌物品法币 25000 元,进口敌货法币 10700 元,进口鸦片 14815 克。

尤其是 1937 年的"七七"事变后,由于抗日战争全面爆发,各地物资极度缺乏,浙东各地私货充斥。高额的利润引得不法商人、黑帮、冒险分子冒天下之大不韪,参与各种走私贩私活动。沪甬航线上轮船夹带外,主要在海上走私。杭州湾当时就是海上走私的重要地方,走私货物到余姚庵东(今属慈溪市)和镇海的蟹浦(今宁波市镇海区),再把货物装到河木船运至宁波。当时的庵东,帆船云集,大都为走私货物。1940 年 3 月,余姚籽棉 1857 公斤,就是通过这条航线把货物运到敌占区。

(二)走私的主要手法

考察浙海关的走私情况,我们可以发现近代宁波走私的几种主要手法,具体是:

一是低报数量、伪报货物。商号及一些走私分子往往以低报数量、伪报货物品名的手法进行走私。比如,上面提到的某家洋行,明明茶叶货重 484 担,船准单也这样写,所纳关税也是 484 担数量,但实际重量是 700 担,216 担茶叶没有报税而偷漏。1876 年 8 月 23 日,浙海关验货员兰道在旗昌码头验货。据美商宁顺洋行报关,由湖北轮船自上海运来日本紫铜4件,重490斤。经过验查,却是黄铜,外用日本进口草包,但包内外捆扎的是中国麻皮绳。为此,海关认定这种黄铜料由上海熔造,应当价估纳税。是年,宁顺洋行共运进华洋紫铜12次,其中7次为其他铜。美商宁顺洋行正是通过伪报货物,偷逃关税。[10]

二是乘工作之便夹带私货。在近代沪甬航线频繁。一些在沪甬航线轮船上工作的买办、茶房、船员、司炉等工作人员乘轮船工作之便带有走私品,上岸后把这些走私货出卖。浙海关税务司杜德维在《光绪四年浙海关贸易报告》中就指出:"航班轮上之水手、杂役、司炉等等这些都是坚持不懈的走私里手,而绸缎又是体积小价值大的走私物品。年内[1878年——引者]4月底就破获一宗走私案,发现一伙人至少这三年多来相当活跃,且频频得手者。""估计汽轮之下层服务人员水手、伙夫、杂役诸色人等所占之数难以稽核,看来也不会超过海关实际统计之半。这些是他们的'近水楼台',也是公开的秘密。"[11]1931年1月,从上海驶往宁波的"新江天"轮船,就夹带私货,在镇海被查,抄出私货价值8000多两,浙海关代理税务司陈善颐在他的回忆录中就有记载:"那时,沪甬航线的轮船买办、茶房、厨房、理货都带私货,形成一个走私集团。"[12]平时每次抄船,抄出的私货都有几万元。

三是邮汇走私货物。这是走私分子走私的一种常用手法。通过邮局邮汇走私品。1861年10月,由邮班寄交宁波赫尔神父(Rer. Hell)的6个箱子,提单上注明的所寄物品是"书籍",实际上所邮汇的物品是"扑枪用的铜帽"。行邮走私的货物种类很多,但一般体积小,且比较精美、贵重,主要是高级丝绒、棉匹头货、丝货、丝棉混纺、西药、香皂、皮线、照相器材等。1939年3月14日,上海经浙海关辖区通过邮局邮汇的走私货物,有高级丝绒115包计重880公斤;棉匹头货数千包,每包重30公斤。据浙海关统计,通过邮政汇寄的各种走私货物每月为 1 万袋, 每袋约 60 公斤。1939 年 3 月 30 日, 浙海关在报告中说: 近 3 个月来, 从上海经宁波至百官、义桥、绍兴、诸暨和金华等地的走私货, 有棉匹头货 175 包, 共重 5682 公斤, 高级丝绒 125 包, 计重 924 公斤; 香皂 44 箱; 人造丝 12 包, 每包 28 公斤, 计重 336 公斤; 64 号皮线 22 包, 价值 800 美元。[13]

四是勾结海关工作人员偷税漏税。一些商号、走私分子还勾结海关工作人员, 通过贿赂, 进行内外勾结, 走私贩私。作为缉私主管部门的海关, 其工作人员也不惜贪赃枉法, 大肆包私放人, 索取走私货物 "过关费" 和 "保护费"。1940 年 10 月 18 日, 镇海商人张财荣私贩敌货黄糖, 被柴桥海关分卡发觉而扣留, 他托人说情, 并贿赂分卡职员法币 5000 元, "证明" 全属土糖而放行。沪甬航线的轮船买办、职员等, 也通过贿赂官员, 夹带私货。陈善颐说: "穿制服的海关外班人员, 直接和报关行、船员、单帮打交道, 贪污机会更多。那时沪甬航线的轮船买办、茶房、厨房、理货都带私货, 形成一个走私集团。他们和浙海关的外班贪污集团勾搭一起, 一方为其放行走私, 一方按次送给 '保护费', 听说每月 '包银' 为八千元, 照股均分, 职位高的头目多占半股, 外班外籍官员也入了伙。"[14]

五是武装走私。一些走私分子暗藏枪支或勾结军方敌特。抗日战争期间, 一些军政要员、不法奸商趁机大发国难财, 频繁进行走私活动。据浙海关二等帮办俞守成在沿海视察的报告中所提, 舟山群岛的海盗至少有枪 2000 支到 3000 支, 且有重机关枪数十把, 亦有不少民间所藏的自卫枪械, "如无私用, 则此巨量武器从何而得"[15]。还有些走私分子由日本浪人支持, 暗中勾结日本军方和汉奸, 把粮食、茶叶、桐油、板炭、樟冰、木材、香粉、废铁运往敌占区, 仅 1939 年 6 月, 就有走私集团偷运上述货物价值 300 余万; 同时从敌占区运回大量毒品、枪械、弹药等, 从而获得数倍之利。

二、海关的查缉

频繁的走私活动,给经济社会带来严重危害。查缉走私已成为海关的要政。

(一)缉私为海关要政

鸦片战争后,中国丧失关税自主权和领事裁判权,但外国列强依然承认中国政府为保护税收所拥有海关缉私和违章处分的权力。《中英五口通商章程》和《通商章程善后条约》都提到这一点。1843年7月,英国全权大臣璞鼎查指示广州领事:"如若获得英国商人有走私及偷漏中国政府规定捐税之确实证据,可立即通报中国海关主事,以便根据情节中止该船装卸货物;同时,领事应将采取之措施通知船长、船东或收货人,并令其了解任何违反中国当局命令企图走私或以武力强行贸易之船只,均将逐出珠江。"与此同时,对福州、厦门、宁波、上海4个口岸领事发出同样指示。[16]19 世纪 60 年代初各沿海口岸普遍建立新关,外国商人凭借领事裁判权等特权,承认海关外籍人员拥有缉私和违章处分的权力。特别是 1867 年的《会讯船货入官章程》的签订,明确规定外商的关税案件由海关监督与领事"公同会审",税务司亦应参加,从而使中国政府查缉走私的管辖权和案件最终裁决权被剥夺。但这一局面到 20 世纪 20 年代后有所改变。

即使在这种背景下,晚清浙海关还把查缉走私作为海关的要政。按照清廷的有关规定及总税务司的通令,开展查缉走私活动。比如,1873 年(同治十二年)3 月 27 日深夜,英国商船申丽源华艇由上海来宁波,趁黑夜,驶进镇海三官堂口,私自停船,未经报关,亦没有领取开舱单和起货准单,擅行起驳石膏、焰硝等货物。浙海关接到报告后,关员当即查缉英国商船的走私活动,没收有关货物。浙海关税务

浙海关巡缉舰"海靖号"

司在清末,对贸易中出现的违章而偷逃税款的也令其补税。1910年至1911年(宣统二年至宣统三年),仅常关江东宁大关和镇海分关就补税关平银32813.184两,占同期税收总数的31.34%。

进入民国以后,特别是1929年实施新税则后,税率提高,尤以人造丝、糖为最,走私获利甚多。海关所面临的严重问题是货物走私日见猖獗,"缉私事务,遂为海关第一要政"。国民政府也进行自上而下的整顿,即健全海关缉私组织机构,协调各关缉私事务,统一指挥;从履行海关条例入手,重申海上缉私主权,废除"会执"制度,颁行《海关缉私条例》,使海关缉私有法可依;设立海关罚则评议会,恢复缉私主权和走私违章处分管辖权;严密监管制度和程序,堵塞走私漏洞。同时,支持海关积极采取措施,切实加强海关缉私力量。[17] 仅颁布条例就不少。诸如,1934 年 6 月 19 日国民政府颁布《海关缉私条例》,规定缉私遵守事项,内容十分详细,规定了海关缉私权力、范围和具体办法,列举走私违章各种表现和相应处罚规章,是我国第一个缉私成文法规。1936 年,又颁布《惩治偷漏关税暂行条例》。这些措施在全国海关都有所体现,同样在浙海关也得到积极的贯彻,并且取得一定的成效。到 1934 年底,浙海关缉私取得显著成效。据海关缉私科的统计,1932—1938 年浙海关缉获私货充公变价及罚款金额达281, 194 元法币。具体如下表:

浙海关缉获私货充公变价及罚款金额(1932—1938 年)

单位:元(法币)

年份	1932	1933	1934	1935	1936	1937	1938
金额	36088	32914	36201	64168	38855	20092	52876
合计	281, 194 元						

资料来源:根据总税务司署《缉私科通启》第 14、20、27、33、41、44 号统计

(二)查缉的形式

从海关的缉私实践看,浙海关查缉主要是采取以下几种形式:

1. 加强海上缉私力量

海陆边境是海关缉私的重要防线。为加强海关口岸现场监管和沿海沿边巡缉和防范走私,必须加强海上缉私力量,有一定的缉私设备,诸如巡缉船和巡缉艇以及无线电设备等。为此海关重视缉私设备建设。1929 年,国民政府令准海关组织海陆缉私和武装舰队从事缉私工作,并代为巡防海疆国境,打击各种犯罪活动。

1930 年 11 月 11 日,国民政府财政部发布《海关巡舰巡艇在领海内检查华洋船只条例》,分 3 章,提出船只在海上停驶候验办法,

海上检查船只办法和对付船只武力抵抗办法。并附有海关巡轮长应注意事项。明确指出:"如检查时发现所查船只上载有禁品或走私货物,按其数量或价值,认为应扣留者,应令武装巡缉留守船上。如系轮船,则将该船押送至最近关卡,如系民船,即由关卡将该船拖往最近关卡,以凭核办,并将该船船主及管货人暂于关轮上拘留之。"[18] 1930 年 11 月 21 日,海关总税务司公布海关巡艇与巡舰关员执行缉私任务时应遵守之条例,提出设立海关缉私艇队的事。为保护税收,担任缉私任务之海关巡艇及巡舰在 3 海里范围内进行工作,在 3 海里范围内之走私嫌疑船只如拒绝停驶接受海关检查,并企图逃亡 3 海里范围以外,海关巡舰可追往公海就地扣留。[19] 到 1934 年底,缉私队的舰艇建造工作大致完成。计有主力巡缉舰 26 艘,长度自 100 英尺至 260 英尺不等,分配我国沿海,北自山海关,南迄东京湾,担任深海巡缉工作;另有 100 英尺以下的巡缉艇约 40 余艘,分配各关区,辅翼主力巡缉舰,担任港湾缉私工作。[20]

为了进行有效管理,1934 年全国划分为四大缉私区:第一区北起鸭绿江口,南迄连云港,由青岛胶海税务司管理;第二区北起青岛,南迄浙江的三角州,由上海江海关税务司管理;第三区北起舟山群岛,南迄广东遮浪闸,由福建厦门关税务司管理;第四区北起广东石碑山,南迄东京湾,由广东九龙关税务司管理。

宁波沿海口岸属第二缉私区,由上海江海关税务司管理,服务的巡船有"联星"、"文星"、"运星"、"海靖"。防缉的重点是长江口、上海及杭州湾一带。

由于 20 世纪 30 年代浙东武装走私猖獗,国民政府总税务司署把在第一缉私区服役的大型巡缉舰"海清"、"海绥"号调入浙江。

1935 年 12 月,巡缉舰"海清"号从烟台地区调往上海基地第二大区。随即调往宁波,为浙海关水域进行巡缉活动。"海清"号 1934 年 2 月下水,总长 137.6 英尺,排水量 477 吨,最大航速 12.053 节,经济航速 8.46 节;全速航程 881.52 英里,经济航程 2481 英里。有路易斯炮 3 门,装备有无线电导航设备,甲板有防弹设备。"海绥"号建造于 1933—1934 年初,1934 年 2 月 5 日下水。舰身总长 137.6 英尺,横梁 25 英尺,吃水 11 英尺,排水量 585 吨。由双螺旋桨推进。最大航速为长江南面海域 12.02 节,经济航速 9 节。舰上配有无线电装置进行缉私通讯,舰上配有武器装备,即步枪 12 支、手枪 6 支、速射炮 3 门、路易斯炮 3 门,船侧和甲板都装有钢板的防弹设备,又有强光探照灯,其火力可以制服海盗。[21] 可是上述两艘缉私艇在 1940 年 7 月 20 日为防御日寇沿甬江闯入,被命沉于江东梅墟附近的江中。

自 20 世纪 20 年代起,浙海关开始在东海装置无线电导航设备,得以互通情报,灵活指挥,筹划沿海巡缉事务,为巡缉舰和巡缉艇传递信息,从而加强了海上缉私的力量,使缉私取得显著效果,仅 1939 年浙海关缉获进出口各种私货达 629,000 元(法币),次年为 182,325 元(法币),使浙海关所缉获进出口私货打破历史记录。

抗日战争胜利后,浙海关专供缉私的巡艇仅 1 艘,且无武装配备。1947 年 6 月 12 日,在镇海口外沥港海面,缉获来自韩国的走私轮船"马山丸"号一艘,偷运大批海味进口。

2. 海陆同时缉私

在近代,浙海关从海陆两个方面着手加强海关缉私工作。

由于宁波在近代是重要贸易港口,除了正常的贸易以外,海上走私活动十分频繁,在 20 世纪 30 年代后十分猖獗。浙海关曾对海上走私活动经过察勘,认为海上走私主要为三条,即北路、南路和中路。北路为上海陆路至乍浦经杭州湾,到余姚庵东(今属慈溪市)和镇海蟹浦,再把货物运至宁波。由于杭州湾沿海一带,海岸辽阔,港叉纷歧,且庵东至乍浦海仅 60 里,这就成为沪甬两地海上走私主要线路。南路从上海经海运,穿过嵊泗、衢山之间,绕过舟山群岛,鄞县东境岛屿,到达石浦,再转到向岩至鄞县横溪,然后通过内河到宁波。再一条线路是镇海的穿山、柴桥(今属宁波北仑区)私运货物出口,经过定海的岑港或岱山的秀山,把私货运至宁波,这是中路,为纯粹的海上运输线。

因上述三条线路走私,致使沪甬之间的走私船来往频繁。为此,浙海关把海上缉私作为查缉私货重点地区。在沿海地区设卡查缉。1939年12月6日,财政部关务署密电说:"据报浙闽沿海私运之风甚炽,尤以结汇物品走私为盛。据报:桐油、猪鬃、茶叶、药材以及大宗法币,多由定海对面穿山、柴桥私运出口,经定海运至上海。以此大批走私,对于政府外汇政策及金融政策妨碍极大。应直接指令浙海关于穿山、柴桥添设关卡,加意稽查,务使走私杜绝,以保资源而维金融。"[22]为此,浙海关税务司向海关总税务司及财政部提出:拟议于走私最盛区域:余姚庵东、象山港翔鹤潭及三门湾的石浦3处,各设分卡。财政部同意这个建议。设穿山分卡,下辖郭巨分卡和新碶分卡。定海设分卡,下辖沈家门、岱山、衢山、高亭分卡。象山设墙头、陈山、爵溪、西周、泗洲5个分卡。上述分卡有稽征员、查验员,从而加强海上缉私。

与此同时,浙海关也加强陆上查缉。主要是陆上设置分卡,在内河、铁路的沿线等地设卡缉私。1901年,江东的大关除负责查江船外,是浙海关唯一的陆上分卡。1930年原浙海关监督所属50里内的常关及分卡归税务司兼管,其中古窑、王家路、闻堰、槽头等分卡以陆上查缉为主。

岸上的缉私主要归监察部门负责。1946年浙海关设有总务、文书、会计、察验4课。察验课设总监察长兼港长1人,由英国人兼任,监察员(二等监察员)1人,副检察员(二等副检察员)1人,副验货员(一等副验货员)1人,稽查员7人,其中超等2人、一等2人、二等3人。镇海支关有二等副验货员1人,一等稽查员1人。

浙海关巡缉舰"海馁号"

　　路运走私是陆上走私重要部分,公路及铁路沿线都有走私货物现象存在。1934 年,财政部、总税务司多次发通令以控制路运洋货走私,除设立海关防止路运走私总稽查外,特别训令通知各口岸税务司在铁路沿线查缉私货,明确提出"海关官员得在铁路沿线查缉私货"[23]。在 5282 号附件中,提出了"防止路运走私办法",具体为 7 项:海关得在各铁路沿线重要车站设立稽查处;关员得在各铁路重要车站并随车查缉私货;必要时官员在车站检查旅客行李;关员在站或随车执行缉私职务时不得妨碍站内及行车秩序及延误行车时间;铁路应凭海关关税凭证运输,如有无照洋货到站托运经路员通知驻站关员后,应由关员直接处理;关于私货之扣留,无论在起运站、中途或到达站,应由关员负责办理,由路局协助;关员执行缉私,应日夜常驻站办公。[24]

3. 与其他部门联合缉私

为了加快信息传递和增强缉私力度,海关与其他系统协同缉私,主要与当地驻军、铁路、公路等有关部门。

除海关关员缉私外,驻宁波的军队也会参与,与海关协同缉私。浙海新关建立之初,陆上的缉私工作与常关分关及分卡联合查缉,而海上的缉私工作往往取得舟山驻军的协助。1868年(同治七年)9月6日,普鲁士机帆船"舵撤"号在定海装运私货,就被当地兵勇所缉获,并会同定海厅拿获走私贩子7人,其中一人为英国人,由左营刘游击递解到宁波,浙海关按律处理。

1938年10月22日,象山港北岸黄渡有194师哨兵驻守,这些哨兵检查来往客商及所携带行李货物。镇海穿山的三座码头,其船只进出由驻防军严格检查。定海有警察、盐警协同海关查缉走私。

针对海上的频繁走私,余姚庵东、镇海柴桥等地的盐务税警与海关关员一起缉查走私,象山石浦的海外警察及沿海一带驻军亦进行查缉走私。凡缉获走私案犯,会立即通知海关查验处理。

为防止路运走私,浙海关会与铁路沿线联合缉私。在宁波、庄桥、慈城等车站驻有关员,对来往客、商例行检查。沪杭甬铁路通车以后,浙海关与铁路局宁波分局全面合作,浙海关在铁路宁波站设办事处。海关关员有查阅货运单的权力;凡是应纳税的货物,则同宁波火车站浙海关办事处缴纳税款;规定这种货运单必须在进口货物卸下以前与出口货物装上车以前,由海关证明其合法性;在铁路运输业务中,拒绝装运没有纳过税的货物。1938年在北火车站设立浙海关验货员办公室(浙海关北火车站查验处),由海关关员检查由火车装运的进出口货物。海关关员不仅监控铁路运输往来的货物,而且还监视由余姚江进出宁波的所有货物。在火车站值班的浙海关关员还负责检查所有客车的进出,对旅客随身携带的小包货物必要时征收关税,但准许携带的个人行李仍然不受检查,除非特别受到怀疑时,才受海关检查。

三、走私的处理

对于缉私查获的私货怎样处理,总税务司、国民政府财政部都有一些规定,1934 年 6 月 19 日颁布的《海关缉私条例》等法规有所规定。其中《海关缉私条例》为 35 条,对走私行为的构成及对违章货物、货主、报关行、舟车运输工具等的处分罚则有详细规定。浙海关正是按照《海关缉私条例》等法规结合浙江、宁波的实际,对私货进行处理。

(一)罚款与没收

处以罚款与没收的处罚,是浙海关走私处理的一个重要举措,其依据是总税务司的通令、国民政府财政部的规定。《浙海关章程》也是其重要依据。比如,1861 年《浙海关章程》中第十一款:“凡两船欲行互拨货物,必先请领本关特准单据,方准互拨。不领单据私行互拨者,所拨之货入官,互拨之船各照罚。”第十四款:“无论何项枪炮皆不准施放。违者罚银五十两。”[25] 前一条款是对私货处理提出“入官”、“照罚”,后一条款是指出私贩枪炮等私货,“罚银”50 两。比如,1873 年(同治十三年)3 月,英国申丽源华艇案的处理,尽管受到《会执船货入官章程》的影响,英国领事、浙海关监督、税务司“公同会审”。英国领事认为“既已承认,自应按约罚办”,但要求“重轻”由税务司“定特”,但浙海关税务司还是按章对申丽源华艇“酌情处罚”。1876 年(光绪二年),美商宁顺洋行走私铜,被缉查,该行经理意得也受到处罚,货物被充公。

按 1846 年(同治三年)规定,浙海关罚没时,把三成解北京总理衙门,三成归海关监督充赏,四成归浙海关税务司充作关员奖励。比如,1868年(同治七年)9月,普鲁士船"舵撒"号贩运私盐,被浙海关查缉,海关关员按照章程将船货罚没。为此,浙江分巡宁绍台道、监督文廉照会浙海关税务司包腊:"照速将是案船只即日照章入官,变价解道,以便分别解给充赏。"**26**

进入民国后,政府对缉私处理更有明确规定,在皖直奉各系军阀混战之际,上海租界内外国商人公开贩卖小型武器,英法等租界当局视而不见。当时一支手枪连120发子弹在内,售价仅银洋10元。它们都通过夹带运往宁波及长江各口,浙海关查获后均没收。尤其是1934年6月19日《海关缉私条例》公布后,明确提出海关缉私人员有权赴有关场所勘验搜索或讯问,并得扣押货物。国际贸易船舶驶进非通商口岸应予没收,并处以罚款;船舶违抗海关巡船停驶受检命令,得射击之,并处以罚款直至没收船舶,私自起卸或转货物者,处以货价一至二倍罚款,并得没收船货;伪报、匿报进出口货物者,处以匿报税款二至十倍,并得没收货物。凡此种种,都使海关监管制度更加严格,给走私违章的人员与货物以打击。

浙海关以《浙海关章程》、《海关缉私条例》和《违章漏税罚则》等法规,对走私违章商人进行处理。比如,1938年8月16日,浙海关关员在行将启碇的葡商"美达号"轮船上,搜查出私运的金丝草帽898顶。浙海关以偷漏外汇处罚法币1600元,约占估值的90%以上。又于所获的证物账簿上,发现某商行曾以同样方法分批私运金丝草帽赴沪,约5400顶,价值法币10800元,处罚国币5400元。收入罚款填用财政部颁发的罚款三联单,其中收一联留关;一联按月汇缴关务署备案。所有罚款或变价数目及被罚人姓名、事由、货物数量、给奖各数都必须按月遵照附表式样填列,送关务署查核。收据在收到罚款人时交由被罚人收执。

资料显示,对于缉罚款的处理是按一定的比例进行分配。1928

年 3 月国民政府财政部关务署制定的《主管各关局罚款章程》规定缉私罚款收入按下列比例分配:20%上交关务署;20%给缉私主力关员;20%给协助缉私者;20%给提供走私情报者;20%留存本关局。[27]

(二)实施缉私奖励

为了有效打击走私活动,海关根据情报查获走私案件,则按情报的价值大小和罚没情况,对提供情报者给予经济上的奖励。1871 年(同治十年)12 月 30 日,总税务司第 6 号通令规定,凡由海关以外人员提供线索导致罚没时,该人可得罚没款净值三成,另一成由缉获之有关关员分得。凡由海关人员缉获而处以没收获罚金者(如发现个人行李中或随身私带税货物,伪报品质、数量,未经许可装卸货物等),应按罚没净值一成奖励有关海关关员。

1881 年(光绪七年)12 月 7 日,总税务司第 168 号通令规定,凡经船长或船上高级人员缴来海关的私货,经海关没收者,可将处理所得提取五成交付来人作为奖金;如果船长或高级船员提供信息而在船上发现,查扣私货予以没收,可以提取三成作为奖金发放。这方面的事例很多。比如,1864 年(同治三年)浙海关税务司日意格把罚满的变价赏给海关缉私有功人员,计 529.59 两关平银。与此同时,浙海关监督史致谔以罚没的收入赏给关道署内办理税务书办 10 人,计 500 两关平银。《宁波海关志》也对此有所记载:美丽号船长地得、勿立克号船长安得森往不通商口岸进行贸易,分别罚银 139 两和 100 两,而缉获之浙海关两个巡丁分别赏 46 两和 33 两。另外,浙海关巡丁玉纳司在穿山缉获私贩茶叶货船,赏银洋 300 元,合关平银 214.145 两。拿获冯新利无照小白壁船一只,作价 200 元,赏有关人员银 66 元,合关平银 47.19 两。[28]

民国期间,国民政府也多次颁有奖励办法。1927 年海关税务司署的《罚款章程》对缉私给奖的规定很具体,提供情报人员可得罚款收入的 30% 作为奖金。1933 年,总税务司署决定对密报人或协助单位给予奖励,给予密报人奖款 50%,各机关与军警缉获私货送海关的,在处理之后的所得款中提取 50%。

1936 年 6 月 3 日财政部颁布《告密办法》:在海关及分关、分卡所在设置告密柜,准一般商人投文告密;告密文件除申叙私运、私销、私藏具体事件外,还应写明告密人姓名、住址;海关对告密人员姓名,绝对严守秘密;告密人可以亲到海关或当地军警口头告密;告密人可用电报或邮件告密;海关主管负责人亲自开柜,必要时得随时请告密人询问,或者同往;奖赏告密人。

根据海关总税务司和财政部的有关规定,浙海关对举报走私进行奖励。比如,1947 年 7 月 15 日,浙海关在江静轮缉获郑志英私运的布匹等货物,依照海关缉私条例第十四条规定,课以国币 20 万罚金,减除缉私费 3 万元,以净数六成给予奖励,计国币 10.2 万元。这里从一个侧面反映了对缉私提供情报的有关人员奖励的情况。由于实施缉私奖励,有利于调动情报人员和海关缉私人员的积极性。

当然,奖励的资金主要来源是私货的变卖。按有关规定,罚没的私货可以拍卖。比如,1932 年至 1938 年,浙海关缉获私货充公变价及罚款金就达 281,194 元法币。

注　释

1　《中英五口通商附粘善后条款》，见牛剑平、牛冀青编著《近代中外条约选析》，中国法制出版社 1998 年版，第 145 页。

2　费正清：《中国沿海贸易与外交》第 1 卷，第 170 页。

3　同上书，第 349 页。

4　[美]F. 布鲁诺、费正清：《步入中国清廷仕途——赫德日记（1854—1863 年)》，中国海关出版社 2003 年版，第 204 页。

5　同上书，第 66 页。

6　同上书，第 209 页。

7　陈诗启：《中国近代海关史问题初探》，中国展望出版社 1987 年版，第 152 页。

8　《会讯章程》，《旧中国海关总税务司署通令选编》第 1 卷，中国海关出版社 2003 年版，第 70 页。

9　《海关总税务司署通令》第 1 卷，第 19 号（1868 年 6 月 15 日)，《旧中国海关总税务司署通令选编》，中国海关出版社 2003 年版，第 68 页。

10　任与孝主编：《宁波海关志》，浙江科学技术出版社 2000 年版，第 233—234 页。

11　杜德维：《光绪四年浙海关贸易报告》，《近代浙江通商口岸经济社会概况》，浙江人民出版社 2002 年版，第 206 页。

12　陈善颐：《外国侵略者控制下的浙海关见闻》，《宁波文史资料》第 9 辑，第 42—43 页。

13　任与孝主编：《宁波海关志》，浙江科学技术出版社 2000 年版，第 238 页。

14　陈善颐：《外国侵略者控制下的浙海关见闻》，《宁波文史资料》第 9 辑，第 42—43 页。

15　任与孝主编：《宁波海关志》，浙江科学技术出版社 2000 年版，第 236 页。

16　《海关总税务司署通令》第 4913 号（1934 年 8 月 4 日)，《旧中国海关总税务司署通令选编》第3卷,中国海关出版社2003年版,第291页。

17　连心豪:《中国海关与对外贸易》,岳麓书社2004年版,第255页。

18　财政部令关字第33281号(1930年11月11日),《旧中国海关总税务司署通令选编》第2卷,中国海关出版社2003年版,第520页。

19　《海关总税务司署通令》第4319号(1930年11月21日),《旧中国海关总税务司署通令选编》第2卷,中国海关出版社2003年版,第518页。

20　海关总税务司署:《缉私问题》,1949年印行,第1页。

21　任与孝主编:《宁波海关志》,浙江科学技术出版社2000年版,第275页。

22　同上书,第236页。

23　《海关总税务司署通令》第5283号(1936年5月28日),《旧中国海关总税务司署通令选编》第3卷,中国海关出版社2003年版,第382页。

24　财政部训令关字第25506号(1936年5月18日)。

25　民国《鄞县通志》食货志戊编《产销》。

26　任与孝主编:《宁波海关志》,浙江科学技术出版社2000年版,第255页。

27　同上书,第241页。

28　同上。

第八章　浙海关与近代宁波邮政

宁波唐称明州,早在开元年间(713—741),已置邮驿,明清信局发达。开埠后,英、美、法等国先后在江北岸开办邮政,利用浙海关代寄各国使馆邮件。1878 年,宁波海关书信馆开始收寄中外公众邮件。1896 年按总理衙门的《邮政开办章程》规定,宁波设立邮政局,隶浙海关兼管。辛亥革命后,浙海关管理邮政的历史在宁波宣告结束,仅对邮政信件进行监督。

一、邮驿与信局

创办邮政是近代的事,在此之前,宁波的信件、公文递送主要通过邮驿进行。宁波邮驿创建历史悠久,达 2000 年之久。

(一)邮驿的创建和发展

秦汉以来,随着社会经济的发展和交通的频繁,驿站、驿馆、驿亭和递铺设置逐渐发展。邮驿是伴随着驿传设置的扩大得到发展。宁波的邮驿始于汉,至唐有发展,宋元以后更加完善。

邮驿是官办之交通设施,汉代时包括驿、传、亭、邮。《汉书·地理志》载有鄞县镇亭、鲒埼亭。镇亭在今宁海县城西北,鲒埼亭在今奉化市境内,汉代均属鄞县。[1]

明州在唐代已是一个新兴的港口城市,人口增多,天宝年间

(742—756)，明州有户42027，口207,032，是"上州"的规模设置，交通亦比较发达。开元二十六年(735)，建明州治于小溪(今宁波市鄞州区鄞江镇)，旋置凫矶驿于慈溪县治(今宁波市江北区慈城)南2里；置剡源驿于奉化县治以东300步之大溪东(今奉化市惠政大桥附近)。元和八年(813)，开通至上都(今西安市)驿程3958里。长庆元年(821)，移州治于三江口(今宁波城区)，开通至东都(今洛阳市)驿程2945里，时属绍兴的余姚设使华驿，而宁海则设南陈馆。[2]

宋元期间，由于明州(庆元)的社会经济得到进一步发展，邮驿明显增多。

在南宋，明州(庆元)置迎恩驿于望京门里。绍兴四年(1134)，置斥堠铺，专差铺兵传送文书。淳熙元年(1174)，建涵虚馆于月湖中。[3]庆元元年(1195)，复置陈山驿于象山县治东北15里。嘉定十六年(1223)，建后倚亭驿于象山县治西40里。宝庆二年(1226)，重修涵虚馆，迎恩驿废。宝祐五年(1257)，修建知津驿于鄞县西渡之上，曩名知教驿，由丞相吴潜"改名知津，亲题其匾"[4]。为易厅屋3间，前敞为轩，绕以垣墙，外置大门；建庆丰驿于慈溪县治(今江北区慈城)西南15里之广利桥西，由吴潜题驿名。咸淳年间(1265—1274)，建奉川驿于奉化县治东5里坊隅。

据宝庆《四明志》卷三《驿铺》记载，当时明州(庆元)府内有17铺，兵112人。有驿路4条，皆自府驿起：西路：经城西铺(望京门外)、景安铺(马铺，鄞县清道乡)、西渡铺、西门铺、甲山铺(慈溪金川乡)、渔溪铺(慈溪县渔溪坊前)至余姚。南路：经栎社铺(鄞县同光乡)、北渡铺、南渡铺、奉化铺、双溪铺、固海铺至宁海。北路：经桃花铺(东渡门外，鄞县老界乡)、清水铺、西门铺至定海(定海县清水坊前，今镇海区)。东路：经桃花渡、河头铺(育王河头)、芦浦铺(穿山碶)，涉海达昌国县(今舟山市)。象山、昌国率乘海潮往来府县，为此不设置铺。[5]宁海在南宋设迎恩驿，于县东100步，妙相寺驿于县东

50 步,县北 110 里置海口驿,县东 75 里置县渚驿。除妙相寺驿于嘉定六年(1213)县令郑如松重建外,其余 3 驿在嘉定间已废。[6]

元代的庆元邮驿,在宋的基础上有所发展,无论是水路,还是陆路都比较畅通。当时,邮驿称站赤,沿袭宋制。至元十三年(1276),置在城站,即宋的涵虚馆。至元二十一年(1284),建车厩站于慈溪县(今江北区慈城)西南 40 里之石台乡。至元二十八年(1291),修建奉川站,即宋的奉川驿。与站赤系统相辅相成的还有急递铺,每 10 里、15 里或 25 里设一个急递铺,每铺设卒 5 人,10 铺设 1 邮长,其主要职责是转送朝廷与地方之间的官方文书往来。据延祐《四明志》卷八记载,庆元路各州县有急递铺 25 处,具体是:在城急递铺系南宋宣诏亭基,坐落西隅,至元十三年(1276)庆元归附后设立。鄞县有夹塘铺、景安铺、洞桥铺、新桥铺、颜桥铺 5 处;奉化州设大桥铺、金钟铺、南渡铺、陈桥铺、常浦铺、龙潭铺、尚田铺、双溪铺、方门铺、山陻铺、栅墟铺 11 处;慈溪有西渡铺、夹田铺、桐桥铺、倪桥铺、夹山铺、罗家铺、蒋家铺、太平铺 8 处。至正年间(1341—1368),庆元路在城、各州县递铺 25 处,额设铺司 147 名,系从苗粮 3 石下户中签发。[7]其中在城铺,铺司 1 名,铺兵 5 名;鄞县铺 5 处,铺司 5 名,铺兵 25 名;奉化州铺 11 处,铺司 11 名,铺兵 41 名;慈溪县铺 8 处,铺司 8 名,铺兵 48 名。宁海县设有 18 个急递铺。定海、象山、昌国州由于不在通衢道上,故没有设急递铺。比如,昌国州由于"海面际天环州境,微舟楫冈通。吏非迫,士非隐,农工商贾非甚冒利不获,已莫肯止"[8]。

且庆元的急递铺有一定规模。至元二十八年(1291)奉化州尹丁济在州东 5 里创建奉川驿,驿站的规模不小,屋有 150 楹。元初学者、奉化人戴表元专门写有《奉川驿记》,说该驿站"计屋之楹,至于百有五十,计功至于八百[9],而官与民俱不知其劳。起事于季秋庚戌,讫功于仲冬己未。驿成,因其故名,名之曰'奉川',曰'吾以存国俗',名其堂曰'德星',曰'吾以宾贤德'。噫嘻美哉!"**10**

　　庆元在元代的站赤和急递铺的普遍设置,在江浙行省成为完善、发达的驿传系统,对于沟通庆元与行省及大都的政治、经济的联系,无疑是起到十分重要的作用。

　　明朝立国(1368),为强化对全国民众的控制,明政府建立起贯通全国的驿递系统。明代的驿递,有驿站、递运所和急递铺三种。明代初年,递运所运货物和使客,急递铺负责递送公文,驿站递送使客及转运军需。明代中期后,邮传由驿站承担,一些递运所并入或改为驿站。宁波府的邮驿在这一背景下得到了一定发展。据成化《宁波府简要志》卷三《馆驿》所载,洪武元年(1368),置四明驿(水驿),选官置吏,站船8只,每船水夫10名,带官递运船24只,每船水夫6名。南北驿房各4间,各房设正副铺陈4床,馆夫24名。去宁波府城60里的慈溪石台乡,于洪武十一年(1378)设车厩驿以待使客,有站船7只,每船铺陈2床,水夫10名,馆夫14名,驿丞1员。在这一年中,宁波府在奉化将元代的奉川驿改名为连山驿,设官吏管理,有站船4只,水夫32名,骡2匹,驴8匹,夫10名,驿房前后4间,铺陈8床。象山、昌国(今舟山市)设有邮铺,广置卫所、亭墩于沿海地带。1386年(洪武十九年),建西店驿于宁海县境,设置官吏,建厅堂,有轿12乘,驿夫28名。翌年,建郭巨驿于定海县(今北仑区)东南120里。1406年(永乐四年),建安远驿于府治西北110步,选官置吏,专待番员使客。嘉靖三十一年(1552),西店驿毁于倭寇,改建于奉化县南60里栅墟岭麓。嘉靖三十八年(1559),置定海驿于县西城外1里。

　　除驿站,各县都有递铺设立。鄞县有城东铺、福明铺、盛店铺、汇纤铺、大涵铺、三溪铺、画龙铺、邓家铺、大嵩铺、庙墩铺、火扒铺、育王铺、孤岭铺、洞桥铺、新桥铺、新塘铺、夹塘铺、景安铺、新铺、砖桥铺20铺,慈溪有急递铺1处及夹田铺、西渡铺、桐桥铺、倪桥铺、夹山铺、罗家铺、蒋家铺、太平铺、松浦、观海铺10处驿铺。奉化有县前铺、金钟铺、南渡铺、陈桥铺、常浦铺、龙潭铺、尚田铺、双溪铺、方门铺、山隍铺、栅墟铺11处。定海设县前总铺，另有浃江铺、孔墅铺、长山铺、陈画铺、穿山铺、竹岭铺、门堰铺、郭衢铺、庳头铺、虾库铺、昆亭铺、慈岙铺、舟山铺、清水铺、永福库、孔浦库、官团铺、曲塘铺、徐家铺、所前铺、龙山西铺21处。象山设有县前铺、大井头铺、姥岭铺、应家铺、东溪铺、蛤岙铺、交绾铺、鸡鸣铺、卫前铺、玉女溪铺、白岩铺、坊前铺、火烧桥铺、三角地铺、湖头铺、杉木垟铺、钱仓铺17处。

从资料看，宁波府前设总铺，即宋宣诏亭之地。洪武五年（1327）所建，东到城东铺3里，西至新塘铺3里，南至洞桥铺10里，北至郡厉坛5里。如果从府前总铺起递，府内主要驿路4条，这就是：西路经新塘铺、夹塘铺、景安铺（马铺）、西渡铺、夹田铺、慈溪急递铺、桐桥铺、倪家铺、夹山铺、罗家铺、蒋家铺（今渔溪）、太平铺至余姚。南路经洞桥铺、新桥铺（栎社）、常浦铺、陈桥铺、南渡铺、金钟铺、奉化县前铺、龙潭铺、尚田铺、双溪铺、方门铺、山隍铺、栅墟铺至宁海。北路经城东铺、砖桥铺、孔浦铺、清水铺至定海（今镇海）县前总铺（涉海达舟山），折东南经浃江铺、孔墅铺、长山铺、陈画铺、穿山铺（涉海达舟山），复折东南经竹林铺，门堰铺达郭巨铺。东南路经城东铺、福明铺、盛垫铺、汇纤铺，折东经育王铺、新岙铺、接长山铺、大涵铺、三溪铺、画龙铺、邓家铺、大嵩铺，折东北经孤岭铺（瞻铺）、慈岙铺、崑亭铺、虾庳铺、束头铺，达郭巨铺、庙墩铺、火扒铺，涉海经湖头铺、三角地铺、火烧桥铺至象山县前铺。

清代，驿站的名称为"邮舍"。据雍正《宁波府志》记载，当时的"邮舍"，为102铺，其中鄞县设23铺，慈溪为13铺，奉化11铺，镇海为23铺，象山为18铺，定海为14铺。

清代的驿道依然沿袭明代旧制，唯浙东南主驿道有宁波四明驿，经慈溪车厩驿、余姚姚江驿、上虞曹娥驿、会稽东关驿、山阴蓬莱驿、萧山西兴驿达杭州吴山驿(武林门侧),全程 450 里。雍正八年(1730),四明山驿移驻镇海江干,主管驿务,兼办稽查。后建鄞县、慈溪(今慈城)及奉化县驿。乾隆四十六年(1781),位于望京门外城南五图之鄞县驿,因大风潮圮毁重建,额题"甬江津逮"。驿程,至京师(北京)皇华馆,陆路 3583 里,水路 3936 里。

(二)信局的开办

宁波的驿传系统,除邮驿外,还有信局的创办。宁波信局创办于明代永乐年间(1403—1424),这是因为宁波商业繁盛,交通发达,出外谋生者日众,民间赖以传递书信物品和办理汇款的信局也应时而起。宁波开埠后,信局业务渐趋兴旺。至晚清,宁波就有全盛、协兴、福润、永和、正大、和泰、仁昌正、裕兴昌等信局 125 家。各家争设总局于上海,遍设分局、联号、代理信局于全国各商埠及交通便捷之城镇,形成民间通信网。《宁波交通志》对晚清有影响的近 40 家宁波信局作过统计,今节录如下:

晚清宁波民信局

名称	开设年份	总局地点	设有分局	分局地点
全盛	1852	鄞县	2	柴桥、慈溪
协兴	1854	鄞县	1	永嘉
福润	1858	鄞县	1	慈溪
永和	1882	鄞县	2	定海、慈溪
正大	1855	鄞县	2	定海、永嘉
和泰	1865	鄞县	1	慈溪
仁昌正	1879	鄞县	—	
裕兴昌	1880	鄞县	5	石浦、定海、岱山、慈溪、沈家门
巅顺	1851	鄞县	2	慈溪、永嘉

名称	开设年份	总局地点	设有分局	分局地点
正和	1853	鄞县	3	沈家门、石浦、定海
永利	1877	鄞县	4	定海、沈家门、岱山、永嘉
永义昶	1868	鄞县	7	定海、沈家门、岱山、石浦、柴桥、大碶头、慈溪
永义昶忠记	约1884	柴桥	—	
永义昶	约1884	定海	1	宁波
和泰		定海	1	宁波
全盛	约1851—1861	上海	1	宁波
协兴	约1851—1861	上海	2	鄞县、永嘉
永利		上海	2	鄞县、永嘉
和泰		上海	1	宁波
仁昌正		上海	1	鄞县
裕兴昌	约1851—1861	上海	2	宁波、闽侯
老福润	约1851—1861	上海	2	鄞县、永嘉
正大		上海	3	鄞县、永嘉、闽侯
老巘顺		上海	3	鄞县、永嘉、闽侯
永和		上海	3	鄞县、永嘉、闽侯
永义昶		上海	1	鄞县
全泰福		闽侯	8	宁波、汉口、思明、香港、烟台、温州、汕头、上海
乾昌	约1851—1861	闽侯	6	宁波、上海、香港、厦门、汉口、汕头
巘顺	约1851—1861	闽侯	3	鄞县、上海、温州
永和裕		闽侯	3	鄞县、上海、汉口
老福润		闽侯	2	鄞县、永嘉
裕兴昌		闽侯	5	鄞县、上海、香港、汕头、思明

续表

名称	开设年份	总局地点	设有分局	分局地点
森昌盛		福州	4	鄞县、上海、汉口、永嘉
正和	1901	福州	7	鄞县、上海、永嘉、香港、番禺、汕头、思明
正大	1851	福州	10	鄞县、上海、永嘉、天津、烟台、汉口、番禺、香港、汕头、思明
协兴昌	约1851—1861	闽侯	24	鄞县、上海、江都、镇江、南通、芜湖、怀宁、南京、九江、汉口、永嘉、思明、汕头、香港、番禺、天津、烟台
福兴康		思明	6	闽侯、汕头、鄞县、永嘉、香港、上海
永义昶	1884	石浦	—	
永利生	1898	定海	1	沈家门

资料来源:钱起远主编:《宁波市交通志》,海洋出版社1996年版,第420—421页

　　上述资料显示,宁波的信局遍及全国各地,不仅遍及省内,而且远至闽广、上海、汉口,且有一定规模。咸丰年间(1851—1861),镇海人郑景丰在苏州开设的全盛信局就有一定规模。他的店业在咸丰时被毁,于是回到家乡宁波。太平天国失败后,他重新回到苏州,在盛泽镇开设了全盛信局,专递苏州、嘉兴来往信件。没过几年,业务遍及全国,"由是而姑苏,而宁绍,由是而长江,由是而京都、天津、闽广,天下之人无不知全盛,天下之人无不信全盛,全盛之名震天下"[11]。

　　1878年宁波海关书信馆创办后,民信局的邮政业务依然十分兴旺。1882年,宁波的永利、正和、广大、福润、全盛、协兴、巍顺、正大八家信局业务量较多。这些信局在上海有联号。每家信局雇用职员4人,每年工资分80吊、60吊、40吊、30吊四等;另用带运信件的伕

役 4 至 5 人,每人每年工资 24 吊钱,并管饭。八家信局由一家伕役带运,往来上海一次性费用是 10 元,由八家信局公摊。沪甬之间的信资每件 40 文,分量重的包件加倍收费。带运银元,每元收费 3 文。托带的每千元 2.5 元,或者用汇票汇兑。运费归轮船公司,不给民信局。这 8 家信局"是被认可可靠的,它们对于寄托的钱和信件一律出收据,并负责送到"[12]。

二、海关邮政的创办

宁波海关邮政,创办于 1878 年(光绪四年),与当时的国内形势有关。

(一)宁波海关书信馆

宁波邮政之所以创办于 1878 年,有其历史条件,与其当时的社会背景密切相关。

鸦片战争后,西方列强的"坚船利炮",打开中国国门,清廷被迫签订一系列的不平等条约,邮权亦不断丧失。洋人借口中国无邮政,以外侨通信为由,恣意在各通商口岸设立商埠邮局、租界书信馆,揽收中国商民邮件。清廷屈于强权,无力抗争。宁波作为通商口岸,有英国人设立的邮政机构,主要是解决在宁波的外侨通信。邮路是国内通商口岸。上海设立英国书信馆后,宁波英国领事署内即设立分馆,经营英侨汇兑、包裹及信件收发。这些外侨信件是通过上海等通商口岸的外轮寄的信件。赫德 1854 年 10 月 20 日至 1855 年 7 月 29 日在英国驻宁波领事馆工作,他的不少家信是通过上海、香港英国书信馆寄至宁波。他在 1855 年 1 月 24 日的日记中写道:"〔1 月——引者〕20 日这天,我收到两三封孟甘的信和附来的福格公司账单(170.66 元)。这账单我将在 3 月底前付清,如果兑换率不上涨

3.3%左右的话。孟甘也转来一封大约是去年12月24日左右到达上海的信。是我姐姐玛丽写的,再次极力劝我回家(在页边上,在这点上有一个挑勾),这使我很想回家。信是9月30日写的。"[13] 从信的内容看,赫德的姐姐玛丽于1854年9月30日从英国寄出信件,12月24日到达上海,时间为85天,再经过27天,赫德在宁波收到姐姐玛丽的信。这里说明两点:一是时间长,从英国寄到宁波需近100天时间,二是国外的信件先到上海,然后转寄到宁波,表明英国在宁波设立"邮局"。1855年2月15日,赫德的日记又指出:"今天上午,长期盼望的邮件到了。我收到了3封信和一包装有近来我一直非常渴望得到的东西'韦斯理赞美诗'。3封信是:1.爸爸寄来的——10月16日写,复我从香港寄出的第一封信(8月3日);2.威廉·斯旺顿寄来的,日期是10月26日;3.玛丽寄来的,日期是11月1日,复我9月11日的信(我在信中告诉他们我被派到宁波)。收到这些高兴极了!"[14] 赫德的两则日记说明作为通商口岸的宁波存在着邮政机构。但当时的宁波从事邮件运送的依然是民信局。

　　1858年(咸丰八年),中英《天津条约》签订,其第四款中明确规定,对于英国等列强"收发文件,行装囊箱不得有人擅行启拆。由沿海无论何处皆可送文,专差同大清驿站差使一律保安照料"[15]。强求中国保护使馆邮件安全,并须专差寄运。总理衙门初始为饬驿代送,后遇海口封冻,陆路绕转途中不靖,驿站传邮贻误频频,只得考虑改交海关代理封发运送。1861年(咸丰十一年),随着浙海新关的建立,宁波开始有海关邮政。1866年(同治五年)3月,按总理衙门旨意,北京、上海、镇江海关正式设立邮政,各沿海口岸设立邮务办事处,邮递事务划归海关管理。负责使领馆往来邮件转运,这是清政府授权海关兼办邮政之始。次年3月4日,总税务司赫德发布"邮政通告",办理京、津、沪往返邮件,欧美各国进口邮件统运天津,由专差递送北京。当时仅维持北京与各口岸官府、使馆和外侨间在中国境内外通信服务。浙海关遵循总税务司意见,进行使馆、外侨及境内外的通信服务。

1876 年(光绪二年),中英《烟台条约》签订,中方欲将邮政列入未果,是年闰五月总理衙门与北洋大臣兼直隶总督李鸿章出商在通商口岸设立邮政,并由海关总税务司所理。1877 年,九江税务司葛显礼企图以"新政"名义要清政府开办邮政局,"中国过去已经仿行了西方的许多新政","现在继续仿照西方设立像邮政局这样的机构,也已经是时候了"。并建议在各通商口岸办理邮政。1878 年 3月 9 日,首批决定在北京、天津、烟台、牛庄、上海五处设立送信官局,外称"海关书信馆"。3 月 23 日,海关邮政通札,对公众开放,收寄华洋邮件。7 月,上海印制的大龙邮票一套三枚,首发于天津。这年 11月 23 日,津海关寄来一批价值关平银 206.25 两的邮票,以便照津海关业已开办的邮政制度在宁波设立分支机构。1878 年 12 月,浙海关成立海关书信馆。这在浙海关代理税务司马吉呈赫德文第 88 号中得到证实。马吉说:"宁波设有华洋书信馆。海关办理邮递部门的名称是海关书信馆,大概是在 1878 年底开办的,津海关税务司德璀琳 1878 年 11 月 23 日寄来邮票一批,共值关平银 206.25 两,以便照北方口岸已开办的邮政制度在宁波设立机构。"[16]

1879 年 12 月 22 日,总税务司通令各税务司将海关试办邮政工作逐渐推向其他口岸,总办理处设在天津。由德璀琳任邮政司,统辖各地邮政。对于其所发指示"各关应一体遵照执行","希各税务司殷切关注邮政业务,鼎力相助"。[17]第 90 号通令中又提到第七条,对于邮政账目作了明确规定。通令指出:"为支付因设立及维持各海关邮政局而发生之支出将向兼顾邮政之税务司提供专款,各兼管邮政之税务司须依特令(另发),将各该邮政局之收入及支出账项向总税务司署呈报。""各口岸之海关税务司对当地已开业行将开业之海关邮政应设立独立之邮政账目,即现金账簿,邮政局所有之收入及开支应一概入账。"同时要求,每季末应将本季度邮政现金账之抄本连同传票呈交总局,"现金账抄应由海关税务司与会计课主管帮办联署,以示无讹。"[18]浙海关按照总税务司的通令在邮政账目等问题上着手办理。

1880年1月,海关书信馆(邮务处)改称海关拨驷达(post)海关邮局。并发布《海关拨驷达局告白》:"启者,兹将海关书信馆改为拨驷达局,由各关税务司自行经理,自清光绪五年十三日起,由水、陆路寄递往来文函物件。"[19]1882年(光绪八年)10月,赫德令与各地税务司张贴公告通知公众,华洋书信馆与海关书信馆不存在任何关系。这年11月21日,总税务司就修改邮账登记规则发第202号通令。12月22日,就海关与公众邮件如何使用邮票及海关邮票发行作了规定:"今后凡海关邮件不再按以前办法粘贴海关邮票,而海关邮票专用于经由海关递送已付邮资之公众函件粘贴。""然而各海关均须将本关邮件加盖戳记,表明其出处与性质。"各海关备有海关邮票向公众出售,并接受付讫邮资已粘贴邮票的函件,向准予为公众送邮件之口岸海关传送。"公众邮件,除交由江海关传递北方各口之来自外国邮件外,必须付清邮资,始得传递。"[20]从而使海关邮政向公众开放。浙海关执行总税务司署第204号通令,接受宁波公众函件,出售邮票,寄运邮件。

由于海关寄送书信邮费超过英国邮政局,因此宁波的海关邮政发展不快。浙海关税务司葛显礼呈赫德文中又作说明:"就宁波口岸来说,海关书信馆只是一个空名,因为本关和本口岸外籍人士并不利用它进行通信,将来也不见得会利用它,因为邮费比英国邮政局贵得多,而英国邮政局对于沿海各口岸间信件所收的资费已经被认为太贵了。"[21]

(二)海关邮政的活动

尽管宁波海关书信馆的业务得不到快速的发展,但毕竟使宁波近代邮政事业发展向前迈进了一步。浙海关的海关书信馆的业务活动有如下几点：

　　承担公众信函运送　宁波海关书信馆,按照总税务司的通令,自1882年开办公众信函运送业务。从邮票滞销的情况看,宁波海关书信馆的业务发展并不快,而且本地人仍然相信民信局,认为这些设立多年的信局已经很令人满意了。截至1882年7月31日为止,宁波海关书信馆邮票的处理情况是：出售10.45两关平银,1882年1月接济上海书信馆136.25两关平银,留存59.55两关平银,但也销售了146.70两关平银的邮票,销售邮票占总数约63%。但购买邮票的本地人很少,主要是外国人。"中国人好像不懂邮票的用途,因此来买的都是外国人,如商人、教士、引水人等等。"[22]

　　邮件的种类　按照《海关拨驷达局》关于运关邮务事项,宁波海关书信馆于1878年(光绪四年)12月,收寄中外公众信函及包裹,其邮务种类有文函、贸易来往信件、书货样、新闻纸,出售中国"大龙"邮票。小包,其邮费分别为文函重4钱以内,银3分,贸易来往信件重3两2钱,银4分,新闻纸货价每件银2分,书货样寄资重1两6钱,银2分,小包重8钱,银2分。[23]当然,寄往国外,邮费不同。比如,寄往美国、日本,文函寄资7分,新闻纸货寄资4分。

　　邮路的拓展　从有关资料看,浙海关书信馆其邮路遍本地及全国主要通商口岸,国外通欧美、东南亚及世界各地。

　　宁波海关书信馆开辟上海轮船邮路,其他沿海、沿江各通商口岸邮件,均由"江天轮"、"北京轮"往返上海经转。如果冬季,北方港口封冻,那么,北京、天津、营口的邮件,则由镇江转发。

　　国外的邮路,浙海关书信馆通过北京、上海,把信件及包裹发往世界各地,主要是美国、英国、法国、德国、意大利、日本、印度、澳大利亚、新西兰以及智利、委内瑞拉、巴拿马、海地、乌拉圭等。

　　对于当地的邮路,主要是宁波府各县。

宁波邮政设备仅有信箱、邮袋、扁担,盖销邮票则以海关日戳代用,邮政生产全靠手工操作,肩挑背负。乡村邮递尚未普及,各地信函多托航船传递。宁波商铺欲寄信至鄞县的瞻岐、大嵩、咸祥、塘头街等处,则出资交少白、东吴、韩岭等夜航船转托担夫递送。

三、薛福成、葛显礼创办"新式"邮局的贡献

我国的新式邮局的创办,与当时的社会环境是密切相关的,其中宁绍台道兼浙海关监督薛福成和浙海关税务司葛显礼是做出重要贡献的。

(一)薛福成创办"新式"邮局的努力

薛福成,字叔耘,号庸庵。江苏省无锡县(今无锡市)人。他以副贡生充任曾国藩幕僚,积功至直隶知州。光绪帝即位后,以候补知府襄办李鸿章的洋务。当时正是中法战争前,海防日紧,他向李密议《海防十事》,为李鸿章所倚重。在朝廷"海防"、"塞防"争议中,李鸿章的"海防之议"由是取得优势。

1884年(光绪十年)初,薛福成被任命为分巡宁绍台兵备道兼浙海关监督。正月初十到任,连续任关督、道台长达5年之久,被誉为清代全国关、道中第一"能员"。

薛福成初至宁波,中法战争方酣,甬江口战云密布。面对吃紧的战事,薛福成加强浙东防务,综理营务,调护诸将,重创法舰,取得中法战争镇海战役的胜利。

由于薛福成多次去过国外,对国外的邮政局的作用有所认识。1855年,薛福成发现英、法邮政机构在宁波活动,认识到设立国家邮政局,取代英、法、意、日等国在华邮政机构,收回办理沿海口岸和国外邮件、邮政权的必要性。浙海关文案李圭,兼洋务委员,将《香港

邮政指南》译文（由浙海关人员翻译）抄一份，送给薛福成，并附禀帖一件。为此，浙海关税务司葛显礼就说过："薛福成曾去过外国，对于邮政局的作用是很明白的。我觉得如果中国官员对于设立国家邮政局有兴趣，那比外国人的建议就更有力量，更容易达到目的。"²⁴

　　为开办国家邮政局，作为浙海关监督薛福成经常与浙海关税务司葛显礼沟通，交流这个问题。这年 6 月 20 日，薛福成送照会给浙海关税务司葛显礼征求意见：开办国家邮政局是否切实可行？各国是否肯将他们的邮政机构移交新成立的中国邮政局？开办经费需多少？建议各口岸邮政局由各关税务司管理，经费暂由总税务司署支付。

　　葛显礼作了详细的答复，表示积极支持。在答复的照会里，葛显礼提出了 15 点意见：即在各通商口岸设立国家邮政局的建议，应当予以支持。为了维持中国的体面，开办邮政不能延缓；各国认为设立机构以安全迅速地运送国内外的邮件是国家的责任，中国采用同样的办法是有好处的；各国政府都分别在本国沿海地方设立邮政局，与其他国家互相委托投递国内外的邮件，每一国家按比例取得一部分邮费作为补偿；由于中国没有设立国家邮政局，各国的邮件无人代为运送，说明设立邮局是国家的责任，中国现在应当负起责任；如果中国能在各通商口岸开办邮政局并通知香港和日本的邮政总局，他们一定会撤销在中国的邮政机构。鉴于各国认为国内邮件的运送是一个极为重要的任务，这个工作应当由各关税务司办理；各关税务司封发邮件，并发行过邮票，现在把外国邮政机构撤销，只办一个中国邮政局，总税务司同意可由海关管理；在开始时只能同香港和日本商量，规定撤销他们的邮局的日期，这种邮件的邮费中提出一定的成数付给香港和日本邮政局；不经过香港的沿海口岸间的邮件，邮费将全归中国；香港邮政指南内发兑汇票的办法可能适应一般需要；由于香港和日本都用银元，中国各通商口岸电报局也普遍使用银元，因此可以考虑使用银元;鉴于汇丰银行在中国邮政局内可开办类似的储蓄业务,以便利比较贫穷的阶层,这样就不需要由外国机构来承担中国国家的任务了;国家邮政局只要节约开支,人员廉洁,可以成为国家收入的一个来源。[25]

这就是葛显礼在答复宁绍道台薛福成的照会时提出的意见,为此,他在呈赫德的公函中说:"我相信这些意见还不至于违反了您关于邮政的看法和计划。道台建议通商口岸邮政局由税务司管理,完全是自动提出的,并没有受我的影响。这个建议是对于总税务司署的良好反映,我当然同意,而且我相信各国也不会把邮件交给其他机关。但是一个中国官员自动提出由海关办理邮政,是可以令人满意的。"[26]

薛福成采纳了葛显礼的意见,较为详细地制定了创办中国邮政局计划,并且认为:办理邮政是国家责任,也是国家主权的一部分,各口岸存在的许多外国邮局,有损国家尊严。正如葛显礼所提到的:"李委员把抄本送给道台,并附了一个禀帖。在禀帖里他说明国家邮政局的好处和必要,指责上海等地方存在许多外国设立的邮局是有损国家的尊严,并建议设立国家邮政局,在通商口岸都设立分局,以代替外国邮政机构。"[27]但薛福成赞同李圭的主张,为此,把报告上呈两江总督、闽浙总督、直隶总督和浙江巡抚后,得到他们的全力支持。薛福成将这一情况照会葛显礼。10月9日,由葛显礼具文禀报总税务司。这在他的呈赫德111号文中已作了说明:"在本年第78号呈文中,我曾报告将创办邮政计划告知道台薛福成的经过。现在两江总督、闽浙总督、直隶总督和浙江巡抚都已经同意了这个计划。"[28]

对于薛福成提出建立中国邮政局的计划,赫德经过近2年的思考后,于1886年3月17日,致浙海关税务司葛显礼,同意薛福成提出的设立中国邮局的计划,并提出具体意见。1886年初,北洋大臣李鸿章通札宁波海关道转知税务司:"所禀甚为有见等因印发外,合行札饬,札到该道即便查知。"[29]墨贤理在《浙海关十年报告(1882—

1891 年)》中也肯定了薛福成提出建立中国邮政局的功绩。他说："中国尚未开办国家邮政，此时不宜仓促预言在近几年内会成立这样的机构。如将来建立了邮政机构应主要归功于前道台薛福成和税务司葛显礼先生，因为在总税务司指导下，他们在宁波发起并组织建立邮政的工作。"

经清政府对总理大臣和总税务司赫德的赞同，1896 年，大清邮政局在中国开办，薛福成功不可没。

（二）葛显礼创办"新式"邮局的贡献

葛显礼，英国人。1862 年 1 月进入中国海关任职，1876 年 10 月升任副税务司。在中国海关的 38 年中，他曾先后在镇江、台南（安平）、上海、牛庄（营口）、九江、浙江等海关任税务司，尤其在 1884 年 7 月 30日至 1886 年 4 月 16 日任浙海关税务司期间，多次为建立海关邮政问题上书总税务司赫德等人，为创办"新式"邮局做出重要贡献。

葛显礼创办"新式"邮局的重要贡献，主要体现在多次上书总税务司赫德等人。他在任浙海关税务司时，从宁波海关书信馆实际出发，就建立海关邮政问题多次上书总税务司署，为创办"新式"邮局出谋划策。

一是接管各通商口岸的外国邮政局。他认为，就宁波口岸来说，海关书信馆是一个空架子，因为浙海关和在宁波的外侨不会利用他进行通信，因为海关书信馆的邮费比英国邮政局贵，而英国邮政局对于沿海口岸回信件所收资费已经太贵。他建议总税务司署应当提议接管各通商口岸香港邮政分局，关闭日本邮局。他说："我们出售的邮票对于公众没有什么价值，因为贴用这种邮票的信件连香港也去不了，更不用说寄到外国了。如果海关把英国各领事馆（上海除外）的邮政工作接管过来，那就只要同南方的香港和北方的日本接洽，请他们把贴有中国邮票的信件代为转送，这样公众就会承认中国邮票具有与票面同样的货币价值了。"[30]

二是改革海关邮政。他认为海关书信馆的发展不快就是因为总税务司的邮政方案太硬性。应该借鉴民信局的做法,进行一些变革。葛显礼说:"就宁波来说,海关邮递业务办的不顺利,主要是如同本口岸的英国邮政人员威尔金生(Wilkinson)说的那样:'德璀琳的邮政方案太硬性了。'这是我将有关邮政的指示同民信局的章程办法作了比较以后得出的结论。""威尔金生把一些公文给我看过后,我更觉得,要使一个洋式的邮政局能够成功或者同民信局竞争,必须修改业务制度并且仿照大的民信局的惯例办理。为了适应'中国方式',香港和上海工部局的邮局已经不遵守英国邮政局的严格制度,改变了自己的章程,以适应当地的需要和习惯,例如照民信局的办法准各商家记账,把邮政信箱租给商人,上海工部局邮局对于邮费还有折扣,不像海关那样要求预付中国国内信件的邮费。"[31]

三是通过新邮政制度的优点。浙海关税务司葛显礼在呈总税务司署呈文中提到了新邮政的优点:邮递投递快,收费低廉,节省开办经费,增加财政收入等。葛显礼认为,寄往通商口岸信件的邮资能减邮费,必然会增加收入。"如果我们把寄往上海的信件邮费减为2分,并将沿海各口岸间的邮资表在中国人方面更广泛的传布,我们的收入一定会增加。"[32]为宣传新邮政制度,葛显礼认为应把《香港邮政指南》、《邮政局长和代办人员须知》翻译成中文。葛显礼说:"我已经把香港邮政局印发的《邮政局长和代办人员须知》译成中文供将来的邮政局长参考。"[33]他还说:"在翻译时,我曾经把香港邮政指南各节内容作了一些更动,以便看起来更适合于中国邮政的情况。"

四是建议设立国家邮政局。葛显礼借洋务委员李圭的禀帖,说明国家邮政局的好处和必要,并建议设立国家邮政局,在通商口岸设立分局,以代替外国邮政机构。他说:"现在有许多中国官方和其他人士深深认识到邮政的好处,和设立国家邮政局来代替在华邮政机构的必要性,他们当然不喜欢这些外国机构。海关书信馆不把香港、日本和上海工部局办的邮政工作接过来,这些希望推进本国事业的人们是很觉得失望的。"[34]其创设国家邮政局的理由有三,即民众需要;国家主权;增加国家收入。

当然,设立国家邮政局也是在总税务司管理之下,这是葛显礼的想法。"因为由海关管理邮政,可以保证至少也会像领事馆现在办理的那么有效率,而且把邮政并归海关,也会加强和巩固海关的地位。"[35]"由海关管理的邮政局接办并承担原有的业务,不必增加总税务司署的开支。"[36]

葛显礼的呈文中比较详细地提出了建立新式邮政的设想,得到了总理衙门及两江总督、闽浙总督、直隶总督和浙江巡抚的认同。赫德经过思考后也认为葛显礼的想法切实可行。1886 年 3 月 17 日,赫德致葛显礼第 576 号令说:"你从 1884 年以来呈送的关于国家设立邮政局的报告,我已经仔细的考虑过了。你在设立中国邮政局这个问题上,作了很大的努力,并且取得了中外官方一定的支持,我首先向你表示感谢。现在我把对这些报告的意见写出来,以便查考。"[37]

10 年以后,国家邮政局设立。赫德在《海关总税务司署通令》第 709 号中,又一次提到葛显礼。通令说:"本通令谨提及两位税务司,葛显礼先生与德璀琳先生,其之优异事迹应予记录在册。""该两员对官邮政局之未来发展贡献甚大。"[38]

除了给总税务司赫德呈文外,葛显礼的另一贡献是努力工作,开展推进邮政事业中的实务。并且按照总税务司署第 89 号通令的指示,对于尽力注意推进邮政事业做了不少工作,主要是:取得了宁波道台、各省当局和香港邮政监督的有力协作和支持。葛显礼通过与宁绍台道兼浙海关监督薛福成与洋务委员李圭等交往,得到他们的支持。比如,李圭帮其翻译《香港邮政指南》;探明香港不反对将其邮局移交;为实际交接作了准备,并说明接管不增加总税务司署任何开支,反而是收入的一个来源;根据可能得到的最可靠的材料,尽力说明成立国家邮政局接管外国在华邮政机构会增加相当的收入,而不致成为总税务司署永久的负担。比如,通过对各国邮政资费的调查,提出可以按照香港总邮政局的办法办理是可以增加收入的;查明上海英国邮政局的房屋足够办理上海各外国邮政机构的全部业务,并有余地可供扩充业务;翻译海外邮政书籍以了解新邮政。为了使中国官商了解新邮递制度的优点,浙海关税务司葛显礼把香港的《邮政指南》酌量翻译出来,这样各界人士就能够懂得新制度的道理和办法了。并呈送给总税务司,请采用实行。

四、宁波邮政局的开办和发展

1897 年宁波邮政局开办,由浙海关派员管理,至 1911 年独立开办,仅十多年时间。邮政业务开办,不仅促进近代宁波邮政、交通事业的发展,而且促进宁波与各国及国内通商口岸的经济、文化的交往。

(一)宁波邮政局的开办和发展

为创办国家邮局,薛福成、葛显礼等清廷官吏和税务司,多次呈文提议,沿海省的巡抚和提督也多方促进,于 1896 年(光绪二十二年)初,总理衙门奏报清廷关于开办国家邮政之奏折,二月初七光绪帝御批"依议饬此"。总理衙门的《邮政开办章程》第六款载:"现将京都、天津、牛庄、烟台、重庆、宜昌、沙市、汉口、上海、苏州、杭州、宁波、温州、厦门、福州、汕头、广州、琼州、北海、蒙自、龙州等处所设之寄信局统作为邮政局。"[39]这表明北京、天津等 24 口岸一律改为"邮政局"。但又明确规定"通商各口岸邮政局仍归税务司管理,照他项关务,会同监督商办"[40]。海关税务司赫德于 1896 年 4 月 17 日,发出《海关总税务司署通令》第 707 号,明确指出清廷同意自

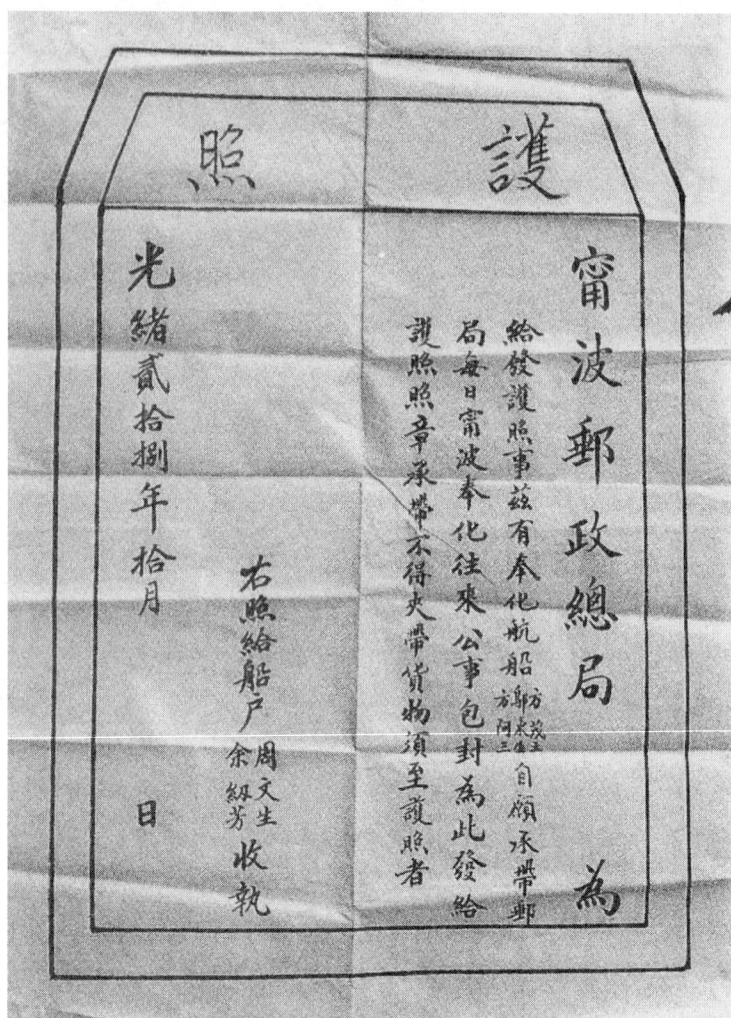

1902 年宁波邮政局邮船护照

参考图文:中国第二历史档案馆、中国海关总署办公厅编著:《中国旧海关与近代社会图史》,中国海关出版社

1897 年 1 月 1 日起,"接收来自该联盟成员国交付大清邮政局分发之邮件并免付邮资投递"[41]。4 月 30 日,向各关税务司转发总理

衙门《开办邮政章程》。

1897 年 1 月 29 日（光绪二十二年十二月二十七日），浙海关税务司奉旨在宁波正式设局。改组成立之宁波邮政副总局于江北岸外马路，由海关署税务司英国人安文（F. S. Unwin）兼管。在《德商甬报》刊登"开办章程"，结合宁波的实际提出有关细则。2 月 2 日（光绪二十三年一月一日）开业。时任浙海关税务司穆麟德在《光绪二十三年宁波口华洋贸易情况论略》中就指出："大清邮局于年内 2 月 2 日择吉开业，运转良好。"[42] 邮局开办之初使用"慈寿"及"红印花"加盖邮票，并镌刻八卦戳、中英文大圆戳、中英文日戳用来销盖邮票，依所见各项贴"红印花"及"慈寿"加盖票的实寄封，件件精彩纷呈，贴有中外邮票寄往外洋的混合封，记录了宁波邮政官局邮票发行和使用情况。辖市内的新街支局、鼓楼前支局；又在镇海县城南门永安街创立镇海邮政支局、绍兴府城内的绍兴邮政支局。1900 年，在定海和余姚设宁波邮政局定海分局和余姚分局，"工作开展极为顺利"[43]。次年，"余姚与绍兴之业务上已接通关系，此外，在上虞之百官增设一分局，并在邻近镇上增设几处邮政代办分局"[44]。

至 1902 年邮政事业有所发展，"本年共添分局 6 处，又托内地铺户经理邮政 15 处、信柜 35 处，多在城乡市镇地方，将来邮政振自必大有可观矣"[45]。

1903 年，宁波邮政副总局在宁海县城内设立分局。至此时，已共有 6 处分局。1904 年，镇海县建立柴桥邮政局；次年，建大碶邮局及镇海骆驼桥邮政支局。1906 年，宁波邮政又有新的发展。已有分局 13 个，30 个内地代办处，计发汇票和兑付从 40533 元升至 105,985 元。[46]

1908 年，宁波邮政局开设 14 处分局和 40 处代办所，分布宁波、绍兴、台州等 3 府 20 县，宁、绍、台 3 府是宁波邮政副总局的辖区（宁波邮界）。次年，增至 14 处局和 91 处代办所。

宁波邮政局（1897 年设在外马路，由浙海关兼办）

1910 年冬，杭州邮政副总局升为邮政总局——浙江省邮界，宁波、温州二副总局归其统辖。宁波邮政副总局成为副邮界。当时分设的邮政分局共 15 处，代办所增至 12 处；快递信件办法已推广至镇海县及绍兴。镇海县邮局改为邮政局，而宁波副邮界的辖区仍为宁波、绍兴、台州三府地区。

其时，镇海县邮政局下设有渡驾桥、清水浦、万嘉桥、汉塘市、庄市、白龙庙、压塞堰、团桥、贵驷桥、牌门头、沙河头、蟹浦、龙头场、龙山、西门外、施公山、范市、衙门、小港、青峙、石高塘、大象地、新碶头、穿山、柴桥等邮政分所，代办所 25 处，札马、郭巨 2 信柜；又有城关、大碶、柴桥 3 个邮政局。宁海县有城乡邮政代办所 42 个。慈溪有周巷、浒山、观海卫、沈桥 4 处邮政代办所。

自 1901 年至 1911 年的 10 年中，浙海关管理下的宁波邮政得到快速发展，不论是开设邮局，还是处理邮仓，都有较大发展，现根据资料整理如下：

20 世纪初宁波邮政发展

项目　　　　年代	1901 年底	1911 年底
已设邮局	5 所	177 所
处理邮件	412,676 件	7,304,000 件
处理邮包	1860 件	61300 件
邮递线路	/	3260 里

资料来源:柯必达:《浙海关十年报告(1902—1911 年)》,《近代浙江通商口岸经济社会概况》,浙江人民出版社 2002 年版,第 65 页

　　清政府于 1906 年(光绪三十二年)设立邮传部,决定接管邮政。赫德等为维护外国列强在华利益和解决与法国在华利益的矛盾,延至 1911 年才正式办理移交。

　　1911 年 5 月 28 日,大清邮政局划归新成立的邮传部管辖。5 月 4 日,宁波邮政副总局独立,不再归浙海关经营管理。海关仅对邮政信件进行兼管。民国期间,宁波的邮政信件事件又进一步发展。比如,慈溪县营业网点已从清末的 4 处,发展到民国初的 18 处,多集中于今天慈溪市的南部,1937 年增至营业网点 33 处。

(二)邮路的拓展

　　国家邮局时期,宁波的邮路有所拓展,主要是邮差邮路、航船、轮船邮路,铁路邮路,范围是浙东区域内、各通商口岸和国外。清末信差穿有号衣,送信者必须穿号衣。辛亥革命后,信差身穿蓝布号衣,前襟佩挂"中华邮政"铜牌,脚裹绑带,走街串户,徒步送信,终年累月,无论风霜雨雪,无公休假日。1902 年(光绪二十八年)2 月,浙海关税务司佘德曾发布信差送信须穿号服谕:"照得邮政信差,为邮政局送信之人。穿有号衣,与民局送信之人有异,不得收取分文。兹查,有信差不穿本局号衣,在各处分信时,混取信力,殊属不合。为此

出谕,仰各信差于出局送信时,必得穿服号衣,以为区别。如违,重究。此谕。"[47]这一年宁波邮政局还发邮船护照:"兹有奉化航船方茂土、邬东生、方阿三,自愿承带邮局每日宁波、奉化往来公事包封,为此发给护照。照章承带,不带夹带货物。须至护照者。"[48]1908年宁波投递信件5986件。

浙东区域内邮路有所发展。1903年(光绪二十九年),宁波邮政总局开辟兰溪干线线路:由水道经余姚、百官、曹娥、绍兴转旱道经诸暨、浦江至兰溪,全程650里。重量邮件可由水道经绍兴、临浦至诸暨。义乌水陆邮路:经绍兴、诸暨至义乌,全程520里。至1907年(光绪三十三年),宁波邮政总局邮界邮路进一步拓展,具体有:杭州水道邮路:经余姚、百官、曹娥、绍兴、柯桥、萧山达杭州;衢州邮路:自兰溪延伸经龙游达衢州,西经常山达江西玉山,南经江山达福建浦城;东阳邮路:经绍兴、诸暨、义乌达东阳;台州、金华邮路:由水道经镇海、定海、石浦、海门达台州;入旱道西经仙居、永康、武义至金华;循水道衔接兰溪,由永康折南经缙云、处州(今丽水)达温州;另自石浦北经旱道达象山丹城;新昌邮路:由水道经余姚、百官、章家埠转旱道经嵊县达新昌。

宁波府境内邮路有:宁海邮路:由水道至奉化转旱道达宁海;水道邮路:宁波至慈溪(今慈城)、宁波至庄市、镇海至柴桥、定海至沈家门、定海至岱山;邮差邮线:宁波至梅墟、镇海至大碶头。

民国年间的邮路又进一步拓展。1914年,宁波至百官火车邮路开通,衔接快船邮班至杭州,每日2次。1919年,鄞县邮局邮路总长度1911里。火车邮路至百官。轮船邮路至上海、镇海、定海、象山、石浦、穿山、西坞、余姚。民船邮路至石碶、集仕港、鄞江桥、亭下、奉化惠政大桥。邮差邮路至横溪、陶公山、东吴、蟹浦、掌起桥、洋墅、汉塘,另自洪塘至裘市。到1929年11月及翌年6月,宁波至溪口和奉化委办汽车邮路开通,唯至奉化报纸、包裹仍由汽轮运递。1931年9

月,增开民船邮路至横溪、萧王庙,每日一班。1933年9月,鄞镇慈委办汽车邮路开通。

国内的邮路,依然是各通商口岸。北方通北京、天津、沈阳、大连、青岛、济南、南京等,南方通广州、福州、厦门、汕头、琼州等地。

张玉生的《大清浙江实寄封片考》证明了宁波邮局的邮路。该书收录宁波寄往青岛的3封信件,足以说明宁波的信件已运寄青岛。1901年7月20日,镇海亲友寄给青岛大生洋行工作的邓友亭先生。1903年12月11日,鄞县梅墟给青岛亲人寄信。该信封由毛笔书写"内家信烦寄青岛大德国机器铁厂,内交钱云庆父亲大人手启,署家中托寄"字样,盖销两枚"梅墟邮政局"长方形木戳,上为"梅墟",下为"邮政局"。1904年4月8日,由毛笔书写"邮寄青岛铁路公司呈周宝珊老爷升,竹孙宁波本宅缄"。邮票上盖有长方形红色号码戳,上为"宁波",下为"十四号",中英文日戳,日期为1904年4月14日,全程8天。[49]上述3个材料表明,宁波邮路是与青岛相通的。

大清邮政局印制的邮政公事专门信封,以目前所见之海内外邮刊及拍目,较为鲜见者。从《大清浙江实寄封片考》中,我们还可以看到宁波寄鼓浪屿邮政公函封。该信封正面所印文字"汇票公函挂号寄交",手写"鼓浪屿"下为邮政局查收,由厦门接受局盖有中英文1908年8月24日戳,左上角见有甬(宁波)邮政局缄字样,盖有宁波中英文日戳,日期为1908年8月18日。可知宁波至厦门是由水路邮递,行程6天。[50]这也表明宁波至厦门的水路邮递存在。

宁波至国外的邮路涉及欧美、日本、东南亚、大洋洲等地。我们也可以从《大清浙江实寄封片考》中找到例证。有一封宁波寄德国西式封。正面贴红印花小贰分一枚,大肆分一枚,另椂票一枚,销宁波中英文大圆戳,日期为1897年12月24日(光绪二十三年十二月初一),经由上海盖中英文大圆戳,日期为1897年12月25日(光绪二十三年十二月初二),此信封交至上海法客邮局,并贴有法国客邮票 25 生丁一枚,销法客邮戳,日期为 1897 年 12 月 25 日,盖有法国塞纳之落地戳,日期为 1898 年 2 月 2 日。这里可以看到这样一个事实:由宁波—上海—法国均为水路,整个行程约 40 天左右。[51]

另一信封片为宁波寄美国西式封。信封背面贴有红印花大肆分一枚,慈寿加大字短距 2 分 1 枚,慈寿加大字长距肆分 1 枚,计资 10 分。是当时寄往邮会国之平信邮资,销宁波之八卦戳,封正面另盖有宁波中英文大圆戳,日期为 1898 年 9 月 29 日(光绪二十四年八月十四日),经上海盖有中英文大圆戳,日期为 1898 年 9 月 30 日(光绪二十四年八月十五日),另贴法客邮票 25 生丁 1 枚,销上海法客邮戳,日期为 1898 年 10 月 1 日,另盖有温哥华之转口戳,日期为 1898 年 10 月 19 日,美国明泉之落地戳为 1898 年 10 月 24 日。这封信经宁波—上海—温哥华—明泉之水路,用时 25 天。[52]

(三)邮政业务

宁波邮政局由税务司派员管理,开办以后其业务有信函、新闻纸、贸易契、刷印物(印刷品)、货样,收寄各类挂号信,出售外国明信片,出售大清明信片。1898 年(光绪二十四年),开办代卖主收价(代收货价)函件。1905 年,开办立券及总包新闻纸业务。1909 年(宣统元年),开办快信。民国后,信函业务发展更快。

1. 信函收寄

信函是宁波邮政局的主要业务。

信件分为岸(口岸)资、内(国内)资、外(国外)资。往来外国的信件称为"外资",按照万国邮政政策贴邮票。信资标准为:1896 年至 1897 年,封口信件每件重 2 钱 5 分以下,银元 2 分,重 5 钱以下,银元 4 分,重 1 两以下,银元 8 分。到 1899 年,信件以"英两"计算,规定信件重 1/4 英两,收银元 2 分,重 1/2 英两,收银元 4 分。明信片每张应收银 1 分。新闻纸每张收银 1 分,贸易契并刊印各件每件重 2 两,应收银 2 分。以后,随着情况的变化,邮资也随时调整。

今根据资料,把清末及民国期间的宁波平信邮资调整如下:

宁波历年国内平信资费表(清末—民国)

时代	年号	公元	计费标准	币制	本埠	外埠	备注
大清邮政	光绪四年	1878.11.23	重 4 钱以下	银		五分	光绪二十八年前邮资仅设外埠一种
	光绪五年	1879.10.13	重 4 钱以下	银		三分	
	光绪八年	1882	重 1/2 英两以下	银		三分	
	光绪二十二年	1896.3	重 2 钱 5 分以下	银		二分	
	光绪二十二年	1896.3	重 5 钱以下	银		四分	
	光绪二十二年	1896.3	重 1 两以下	银		八分	
	光绪二十三年	1897.1.1	重 2 钱 5 分	银元(分)		二分	
	光绪二十三年	1897.1.1	重 5 钱	银元(分)		四分	
	光绪二十五年	1899	重 1/4 英两	银元(分)		二分	
	光绪二十五年	1899	重 1/2 英两	银元(分)		四分	
	光绪二十八年	1902.4	重 15 公分(克)	银元(分)	半分	一分	
	光绪三十四年	1908.4	重 15 公分(克)	银元(分)	一分	二分	
	宣统二年	1910.7	重 20 公分(克)	银元(分)	一分	三分	
中华邮政	民国 6 年	1917.4	重 20 公分(克)	银元(元)	0.01	0.03	法币 2 元折储蓄券 1 元
	民国 14 年	1925.1.1	重 20 公分(克)	银元(元)	0.01	0.04	
	民国 20 年	1931.7.1	重 20 公分(克)	银元(元)	0.02	0.05	
	民国 21 年	1932.5.1	重 20 公分(克)	银元(元)	0.02	0.06	
	民国 21 年	1932.5.20	重 20 公分(克)	银元(元)	0.02	0.05	
	民国 25 年	1936.2.4	重 20 公分(克)	法币(元)	0.02	0.05	
	民国 29 年	1940.9.20	重 20 公分(克)	法币(元)	0.04	0.08	
汪伪时期	民国 30 年	1941.11.1	重 20 公分(克)	法币(元)	0.08	0.16	储备券 200 元折法币 1 元
	民国 31 年	1942.9.1	重 20 公分(克)	法币(元)	0.16	0.32	
	民国 32 年	1943.6.1	重 20 公分(克)	储备券(元)	0.25	0.50	
	民国 33 年	1944.3.1	重 20 公分(克)	储备券(元)	0.50	1.00	
	民国 33 年	1944.5.16	重 20 公分(克)	储备券(元)	1.50	3.00	
	民国 33 年	1944.9.30	重 20 公分(克)	储备券(元)	3.00	6.00	
	民国 34 年	1945.1.20	重 20 公分(克)	储备券(元)	7.50	15.00	
	民国 34 年	1945.5.1	重 20 公分(克)	储备券(元)	25.00	50.00	
	民国 34 年	1945.7.1	重 20 公分(克)	储备券(元)	200.00	400.00	

续表

时代	年号	公元	计费标准	币制	本埠	外埠	备注
中华邮政	民国34年	1945.9.29	重20公分(克)	法币(元)	1.00	2.00	法币15000元折金圆券5厘,使用邮资已付戳记,不贴邮票,邮资按银元折价
	民国34年	1945.10.1	重20公分(克)	法币(元)	20.00	20.00	
	民国35年	1946.5.1	重20公分(克)	法币(元)	190.00	190.00	
	民国35年	1946.9.1	重20公分(克)	法币(元)	300.00	300.00	
	民国36年	1947.7.1	重20公分(克)	法币(元)	500.00	500.00	
	民国36年	1947.12.11	重20公分(克)	法币(元)	2000.00	2000.00	
	民国37年	1948.4.5	重20公分(克)	法币(元)	5000.00	5000.00	
	民国37年	1948.7.1	重20公分(克)	法币(元)	15000.00	15000.00	
	民国37年	1948.8.21	重20公分(克)	金圆券(元)	0.005	0.005	
	民国37年	1948.11.19	重20公分(克)	金圆券(元)	0.10	0.10	
	民国38年	1949.1.1	重20公分(克)	金圆券(元)	0.50	0.50	
	民国38年	1949.2.7	重20公分(克)	金圆券(元)	3.00	3.00	
	民国38年	1949.2.21	重20公分(克)	金圆券(元)	15.00	15.00	
	民国38年	1949.3.1	重20公分(克)	金圆券(元)	25.00	25.00	
	民国38年	1949.3.11	重20公分(克)	金圆券(元)	50.00	50.00	
	民国38年	1949.4.1	重20公分(克)	金圆券(元)	100.00	100.00	
	民国38年	1949.4.17	重20公分(克)	金圆券(元)	1500.00	1500.00	
	民国38年	1949.5.1	重20公分(克)	银元(元)	0.04	0.04	
	民国38年	1949.5.14	重20公分(克)	银元(元)	0.05	0.05	

资料来源:钱起远主编:《宁波交通志》,海洋出版社1996年版,第435页

　　在近代,宁波信函寄发事业比较发达。仅1936年11月,周巷、观海卫、沈师桥3个邮局,出口函件为56379件。1947年7月,奉化出口平信55200件。

　　除国内平信外,宁波邮政局还开办挂号信业务。仅奉化在1947年办挂号函件4600件。《大清浙江实寄封片考》也收有两个实例。一封是宁波寄广州挂号封。西式信封。封之正面贴有石印蟠龙1分1枚,5分2枚,销宁波之八卦戳,另盖有宁波海关日戳(黑色),寄发日期为1898年2月6日。经由上海盖有上海中英文大圆戳(黑色),日期为1898年2月8日,这表明由宁波至上海行程两天,未见广州

之落地戳,封之正面盖 R 形标示戳,按此封计资 1 角 2 分,即平信邮资 2 分,挂号 1 角,符合邮资之规定。[53]另一封是宁波寄上海双挂号封。也是西式信封。正面贴蟠龙 2 分 2 枚,封背封口处贴蟠龙 2 分 4 枚,计资 1 角 2 分,其中平信邮资 2 分、挂号 5 分、回执 5 分,封左下有"AR"手写字样,是一件双挂号信。销票戳为宁波中英文 1908 年 7 月 16 日戳,封背盖有上海落地戳,中英文 1908 年 7 月 17 日,行程一天。封正面另盖有全英文带国名、地名之挂号戳,有手写编号"1141"字样。张玉生称之为"一件较为完美的挂号邮件"[54]。

当然,所寄信函中也有明信片。比如,《大清浙江实寄封片考》中有一封 1908 年的宁波寄上海邮政明信片。该信片为清三次 2 分票,销有类似八卦戳,为邮局在漏销邮票时另行补盖的一种戳记。该片背后有英文内容及注有寄发日期,寄发日为 1908 年 5 月 20 日。片之左上角盖有上海中英文日戳,日期为 1908 年 5 月 21 日,片之正面另盖有"FROM,STEAMER'S,LETTER,BOX"之黑色横戳,意"由轮船信箱取"。张玉生认为:以目前所见清三次一片实寄者,是唯一销有"轮船邮戳"之明信片,弥足珍贵。

2. 包件寄发与汇兑储蓄

1898 年(光绪二十四年),宁波邮政局办有国内普通包裹保险(保价)、代卖主收价(代收货价)及国际包裹业务。1910 年(宣统二年),宁波邮政各局及代办者寄发包裹 51000 件,较上年增 30%。1935 年 4 月,试办轻便包裹(小包邮件)业务。1937 年 7 月抗日战争爆发后,航空包裹业务停办。1941 年 4 月由于宁波沦陷,包裹业务停办,至 8 月恢复。1943 年,因战乱交通受阻,包裹业务停办。直至抗战胜利后才恢复。1946 年,办理图书小包业务。8 月,恢复收寄济南、青岛、天津、北平、广州、汉口、昆明、重庆及其经转的航空包裹业务。12 月,为便利群众免去江北邮局寄领,日新街、鼓楼前支局开办零星包裹收投。1947 年 5 月,开办鄞县至上海、杭州等地特快包裹业务。9月,开办国际航空包裹业务。1948年6月,航空包裹业务停办。同年,开办保值包裹业务,至年末出口(收寄)包裹8244件。次年收寄包裹3700件。

此外,宁波邮政局还有行汇兑与储蓄的业务。1898年(光绪二十四年)初,始办汇兑业务,仅通汇于各通商口岸。公众交寄汇款,由邮局出具汇银执据装入信封内寄递,邮局见票即兑。1905年,宁波邮政局开始办理汇兑票,规定汇率为2%;凡汇票往来轮船火车已通之处,每张准至银洋50元;凡往来轮船未通之处,每张准至银洋10元;凡上列两处互相汇兑,每张汇票只准银洋10元。由于银洋情况不同,汇款人须交纳"贴水"。汇款单式改用三联。1907年(光绪三十三年),宁波邮界内有汇兑局9处,汇出8.1万两关平银,汇入1.4万两关平银。浙海关税务司辛盛在《光绪三十二年宁波口岸华洋贸易情形论略》中亦有记载:"年内大清邮政又有了发展,已有分局,30个内地代办处,寄发汇票和兑付的已从40533元升至105,985员。"[55]

1912年,宁波副邮界内有汇兑甲局10处,乙局8处。是年,开汇61.80万银元,兑付23.82万银元。1914年,开汇限额甲局100银元,乙局50银元。1917年,汇款单式改二联。翌年,开办澳门汇兑业务。1929年,开本国内航空汇兑。到1933年又开办国内电报汇兑业务。抗日战争爆发后,鄞县邮局办理代募救国公债。1939年,增办定额汇票。1941年4月,因宁波沦陷,汇兑停办,直至1943年2月才恢复。抗日战争胜利后,增办支票储金和定期储金业务。1946年10月,成立浙江省邮政储金汇业局杭州分局宁波办事处,在江左街24号开业,1948年小额储金与村簿储金合并办理。

各县汇兑业发展也不错。余姚在民国期有普通汇票、高额汇票、定额汇票及电报汇票四种。1940年汇票开发5820张。沦陷后,汇票开发仅1288张,兑付1384张。抗战胜利后汇兑业又有发展,1947年汇票开发3932张,兑付1640张。

注　释

1　《汉书》卷二十八《地理志》。

2　李志庭:《浙江地区开发探源》,江西教育出版社 1997 年版,第 283—284 页。

3　宝庆《四明志》卷三《驿铺》。

4　开庆《四明续志》卷二《驿、亭、桥、路》。

5　宝庆《四明志》卷三《驿铺》。

6　嘉定《赤城志》卷三《地里门》三《馆驿》。

7　至正《四明续志》卷六《急递铺》。

8　[元]应奎翁:《翁洲书院记》,至正《四明续志》卷八。

9　四部丛刊本、四库全书本做"百八"。

10　[元]戴表元:《奉川驿记》,《剡源集》卷一,《戴表元集》,吉林文史出版社 2008 年版,第 10 页。

11　《镇北龙山郑氏宗谱》卷首《景丰公七十寿序》。

12　《浙海关代理税务司马吉呈赫德文第 88 号》(1882 年 8 月 2 日),《中国海关与邮政》,中华书局 1983 年版,第 22 页。

13　[美]F. 布鲁纳、费正清:《步入中国清廷仕途——赫德日记(1854—1863 年)》(1855 年 1 月 24 日),傅曾仁等译,中国海关出版社 2003 年版,第 140 页。

14　[美]F. 布鲁纳、费正清:《步入中国清廷仕途——赫德日记(1854—1863 年)》(1855 年 2 月 15 日),傅曾仁等译,中国海关出版社 2003 年版,第 146 页。

15　中英《天津条约》,见牛剑平、牛冀青编著《近代中外条约选析》,中国法制出版社 1998 年版,第 17 页。

16　《浙海关代理税务司马吉呈赫德文》,中国近代经济史资料丛刊编辑委员会主编《中国海关与邮政》,中华书局 1983 年版,第 23—24 页。

17　《海关总税务司署通令》第 90 号(1879 年 12 月 22 日),《旧中国海关总税务司署通令选编》第 1 卷,中国海关出版社 2003 年版,第 234 页。

18　《海关总税务司署通令》第 90 号（1879 年 12 月 22 日），《旧中国海关总税务司署通令选编》第 1 卷，中国海关出版社 2003 年版，第 234 页。

19　《1880 年 1 月 15 日津海关税务司德璀琳呈赫德文第 9 号》，《中国海关与邮政》，中华书局 1983 年版，第 15 页。

20　《海关总税务司署通令》第 204 号（1882 年 12 月 22 日），《旧中国海关总税务司署通令选编》第 1 卷，中国海关出版社 2003 年版，第 252 页。

21　《1884 年 10 月 14 日浙海关税务司葛显礼呈赫德文第 129 号》，中国近代经济史资料丛刊编辑委员会主编《中国海关与邮政》，中华书局 1983 年版，第 27 页。

22　《浙海关代理税务司马吉呈赫德文》，中国近代经济史资料丛刊编辑委员会主编《中国海关与邮政》，中华书局 1983 年版，第 24 页。

23　《海关拨驷达局告白》，中国近代经济史资料丛刊编辑委员会主编《中国海关与邮政》，中华书局 1983 年版，第 19 页。

24　《1885 年 7 月 14 日浙海关税务司葛显礼呈赫德文第 78 号》，中国近代经济史资料丛刊编辑委员会主编《中国海关与邮政》，中华书局 1983 年版，第 33 页。

25　同上书，第 33—35 页。

26　同上书，第 36 页。

27　同上书，第 33 页。

28　《1885 年 10 月 9 日浙海关税务司葛显礼呈赫德文第 111 号》，中国近代经济史资料丛刊编辑委员会主编《中国海关与邮政》，中华书局 1983 年版，第 37 页。

29　《北洋大臣李鸿章关于浙海关税务司葛显礼邮政建议的通札》，中国近代经济史资料丛刊编辑委员会主编《中国海关与邮政》，中华书局 1983 年版，第 55 页。

30　《1884 年 10 月 14 日浙海关税务司葛显礼呈赫德文第 129 号》，中国近代经济史资料丛刊编辑委员会主编《中国海关与邮政》，中华书局 1983 年版，第 27 页。

31　《1885 年 2 月 4 日浙海关税务司葛显礼呈赫德文第 24 号》，中国近代经济史资料丛刊编辑委员会主编《中国海关与邮政》,中华书局 1983 年版,第 31 页。

32 《1884 年 12 月 31 日浙海关税务司葛显礼呈赫德文第 151 号》,中国近代经济史资料丛刊编辑委员会主编《中国海关与邮政》,中华书局 1983 年版,第 29 页。

33 《1885 年 2 月 4 日浙海关税务司葛显礼呈赫德文第 24 号》,中国近代经济史资料丛刊编辑委员会主编《中国海关与邮政》,中华书局 1983 年版,第 37 页。

34 同上书,第 32 页。

35 《1884 年 10 月 14 日浙海关税务司葛显礼呈赫德文第 129 号》,中国近代经济史资料丛刊编辑委员会主编《中国海关与邮政》,中华书局 1983 年版,第 28 页。

36 《1885 年 12 月 15 日浙海关税务司葛显礼呈赫德文第 135 号》,中国近代经济史资料丛刊编辑委员会主编《中国海关与邮政》,中华书局 1983 年版,第 37 页。

37 《1886 年 3 月 17 日赫德致浙海关税务司葛显礼令第 576 号》,中国近代经济史资料丛刊编辑委员会主编《中国海关与邮政》,中华书局 1983 年版,第 45 页。

38 《海关总税务司署通令第 709 号》(1896 年 4 月 30 日),《旧中国海关总税务司署通令选编》第 1 卷,中国海关出版社 2003 年版,第 358 页。

39 《邮政开办章程》,《旧中国海关税务司署通令选编》第 1 卷,中国海关出版社 2003 年版,第 361 页。

40 同上书,第 360 页。

41 《海关税务司署通令》第 707 号,《旧中国海关税务司署通令选编》第 1 卷,中国海关出版社 2003 年版,第 357 页。

42 穆麟德:《光绪二十三年宁波口华洋贸易情形论略》,《近代浙江通商口岸经济社会概况》,浙江人民出版社 2002 年版,第 298 页。

43 富日阿:《光绪二十六年宁波口华洋贸易情形论略》,《近代浙江通商口岸经济社会概况》,浙江人民出版社 2002 年版,第 305 页。

44　佘德:《光绪二十七年宁波口华洋贸易情形论略》,《近代浙江通商口岸经济社会概况》,浙江人民出版社 2002 年版,第 308 页。

45　佘德:《光绪二十八年宁波口华洋贸易情形论略》,《近代浙江通商口岸经济社会概况》,浙江人民出版社 2002 年版,第 311 页。

46　辛盛:《光绪三十二年宁波口华洋贸易情形论略》,《近代浙江通商口岸经济社会概况》,浙江人民出版社 2002 年版,第 321 页。

47　《大清钦加三品衔浙海关税务司佘谕》,中国第二历史档案馆,中国海关总署办公厅《中国旧海关与近代社会图史》第 1 编,第 3 分册,中国海关出版社 2008 年版,第 44 页。

48　《宁波邮政总局护照》,中国第二历史档案馆,中国海关总署办公厅《中国旧海关与近代社会图史》,第 1 编,第 3 册,中国海关出版社 2008 年版,第 43 页。

49　张玉生:《大清浙江实寄封片考》,浙江大学出版社 2005 年版,第 165、169、170 页。

50　同上书,第 167 页。

51　同上书,第 154 页。

52　同上书,第 155 页。

53　同上书,第 161 页。

54　同上书,第 166 页。

55　辛盛:《光绪三十二年宁波口华洋贸易情形论略》,《近代浙江通商口岸经济社会概况》,浙江人民出版社 2002 年版,第 321 页。

第九章　浙海关与近代宁波市政建设

一、浙海关与宁波市政建设

近代宁波城市的市政建设,既是城市经济发展与生活不可或缺的重要组成部分,也是城市基础设施与工商业投资环境的必要条件。近代宁波城市市政建设的形成和发展,浙海关的管理是起到一定作用的。

(一)市政委员会的设立

宁波近代市政建设的管理机构在相当长时间内由市政委员会担任,它是在浙海关税务司主持管理之下组织的。市政委员会成立于19世纪70、80年代,从浙海关报告看,一般是1882年至1891年(光绪八年至光绪十七年)。在此基础上成立江北工程局董事会。该会1898年(光绪二十四年)初筹备,并于当年成立,负责道路、卫生、电气、水道等市政建设及环境保护,具有管理社会职能,直至1927年结束,市政建设由宁波市政府接管。安斯迩的《浙海关十年报告(1922—1931年)》中说:"江北工程局委员会,自1898年成立以来,对于修筑码头、建筑街道、填塞废渠、开辟市场及其他江北卫生事宜,多有建树。嗣于1927年解散,所有一切事宜交由宁波市府接办。"[1]

市政委员会一般在浙海关主持下进行工作。该委员会由5名外国人和4名中国人组成董事会,由外人充任的中国官员兼任。其秘书为警监，一切市政工作都是在市政警监监督下进行的。对于宁波江北岸市政委员会的组成，穆麟德的《光绪二十四年宁波口华洋贸易情形论略》中说："年内〔1898年——引者〕宁波成立市，年初就筹划，中外人士都有。"[2] 这里的"市"应该是"市政委员会"。墨贤理的《浙海关十年报告》中亦说："有一个公共市政委员会，俗称马路委员会，包括五名洋人和四名中国居民。警监作为名誉秘书，一切公共市政工作，在警监的管理和监督之下进行的。"[3] "税务司作为道台的代理人，任主席之职。"[4] 按当时的规定，市政委员会的主席由浙海关税务司兼任，如康发达、穆麟德等都担任过市政委员会的主席。至于警监与海关也很密切。浙海关的工作人员不少参与警监的工作，如一些帮办、通事担任警监的翻译。浙海关正是通过担任市政委员会主席以及海关关员在警监中任职以加强对市政委员会的控制和管理，进而加强对宁波市政建设的管理和监督。比如，威利既是浙海关的成员，又是协助警务工作。《浙海关十年报告》说："1894年11月1日，警察总监失去了他的常任助手，警察威利于该日加入了浙海关，但威利先生仍经常协助警务工作。"

与此同时，市政委员会还采用与市场化相适应的运作方式，以招标方式来承包工程。如前文所述，为建造招商局至太古中间一段码头，1898年12月5日，工程局在《德商甬报》上刊登了工程招标文告，向社会公开招标。文告说："为出示招人包造码头事，照得本局拟造码头一段，计自新江桥至济安轮船局上。招商局至太古止中间一段码头，必须工坚料固，按期竣工。如有人包造此段工程者，自出之示，限本月二十九日为止，务于期限之内，遵照后开格、估价清账，并须注明姓名、住址、坚固封好，呈候本局核办。如有逾限违式等，概从摈弃。尔等切勿自误。此示。"[5]

市政委员会进行市政建设的活动经费，由政府和中外商人捐助，一部分由市民捐助。"基金是由洋人和华人居民自动募集，已足够供道路照明、铺路、修理街道和清扫。"[6]另一部分来自码头的税收。比如,修筑甬江边的道路和码头,就规定对到岸或离岸的货物起征码头捐每件收 3 文[7],使市政建设有了经费上的可靠保障,有利于道路建设等市政工程的开展。

为使宁波的市政建设得到官府的配合,浙海关的官员通过市政委员会对清政府宁波当局提出建议,通过官府颁布一些规定,诸如《江北岸巡捕房章程》等。据浙海关报告,1883 年(光绪九年)宁波外国人居留地有一条水道很肮脏,污水横流,成为疾病的源头,浙海关税务司康发达就建议当地政府"对它进行了彻底的清理,并加深加宽"[8]。

(二)道路建设

近代道路建设是近代市政建设的主要内容。无论是古代还是近代,道路建设是城市化水平的一个标志。

宁波的道路建设基本与城市建设同步进行,早在古代已经展开,但真正的发展则是在近代开埠后的开发和建设,并取得了实效,有力地推动了近代宁波城市的发展。这与浙海关有一定关系。

道路的功能可划分为交通功能和空间功能。其中交通功能是让人安全、迅速、舒适地到达目的地。近代道路规划设计主要是体现交通功能,保证道路的安全、畅达、舒适是近代城市市政建设的重要组成,也是口岸城市发展的重要基础。

作为封建社会晚期城区空间重要组成的"街巷",不但是生活居住空间的一部分,同时也是交通网络的基础层次。只有通过道路才能把街巷相连接和沟通。其实在明清,宁波早有不少道路,嘉靖《宁波府志》记载,时有街巷 197 条。主要有东大街、西大街、药行街等。清初,城区向江东拓展,通过对江东米行街、甬东市、卖席桥等路段的改造,建成百丈街,形成江东的商业中心。但道路比较狭窄。到晚清,城区街巷 177 条,其中街道 27 条,巷 150 条。由于开埠后设立了外国人居留地,筑起了不少马路,主要由浙海关主持和管理的市政委员会(俗称马路委员会)所进行。市政委员会对一些道路加以修筑,使江北的道路有所开发和改造,沿江兴建与甬江平行的外马路、中马路、后马路,沿余姚江建姚渡路,形成江北闹市区。它成为近代宁波城市市政建设先行区,宁波市政建设在江北岸迈开了近代化的步伐。

尽管开埠初期江北外滩一带人口有所聚集,市面渐趋繁华,但市政建设速度发展还不是很快。尤其是岸线附近的江堤和道路建设一直没有很好进行。据浙海关报告,当时甬江边的道路由一些商行前断断续续的路所组成。"从一家到另一家,必须走进一条弄堂到后街头,再从另一条小弄回到江边。如此迂回交通,既不方便,又浪费时间。"[9]为适应甬江沿岸的海外贸易及运货的需要,江北沿岸开始筑路。外国人科普斯曾经提出沿甬江沿岸修筑一条堤岸。1884 年(光绪十年),浙海关税务司制定了一个计划,沿江岸建筑一条堤岸,通过港区,从浮桥到外国人坟地。该计划不仅得到宁绍道台的批准,而且得到中外商人的支持。同时,经过初步测量和估算,工程由宁绍道台承担,浙海关税务司管理。茶叶商、洋布商都愿意捐款,由市政委员会成立基金会管理。"委员会包括两名洋商和两名华商,由一位中国官员,可能是浙海关税务司作为主席。"当时,英美侨民发出请愿书,敦促清政府同意这一计划,采取一些措施。计划工程进行到1886 年 5 月 4 日,确定收取认捐费用。但由于种种原因,诸如外国当局和道台在道路管理上的分歧等,未获高层外国当局完全同意,此项计划没有得到很好实施,使计划"无限期搁置,最终不见影踪"[10]。

1887 年,在新任浙海关税务司康发达的倡导下,新的筑路计划终于付诸实施,就是把各个不相连的私人建造的道路连成一片,把中间的空间填起来。各产业的业主有条件地放弃了一部分地产。工程在市政委员会的监督下进行,其费用也由道台和中外商人捐助的基金会支出。1888年4月,一条连贯的江边道路工程完成,全长0.5英里,结构比较简单。浙海关报告称:"工程于1888年4月完成,造成一条从税务司公署到英国教堂,全长约半英里的结构简单而外表各异的滨江道路",但在工程开始时,也遭到一部分人的反对,由于筑路有利于交通,因此,不待工程全部完成,"其价值已明显展现,这条堤岸大道已被中国人和外国人同声称赞"[11]。此后,江北岸继续修筑道路。当然,道路修筑时,也注意到排水系统,挖了许多排水沟,市政委员会管理下的基金会十分支持。对此,浙海关的报告中也有提及:"每年随着基金的增加,道路加以改善,添装了路灯,筑了下水道。"1898年,工程局准备在江北岸修筑长达数百米的码头,并对沿江堤岸进行整修。穆麟德浙海关贸易报告中称修筑河(江)边道路和码头,年内起征码头捐每件收3文。

据浙海关税务司佘德等人的报告,1897年10月11日至1901年4月20日,德国人穆麟德任浙海关税务司。在任期中,作为市政委员会主席的穆麟德重视沿江的道路修筑,公开招标修筑沿江路面。他自1898年到1901年,花费13400元在筑沿江堤岸、卸货码头和毗邻道路,并建立起江北岸与城区之间的石桥与木桥。佘德说:"在1901年4月,记录在案的几乎已完工的一项事业,就是从海关到浮桥距离约近3/4英里长,沿孔浦前岸边的江岸工程。江岸的部分工程已在前几年完成,但是加高、加宽并延长到浮桥,是由已故海关税务司穆麟德先生作为宁波市政委员会主席,在1898年到1901年间完成的。"[12]1902年在海关后面与旧跑马场之间新修建了一条宽40英尺的马路,由工程委员会负责修筑,钱款来自码头捐。柯必达在他的《浙海关十年报告》中也叙述了清末宁波筑修滨江路的情况。他说:"孔浦或洋人居留地江边已经完全筑起滨江大道,连接的小巷垫高,并于1902年后,又在1909年铺设下水道。铁路公司也修了一条路,从火车站到滨江大道,与甬江有直接交通。""这些道路除去最后提到的一条路之外,全部都是公共工程委员会修筑,钱款来自于码头捐。"[13]佘德在《光绪二十八年宁波口华洋贸易情形论略》中亦说:"宁波设立之工程局亦仍照旧,前所筑马路自新关起直至新江桥,现已修筑平坦。沿江之巷街向无阴沟,现将沟壑开通,遇有雨水不至淤塞。又于新关后筑新马路一条,阔四丈,可以直达老马路,俟筑就后两旁均可造房屋。"[14]

进入民国以后,浙海关继续通过工程委员会在江北岸建造马路。比如,1919 年对外国人居留地马路都重新加以修整,花费超过 6000 海关两。1924 年,工程局将江北河填平一段,且将建公共市场于其上,以减滩上食物负贩者之拥挤,为此又延长外滩马路。为筹款,自该年 2 月 1 日起在江北岸征收房租捐,其捐率分每月 1 角、2 角、5 角、1 元四种,以往此据向商铺征收,今则居住之人都有输纳。码头捐也从是年 8 月 1 日起调整,由昔日的每件货物收 3 文而改为 4 文,多征 1 文。

纵观近代宁波道路建设,可以看到是取得了一定成效的,对宁波城市的开发、建设和改造起到了十分重大的作用,不仅有力地促进了近代宁波城市的发展,构成了宁波城市的框架,而且为日后宁波市政建设奠定了基础。考察近代宁波道路建设,可以看到它是发端于江北外国人居住地,与浙海关有密切联系。19 世纪 80 年代,由浙海关管辖的工程局开始修建道路,他们引进西方模式,搞计划,筑马路。道路主干线超过 16 米,大多宽于 40 英尺,超过老县城的 6 米小巷。修筑的道路起点高,配套设施齐全。江北岸道路的修筑主要引进西方道路工艺,两侧砌石,中铺沥青与混凝土,下面筑有阴沟与下水道。尽管在 1919 年前,在浙海关的直接过问下宁波道路交通取得了一定的成就,但只是局限于江北的"外国人居留地",并没有从根本上改变宁波城市的道路状况,但毕竟有利于宁波近代市政建设。

（三）城市照明与供水

城市市政建设的另一个方面是照明与供水。浙海关税务司在照明和供水方面做了一定的努力。

1. 城市照明

城市照明，跟市民生活关系最密切。宁波和中国的其他城市一样，开埠之前家庭照明多用菜油盏灯，注豆油或菜油于盏，引以草心，光荧荧如豆，室外则用灯笼，内燃蜡烛。城内根本没有有效的城市公共照明系统，入夜，几乎是一片黑暗世界。

19 世纪 70 年代，在浙海关的管理下，宁波江北岸外国人居留地开始引进煤油灯。煤油灯又称火油灯，或洋油灯，同样大小的灯头，其亮度是油盏灯的 4—5 倍，价钱也便宜，又方便耐用。

比起油盏灯，煤油灯是一种显而易见的进步。但对于城市公共照明则同样无法使用。而这时候，欧美先进国家已广泛使用煤气照明。与煤油灯相比，煤气照明具有清洁、便利、亮度高等优点，因此迅速得到推广，当时的煤气灯主要为商业和少数居民提供照明。"焰火亮如浩月，光耀射目，与市上灯烛比之，相差天涯也。"**15** 19 世纪 80 年代时，江北岸外滩一带已开始在道路上设置路灯。如上所述，浙海关设置了公共市政委员会，对城市照明加以修筑与管理。"基金由洋人和华人居民自动捐助，已足够供道路照明。"同时，雇佣 3 名街灯管理员。"平均一个月点燃 21 个夜晚，天亮熄灭，拿回警署，清洁修理。"**16**

正是因为这样，宁波口岸进口煤油逐年增多，1893 年（光绪二十三年）煤油进口 488,020 加仑，1894 年进口 1,900,990 加仑，其中从美国进口 1,489,260 加仑，余下 411,730 加仑来自俄罗斯，1895 年进口煤油 2,513,585 加仑，而 1897 年则进口 2,892,155 加仑。

进入 20 世纪，电灯开始被引入宁波，市政委员会依然关注街道的路灯照明,在江北岸修建了路灯,"街道灯光虽暗,但确实有了照明"[17]。1917年公共工程委员会又安装"街头电灯"[18]。

2. 开掘自流井

水是生命之源。近代的宁波人长期饮用不洁水,洗涤之水也来自河水,引起了有识之士的忧虑并力图加以改变。1923年,刘启敬在《宁波之公众卫生》一文中指出:"宁波城厢,水之供给,洗涤则赖河秽之污水,饮料则惟天水是赖,不足则汲之于井,其不合卫生,尽人皆知,且旧设之井,挖掘既浅,且无覆盖装置,故不能得纯洁之水。"[19]要使民居洗涤、饮水卫生,除了保护水源以外,必须开掘一些污染较少的自流井。起初,江北岸的外国人居留地开始这样做,浙海关、巡捕房也都这样做。

早在19世纪晚期,浙海关税务司与日本专家合作,在江北开始挖掘自流井,当时准备打两口自流井,一口在海关产业的鸦片仓库,还有一口在英国领事馆。由于宁波口岸靠水比较近,工程局原希望打到一定深度的基岩,会找到可饮用水,但虽然钻到了175英尺深度,仍未实现目标。打完井之后,"将水样送往上海卫生处仔细化验,却不幸发现含矿物质过多,不适合饮用"。尽管如此,这一结果却表明浙海关税务司关注水的质量问题。"虽然说该项试验失败,钱也花费掉了,但看到华洋人民因缺乏优质饮用水而有病痛死亡的极度危险。这项尝试还是值得的。"[20]1898年,宁波市政委员会(工程局)开凿自流井2口,每口井每天可供17000加仑净洁水。[21]

进入民国以后,浙海关主持下的工程委员会(局),在改善水源中依然作了很大努力,在江北岸继续挖掘自流井。1921年12月31日,浙海关税务司甘福履在其报告中称:"孔浦的公共工程委员会,继续尽其可能督促维护区内现有一切卫生设施。10年内诸多改善之中特别要提出的是该委员会为公共用水打了两口自流井。自流井水虽然不宜作饮水,但对华人便利很多,因为他们平时不得不依赖雨水和肮脏河水解决用水需要。"[22] 1919 年，江北岸的工程局开挖自流井 3 口，使宁波民众的用水得到了改善。《时事公报》曾报道说："宁波江北岸工程局去年开办自流井三口后，民间饮汲颇称便利。"[23]

进入 20 世纪 20 年代后，工程局继续挖掘自流井多处，虽其饮料未全免除微菌，但较之本埠他处人民，仍赖旧井或江水饮料者，其清浊之差，不可以道理计。

上述事例说明，浙海关设立后，是关心街上的照明和水的供应问题，也说明浙海关对近代宁波市政建设发展是作了努力的。

二、浙海关与宁波卫生检疫

街道保洁、垃圾管理和粪便管理与城市环境卫生息息相关，也是城市市政一个重要方面，与人民生活密切相关。尤其是随着城市规模扩大、人口增加和经济发展，这一问题日益突出。其状况如何是城市环境、市民的文明程度的显著标志。宁波开埠后，上述问题逐步得到重视，这与浙海关税务司对此重视是分不开的。浙海关通过市政委员会工程局，开展了清洁运动，进行街道保洁、垃圾清理和粪便管理，并进行卫生检疫，有力地推动了宁波市政建设和城市环境的改善。

（一）注意街道保洁

街道是城市的"血管"，是城市人流、物流的连接纽带。在近代，宁波的城区街道修建发展迅速。因此，进行街道的保洁，不仅方便城市的交通，改善城市的环境，而且也方便市民的出行。浙海关对此是下了工夫的。

1. 垃圾清理

江北岸外国人居留地作为近代人口聚集的重要地区和人口流动

的主要通道,是宁波近代最早修筑近代马路的地方,外滩周围所建的外马路、中马路、后马路成为江北主要街道。保持马路清洁,已成为江北岸市政管理的重要任务。浙海关对此十分重视,在管理中推广西方市政管理,制定了一系列街道保洁法规。1867 年(同治六年)浙海关节制下的《江北岸巡捕房章程十条》中就作了规定,"街巷不准小便"、"不准在江及沿街驰马" [24]、"凡挑贩、小生意人等,不得于道旁乱置担物,有碍街道" [25]。1880 年(光绪六年)制定的《江北岸巡捕章程十条》中,除再次重申"不准在〔甬〕江及沿街驰马"、"街巷不准小便"等内容外,并明确规定:"自早七点钟后至晚十点前,不准有人在街巷挑担污物,大路亦不准设有坑厕,并令各户各照墙门宽窄自行打扫洁净,不得堆积。" [26] 乱丢污物、垃圾作为"违章"处理。

19 世纪 80 年代后,江北岸外国人居留地公共卫生事业取得了不少进步。当时成立的公共市政委员会,俗称道路委员会,由 5 个外国人和 4 个中国人组成。居住在这里的中外居民也自动捐款成立基金会,用于街道照明、铺路及保持整洁等项工作。为了街道的保洁,雇用了 5 名清洁工,称之为"清道夫",他们的职责是:每天上午 10 时前清扫街道,保持白天的清洁,并对阴沟和便池消毒。清道夫清除垃圾、积雪等以及疫情流行进行消毒时,则需雇用工役予以协助。[27]

在清末,除了江北岸外国人居留地雇用清洁工对街道进行打扫外,原来宁波的老城区在街道保洁工作方面并没有取得显著的效果。由于浙海关对卫生的重视,进入民国后,宁波有关部门对城区街道保洁也逐渐引起注意。1913 年,城自治会负责清道工作,向居民征收清道捐,雇用清道夫扫马路与街道,每年清道收入 1600 元,支出 5600 元,收支相抵尚少 4000 元,由城自治会拨款,但并没有取得好的效果。浙海关税务司甘福履在《浙海关十年报告(1912—1921 年)》中就说:"在孔浦的外国人居留区以外,过去十年地方卫生无任何改善,城内大街由自治会雇人临时草率打扫一下。" [28]

要做到街道保洁,还要注意垃圾的清理。垃圾清理是近代市政的内容。开埠前,宁波城乡街巷的垃圾基本上没有专人清理,严重地影响了宁波城市的市容。垃圾含有种种有机物质,"堆积既久,则起分解作用,至污空气而秽土地","且时有病源菌夹杂,其患更大",会危及民众身体健康,这就需要清理垃圾。随着街道保洁工作的实施,垃圾清理工作同时被提上了议事日程。垃圾清理最早出现在江北岸。同治年间由浙海关节制的《江北岸巡捕房章程》中就提到污秽之物无论在街巷或民众大门"不可堆积"[29],把街上乱扔垃圾作为违章事件。开埠后,首先在江北岸外国人居留地实施垃圾清理,民国期间上述管理进一步加强,有力地促进了近代宁波市容改观。

用法规加以约束,这是浙海关清理垃圾的一种手段,甬工程局巡捕房发表《江北岸巡捕房章程》,明确提到街巷及商店、民居门口垃圾"不可堆积",街上垃圾乱扔是违背"警章"。并明确规定在江北岸辖区内的垃圾每日早晨由清道夫查照分配地段扫除,用垃圾车运至空旷地堆积焚毁。由于加强对垃圾的清理和管理,有力地促进了近代宁波市容的改观。

2. 粪便管理

搞好粪便管理是街道保洁另一重要方面。粪便管理是一项既重要又十分困难的工作,搞好这项工作是搞好城市环境的重要一环。但长期以来,宁波城乡随地设厕现象比比皆是。"莫不有私设厕所及露天粪坑,粪尿狼藉满地,臭气扑鼻,其足以妨碍卫生。"[30]民国《鄞县通志》把随地设厕说成"本邑恶俗",一些有识之士要求"取缔"私设厕所,另设"完全公众厕所,以济其穷"。[31]

加强对粪便的管理最早也是在江北实施。宁波江北岸巡捕房章程及历年示禁中就有涉及粪便管理的内容,章程第六条至第十一条都是有关这方面的内容,主要是:自晨7点钟以后到晚上10点钟以前不准粪担往来、不准洗涤便桶,不准各粪船在甬江一带及各码头行驶停泊;粪船夜间停泊载粪只准在砖桥、三山道头、新江桥道头、傅家道头、同胜街道头大道头、张家道头六处;街巷不准小便;凡厕所尿缸向外之门皆应砌向内;不准弃秽物垃圾下河,并不得堆积房旁。这些条文的实施显然有助于江北岸外国人居留地环境卫生的改善。巡捕房还把在禁止时间内倾倒粪便、清洗马桶,作为"违章事件",交巡捕房处理。据浙海关统计,1881—1892 年间,类似的"违章时间"共有196 件。其中有些违章事件是涉及禁止时间内在码头装运粪便的问题。因此,江北岸在江北工程局的直接管理下,采取不少严厉手段来改善江北岸外国人居留地的环境,包括厕所的设施和粪便管理。"公厕造了起来,数量甚多,但仍不足以便利至阻止当地人随时随地粪便污染街道。"[32]据浙海关报告,厕所在江北岸的建立所带来的好处使一江之隔的老城区为之震动,为此制定了相似的规划。

在浙海关推动下,江北岸外国人居留地加强对厕所的管理,设立了公厕和尿斗,拆了私厕,清洁了街道,给一些人留下深刻印象。柯必达的《浙海关十年报告》中就提到:"城内有些年长者对前述公共工程委员会在孔浦所建的混凝土公厕印象颇深。"但城区及江东还是有不少露天粪缸,成为宁波老城区的老大难问题。据统计,1919年城区有露天粪缸 8000 只,有临街厕所和露天粪缸。对于这点,时任宁波市长的罗惠侨在他的回忆录中也有记述:"市区江北岸自开埠以来,已将私厕基本拆除,设立了几处公厕和尿斗,并规定了污物清除方法。至于城区和江东地区各处均有私厕,小街小巷内还私置露天粪缸,臭气熏天,妨碍卫生。"[33]其真正的解决还是在 20 世纪 30年代中期的加大市政建设的力度中所制定的法规后。

(二)城市环境保护

城市环境保护既直接关系到市民的健康,也充分体现城市的品质,其状况如何是一个城市社会进步程度的重要指标,也是这个城市市政建设优劣的重要标志。在近代,宁波城市环境保护除了以商人为代表的社会各界人士和公益团体大力支持参与下艰难地起步外,浙海关的管理也起到一定的作用。主要表现在环境保护与卫生意识的提高。

首先,宁波人的环境卫生意识是逐步提高的。至晚清,宁波城乡多数居民仍是一患病就求神拜佛。光绪末,宁波经常发生霍乱等疫情,但人民并不懂得改善环境、预防疾病,而是一味求神拜佛。这既源于人们对环境保护与人体健康的关系缺乏足够的认识,卫生意识差,更是因为经济和社会事业落后、环境卫生设施和医疗条件差、人民生活贫困,而且迷信鬼神。1887 年(光绪十三年),宁波发生疾病,就死亡约 2 万人。[34]可是人民并没有求医,更没有从改善环境卫生着手,而是信神拜佛。浙海关税务司墨贤理对此有过记述:"每年都发生霍乱案情,人数或多或少都是致命的。而在 1887 年的疾病,发病比例惊人,单宁波府一地就夺取生命约 2 万人。对霍乱流行的恐惧常在。但是,在宁波外国租界〔应称外国人居留地——引者〕以外地方,预防疾病发生和传播的方法,是年年拜佛求佛。据说瘟神是主管霍乱的,将他抬在精雕细刻镀金的轿子里,前呼后拥着乐队、旗队、红布金箔的蜿蜒长龙,多人高抬活人造型,步行的和骑马的穿着戏装,望不断的长行人群,服饰华丽、图案奇特。这些游行队伍持续好几天,成千上万从四周乡下几里路外拥至宁波观看,这样对瘟神的膜拜似乎永远不够,但如霍乱病稍有减免,则一切将归功于这种游街队伍。"[35]从墨贤理的这段话中,我们可以看到两点,一是近代开埠不久,宁波的卫生和环境卫生意识比较差;二是江北岸外国人居留地有一定预防疾病的卫生意识。

近代宁波环境卫生事业的变化首先来自江北岸外国人居留地,这种变化推动了整个宁波公共卫生事业逐步进步。19 世纪 60 年代,江北的巡捕房制定了一些卫生环境方面的章程,以加强公共卫生管理。巡捕房的一个重要职责是"维护居留地的秩序和清洁"[36]。经浙海关同意的《宁波江北岸巡捕房原有章程》中第六条至第十三条中就提到环境卫生的一些内容，诸如，自晨 7 点以后至晚 10 点钟前"不准粪担往来"、"不准洗涤便桶"，以及"街巷不准小便"、"不准弃秽物垃圾下河"等。[37]各家门户要"自行打扫洁净，不得堆积"[38]。19 世纪中叶以来，江北岸外国人居留地成立了一个公共市政委员会。由居住在这里的中外居民自动捐助基金，用来"保持整洁、购买消毒剂"。这个机构采取了不少严厉措施来改善江北岸外国人居留地的环境卫生。

浙海关的工作人员注意环境卫生，对肮脏不堪的公共环境进行一定管理，当时江北岸有一条水道，很肮脏，是疾病源头。1883 年（光绪九年）浙海关税务司康发达建议清政府宁波地方当局对它进行彻底的清理，并加深加宽。对于这一点，《浙海关十年报告》中有记载："1883 年，在租界〔外国人居留地——引者〕后面的河渠，由于肮脏容易发生疾病，所以彻底清理，加深并开阔，这项工程是在当时浙海关税务司康发达先生促使之下由中国政府进行的，大大有利于租界卫生状况。"[39]

到清末，城内的街道照旧肮脏不堪，流经市区的河流有时充满有机物的绿色沉淀，"然而已有觉醒迹象，虽然还没有真正干起来，但可以觉察到人们要变革，对外国卫生观念的盲目恐惧在迅速消失"[40]。宁波人的环境卫生意识有所提高，但主要还是在江北岸的外国人居留地。浙海关及其工作人员积极投入，进行宣传，劝说民众开始接种疫苗，相信西药、西医，加强对排水、厕所管理等。1902 年约有 6000 病人在医院就诊，而在 1911 年则有 10600 病人上医院看病。同年，有 1000 名婴儿种痘。"事实上外国医药科学极受欢迎，其见证是专卖药的直线上升，其中有些还是有毒性的，相信外国医学仅是信仰清洁之第一步，看来真正改善卫生状况的工作可在短期内启动。……良好种子已播下,来年定会丰收。"**41**之所以出现这种情况,应该说与浙海关有关。

水体污染给宁波人民带来很多的危害。由于江、河、湖各个水系统的污染,致使宁波城市水源受到不同程度的污染,直接危害人的健康;江、河、湖的水污染会使水中重要的经济鱼、虾、蟹和贝类生息、繁衍环境受到损害,从而使农业、水产业发展受到影响;大量垃圾扔入河中,会加速航道的淤积,不利于生态平衡。这些都关系到城市经济发展和市民生活质量。

宁波当局及市民对这个问题的严重性直到西方的先进管理理念传入后才有真正认识。开埠后,宁波江北岸外国人居留地的有关部门和居民才把水体污染治理放到一定位置上。1884 年(光绪十年)12 月,浙海关参与管理的宁波江北岸巡捕房中已经提出对河水污染治理问题,其第十三条为"不准弃秽物垃圾下河",第二十八条明确指出:"江北岸后河,不准染坊洗布,不准浸毛竹及洗秽;不准两岸占搭棚屋,不准于近处系牛羊及私筑泥塘,拦阻航船。"**42**而且把向河中投弃污物、垃圾及乱倒粪便作为"违章"加以处理。

由于种种原因,甬江沿岸不少河道变窄,甚至填塞,这不仅阻碍航运,也会使水源的水质受到污染。因此,工程局建立后,开始对通入江、河的下水道管每年做一次彻底维修,以保证江、河之水不受污染。江北岸的上述做法为宁波城乡治理水体污染开了先河,给老市区治理污水提供了范例。这在浙海关的报告中多处提及。墨贤理的《浙海关十年报告(1882—1891 年)》中就指出:"每年随着基金的增加,道路加以改善,筑了下水道,供给了修路修堤岸的材料。"**43**

(三)预防天花及其他病疫

预防天花及其他病疫,是环境卫生意识提高的又一侧面,也是海关海务工作的一个内容。尽管口岸海港检疫权旁落,成为国人的切肤之痛,但海关在检疫及医疗卫生方面也做了一些工作。浙海关在这方面的管理比较到位。

天花,又名痘疮,潜伏期长,染病者初打寒战,并伴有腰痛、呕吐兼有头痛,而晚清无特殊效药。因此,预防天花十分重要,主要是种牛痘。报刊资料显示,随着浙海关的设立,外国人引入西方的医学知识,在宁波施种牛痘。1863 年(同治二年)宁波地区开始施种牛痘。[44]

在浙海关的关注下,清末民初江北岸外国人居留地在天花及其他病疫防治方面取得明显的成效。当时,人们对各类传染病未加严格区分,笼统地称为时疫,主要有天花、霍乱、伤寒、脑膜炎、麻疹、疟疾等,尤以天花、霍乱为甚。由于江北岸商贸业发达,成为近代宁波人口积聚与流动的重要地区。据浙海关统计,20 世纪前后进出宁波港的人数每年达 100 万人次以上,1924 年更高达 223 万人次,存在这些传染病传播的危险。

由于浙海关与地方社会人士的努力,晚清以来宁波在时疫防治方面已取得重大成就。执行检疫是海关海务的一个内容。1874 年(同治十三年),江海关颁布《上海凡各国洋船从有传染病症海口来沪章程》,海关检验检疫工作开始。总税务司指出:“进口船只带有天花时,沿海各关自可仿照沪关定章办理。”[45]从此以后,沿海各口岸都制定了《检疫章程》,执行检疫任务。1883 年(光绪九年八月初六日),浙海关发布《关于防止进口船只携带天花病菌沿海各关须照章办理照会》:“照会。奉札以时疫与痘,均易传染,请遵照妥议章程,以凭转禀由。”[46]这一年,宁波城区设立牛痘局 3 处。[47]1894 年冬季,香港、粤东疫情流行,浙海关为此议定防疫章程 6 条,并就《关于香港、粤东疫情流行进港船只三里外停泊致上海吴道台函》,明确指出:“香港、粤东等处疫气流行,沾染者甚。倘有该处船只进口,应按章程先就白沙〔在江北外国人居留区——引者〕以下三里停泊,并议章程六条"[48],禁止染有疫病的船只进宁波港。是年,浙东的宁波、绍兴、台州流行天花,儿童深受其害,由于浙海关协助地方当局进行检疫,采取预防措施,该疫病大为减轻。"尽管华南多年来疫病流行,而且本省的部分与发生疫病的地方有着广泛的贸易联系,却完全能够免疫。这极大程度上要归功于地方当局在浙海关协助下,采取了预防措施。在1894年春天,由浙海关税务司征询了海关医官的意见,拟定了海港检疫章程。这套章程为道台所采纳。该章程公布于众,并采取了必须与可能的初步措施,付诸实施。"[49]

1896年(光绪二十二年),浙海关税务司墨贤理在江北岸设立免费种痘所,以使接种牛痘疫苗在广大民众中推广。种痘所附属于警察局。"它在春天开诊四个月,所费开支部分由道台开销,部分从警察局处理案犯罚款所得。接种员为一名医务人员,技术熟练,在开诊期间每月酬劳20元。儿童接种疫苗每季达1000名。"[50]这些预防措施的实施都得到了浙海关的帮助。

1911年孔浦防疫所有近千居民的婴儿种痘,预防天花。在20世纪20年代,浙海关港口医院按照防疫章程,对于进口船只严行检验,以防传染,也使宁波口岸没出现疫病。

此外,对于其他疫病,浙海关也采取一定措施。比如清末,当肺炎流入镇海时,浙海关就督促有关部门采取预防措施。

浙海关重视对疫病的预防,取得了显著的效果。1903年、1905年,登革热流行,多数外国人和当地人中十有八九得此病。1905年,牛瘟害死本地区的70%的牛畜,死3万头,5000具牛尸沿江漂下,几千具牛尸烂在河水道。"该病是传染性的"[51],由于预防和治疗,在辛亥革命的前十年,宁波没有发生大的疫病。柯必达的《浙海关十年报告》中已作了阐述:"宁波在十年中受瘟疫、恶性流行病和灾荒的灾害并不太严重。"[52]民国初期,除1919年的秋天霍乱夺去2000个居民的生命外,宁波"在这10年内未发生其他疫病"[53]。

三、浙海关在近代宁波市政建设中的作用

浙海关开设后,外国人所掌握的权力不断扩大,工程的修筑、卫生检疫都成为其任务,国人的检疫等权力丧失。但是与此同时,宁波近代市政建设也开始兴办和发展,浙海关为宁波近代市政建设的形成和发展提供了条件,经营管理中采取了先进方法,开办了近代市政建设的多种项目。

(一)为宁波近代市政建设的形成和发展提供了条件

一个城市的市政建设,对于城市发展起着十分重要的作用。浙海关在宁波近代市政建设中的作用,一定程度上促进了近代宁波城市的发展。

在近代,随着城市建设的展开,宁波近代各项市政公用事业得到快速发展,道路、桥梁、供水、环境卫生等大为改观。以道路为例,1931 年废市并县后,鄞县县政府继续拓宽或开辟一系列干路、支路,大体形成了日后宁波城市的道路网络,尤其对江北道路网络的形成更有直接影响。仅 1930 年,江北岸有道路 108 条,其中路 15 条、街 14 条、巷 79 条。[54] 而这些道路不少是浙海关及工程局组织修筑的。诸如外马路(南至新江桥,北至海关);中马路(南至横街,北至英领事馆)等。这在浙海关税务司的十年报告中都有所记载。浙海关税务司佘德在《浙海关十年报告(1892—1901 年)》中说:"去年〔1900年——引者〕一年护路没有中断过,最近还打算由道路委员会新修 40 英尺宽一条马路,从海关后面直通老跑马场路,方便前往。"[55] "孔浦或外国人居留地江边已完全筑起滨江大道,连接的小巷垫高",并于 1902 年、1909 年先后铺设下水道。1902 年"一条 40 英尺宽,2/3 英里长的马路从海关背面修筑至老跑马场"[56]。1924 年,工程局"以

外滩马路仅至海关前面而止,拟延长路线与江北总会前马路相接"[57]。

近代宁波在19世纪60年代设立了巡捕房,也由浙海关管理。民国《鄞县通志》政教志说:1864年(同治三年)设立捕房,由"宁绍台道拨绿营兵勇8名,改为巡捕,驻扎江北岸,委英人戈林监带,受税务司节制"。这里明确表明江北岸外国人居留地的巡捕房由浙海关所控制。浙海关正是通过巡捕房颁布《江北岸巡捕房章程》等规章来维护社会公共秩序,实施环境保护。比如把街上乱扔污物和垃圾、清洗马桶作为违章事件,明确规定污秽之物品不能在街巷及民众门口"堆积",用法规约束民众。据浙海关报告,江北岸巡捕房在1882年至1892年的10年间共处理违章案件403起,为宁波市政建设与环境保护开展奠定了基础。

晚清民初,浙海关对道路建设非常重视,从而为近代宁波的道路建设铺垫了扎实的基础。如果没有当时的有效管理,是不可能出现20世纪30年代宁波道路纵横交叉的交通网络的。当然,桥梁、供水,环境卫生等市政建设的较快发展与浙海关的管理也有密切的关系。

正是浙海关在近代宁波市政建设中所起的作用,从而使宁波具备了近代市政设施和公共管理制度,初步昭示了公共事业的优越性,由此推进了宁波老城区乃至整个宁波城市建设的发展与进步。

(二)采取了先进的管理方法

管理是许多人协作劳动而产生的,它是有效组织共同劳动所必需的。管理有两重性,即自然性和社会性,体现着生产力与生产关系的统一。应该注意学习、引进国外对我们有益的管理经验和方法。

浙海关对近代宁波市政建设管理中,把资本主义国家先进管理方法、管理制度以及管理理念引进宁波。尽管这些办法带有相当多的便利西方侵略的半殖民地色彩,但从纯粹的技术角度说,浙海关的工作人员是设计者和管理者,在近代宁波市政建设中运用了先进的管理制度和方法。

一是制定规章。浙海关批准的《江北巡捕房章程》就是例证。通过这些规章,使近代市政建设在相关运作时,能做到有章可循,使街道保洁、粪便处理、垃圾堆积有章可依。1894 年的检疫 6 条的制定,也有利于对进港船只进行检疫,防止疾病。

二是市场运作。在市场经济条件下,企业要适应市场,就要自主经营、自负盈亏,自我发展,为此要相应地建立自我发展和自我约束的机制。浙海关的工作人员对此有足够认识,他们以市场为导向,运用竞标方式承包工程,1898 年工程局建筑外滩马路时就进行市场运作。在市政管理中,其财务管理上也成功地使用成本核算的方法,起到有效地监督企业成本核算的作用。市政建设的经费,采用捐款征税方法予以解决。1924 年,浙海关通过工程局修外滩至海关一段路,就采取房租捐与码头捐的办法。为完成上述路段的建设,自1925 年 2 月 1 日起浙海关在江北岸"征收房租捐,其捐率分每月 1角、2 角、5 角、1 元四种,此捐昔日仅向中国商铺收之,今则凡居住是地之华人,无不输焉。码头捐例自 8 月 1 日起亦为修改,每件货物昔收 3 元,今增为 4 文。城内情形较昔退化,惟近来市政亦大为整顿,如募集特捐用修道路、填平桥梁以便人力车之交通"[58]。

三是组织形式适应。组织形式是适应社会生产发展需要的。浙海关在市政建设管理中对经济组织形式进行变革,通过设立工程局以加强对市政建设的组织和管理。这种新的组织形式由董事、主席所组成,带有明显的先进经营理念。经费不是官拨,而是来自民间。1898 年 2 月,浙海关税务司在江北岸设立市政委员会(工程局),由各商行每家自愿捐助 100 银元,作为基金,共集银洋 1550 元。工程局主要任务是修筑道路,为此称为道路委员会。

注　释

1　安斯迩:《浙海关十年报告(1922—1931年)》,《近代浙江通商口岸经济社会概况》,浙江人民出版社2002年版,第89页。

2　穆麟德:《光绪二十四年宁波口华洋贸易情形论略》,《近代浙江通商口岸经济社会概况》,浙江人民出版社2002年版,第301页。

3　墨贤理:《浙海关十年报告(1882—1891年)》,《近代浙江通商口岸经济社会概况》,浙江人民出版社2002年版,第26页。

4　同上。

5　《德商甬报》,1898年12月5日。

6　墨贤理:《浙海关十年报告(1882—1891年)》,《近代浙江通商口岸经济社会概况》,浙江人民出版社2002年版,第26页。

7　穆麟德:《光绪二十四年宁波口华洋贸易情形论略》,《近代浙江通商口岸经济社会概况》,浙江人民出版社2002年版,第301页。

8　墨贤理:《浙海关十年报告(1882—1891年)》,《近代浙江通商口岸经济社会概况》,浙江人民出版社2002年版,第26页。

9　同上。

10　同上。

11　同上书,第27页。

12　佘德:《浙海关贸易报告》,《近代浙江通商口岸经济社会概况》,浙江人民出版社2002年版,第53页。

13　柯必达:《浙海关十年报告(1902—1911年)》,《近代浙江通商口岸经济社会概况》,浙江人民出版社2002年版,第67—68页。

14　佘德:《光绪二十八年宁波口华洋贸易情形论略》,《近代浙江通商口岸经济社会概况》,浙江人民出版社2002年版,第311页。

15　《德商甬报》,1898年12月18日。

16　墨贤理:《浙海关十年报告(1882—1891年)》,《近代浙江通商口岸经济社会概况》,浙江人民出版社2002年版,第26页。

17　柯必达:《浙海关十年报告(1902—1911年)》,《近代浙江通商口岸经济社会概况》,浙江人民出版社 2002 年版,第 68 页。

18 甘福履:《浙海关十年报告(1912—1921 年)》,《近代浙江通商口岸经济社会概况》,浙江人民出版社 2002 年版,第 78 页。

19 刘敬启:《宁波之公众卫生》,《四明日报》1923 年 11 月 1 日。

20 佘德:《浙海关十年报告(1892—1901 年)》,《近代浙江通商口岸经济社会概况》,浙江人民出版社 2002 年版,第 53—54 页。

21 穆麟德:《光绪二十四年宁波口华洋贸易情形论略》,《近代浙江通商口岸经济社会概况》,浙江人民出版社 2002 年版,第 301 页。

22 甘福履:《浙海关十年报告(1912—1921 年)》,《近代浙江通商口岸经济社会概况》,浙江人民出版社 2002 年版,第 78 页。

23 《时事公报》,1920 年 6 月 20 日。

24 《江北岸巡捕房章程十条》,民国《鄞县通志·食货志》戊编下《产销二》。

25 同上。

26 同上。

27 墨贤理:《浙海关十年报告(1882—1919 年)》,《近代浙江通商口岸经济社会概况》,浙江人民出版社 2002 年版,第 26 页。

28 甘福履:《浙海关十年报告(1912—1921 年)》,《近代浙江通商口岸经济社会概况》,浙江人民出版社 2002 年版,第 78 页。

29 《江北岸巡捕房章程》,民国《鄞县通志·食货志》戊编下《产销二》。

30 《清洁运动》,民国《鄞县通志·政教志》巳编《公共卫生》。

31 《江北岸巡捕房章程》,民国《鄞县通志·食货志》戊编下《产销二》。

32 柯必达:《浙海关十年报告(1892—1901 年)》,《近代浙江通商口岸经济社会概况》,浙江人民出版社 2002 年版,第 68 页。

33 罗惠侨:《我当宁波市市长旧事》,《宁波文史资料》第 3 辑,第 51 页。

34 墨贤理:《浙海关十年报告(1882—1891 年)》,《近代浙江通商口岸经济社会概况》,浙江人民出版社 2002 年版,第 26 页。

35 同上。

36 《宁波江北岸巡捕房原有章程》,民国《鄞县通志·食货志》。

37　同上。

38　同上。

39　墨贤理:《浙海关十年报告(1882—1891年)》,《近代浙江通商口岸经济社会概况》,浙江人民出版社2002年版,第26页。

40　柯必达:《浙海关十年报告(1902—1911年)》,《近代浙江通商口岸经济社会概况》,浙江人民出版社2002年版,第68页。

41　同上书,第68—69页。

42　《宁波江北岸巡捕房原有章程》,民国《鄞县通志·食货志》。

43　墨贤理:《浙海关十年报告(1882—1891年)》,《近代浙江通商口岸经济社会概况》,浙江人民出版社2002年版,第27页。

44　《宁波种痘见》,《申报》1879年2月20日。

45　《1883年浙江海关关于防止进口船只携带天花病菌沿海各关须照章办理照会》,中国第二历史档案馆、中国海关总署办公厅《中国旧海关与近代社会图史》第2分册,中国海关出版社2008年版,第38页。

46　同上。

47　《开种牛痘》,《申报》1883年3月8日。

48　《1894年浙江海关关于香港、粤东疫情流行进港船只三里外停泊致上海吴道台函》,中国第二历史档案馆、中国海关总署办公厅《中国旧海关与近代社会图史》第2分册,中国海关出版社2008年版,第38页。

49　佘德:《浙海关十年报告(1892—1901年)》,《近代浙江通商口岸经济社会概况》,浙江人民出版社2002年版,第55页。

50　同上书,第54页。

51　柯必达:《浙海关十年报告(1902—1911年)》,《近代浙江通商口岸经济社会概况》,浙江人民出版社2002年版,第70页。

52　同上。

53　甘福履:《浙海关十年报告(1912—1921年)》,《近代浙江通商口岸经济社会概况》,浙江人民出版社2002年版,第79页。

54　《1930年江北岸新旧路名对照表》,见陈宏雄主编《潮涌近北——近代宁波外滩研究》,宁波出版社2008年版,第217—223页。

55　佘德:《浙海关十年报告(1892—1901年)》,《近代浙江通商口岸经济社会概况》,浙江人民出版社2002年版,第53页。

56　柯必达:《浙海关十年报告(1902—1911年)》,《近代浙江通商口岸经济社会概况》,浙江人民出版社2002年版,第67页。

57　贝德乐:《民国十三年宁波口华洋贸易统计报告书》,《近代浙江通商口岸经济社会概况》,浙江人民出版社2002年版,第377页。

58　同上。

第十章　浙海关与近代宁波统计

1858 年(咸丰八年),中英、中美、中法通商章程第十条明确规定:我国各通商口岸得聘请外国人帮办税务,以划一商务管理。自第二年起,各个海关统计资料开始汇总,并正式出版"贸易统计册"。浙海关按照总税务司的要求,1859 年(咸丰八年)冬,浙海关编制《贸易统计》,历时 1 年,1861 年新关简单编制了《宁波口岸贸易统计表》。自 1864 年(同治三年)起,浙海新关进行资料统计,一直至1941 年止。宁波沦陷前,浙海关对统计是重视的,建立了海关统计制度和方法,尽管这些统计资料是为外国资本主义侵华服务的,但浙海关的统计资料却真实地反映了近代宁波的对外贸易实际和宁波政治、经济、文化、社会的情况,对于研究近代宁波发展具有重要作用。

一、统计的种类与方法

自 1864 年后,浙海关对于宁波口岸的统计类型可分为三种,即年度报告、十年报告和贸易统计。

(一)浙海关年度报告

年报是以年为期限的统计报表,亦是浙海关中最基本的报表之一。1865 年(同治四年)1 月 6 日,总税务司曾下通令,要求各关税务司按 1864 年第 9 号通令中规定之年度贸易清册,应送江海关税务司出版。此外,"各税务司应向总税务司递呈本口岸之年度贸易报告,报告日期应为 1 月 31 日"。由于报告行将出版,"务请力求内容正确、生动。如尚未按要求撰就,最好先向本总税务司提供一份上年有关贸易之报告"[1]。总税务司在这里明确指示各口税务司整顿海关贸易统计,建立严格的统计制度,要求各关每年向总税务司呈报进出口贸易统计。浙海关正是按照总税务司的要求,自 1864 年(同治三年)整编年度报告,一直至 1924 年。在将近半个世纪中,浙海关年度报告分为两个阶段。第一阶段自 1864 年(同治三年)至 1881 年(光绪四年),称《浙海关贸易报告》,第二阶段自 1882 年(光绪八年)至 1924 年,称《宁波口华洋贸易情形论略》。其主要内容是宁波口岸贸易情况,即进口与出口以及船只、税课等。现把这两种年度报告介绍如下:

《浙海关贸易报告》是浙海关税务司根据总税务司命令,每年须向总税务司上报宁波口岸年度贸易报告。这是浙海关作为海关业务性总结报告,具有内容明确、规范的特点。当时的统计内容比较简单,主要包括税课、船舶、货物、金银、货币、旅客等情况的专项统计和分析比较。年度报告由浙海关现任税务司署名。时间为这一年 12月 31 日或次年 1 月。比如,《同治三年浙海关贸易报告》,文字仅8000 字,由税务司日意格署名,内容主要涉及货物进出口,包括贸易总额、外国商船吨位、货物进口、出口、贸易市场等。报告时间为1864 年 12 月 31 日。这个报告中提到 1864 年(同治三年)的宁波港口贸易总额。其中进口贸易额达 10,264,616 两关平银,出口为6,250,306 两关平银。在对进出口贸易进行专项统计基础上,该报告对宁波港的有利与不利因素作了分析,展望宁波港的未来发展趋势。报告说:"作为独立自主的贸易,宁波正在慢慢起步。它非常像是上海的郊区,上海从宁波接收进口货物,又向宁波港发送它的出口产品","杨子江自由通货,蒸汽船在宁波港和汉口、香港之间的通航已将这个富裕领域〔指上海——引者〕紧锁的桎梏砸碎了许多。有朝一日宁波港繁荣兴旺了，它与欧洲有了直接联系时，这个桎梏将被彻底砸烂"。作为报告的结尾，浙海关税务司对宁波港口贸易有着信心。"我们对宁波港的未来充满希望。我们再次强调：宁波港易靠拢，抛锚方便且稳固，气候条件好，中国与外国商人可以谨慎稳妥地把贸易做得更兴旺，而海关可以起到很好的指导作用，完全能够从中得到合理的收益。"[2]

　　1882 年（光绪八年）后，浙海关开始编制《宁波口华洋贸易情形论略》。开始几年依然是贸易为统计内容，包括进出口货物、船只、税课等内容。1894 年（光绪二十年）后的一段时间，一般内容为 9 到 10 项。比如，《光绪二十一年宁波口华洋贸易情形论略》除"本口概况"一栏详细介绍宁波口岸贸易情况外，另有 9 项统计内容，即税课、外洋贸易、沿海贸易、内地贸易、船只、旅客、金银、鸦片、杂项等。

　　但是，浙海关的年度报告统计内容也是随着情况的不断变化而拓展内容。比如，1901 年（光绪二十七年）11 月 11 日，根据《辛丑条约》，宁波的通商口岸 50 里常关划归税务司管理。为此，自这年起，浙海关的年报在"杂论"（杂项）中就有常关有关内容。比如，在《光绪二十七年宁波口华洋贸易情形论略》的第九项"杂项"中，就有常关内容的记载。该项内容这样记载："年内发生一件本口重要和有兴味之事，11 月 11 日，宁波常关和镇海甬江口两分卡归关本关管辖。""如今税收不多，每月约 1 万海关两，待以后人员组织以及货物验检改革后，对商人也是一种实惠，同时税收也为递增。"[3]1903 年的"杂论"中也是这样记载："自常关归并以来已及一载，查进出口货物数目共估值关平银 1200 万两，所征之税银 10 余万两，由估价合计所征之税未及 1%。"[4]从 1911 年起浙海关的年报中有中文译本。除税务司署名外，还有译员和撰稿人。比如，1914 年的浙海关的年报中，由税务司威礼士呈报，头等帮办来安仕翻译中文，文案曹缘明撰写报告。

自 1925 年起,连续 5 年,改为《宁波口华洋贸易统计报告书》。除 1930 年外,其统计内容有 11 项:本埠贸易概况、税课、航业、洋货贸易、土货贸易、出入内地贸易、金融、旅客、药土、杂项、常关等。1931 年改为《海关中外贸易统计年刊(宁波口)》,由总税务司出版。

(二)《浙海关十年报告》

《浙海关十年报告》是海关档案中具有价值的史料之一。《浙海关十年报告》是从 1882 年起开始编写的,由浙海关税务司呈报,每隔十年编送报告一次。根据总税务司的要求,浙海关于 1891 年 12 月 31 日编制《浙海关十年报告(1882—1891 年)》。以后每十年编制一份"十年报告"。自 1882 年至 1931 年,共计五次,由海关总署负责汇编成册,予以刊行,流传英美等世界各国,成为资本主义国家了解浙江、宁波经济社会概况的主要参考资料之一。报告的前 40 年(1882—1921 年)全部是英文版,1922—1931 年"十年报告",有英文和中文两个版本。报告的体裁类别基本一致。

《浙海关十年报告》以浙海关所在地宁波为中心,依据浙海关统计档案并通过各种渠道搜集的情报资料而写成的综合报告,其内容更加广泛,目的更加明确。全面反映宁波及周边地区的政治、经济、社会、文化发展情况,涉及贸易、关税、工业、农业、商业、财政、金融、交通运输、文化教育、医疗卫生、邮政电讯、新闻出版、风情民俗、宗教活动、人口和移民、地理和气候、矿产和资源、司法警察等情况,可谓包罗万象。

我们可以以《浙海关十年报告(1892—1901 年)》为例。该报告为 1901 年 12 月 31 日编制,1902 年 7 月 1 日定稿,是浙海关税务司佘德给总税务司的报告,2 万多字。该报告内容全面、丰富,涉及宁波的政治、经济、文化、社会内容,也有浙江全省的情况。报告共有

26个方面,具体是:总论、贸易、税收、鸦片、金融、货值、移民、租界警察、航道、灯塔、灾害卫生、学位、教育、科举、航业、邮政、常关、码头捐、军事、宗教、高官、文人学士、展望未来等21项内容。其中第12、16、18、19、23项被省略。尤以"贸易"一项内容丰富,达1万多字,约占整个报告文字的45%,记述了宁波口岸食糖、洋布、本地棉布棉纱、丝织品、茶叶、面粉、水产品以及鸦片的进出口情况。《浙海关十年报告》就是按照上述大纲来收集材料并加以编纂的。

　　不同时期的"十年报告",其体裁类别大致相同,但其间的项目,须随时代推移,酌予变更,以符合本口岸实际,满足外国资本主义列强侵略的需要。比如,《浙海关十年报告(1902—1911年)》与前十年的浙海关报告相比较,已增补了一些新的内容。因为这一年恰恰处于清末,清廷搞新政与预备立宪,对宁波发生影响。这样背景下,宁波对行政系统进行改革,建立与行政分立的地方审判机构和检察机构,创办警政,参加省咨议局选举,开展城乡自治运动。20世纪初的这些变化,在《浙海关十年报告(1902—1911年)》中都有所反映。报告的第九项标题就是"行政、省咨议会"。并指出:"本省行政以杭州首府为中心,省咨议会也在该地开会。关于这方面详细情况可见之于杭州税务司之报告,少数情况可见之于本报告之下一标题内。"[5]第十项标题为"司法和警察、监狱"。报告指出:"审判制度的改组于1911年初进行。知县、道台和臬台数百年来掌握司法行政,于元月15日完全剥夺其审判职能,而代之以初级审判厅、地方审判厅和提法司。"报告也提到在清末宁波创办警政情况:"1909年6月,在宁波城内组建一支警察部队归县管辖,取代所有地方警察、夜巡役和治安员。此新机构为巡警局,有一队人穿着整齐划一的制服,每日由军事教官操练。经有效训练以后,这些人将无疑是人民中有教育和文化修养的有力分子。"[6]

　　清末,宁波民族资本企业有较快发展,主要在制造业。这是新的情况。十年报告中也有详细记载,涉及通久源、和丰、正大火柴厂等十多家轻纺企业。报告说:"在10年中只有极少数洋式制造厂建立起来。本地区第一家也是最重要的一家是通久源棉纺厂,建于1892年,有2万纱锭。投入资本虽不大,仅40万银两,但该厂连续好几年赢利,创办人获利颇丰。第二家厂创办于1906年,资本较大,有60万两,后又增至190万两,与对手竞争,但致两败俱伤。两厂开工至1911年,棉花严重歉收迫使双方关门。据称双方均未破产,不过缺少运转资金,只有等待有利时机准备重建。""正大火柴厂开创于1907年,资本4万两。生产多种火柴,较进口货便宜,在当地有稳定市场。"[7]

二、统计资料的特点

浙海关的统计资料主要是海关年度报告和海关"十年报告"。这些材料由于是洋人主编,因此它与同时代的中文史料有所不同,在记载形式、记叙方法、观察问题的视角等各方面,都有其独特的特点。在此,我们不妨引录一些《浙海关贸易报告》和《浙海关十年报告》的内容来进行分析。

(一)记载内容详细丰富

我们只要考查浙海关"贸易报告"和浙海关"十年报告",可以发现这些统计材料所记载的内容不仅丰富,而且十分详细,涉及宁波乃至浙江的政治、经济、文化、社会等内容。

宁波是我国近代最早的通商口岸,对外贸易发达,进出宁波港口轮船频繁。因此,《浙海关贸易报告》和《浙海关十年报告》,把宁波的对外贸易的记载作为主要内容,对于宁波口岸的进出口贸易和轮船出入港口具有相当的篇幅。尤其是前40年的报告,基本上是单独作为一节详细描述。报告中对历年的宁波进口数、品种、产地、价格、口岸的主要集散地等,都有详细记载。比如《同治十年至十一年浙海关贸易报告》记载六项内容,即进口货、出口货、船只、课税、杂论、灯塔。其中前面四项直接与宁波对外贸易有关。报告的六项内容的文字达 1.3 万字,涉及外贸内容的文字记载为 1.15 万字,占 90% 以上。在"进口货"与"出口货"二项中,文字达 0.9 万字。其中"进口货"中"棉制品",就有本色洋布、白市布、染色布、印花布、标布、丝绒、毛织品、斜纹 8 种。同时,对其数量、销路等都有记述。该报告说:"本色洋布 1871 年进口数量为 358,299 件,1872 年 349,784 件,分别比 1870 年的 293,887 件增长了 64412 件及 55897 件,却比 1871—1872 年两年之平均数又减少了 8515 件。以上仅指进口净额,而复出口在本口几乎是少得近无。是项产品极受人欢迎。由于价廉物美,入内地极为畅销。另一种白市布,销路更广,为中下大众所喜爱,用以缝制内衣。前几年这些中下层大众也只是中意穿那种牢实的手纺土布,而如今只剩下那一小撮上层中抱残守缺之老辈矣。"[8]

第一次世界大战爆发后,宁波的进出口贸易由于欧战影响也有波动。这在《民国 4 年宁波口华洋贸易情形论略》中就有反映。报告指出:"窃查本口贸易情形,民国 4 年,本口商务仍蒙欧战之影响者姑且不论,至于其他种种阻力,则不得不记载之。春间中日交涉,大势所趋,当时日货进口,颇形锐减。……常关经过贸易之估值,为 15,428,072 两,较上年短 30 万两,较诸民国 2 年则增 100 万两之数。"[9]正是由于欧战的影响,"本年〔1915 年——引者〕共征收关平银 485,476 两,较之上年减少关平银 51500 两,然与民国 2 年相较,则略有增加。查各项税饷,俱见减少,其尤显著者,则为进口税、复进口半税以及子口半税"[10]。

除经济以外,《浙海关贸易报告》与《浙海关十年报告》所记载的内容还涉及政治、文化、社会、市政建设等内容。比如文化方面有科举、教育、戏剧、报刊等内容。比如,浙海关"十年报告"所记载的1891年(光绪十七年)浙江省院试的情况。这年,浙江约有2万考生,考中秀才的2187名,其中杭州府316名、湖州府198名、嘉兴府240名、宁波府182名、绍兴府268名、严州府142名、台州府167名、温州府156名、金华府200名、衢州府183名、处州府135名。考举人3年一次,该年万名秀才应考,"通过考试有104人中举"[11]。

　　对于清末民初的宁波报刊出版,多而短命,许多报刊都是昙花一现,今年出版,明年关门,发行量又小,而浙海关报告也极其关注。报告以单独章节介绍浙东各地新闻出版情况。报告说:"本口岸地方报刊创建还是最近的事。1906年前宁波无日报,当时城内缙绅尝试出版一份《甬报》,资金菲薄,仅5000元。由于宁波大众爱看载有京城和各省最新消息的上海报纸,该报业未满一年就因资金耗尽不得已关闭,宣告失败。"[12]同时,该报告还记述了《绍兴白话报》和宁波《四明日报》创办情况,认为《绍兴白话报》创办于1910年3月,每月3期。而宁波《四明日报》则在1910年6月30日创办,在江北岸首发,该报资金1万元,详细报道包括宁波府在内的6个县发生的情况,至1911年夏天发行量达到1000份左右。该报"多数订户是外埠的宁波商人,希望了解家乡的情况。该报纸在经营一年之后,据报道其业务未曾扩展而资金已损半,恐怕命运不会胜过前者"[13]。1920年后,由于宁波《时事公报》问世,发行量达3000份,《四明日报》受到挑战。

　　道路、桥梁建设及内河整治等市政建设与卫生,也是一项关系着千家万户的公共事业,而对它们的初创发展时期,史料也是极其匮乏的。浙海关报告中对它们的记录,是颇具价值的。对于这些内容在本书第九章已有叙述,这里不作详细介绍。

(二)运用近现代统计方法

由于定量分析方法对于事物记述的准确性和可靠性,统计分析已成为认识、研究经济社会现象的重要手段。当然,统计分析必须和其他分析方法结合运用。

资料显示,浙海关贸易报告和十年报告在编写中广泛运用近代西方的统计学方法,保留了大量的统计资料,这些统计资料数据详尽,反映宁波及浙江其他地区当时的历史状况,为我们今天研究历史,提供了科学的依据。报告中贸易统计是主要内容,当时的文化、金融、物价、人口、交通等都是以数据说话,并且进行了统计分析。我们可以以人口统计为例,在1931年的宁波海关十年报告中,就保留了1931年11月和1928年的两份人口统计表,不仅对宁波及各县人口总数有统计,而且对户数、男女人口数都分别有统计,对今天的人口研究,应该是有价值的,节录如下:

表一:1931年11月旧宁波府所属各县人口统计表

县别	户数	男人	女人	总数
鄞县	172, 335	410, 656	331, 104	741, 760
象山	52603	123, 925	92849	215, 774
奉化	61229	140, 665	110, 157	250, 822
定海	88789	215, 887	178, 780	394, 667
慈溪	67494	127, 309	160, 910	288, 219
镇海	96362	279, 884	184, 572	464, 456
南田	5453	13975	9628	23603
合计	544, 265	1, 311, 301	1, 068, 000	2, 379, 301

资料来源:安斯迩:《浙海关十年报告(1922—1931年)》,《近代浙江通商口岸经济社会概况》,浙江人民出版社2002年版,第90页

表二:1928 年宁绍台所属各县人口统计表

县(市)别	户数	男人	女人	总数
市区	44717	124,314	88204	212,518
鄞县	133,205	271,236	246,668	517,904
奉化	66499	141,613	117,568	259,181
象山	52046	119,973	92929	212,902
定海	87862	224,133	189,845	413,978
慈溪	72465	169,650	139,619	309,269
余姚	138,411	355,399	285,162	640,561
镇海	93508	204,077	177,050	381,127
南田	4815	11662	8829	20491
绍兴	239,693	637,716	526,520	1,164,236
临海	134,666	296,830	240,749	537,579
宁海	88339	201,708	159,190	360,898

资料来源:安斯迩:《浙海关十年报告(1922—1931 年)》,《近代浙江通商口岸经济社会概况》,浙江人民出版社 2002 年版,第 91 页

上述二表,是浙江省政府经过调查以后,通过统计分析,列成此表。表一是旧宁波府属各县的户籍,而表二则是 1928 年宁绍台所属各县人口。

(三)从新的视角来记述

从 19 世纪 60 年代洋务运动起,中国开始大范围地引进西方的科技和文化,新式的企业、学校、医院、报社都普遍出现。对于这些学习西方的"新生事物",由于绝大部分为非政府行为,由民间自发搞的,规模开始很小,寿命也很短,不为政府所重视,也没有引起公众的关注。但这些"新生事物"因符合时代,适应近代经济社会发展要求,所以都雨后春笋般地发展起来。《浙海关贸易报告》和《浙海关

十年报告》，正是从新的视角，较为客观地作了记述，对这些"新生事物"做了细微描述。

宁波近代中外合资企业和民族资本企业是在19世纪70年代末（同治末、光绪初）产生的，尤其是民营工业，经过甲午战争，进一步得到发展，到民国初发展更快，出现了宁波历史上兴办实业的高潮。对于作为近代宁波先进生产力代表的宁波民族资本企业的发展，《浙海关贸易报告》和《浙海关十年报告》作了详细的记述。拿近代宁波工业来说，报告对宁波及所属各县所办现代企业，巨细无遗加以介绍，从企业的名称、建立时间、规模、发展、产销、倒闭等等，不厌其烦。在《浙海关十年报告（1902—1911年）》中，浙海关税务司柯必达，对20世纪初宁波开办的民族资本企业，诸如正大火柴厂、通久源面粉厂、电灯公司、光明皂烛厂等都做了介绍。例如宁波的"和丰纱厂"，在1911年的浙海关十年报告中作了介绍。报告说："本地区第一家，也是最重要的一家，是通久源棉纺厂，建于1892年，有2万纱锭。投入资金虽不大，仅40万银两，但该厂连续好几年赢利，创办人获利颇丰。第二家厂〔指和丰纱厂——引者〕创办于1906年，资本较大，有60万银两，后又增至190万两，与对手竞争，但致两败俱伤。两厂开工至1911年，棉花严重歉收迫使双方关门。据称双方均未破产，不过是缺少运转资金，只有等待有利时间准备重建。"[14]在1921年的报告中，又对最近的10年发展，作了追踪报道："和丰纱厂曾于1911年因棉花严重歉收被迫停产，又于1912年才重新开工。经历了三年困难时间。欧战爆发，引来转机，接着是1919年的抵制日货，此后工厂日夜生产，罕有间断。1916年该厂资本从60万元增加至90万元。1919年净利润超过125万元，1920年再次超过100万元指标。而此时1921年赢利为70万元，工厂雇用2500人。"[15]

另外，对于正大火柴厂，《浙海关十年报告》中也有详细记载：正大火柴厂开创于1907年，资本4万两，生产多种火柴，较进口便宜，在当地有稳定的市场。但到辛亥革命后,正大火柴厂有所发展,但有所曲折。自开办以来"事业兴衰交替。停产三年之后于 1913 年复兴,但又当大战期间被迫停工,抵制日货开始时又因获取必需原料困难再次歇业。该公司具有可贵事业进取心,在当地觅到合适木材梗材料,现在已能每天开工 10 小时,生产出火柴 50 罗,装 30 大箱"[16]。

宁波和丰纱厂和正大火柴厂是宁波近代著名企业,是民族资本,浙海关税务司十分关注这些民族资本企业,正是通过《浙海关十年报告》的描述,反映了洋人们关注宁波民族资本企业的新视角。

新的阶级关系出现是在近代。宁波的工人阶级和民族资产阶级分别产生在 19 世纪 50 年代和 70 年代,这是新的阶级关系。它伴随着宁波民族资本企业的发展而发展。以工人为例,清代前中期,当时的所谓工人仅是手工业者,宁波真正意义上的工人是道光以后产生的。由于外国资本主义逐步侵入,破产的农民和手工业者失掉生产资料,变为一无所有的雇佣劳动者,成为宁波早期工人阶级。1845年(道光五年)在美华印书馆的工人是宁波最早的工人。1887 年,严信厚在宁波北门湾头创办通久源机器轧花厂,当时招收工人 300 到400 名;甲午战争后,严信厚创办通久源纱厂,招工人 1200 名,而到1905 年(光绪三十一年)和丰纱厂创办时工人为 1785 名。到宣统末宁波工人已达到数千人之多。[17]

当然,宁波的工人阶级与其他地方的工人阶级一样,一产生就深受外国资本主义、国内封建主义的压迫、剥削,处境十分悲惨。对于宁波工人的情况,浙海关税务司从新的视角出发,关注这一群体,在他们撰写的"十年报告"中有及时的报道和记载,甚至涉及工人的工资、劳动时间、劳动强度等内容。比如,甘福履的《民国 9 年宁波华洋贸易报告情形论略》中就作了介绍。现根据其报告,整理如下表:

20世纪20年代初和丰纱厂日常工资表
单位:元

类别 级别	熟练工 (男)	熟练工 (女)	普通工 (男)	普通工 (女)	男童工 (约15岁)	女童工 (约15岁)	男幼童 (约10岁)	女幼童 (约10岁)
最低工资	0.35	0.30	0.30	0.20	0.20	0.20	0.10	0.07
最高工资	0.60	0.50	0.50	0.30	0.30	0.30	0.20	0.10

资料来源:根据甘福履《民国9年(1920年)宁波华洋贸易情形论略》(见《近代浙江通商口岸经济社会概况》,浙江人民出版社2002年版,第363页)整理

　　甘福履还就和丰纱厂工人在20世纪的劳动强度、工作时间等内容又作了说明,认为这些雇工的劳动,12小时为一班:上午5点30分至下午5点30分,个别的从下午5点30分至次日5点30分。工人不供膳食。生产用的棉花大多为本地所种植,有27500个纱锭,工人每月能纺出7000石粗纱,大半是10支纱。工厂有自己的发电厂,以电灯照明。可以预见,公司处于极有利的地位。工厂门口堆积着初制的产品,源源不断的、极低廉的劳动力,绝不能犯厂定法规,每年获利超过总资本就毫不足怪了。最后对此做了分析,得出其结论:"该厂设立于棉纱出产之地,工人易招,工价亦廉,又无繁琐之工厂条例以蝇之,无怪乎获利丰厚,自创办以来能超出资本额者,凡3年良足多焉。"[18]

　　除新式企业外,浙海关的统计材料中,还就学校、医院等近代出现"新生事物"作了介绍。比如,在《浙海关十年报告(1902—1911年)》中,柯必达就有记述:"教育10年中迈出一大步,造了许多学院和学堂,人们到处表示强烈愿望送子上学获取西方学问。成百的新生代学习英语,迅速代替迄今中国学者奉之为圭臬的古典经文。""英文已胜出'四书',数学超过书法。"[19]对于20世纪初宁波重要学堂也有阐述:"城内尚有两所重要学堂:中学堂和育德学堂,完全由中国人管理。培养教师有师范学堂,学习法律有法政学堂。"[20]对于新式的医院,"十年报告"撰写了不少内容。报告说:当时在宁波的

教会医院有三所,已转变几千人,不只是基督徒的观念,至少也信服外国的医药。其中一家医院在1902年治疗了约6000病人,而在1911年则不少于10600病人。另两家医院也有类似的增长记录。"事实上外国医药科学极受欢迎,其见证是专买药的直线上升。"[21]

三、浙海关统计资料的评述

浙海关的统计资料内容十分丰富,无论是"年度报告"、"十年报告",还是"贸易统计册",记载详尽。这些资料尽管有华人撰稿,但主要出自洋人之手,为外国资本主义列强侵华目的服务是十分清楚的,但客观上记载了近代宁波的政治、经济、文化、社会情况,为研究近代宁波提供了十分详细的资料。

(一)为外国列强侵略提供决策依据

行政决策的依据是丰富详尽的资料,而这些资料是要经过调查研究、统计分析和理论研究形成的。浙海关的"年度贸易报告"和"十年报告"正是通过搜集宁波及浙江的有关情报,经过统计分析和理论分析所形成,并报总税务司,为外国资本主义对华侵略及对浙江、宁波的控制提供决策依据。

海关本是一个管理进出口贸易的税务机关,其主要职能是收缴税款和处理海务。但近代海关除了执行上述职能外,还搜集口岸所在地的各种信息,从而也成了外国资本主义列强在华的情报和信息中心,《浙海关十年报告》就是当时的情报总汇。

《浙海关十年报告》以海关所在地宁波作为记述的中心,全面反映宁波及周边地区的绍兴、台州以及浙江全省的政治、经济、社会、文化发展情况。其最大的特点,就是反映社会的面广而全。因为《浙海关十年报告》是一个总结性的分类概述,它的内容除了记述宁波十年贸易情况外,还记述了当地航运、金融、税收、工农业、人口、文化、社会、地方行政等许多情况。海关总税务司梅乐和曾为此自豪:"历届报告,对于中国贸易、政治、交通演变情形,均有详细记载,颇为中外人士所推崇。"[22]我们从1931年刊行的"十年报告"中的编写大纲——《编辑最近十年各埠海关报告项目》可见其一斑:这个大纲明确要求各地税务司编写大纲中有17个要点,这就是贸易、航业、关税、金融、农业、工业、矿业、交通、航行设施、地方行政、司法与公安、军事、卫生、教育、文艺、人口、治安17个内容。

《浙海关十年报告(1922—1931年)》就是按照上述编辑大纲来收集材料并加以编纂的,也有17个项目。比如,农业项目包括新式农业机器采用、耕种新法、畜牧、肥料等项内容。报告中对于农业机器的采用这样记述:"蒋氏故里奉化,距鄞〔县〕53里,现建有农事试验场,设置农业机器,以树楷模",提到畜牧时也认为,"畜养外洋牛、羊、猪、兔及家畜之类,俾冀与土种同化,惟以事属创办,将来效果如何,尚难预料,倘能对于外洋牲畜及农产种子,广光罗致,足备农民采用,则积渐之效,不难推诸全国也"。同时,对肥料使用也作了介绍:"浙省农民,对于人造肥料,已知利用,而以硫酸铵销售为最畅,设〔若〕非银价跌落,用途更普遍也。"[23]对于"司法与公安"一项内容,"十年报告"也作了介绍:"鄞县设有地方法院一所,临海县设有地方法院一所,由鄞县地方法院管辖,而绍兴之地方分院,则隶属于杭县地方法院也。诉讼当事人,对于各该地法院判决,如有不服,可至杭州浙江高等法院上诉;如果不服,则须向首都最高法院上控矣。"在谈到公安时,这样记载:"本埠治安,系由公安局维持,公安局隶于县长,至于水陆盗匪案件,则分别归驻防陆军及水上公安局办理。该水上公安局,备有炮艇数艘,停泊甬江口镇海地方,以维水上安全。"[24]

从年度贸易报告行文过程中,也能够反映宁波及浙江地区政治、经济,文化等方面情报。比如《民国13年宁波口华洋贸易情形论略》除介绍宁波在这年内的税课征收,船只、贸易、旅客进出外,还通过"杂论"介绍当年的政治、文化、社会等方面情况。

为使"年度报告"和"十年报告"具有权威性,使其情报真实可靠,浙海关在宁波建立了一个较高层次、较为固定的情报网,帮助收集情报,撰写报告。这些人中,有的是外国人,有的是华人,都是当地各行各业的专业和权威。可以从各篇报告的撰稿人情况得到证明。例如,1921 年的浙海关十年报告中,总撰稿人是浙海关税务司甘福履,而各项具体撰稿是:日本人渡边六藏及华人周书衡、李以宁、梁开森、江裕清。这几个人都是从事"帮办"、"供事"工作。他们通过调查,搜集许多宁波及浙江的各类情报,为浙海关的十年报告撰写提供了"许多材料"。这在甘福履的十年报告结尾中就有说明:"感谢下列浙海关同仁为本报告提供许多材料:一等一级帮办渡边六藏先生,三等一级帮办周书衡先生,一等四级供事李以宁先生,二等二级供事梁开森先生,以及二等四级供事江裕清先生。"[25]

上述分析使我们认识到,《浙海关贸易报告》和《浙海关十年报告》等统计材料,所搜集的材料极为广泛,使外国机关从海关的统计资料中获得可靠的情报和消息,为西方列强侵华政策和决策的制定提供可靠的依据。正如一位英国作家所说:"英国在中国的使馆过去与现在一样,都设有情报组织,这方面的费用在这样一种模范的信念下被节省下来了,即一切必要的消息都可以从海关那里得到。"[26]这正好说明浙海关的统计资料在资本主义国家侵华决策和政策中所起到的作用。

(二)有利于促进宁波近代化进程

浙海关"年度报告"和"十年报告"为外国资本主义列强侵华决策提供了依据,但这些资料客观上记载了近代宁波的政治、经济、文化、社会等情况,不但把宁波的情况介绍给世界,沟通了宁波与世界的联系,而且为世界了解近代宁波提供了丰富的材料。

首先是介绍了宁波,使世界了解宁波,沟通了宁波与世界的联系。现代世界是一个开放的世界,任何一个国家和地区都离不开开放,经济全球化自近代以来已经成为世界的潮流。尽管在鸦片战争前,宁波已经是一个重要对外开放的口岸,但通商的国家主要是高丽、日本和东南亚,与欧洲的联系比较少,西方的发达国家对宁波有一点了解,不少外交家、旅行家、航海家、商人等对宁波作过逼真的描述,诸如平托的《远游记》、李明的《中国现势新志》、耶稣会士加略利的《1838年的中国沿海行记》等,但这些材料只是从一个侧面对宁波的某些情况加以介绍,内容不够全面。比如,清初入华耶稣会士李明的《中国现势新志》中就对宁波的情况作过描述,设计宁波地理环境、政府官员、军队、城市面貌及海外贸易等。他说:"中国驻扎在宁波城的军队约有1.5万—2万人,驻军的将军非常高兴地于其大营中接待我们。""中国的第四个港口叫宁波,位于中国的最东部海岸。这就是我们停靠岸的港口。进入该港口十分困难,大船不能进入。因为入口处存在着河洲,即处在大潮时,水深也不会超过15古法尺。但那里却从事大规模的交易,中国人从那里出发,可以在很短的时间内到达日本长崎,只有两日的航程。中国人向那里出口丝绸、食糖、药品和烧酒,并从那里运回铜、金和银。"[27]上述事例说明这些旅行家、航海家、商人、耶稣会士不仅记述内容简略,而且仅仅是一个侧面。而近代的浙海关的"贸易统计",详细地记述了原始报关单、海关税钞及进出口货物分类、各国船只吨数诸项报表的统计。1864年(同治三年),总税务司要求建立完整的年度统计制度。除了"总论"部分对宁波本埠进出口贸易作了报告外,并进行统计分析。而其"结语"部分对宁波本地的情况作了介绍。至于浙海关十年报告中内容更加丰富,涉及政治、经济、文化、社会等内容,这在上面已作了分析。报告汇总于总税务司统计科同意出版发行。这些内容虽然是为英国等国家提供情报服务的,但在客观上详细地介绍了宁波,也使欧美国家了解了宁波,沟通了宁波与世界的联系,有利于宁波近代化进程推进。

其次,催生了宁波近代统计方法的形成。欧美国家在资本主义发展过程中逐步形成了近现代统计方法。诸如,统计材料整理审查、统计汇总、统计分析、统计服务、统计监督等。

任何事物总有量和质的两个方面,经济现象和社会现象也不例外。浙海关运用西方的新式统计方法,在资料调查、撰写中,既注重材料的定量分析,也不忽视定性分析,把定量分析与定性分析紧密结合起来。由于统计方法所出现的优越性,使调查资料分析和资料审核、整理加速朝着定量化和定性化方向发展。统计分析方法成为浙海关的材料调查和资料整理的重要手段。资料显示,浙海关成为近代中国统计分析起步最早的海关之一。比如,统计汇总。浙海关在资料整理中对统计资料汇总。因为调查得来的原始资料反映了各个个案所具有的数量特征,它们包含着表现总体数特征的有用信息,但所调查的资料原始数据是分散的,只有对它们依据一定的方法进行科学整理,才能使总体的数量特征和规律得到显示。这就是资料条理化和系统化。另外,资料进行分类或分组,诸如"进出口数据、税源、航业、旅客"等。浙海关税务司威勒鼎在《民国15年宁波口华洋贸易统计报告》中就做了统计汇总,做了分组和分类。其整个报告书分本埠贸易概况、税课、航业、洋货贸易、土货贸易、出入内地之贸易、金融、旅客、药土、杂项、常关11项。

资料整理的结果有不同形式表现,其中统计表是应用最多的。浙海关的年度报告与十年报告中就有不少统计表。比如,光绪三十二年、三十三年的年度报告中就有洋药(鸦片)进口情况,现摘录光绪三十二年(1906)宁波进口洋药(鸦片)表:

光绪二十八年(1902)至光绪三十一年(1905)宁波洋药进口表

单位:担

1902 年	1903 年	1904 年	1905 年
1989	2177	2209	1419

　　统计分析也从有关资料基础上提出结论。比如,浙海关税务司杜德维在《光绪四年浙海关贸易报告》中在对 1876 年至 1878 年的宁波贸易额减少的分析基础上,指出其原因,这就是由于 1876 年中英《烟台条约》的签订,与温州、芜湖单独设海关有关。港口腹地的变化使宁波的进出口贸易受到影响,棉制品与毛制品的进口大幅度下降,1878 年所有毛织品进口数都比过去 4 年减少很大。对此,杜德维在进行统计分析后说了原因,这就是温州开埠的缘故:"以上之棉、毛制品进口锐减,无疑与温州开埠设关有关系。本文'内地贸易评述'一节中已说过,温州已不再从宁波'入内地验单'提取供应物品,而且温州还供应本省其他地方以及原由宁波所供应的福建境内一些地方的洋货等物资。如本色洋布 1878 年进入温州达 24210 件,而宁波的统计表中 1878 年就没有本色洋布一项,而 1877 年和 1876 年有 10552 件及 39657 件。不仅是本色洋布一项,其他各项的匹头也是如此。可以预测到,在瓯江上的处州府以往与宁波就有很大的往来,今后那里的贸易也会落入到温州海关中。"[28]

注　释

1　《海关总税务司署通令》第 3 号（第 1 辑）（1865 年 1 月 6 日），《旧中国海关总税务司署通令选编》第 1 卷，中国海关出版社 2003 年版，第 38 页。

2　日意格：《同治三年浙海关贸易报告》，《近代浙江通商口岸经济社会概况》，浙江人民出版社 2002 年版，第 99—100 页。

3　佘德：《光绪二十七年宁波口岸华洋贸易情形论略》，《近代浙江通商口岸经济社会概况》，浙江人民出版社 2002 年版，第 308 页。

4　同上书，第 311 页。

5　柯必达：《浙海关十年报告（1902—1911 年）》，《近代浙江通商口岸经济社会概况》，浙江人民出版社 2002 年版，第 65 页。

6　同上。

7　同上书，第 67 页。

8　惠达：《同治十至十一年浙海关贸易报告》，《近代浙江通商口岸经济社会概况》，浙江人民出版社 2002 年版，第 136 页。

9　威礼士：《民国 4 年宁波口华洋贸易情形论略》，《近代浙江通商口岸经济社会概况》，浙江人民出版社 2002 年版，第 342—343 页。

10　同上书，第 343 页。

11　墨贤理：《浙海关十年报告（1882—1891 年）》，《近代浙江通商口岸经济社会概况》，浙江人民出版社 2002 年版，第 29 页。

12　柯必达：《浙海关十年报告（1902—1911 年）》，《近代浙江通商口岸经济社会概况》，浙江人民出版社 2002 年版，第 70 页。

13　同上。

14　同上书，第 66—67 页。

15　甘福履：《浙海关十年报告（1912—1921 年）》，《近代浙江通商口岸经济社会概况》，浙江人民出版社 2002 年版，第 76 页。

16　同上书，第 77 页。

17　乐承耀：《宁波通史》（清代卷），宁波出版社 2009 年版，第 437 页。

18　甘福履：《民国 9 年宁波华洋贸易情形论略》，《近代浙江通商口岸经济社会概况》,浙江人民出版社 2002 年版,第 363 页。

19　柯必达:《浙海关十年报告(1902—1911 年)》,《近代浙江通商口岸经济社会概况》,浙江人民出版社 2002 年版,第 68 页。

20　同上。

21　同上。

22　见韩李敏:《海关十年报告及其史料价值述评》,《浙江档案》2001 年第 3 期。

23　安斯迩:《浙海关十年报告(1922—1931 年)》,《近代浙江通商口岸经济社会概况》,浙江人民出版社 2002 年版,第 86 页。

24　同上书,第 89 页。

25　甘福履:《浙海关十年报告(1912—1921 年)》,《近代浙江通商口岸经济社会概况》,浙江人民出版社 2002 年版,第 79 页。

26　见朱荣基:《近代中国海关及其档案》,海天出版社 1996 年版,第 35 页。

27　耿昇:《千年宁波港,荣辱伴中华——西方人视野中的宁波地区》,见宁波市文化保护管理所等《宁波与海上丝绸之路》,科学出版社 2006 年版,第 9 页。

28　杜德维:《光绪四年浙海关贸易报告》,《近代浙江通商口岸经济社会概况》,浙江人民出版社 2002 年版,第 195—196 页。

浙海关大事记

907 年（开平元年）

五月　封吴王镠为吴越王。吴越王钱镠设博易务于明州。

985 年（雍熙二年）

宁海县商人郑仁德由日本回到家乡。

989 年（端拱二年）

宋政府解除禁海贾令,始设两浙市舶司。

992 年（淳化三年）

四月　迁杭州两浙路市舶司于明州,初置于定海（今镇海）,令监察御史张肃主之。

993 年（淳化四年）

两浙路市舶司由明州迁回杭州。

999 年（咸平二年）

九月　两浙转运副使王渭奉命视察杭州、明州。视察结束后上奏,建议只在杭州一处抽解。朝廷下诏,令杭州和明州各设市舶司。

1009 年（大中祥符二年）

八月　诏杭州、广州、明州市舶司,凡外商载输石（黄铜）至者,市舶司予以收购,每斤价钱 500 文。

1016 年（大中祥符九年）

二月　绍明州自今有新罗船只飘至岸者,按口给粮,倍加存抚,待风顺时遣还。

1020 年（天禧四年）

二月　因有高丽船舶被风漂至明州,下诏明州等地对失事的高丽船员予以慰问,给以粮食,送回本国。

1026 年（天圣四年）

十月　日本国太宰府进奉使周良史奉本国都督命令,载土产物品由明州登陆,欲到京师朝贡。明州市舶司发现周良史未带本国表、章等信物,不敢放行。朝廷下诏明州知州婉言谢绝。

1038 年（宝元元年）

八月　明州商人陈亮、台州商人陈维绩等 147 人,抵高丽贸易。

1071 年（熙宁四年）

高丽遣使修贡,因泉州黄慎为向导,由四明(明州)登岸。

1074 年（熙宁七年）

正月　高丽王王昭遣使者金良鉴、卢旦来朝贡,要求改道明州进京,朝廷同意。

1076 年（熙宁九年）

五月二日　给事中集贤殿修撰程师孟上奏:罢杭州、明州市舶司,只就广州一处抽解舶货。神宗令三司共议。结果,令修改明州和广州市舶条例。

1078 年（元丰元年）

是年,曾巩任明州知州兼市舶使。高丽人崔举因风失事,漂流至泉州。由泉州官府押送至明州。曾巩置酒慰问,作《存恤外国人请荐为令札子》,要求对失事海外舶商或使者,予以优待著为法令。又作《明州拟辞高丽送遗状》,建议高丽贡使所送地方官钱币,诏令归还。

1079 年（元丰二年）

正月　朝廷限制国内商人到高丽的贸易额,如资金超过 5000 缗,明州市舶司即予以除名,且须有保人,有保则给以出海证。无出海证而私自出海,以走私论。

五月　诏赐明州及定海县高丽贡使馆名曰"乐宾",亭名"航济"。"航济"亭在定海(镇海)县城东南,元丰元年建。

1080 年(元丰三年)

诏两浙路转运兼提举。转运副使周直孺兼提举市舶司,于杭州、明州等地推广已修定的广州市舶法。

八月　中书省下令,非明州市舶司发船至高丽、日本,以违制论。

1085 年(元丰八年)

九月十七日　敕令明州、杭州、广州三市舶司各有签证范围,不能有所逾越。

1088 年(元祐三年)

明州遣还高丽漂流民杨福等男女 23 人。七月,遣还高丽漂流民10 人。

1090 年(元祐五年)

正月　朝廷限定明州、温州年造漕运船 600 艘。

1102 年(崇宁元年)

七月,诏杭州、明州市舶司复置,所有监官、专库、孔目、手司等人员编制,恢复原有名额。

1103 年(崇宁二年)

明州商人杜道济、祝延祚随商船到高丽,不再回宋朝。

1107 年(大观元年)

三月十七日　下诏恢复两浙路市舶提举官。

1109 年(大观三年)

七月二日　诏罢两浙路提举市舶官,由提举常平官兼,通判主管。

1114 年(政和三年)

五月二十四日　诏两浙路与福建路恢复提举市舶官。

1117 年（政和七年）

明州人楼异奏准朝廷于明州置高丽司（来远局），建造二艘巨型航艘，百艘画舫，以接待高丽使者，用田赋充作迎接高丽使者的费用。

1125 年（宣和七年）

三月　诏以空名度牒 300 道付两浙路市舶司，以作官府收购番货资金。

1126 年（靖康元年）

十月　高丽贺使到明州，下诏明州市舶司纳其贡币，令使者馆于高丽使馆。次年，以厚礼遣送使者回国。

1127 年（建炎元年）

诏两浙路与福建路提举市舶司并归转运使，将市舶司钱谷、器物如数申报尚书省。一年后复置。

1128 年（建炎二年）

六月　诏付两浙路市舶司空白度牒 10 万贯，以作市舶本钱。

1129 年（建炎三年）

四月四日　指挥应贩市舶香药，给引付人户，遇经过收税去处，依有关规定免明州、杭州商税。

1131 年（绍兴元年）

温州另立市舶务，此后明州市舶务辖区仅明州、台州二地。

1132 年（绍兴二年）

三月三日，诏两浙路市舶司移到秀州华亭县（今上海松江）。杭州、明州保留市舶务。

1141 年（绍兴十一年）

明州市舶务遵旨定进口海外货物，细色（贵重品）由原十抽一，改为十抽四。

1147 年（绍兴十七年）

明州市舶务遵旨恢复进口海外货物细色抽解率为十抽一。

1165 年(乾道元年)

真富里(今属柬埔寨)富商在明州亡故,有遗产巨万。知州兼市舶使赵伯圭买棺为敛,令其手下携遗资产及棺木回国。

1166 年(乾道二年)

六月三日　诏罢两浙路提举市舶司。原明州等五处市舶的关税抽解职务,委知州、通判、知县、监官同行检查,由转运司提督。

1172 年(乾道八年)

九月　明州商人携知州牒文、方物赴日本贸易。次年三月,携回日本国复牒和方物。

1200 年(庆元六年)

庆元府通判赵师嵒重修市舶务。乾道年间由知州赵伯圭建处于市舶务外濒江的来远亭,以检查商舶。

1220 年(嘉定十三年)

庆元府市舶务毁于火灾,通判王梴予以重建。

1227 年(宝庆三年)

因市舶务年久倾圮,由知州胡榘捐资楮券(纸币)13288 缗,属通判蔡范重建,并置厅事于郡东南戚家桥。蔡范著《市舶司记》记之。

庆元府郡守胡榘有札子上奏户部,要求减轻关税,改革市舶弊端,为尚书省批准。

庆元市舶司奏准改变抽解税率,不分粗细货色,一概十五抽一,纲首、杂事十九分抽一,并取消博买。

是年,扩建市舶库。

1128 年(绍定元年)

正月　新建市舶务附近大火,市舶务前门被焚。

二月　重建市舶务前门。通判蔡范著《新建市舶司记》。

1257 年(宝祐五年)

日本国船舶因风漂流到庆元。知州吴潜上奏朝廷,救济日本船员,每人每天给白米2升,市舶司每天给钱1贯500文,待第二年有船到日本时,遣送回国。吴潜并上奏朝廷,免征日商个人所带金子关税,其岁额由明州市舶司代输,为皇帝批准。

1258 年(宝祐六年)

11月　高丽船1只,载人6名,因风漂流到庆元,知州吴潜令由市舶司每日给每人每日救济米2升,钱1贯500文。回国时,又给回程钱共600贯,米12石。

1276 年(至元十三年)

三月　宋庆元知府赵孟传向元军献城投降,市舶监潘方投水自杀。

1277 年(至元十四年)

设庆元市舶提举司于城东北隅姚家巷,是当时4个市舶提举司之一。由福建安抚使杨发管理。按宋例予以抽解。

1278 年(至元十五年)

十一月　诏令沿海官司,允许日本人通市舶。

1279 年(至元十六年)

日本商船4艘至庆元港口贸易,达鲁花赤哈剌觯言行省,与之交易。

1281 年(至元十八年)

庆元市舶司奉令实行单轴、双轴新税制,土货细色十抽一,粗色十五抽一,番货加倍。

1283 年(至元二十年)

十月　诏令禁舶商以金银换取番货番木。

1286 年(至元二十年)

朝廷禁止商人用铜钱与外商交易。

1292 年(至元二十九年)

六月　日本商船4艘来庆元互市,3艘为台风所毁,仅1艘到达。

1293 年（至元三十年）

四月　同意翰林学士承旨留梦炎建议，庆元路与杭州、上海、澉浦、温州、广东 6 市舶司原征关税十五抽一，今皆按泉州例，三十取一，禁金、银、铜、铁出口。

是年，并温州市舶司于庆元。

1298 年（大德二年）

并澉浦、上海市舶司于庆元，庆元市舶提举直属中书省。

1303 年（大德七年）

罢庆元路市舶司，禁止商人出海到国外贸易。

1306 年（大德十年）

四月　日商有庆等抵庆元贸易，献金铠甲，元廷令江浙行省备之。

1307 年（大德十一年）

发生日本商人与元朝官吏争吵、焚掠庆元事件。

1308 年（至大元年）

恢复庆元市舶司。允许商人出海贸易，次年罢。

1309 年（至大二年）

正月　日本商船满载土产到庆元港贸易，因受市舶司等官吏勒索，愤而以所贩硫磺等焚烧庆元，城中官府和望族府邸多半被焚。

1311 年（至大四年）

罢庆元市舶司。

1314 年（延祐元年）

恢复庆元市舶司。然仍禁止商人下海，由官方垄断海外贸易。细色十抽二，粗色十五抽二。

1317 年（延祐四年）

江浙行省左右司都事王克敬监督日商到庆元互市，并以恩惠对待日本商人,受到日商欢迎。

1320 年(延祐七年)

四月　再罢庆元路市舶司,禁商人下海贸易,撤销建于城东北隅姚家巷的市舶司官舍。

1322 年(至治二年)

三月,恢复庆元市舶司。申严市舶之禁。

1323 年(至治三年)

允许海商贸易,归征其税。

1325 年(泰定二年)

十月　浙东道宣慰使都元帅马充实奉命至定海(镇海),宣布日本商船不得入郡城庆元的规定。

是年,副提举周灿盖来安亭。有厅屋并轩 6 间和南首夹屋 3 间,成为市舶司官员监督装卸货物场所。

1335 年(至元元年)

在市舶司库(宋市舶司旧址)盖外门楼 3 间,以备关防。

1342 年(至正二年)

庆元市舶司进口的货物达 225 种,其中"细色"135 种,"粗色"90 种。货物来源有日本、东南亚、西亚及阿拉伯地区。

1365 年(至正二十五年)

罢庆元市舶司。

1370 年(洪武三年)

设明州(庆元路改称)、泉州、广州市舶司。定明州专与日本贸易。

1374 年(洪武七年)

因倭患严海禁,罢明州、泉州、广州三处市舶司。但时间很短,当年就复设。

1380 年（洪武十三年）

因胡惟庸"欲藉日本为助"，朱元璋决意绝之，专门接待日本朝贡使团的宁波市舶司被罢除。

1403 年（永乐元年）

再次宣布免海外船舶一切税收。

九月　日本贡使到宁波（明州改称），带有枪 1000 支、大刀 100 把，礼部尚书李志刚上奏，番使到中国，不得私带兵器，卖与民间，请市舶官检查其船只，违犯者押送京师。成祖认为外夷进贡，远道而来，费用繁多，以所带货物卖作费用，亦是人情，不可一概而论。兵器可按市价收购。

八月　恢复宁波市舶司，以元末方国珍遗屋（今中山广场一带）为市舶司官舍。但无征关税之职能，仅负责检查进出港口、外国贡船及来华使臣。

1404 年（永乐二年）

遣赵居仁送日使返国，并与日本订立勘合贸易制度，许日本十年一贡。十一月，日本第一期勘合贸易船到宁波。

1405 年（永乐三年）

改洪武初年所设广盈东仓（原宋元市舶司库）为宁波市舶司库。

九月　改原宁波市舶司官舍为安远驿，以接待贡使。有马房 10 间，铺陈什物 30 副，馆夫 20 名。

1406 年（永乐四年）

三月　朝廷命宁波等市舶司官员凡外国朝贡使臣往来都给予宴请慰劳。

1433 年（宣德八年）

宁波侨民、日本天龙寺僧龙室道渊为正使的日本第二期第一次勘合贸易船 5 艘到达宁波港。

1436 年（正统元年）

八月 浙江布政使以使团"十数年间,仅一再至"原因,上奏朝廷,将宁波市舶司人员裁减三分之二。

1510 年（正德五年）

四月 鄞县籍宋素卿作为副使,随日本使团来宁波。

1511 年（正德六年）

春,日本贡使了庵桂悟率勘合贸易船 3 艘到宁波。宁波市舶主管官借口供应使者费用,在民间勒索不止,四境骚然。宁波知府张津逮捕市舶司中闹事吏卒,处以极刑,人心稍安。

1523 年（嘉靖二年）

四月 日本西海道国主大内氏遣使宗设入贡,率船 3 艘到达宁波几天后,南海道国主细川氏又遣使瑞佐和宋素卿入贡。宁波市舶太监赖恩受宋素卿重贿,违反先到先验的惯例,先检验瑞佐货物,市舶司设宴时,又违例让瑞佐坐在宗设上首。宗设不平,袭杀瑞佐,烧掠宁波,追宋素卿至绍兴城下。都指挥刘锦亦战死于海上。是为"争贡"事件。

十一月 给事中夏言上奏:倭寇之乱,起因于市舶,下令罢宁波市舶司。

1527 年（嘉靖六年）

宁波知府高第在争贡大掠中被毁的境清禅寺基址上建嘉宾堂,以接待日本贡使和商人。

1538 年（嘉靖十七年）

五月 日船 3 只来贡,并想得到嘉靖二年使团在宁波所留下的货物。明廷不允,复申十年一贡之例,责令日本遵照入贡。

1540 年（嘉靖十九年）

江浙许氏海商走私集团及其党王直、叶宗满等占领双屿港,与葡萄牙、日本海盗商人勾结,参加者尚有暹罗、彭亭（今马来西亚彭亭州)国商人,以胡椒和银子,大量收购棉布、丝绸、湖丝,运往日本等地,进行规模巨大的走私贸易。双屿港成为浙江海上走私贸易的主要基地。

1542 年(嘉靖二十一年)

宁波知府曹浩以"通番招致海寇",取缔海上走私贸易,逮捕通番商人,地方士绅为之说情解脱。次年,海道副使张一厚率兵围剿,反为所败。

1555 年(嘉靖三十四年)

七月　巡按御使胡宗宪奏准选遣,宁波生员蒋洲、陈可原充任市舶正、副使、往日本宣谕,制约倭寇。

1557 年(嘉靖三十九年)

七月　宁波市舶使蒋洲与日本山口、丰后二岛藩主使者德阳左卫门、善妙松柒门等五十余人同乘船至舟山。日本使者奉表谢罪,表示前后侵犯中国,都因中国奸商勾引日本诸岛日人所致,藩主实不知情。下诏,日本国王须擒献倡乱头目和中国奸徒,才能通贡。

1560 年(嘉靖三十九年)

恢复宁波及泉州、广州市舶司。

九月　明世宗同意浙江巡抚刘畿请求罢市舶司的上奏。

1567 年(隆庆元年)

革去浙江市舶司。

1568 年(隆庆二年)

设浙海钞关于宁波,征收船舶钞税。

1599 年(万历二十七年)

恢复宁波市舶司。由内官刘成主持,以加强对海外贸易的控制。

1633 年(崇祯六年)

海道副使向鼎在海道司大门东侧建迎宾馆。

1644 年（顺治元年）

免关津税课一年。自次年正月初一以后，按明朝税额起税。

1655 年（顺治十二年）

六月，清廷申严海禁，沿海一带严禁商民船只私自出海，不许片帆入口，违者置重典。

1666 年（康熙五年）

清廷刊刻关税条例。各关口立榜，晓谕商民。

1684 年（康熙二十三年）

十月二十五日　清廷开海禁，置浙海关。

1685 年（康熙二十四年）

改明钞关为浙海常关。关址在宁波江东包家道头，商舶往来于此验税。定浙海关岁额 31952 两 4 钱 3 分 8 丝。

1687 年（康熙二十六年）

设浙海关监督一员，不分满汉，笔帖式一员。

1694 年（康熙三十三年）

浙海关监督建议移浙海关于定海，岁可增税银万余两。部议不从。

1695 年（康熙三十四年）

设浙海关关署于宁波。又设浙海关定海分署。拨哨船 20 艘给浙海关，往各口巡察。

1696 年（康熙三十五年）

浙海关监督李雯建议移泊海关至镇海，在镇海设红毛（英吉利）馆一座。部议皆不从。

1698 年（康熙三十七年）

浙海关监督张圣诏奏设海关衙署及红毛馆于定海。以该年所征银 1 万两作为定海分关岁所征银定，部议覆允。

1708 年（康熙四十七年）

二月十四日，户部遵旨严海禁，令浙江定海等沿海口岸禁止私贩船只，并兵巡察。除商人所带食米外，如违禁装载 50 石以外贩卖者，将米入官。文武官弁有私放者，即行参处。

1716 年（康熙五十五年）

五月，宁波发生"信牌事件"。有人街头贴出"大字报"，指责 42 名船头归顺没收其信牌。后此案捅到朝廷，经查，信牌与归顺无关。次年二月，康熙帝裁断无罪，信牌归还原主。

1720 年（康熙五十九年）

裁浙海关监督，由浙江巡抚兼任。

1721 年（康熙六十年）

十二月　议定浙海关除正额钱粮外，每年加增关税银 1 万两。

1724 年（雍正二年）

四月，下诏裁康熙六十年所增浙海关税银。有盈余，另行据实报奏。

1727 年（雍正五年）

护关事、宁波知府江承介扩建浙海关行署，捐造庖屋 3 间、东北内署前后共 8 间。

1728 年（雍正六年）

护理浙海关关务台州府知府江承介上报浙江关税收除规定岁额外盈余银 54000 余两。

1729 年（雍正七年）

孙诏以宁台道署理浙海关监督。

令浙海关征收关税等事项刊立木榜，务使众商共晓咸遵。

1730 年（雍正八年）

护理浙海关务宁绍台道孙诏上报浙海关税收盈余银 59600 两有奇。

1732 年（雍正十年）

宁波知府曹秉仁署理浙海关监督。

1736 年（乾隆元年）

以宁绍台道护理浙海关。

1745 年（乾隆十年）

是年,浙海关关税 88410 两。

1751 年（乾隆十六年）

六月二十七日　浙东大旱,宁波府暂开海禁。江苏、福建商贩从海上运米到宁波,并免征米税,以示招徕。

1753 年（乾隆十八年）

是年,浙海关关税 87654 两。

1755 年（乾隆二十年）

东印度公司商人洪任辉和他的水手抵达宁波,受到热烈欢迎。于是他上书浙海关,表示愿意在宁波纳税,运货至宁波互市。

1756 年（乾隆二十一年）

清廷严禁洋船至浙海,只准广东收泊。

1757 年（乾隆二十二年）

清廷下令浙海关关税较粤海关增一倍,以限制英商来宁波贸易。

七月十二日　洪任辉再次到达宁波,当地政府先让他等着,并没收了他半船货物,并不作任何解释收缴船上所有大炮。

十二月　下令关闭江、浙、闽各口,外国商船只许在广州贸易。废定海红毛馆及浙海关定海分关。宁波港被正式关闭。

1759 年（乾隆二十四年）

英商喀喇生、通事洪任辉欲赴宁波开港,既不得清,自海道入天津,仍乞通市宁波。

1764 年（乾隆二十九年）

弛蚕丝出洋之禁,允许浙江出洋商船可带土丝 1000 斤,二蚕糙丝 1000 斤,其绸缎纱罗及丝棉等照归禁止。

1777 年(乾隆四十二年)

浙海关除应征额税征足外,共征盈余银 53844 两。

1791 年(乾隆五十六年)

宁波港开往日本贸易船限为 10 艘。

1793 年(乾隆五十八年)

八月,英国专使马戛尔尼以祝贺乾隆长寿辰为名,至北京,要求派员驻京和开辟天津、宁波为通商口岸以及给舟山附近一岛为居留地,对英国商船和商品不征收任何关税和捐税。被拒绝。

1799 年(嘉庆四年)

是年,浙海关征税 39000 两。

1832 年(道光十二年)

5 月,英国商船阿美士德号至镇海,东印度公司供表林德(化名胡夏米)坐小船直入宁波城内考察,要求在宁波贸易。提督戴雄、护理海关宁波知府吕子班,设宴招待,告以中国贸易有定区,拒绝其在宁波贸易要求。

1842 年(道光二十二年)

8 月 12 日　英国向清政府提出所要各条款,明确提出清政府准英人在广州、福州、厦门、宁波、上海五处通商,英国货物在五口处纳税一次可遍运天下,英人犯法被擒皆行放行。明确提出把宁波作为通商口岸。

8 月 29 日　清政府代表耆英、伊里布与英军统帅朴鼎查在南京下关江面英舰"皋华丽号"上签署了丧权辱国的中英《南京条约》,共 13 条。宁波被列为"五口通商"口岸之一。

1843 年(道光二十三年)

7 月 26 日,中英《南京条约》生效。英国设领事馆于宁波江北岸。

10 月 8 日,中英在虎门签定《五口通商附粘善后条款:海关税则》。

1844 年（道光二十四年）

1 月 1 日,宁波开埠。英国取得领事裁判权。后美、法、德、荷兰、瑞士等国亦援英国例,随之设领事、副领事。

2 月 18 日　罗伯聃在江北岸西侧杨家巷租赁卢氏民房,设立"宁波大英钦命领事署"。

7 月 3 日,签订《中美五口通商章程》,10 月 24 日,签订《中法五口通商章程》,允许美国、法国至宁波通商,按税则向浙海关报关后纳税。

1845 年（道光二十五年）

中美、中法《五口通商章程》生效。美、法各设领事于宁波江北岸,法国设税务局司 1 人。

1850 年（道光三十年）

是年,北洋舶商创建天后宫并庆安会馆。1853 年落成。

是年,宁波港口收外商货税仅 110 银两,见无利可图,外国商人来宁波甚稀。

1859 年（咸丰九年）

1 月,旧浙海关开始编制贸易统计,历时一年。

1854 年（咸丰四年）

2 月　江浙两省俱办海运,宁波有 170 至 180 号北号商船参与海运。后逐渐发展到三百多号。

10 月 17 日　赫德到达宁波,直到 1855 年 7 月 29 日离开,在宁波一年多时间。

10 月 20 日　赫德在宁波领事馆任编外翻译,负责英国商轮来甬领事签证事宜及送交浙海关的航运报告。

1855 年（咸丰五年）

6 月 7 日　赫德和署理副领事文极司脱拜访了宁绍台道,向他建议在宁波设立一个与上海海关相似的新海关。道台接受了赫德建议。

1861 年（咸丰十一年）

1 月 9 日　浙海新关（洋关）在宁波江北岸建立。原浙海大关改称"常关"。

3 月 19 日　吴煦致宁绍台道张景渠信中提到宁波海关税务司的人选由英人李泰国挑选。

5 月,浙海关公布《宁波口各国商船进出口起下货物完纳税钞章程》（又名《浙海关章程》第一款至第十款）。

李泰国派法人日意格任宁波副税务司,因日意格尚在广东,派华为士暂行代办。

9 月 8 日,清政府与各国公使商定《土货沿海运送应付土货复进口半税》。明确规定,沿海口岸土货运输出口口岸交纳全额正税,进口口岸交纳半税,但不抵对外赔款。此税于 1931 年 1 月 1 日废除。

12 月 9 日,太平军攻占宁波城,驱逐浙海关监督、税务司,改浙海关监督署为"天宁关",潘起亮任监督。在镇海设"天平关",公布税则,减轻税率,严禁鸦片进口。

1862 年（同治元年）

5 月 7 日,太平军退出镇海,10 日退出宁波,天平关和天宁关结束,清军重入宁波,税务司恢复办公。

5 月 12 日,海关总税务司署通令各关税务司,重申海关季度收支清折务于每季度结束后 3 日内报告。浙海关执行通令。

7 月,议定《浙海关章程》第十三款、第十四款。设立宁波北门厘捐局,税收最丰,鸦片为其主要税收收入。

12 月,浙海关税务司日意格与法国海军勒伯勒东在宁波组织常捷军。

是年,浙海关船钞 6325 库平两,关税解国用 69320 库平两、省用 51000 库平两、关用 36964 库平两。

1863 年(同治二年)

3 月 30 日,海关总税务司署向各关发布通令:重申 1860 年总税务司李泰国制定的关员守则,严禁海关关员经商。

7 月,议定《浙海关章程》第十六款。浙海关公布《浙海关轮船往来宁沪专章》。

宁波洋广征收局创立,专征洋广等地落地税。每年征收税额定为银元 112,500 元。

9 月 12 日,赫德任江海关税务司,兼管汉口、九江、镇海和宁波诸海关。翌年 1 月 19 日调离。

是年,进口贸易额关平银为 10,715,523 两,出口额达关平银 4,654,622 两,征船钞 20212 库平两。

1864 年(同治三年)

2 月 17 日,总税务司署通令:各关将 1863 年贸易统计册寄交江海关税务司。

4 月 12 日,海关总税务司赫德于下午 5 时乘"皇帝"号由上海来宁波。次日 7 时抵达。4 月 14 日,对浙海关进行考察,就海关用地、子口税征收、招宝山设灯塔等事作了谈话,并到公事房查看诸事。

4 月,宁波设厘金局,在交通要道设卡,抽收百货厘金。

6 月,接总税务司令:协同缉捕美国流氓白齐文。浙海关税务司派海关巡船开往浙江北洋等处查拿白齐文。

6 月 21 日,总税务司署发布第 8 号通令:海关应弘扬之精神,应遵循方针与履行职责之思考及诸专项规定。其第十条指出浙海关主管监管地区目前为自北关港向北至杭州湾。

11 月,海关巡丁钮卜理与海关巡船炮手美国人仪,抢劫犯人刘阿孚,开枪误杀中国平民周阿根。浙海关税务司开革钮卜理职务,道台向英领事要求逮捕钮卜理。英领事回照:开枪伤人的是美国人仪;钮卜理无罪。

是年,浙海关帮办费世作与"外班"铃字手埃米尔·韦斯特高同列名1864年《中国指南》。

是年,进口贸易额达关平银 10,264,616 两,出口额关平银 6,250,306 两。

是年,偿付赔偿 141,978 两库平银。

1865 年(同治四年)

清政府规定:1 月 1 日起,吨税收入的十分之一,按季拨海关用于改良港口设施。

是年,修建浙海关办公大楼,总费用 5234 关平两。修建税务司住宅,费用为 13264 关平两。

在七里屿和虎蹲山设置灯标。

9 月 26 日,赫德向各关税务司发总税务司第 10 号通令:有关法国船只之船钞交纳事宜,法国商人载运应税货物之货船及租用中国民船或其他中国船只,每 4 个月纳船钞 1 次,每吨 1 钱。宁波自 10 月 15 日开始实施。

是年,进宁波船只 910 艘、258,274 吨,出宁波船只 906 艘、250,787 吨。出口烘茶 70661 担、毛茶 1492 担、蚕丝 1914 担、棉花 33568 担,偿还赔款 119,831 两库平银。

1866 年(同治五年)

7 月初二日御批:(英法联军赔款)浙海关扣四成到上海,每 1000 关平两给解费银 5 两。

是年,重新修建浙海关常关大关:购地花费 477 关平两,建筑费关平银 4757 两。浙海新关职工宿舍竣工,计费 13264 两关平银。

是年,出口烘茶 102,782 担、毛茶 956 担、蚕丝 1039 担、棉花

33727 担。浙海关关税解国用 211,788 库平两、省用 106,000 库平两、关用 45466 库平两,偿还赔款 52363 库平银。

1867 年(同治六年)

4 月,第一次西征借款 120 万两银,月息 1.5% 。借期半年,由浙海关等五关担保。9 月 19 日,总税务司署发第 14 号通令:为外班之编制及调配事,确定浙海关设头等总巡 1 名、三等总巡 1 名、四等总巡 1 名、一等验货 3 名、二等验货 2 名和一等钤字手 2 名、二等钤字手 4 名,计 14 名。

是年,绿茶总出口数为 115,268 担,比去年超过了 12185 担,平均价格每担为 35 银两,总值 4,034,380 银两,折合英镑为 1,344,760 镑。

是年,解省用项下军政费 3 万两库平银。关用经费 52694 两库平银,其中税务司经费 31200 两库平银、关用经费 14981 两库平银、汇费川资 424 两库平银、火耗 6089 两库平银。

1868 年(同治七年)

1 月,第二次西征借款白洋商借银 100 万两,仍由浙海等五关担保。购买税务司菜园基地,关平银 400 两。

4 月 25 日,设置理船厅。按照当时宁波实际情况,宁波为二级理船厅,有港口引水、持照、饮水、灯塔看守、巡港吏等人员。

5 月 15 日,总税务司发布第 12 号通令:为发同文事之等级与调配及其职责事。明确规定浙海关可设二等同文通事 1 名、六等甲级同文通事 1 名、六等乙级同文通事 1 名,其薪俸分别为月薪 125 两、30 两和 15 两。

是年,宁波用于改善航运之船钞(1865 年至 1868 年)计 6405 海关两。

是年,总贸易值为 12,599,445 关平银两,贸易总值榜列全国通商口岸第六位,其中进口货计值 6,528,744 银两,出口货计值

6,306,034 银两,关税收入排列第五位。

1869 年（同治八年）

11 月 1 日,总税务司发布第 25 号通令:关于海关内部建制做调整之说明,并附《大清国海关管理章程》。同日,又发布第 26 号通令:关于海关内部调整属于分类、薪俸标准及有关说明。浙海关以此办理。

是年,税收总额 659,711 库平两,其中进出口正税 463,313 库平银两、复进口半税 36064 两库平银、内地子口半税 26723 两库平银、船钞 5800 两库平银、洋药税 127,811 两库平银。

1870 年（同治九年）

宁波本年领有子口税单运销内地的洋布共 281,187 匹,占进口洋布总数的半数以上。其中运往衢州的占首位。

修筑花鸟岛灯塔。

宁波理船厅所管辖的白鸦山、大虎岛、鱼腥垴灯塔设有灯塔看守值事人和副灯塔值事人、水手,月薪支出 205 两关平银。

12 月 31 日,赫德发布总税务司署第 26 号通令,重申有关酬劳金及人员留用两项规定。

宁波用于改善航运之船钞（1868 年至 1870 年）计 12960 海关两。

是年,进出口贸易总值达 15,118,358 银两,其中外贸进口值 853,809 两,外贸出口值 347,113 银两,沿海进口贸易计 6,714,044 银两,沿海出口贸易计 7,203,392 银两。

1871 年（同治十年）

两江总督曾国藩解释《天津条约》第二十八条中关于发给进口子口税单所依据原则,与《南京条约》第十条所载明的原则相同,进口洋货,进港纳税后,便可由华商贩运各地,与申请人国籍无关,广为布告。仅宁波和九江执行。

是年,征收关税 718,354.741 海关两。其中进口税 34613.882 海关两、鸦片税 161,204.441 海关两、出口税 463,036.373 海关两、沿海贸易税 33083.243 海关两、子口税(进口)21523.069 海关两、子口税(出口)1563.866 海关两、船钞 3329.86 海关两。

1872 年(同治十一年)

3 月 29 日,旗昌公司"江西"、"湖北"两轮船投入甬沪航线。

4 月 13 日,日本 1 名署理税务总监率领考察团来甬考察新关,为时 5 天。

5 月 27 日,七里屿灯塔建成。

6 月,虎蹲山灯塔换新,照明器为六级。

9 月 14 日,鱼腥垴灯塔建成,照明器透镜四级。

10 月 1 日,游山江礁浮标由红色改为红黑方格图案形。

11 月 4 日,总税务司署发布通令:为 1873 年维也纳博览会海关展品随附统计图表格式及各项规定事,要浙海关按规定填写。

是年,进出口之值为 17,909,297 海关两,比上年增长 1,894,203 海关两。

1873 年(同治十二年)

6 月 14 日,总税务司署发布通令:为华商置用火轮夹板等项船只章程号,提到宁波漕粮至北京船只所享受免税权利。

10 月 6 日,总税务司发布通令:为训练属员业务能力事,提到浙海关 1 名税务司及内班中 4 名通事参加培训。

是年,贸易总净值 15,653,032 关平银两,浙海关解国有 3032 库平银两、关用 77630 库平银两。

1874 年(同治十三年)

由宁波理船厅编制并保存之该年气象观察记录。

是年,浙海关共发放了 8649 份《洋货运入内地验单》和 17 份《土货运出内地验单》。

是年,贸易总净值为 14,546,310 两关平银。

浙海关解国用项下总署及外务部经费 857 两库平银、总税务司经费 2001 两库平银、其他国用 2 万两库平银。解关用 79244 两库平银。

1875 年(光绪元年)

1 月 1 日,总税务司发布第 1 号通令,决定筹备参加 1876 年费城举办的世界博览会。浙海关组织宁波人孙新聪带领 7 名工匠去费城,所带展品家具精雕细琢,独具匠心,价值 12000 元至 15000 元。

12 月 8 日,总税务司发布第 15 号通令,决定自 1876 年 1 月 1 日起,增加海关经费,按月由海关监督拨付。浙海关年度金额为 72000两,由海关监督每月拨付 6000 两。

宁波贸易总净值计关平银 12,846,315 两,比上年减少1,699,995 两。

1876 年(光绪二年)

6 月 5 日,总税务司发第 5 号通令:关于酬劳金之新规定事。浙海关按此执行。

9 月 13 日,中英签订《烟台条约》。北海、温州、芜湖、宜昌四处为通商口岸。第三端为通商事务:英商贩运洋药(鸦片),应先封存于海关栈房,售卖时由进口商照税则交纳正税,由买主一并向海关输纳厘税。

1877 年(光绪三年)

4 月,依照《烟台条约》规定:增辟温州为商埠,原浙海关监督所辖温州府各口及分卡,划归瓯海关监督管辖。温州和芜湖一带原是宁波港腹地,腹地缩小后,严重影响出口贸易。

12 月 26 日,总税务司颁法《江海新关内班诚程》,指示各关暂为使用。浙海关执行。

是年,浙海关征税略高于 723,000 海关两。

1878 年（光绪四年）

8 月 24 日，奉化出现抗厘金斗争。有 5000 人参加，迫使宁绍台道撤南卡及所有分卡。货物每船征厘 120 文，比原来 240 文减少一半。

11 月 23 日，津海关税务司德璀琳寄来一批邮票，值关平银 206.25 两，要求宁波创办书信馆。

12 月，浙海关书信馆开办，从津海关买来一批邮票。收寄华洋公众信件。

年内贸易净值 12,650,602 海关两，比上年约增长 2,000,001 海关两。

是年，出口药材 118 种，其中 9 种价值达 139,500 银两，占总金额 177,823 银两 78%。出口草帽 11,251,000 顶，价值 174,388 银两。

是年，税收 597,500 银两，比 1877 年减少了 127,500 银两。

1879 年（光绪五年）

是年，浙海关税收为 657,000 海关两。主要是茶叶和鸦片。茶叶年内为 328,700 海关两，鸦片为 230,256 海关两，分别占税收总额 50% 和 35%，余下之 15%，则来自进口税 9470 海关两，出口税（茶叶除外）42074 海关两，沿海贸易 25798 海关两，船钞 3562 海关两，子口税 17355 海关两。

1880 年（光绪六年）

8 月 26 日，总税务司发 117 号通令：奉总理衙门札谕，轮船招商局准在温州、宁波之间行驶，停靠定海搭客，不准搭载货物。

宁波有茶行 28 家经营平水茶，比去年增长 6 家。茶出口贸易占贸易总值之 31%，在全国通商口岸中茶叶出口位列第四名。出口药材 118 种，计 36610 担，达 233467 海关两。

是年，贸易总值为 12,741,896 海关两，按总吨位计每吨平均值为 21.0215 海关两,比去年之平均值 22.415 海关两略低。

1881 年(光绪七年)

是年,进出口贸易总净值为 13,269,000 海关两。其中进口洋货净值 6,948,856 海关两,土货进口净值 1,782,941 海关两,出口 4,537,223 海关两。

税收 764,640.748 海关两,比上年 677,399.422 两增长 87241 海关两。

1882 年(光绪八年)

6 月 19 日,马吉任浙海关代理税务司。

7 月 19 日,赫德来文查宁波口岸华洋书信馆情形。8 月 2 日,浙海关代理税务司马吉呈赫德文第 88 号,报告宁波华洋书信馆情况。

是年,宁波口贸易之总值计 11,670,726 关平银两。

1883 年(光绪九年)

总理衙门责成总税务司通令各关:遇有洋商贩运铁锅,查明系华人制造或由外国制成者,进出口按约章办理;若洋人以贩运之铁在本口自行改造铁锅进出口,均应查禁。

是年,宁波的邦翰岛(Bonham Island)、悬崖岛(Steep Island)灯塔建成,由江海关管理。

在浙海关税务司康发达促使下,对江北外国人居留地的河渠进行疏浚,改善当地卫生状况。

1884 年(光绪十年)

7 月 13 日,薛福成任宁绍台道,兼浙海关监督。

10 月 14 日,浙海关税务司葛显礼呈赫德文第 129 号,要求邮政归并海关,由海关管理邮政。

12 月 31 日,葛显礼呈赫德文第 151 号,提出减少邮资以吸引公众到海关寄信。

是年,进出宁波口之汽轮总吨位为 703,496 吨,具体比例为:英国占 32.14%;美国占 26.69%;德国占 0.51%;西班牙占 0.31%;暹罗占 0.16%;中国占 40.19%。

1885 年（光绪十一年）

2 月 4 日,葛显礼呈赫德文第 24 号,要求进行邮政制度改革,仿照宁波民信局的一些做法,使海关兼管的邮政局同民信局竞争。7 月 14 日、10 月 14 日、12 月 15 日又三次呈赫德文,要求建立国家邮政局,并提出实施方案。

3 月 1 日,法国兵舰侵犯镇海口,镇海口沉船封港,宁波口海上交通一度中断。浙海关业务几陷停顿。

6 月 20 日,宁绍台备道薛福成照会浙海关税务司,附有香港邮政指南,询问开办国家邮政有关事项。薛福成呈请南北洋大臣,报告建立本国邮政有关事项。

1886 年（光绪十二年）

1 月 12 日,浙海关税务司葛显礼呈赫德文第 150 号,认为开办国家邮政机构不需增加开支。

1 月,浙海关监督薛福成转知税务司北洋大臣李鸿章《关于浙海关税务司葛显礼邮政建议的通札》。

3 月 17 日,总税务司赫德致浙海关税务司葛显礼通令,对他自 1884 年以来呈送的关于国家设立邮政局的报告以及所作的努力,并取得了中外官方支持表示感谢,并对这些报告发表意见。

修筑税务司网球场,购地费关平银 1000 两。

6 月 6 日,海关总税务司赫德视察宁波口岸。

是年,贸易货值净值为 13,248,307 海关两,比去年增长约 75 万两。

1887 年（光绪十三年）

2 月 1 日,奉总税务司署令:按照《烟台条约》规定,鸦片税厘满 110 两,关税和厘金一并征收。浙海关税务司遵查办理。

12月6日,浙海关税务司收到一封英国来信,内附汇票一张,银子1500两,来信人希望此钱作为他在1860年至1861年间在宁波参与镇压太平军的良心赎罪钱。

建筑海关俱乐部,购地费233两关平银,建筑费为关平银12606两。

是年,征税848,922.347两关平银,超过1886年110,033两关平银。

1888年(光绪十四年)

是年,宁波口贸易总净值计13,158,825两关平银,比去年增长了2,193,293两关平银。

税收计1,182,230.882两关平银,是浙海新关设关以来之最高额。

1889年(光绪十五年)

是年,宁波口贸易净值12,674,040两关平银,比去年减少50万两。税收之总金额为1,155,954.767两关平银,比去年减少26276.55两关平银。

建筑常关镇海分关办公楼,建筑费用计关平银5110两。

1890年(光绪十六年)

海龙轮埠在镇海望道头建成。

是年,税课征收比去年增长25857.727两关平银。

年内,进口、结关之船只1363只,总吨位1,052,662吨,比去年增237只、280,273吨。

1891年(光绪十七年)

浙海关各种税总计关平银1,225,366.487两,比去年超过43135.665两。增长之进口税7221.903两,鸦片厘金122.16两,子口税3018.549两,船钞939.9两,沿海贸易减少了关平银1014.778两。

是年,税收分配库平银 1,337,300 两,其中国用 928,233 两,省用项军政府 28000 两,关用 129,067 两。

1892 年（光绪十八年）

年内税收总计 12,567,772.604 海关两,比上年增长 31406.117 海关两,是新关设关以来最高纪录。其中进口税 4811.829 两,出口税 4582.407 两,沿海贸易税 2839.817 两,鸦片税 5150.49 两,鸦片厘金 13734.64 两,子口税 1901.034 两,船钞下降 1614.1 两。

1893 年（光绪十九年）

8 月 2 日,总税务司发 604 号通令:为准予增加之经费由各关摊付事。规定自这年 7 月 1 日起,浙海关年办公经费由关税收入拨入为 72000 两,由洋药（鸦片）厘金拨付 12000 两,计 84000 两,每月7000 两。

宁波关往上海、温州的"红箱制度"开始建立。

1894 年（光绪二十年）

7 月 31 日,老虎岛（虎蹲山）和方岛上的灯塔熄灭。

是年,宁波口贸易净值为 14,599,757 海关两,比去年减少8,782,481 海关两。年内税收总收入 1,188,650.009 海关两,比去年减少 91136.382 海关两。

1895 年（光绪二十一年）

7 月,镇海河口的水雷除去,灯塔恢复发光,浮标、灯塔重新安放。

7 月 15 日,总税务司第 684 号通令,转饬总理衙门札谕,日本驻上海总领事珍田捨已（Sutemi Chinda）兼辖宁波等 9 个海关事务。

建成象山北渔山铁铸灯塔,高 16.9 米,射程 26 海里。时有远东第一大灯塔之称。

1896 年（光绪二十二年）

10 月,根据中日《马关条约》规定,杭州开辟为商埠。原浙海关监督所管辖之杭州常关及附近分口,划归杭州关监督管理。

11 月 17 日,总税务司第 750 号通令,公布浙海关经费年支出关平银 108,000 两,由关税拨付关平银 96000 两,洋药(鸦片)厘金拨付关平银 12000 两。

冬,儿童中天花流行,税务司墨贤理开办的种痘所附设在警察局内。儿童接种痘苗者,每季约 1000 人。

1897 年(光绪二十三年)

2 月 2 日,宁波邮界邮政总局在外马路开业。浙海关税务司受命兼办地方邮政。

7 月 16 日,总税务司第 793 号通令:关于日本驻上海署总领事小田切万寿之助(M. odaqiri)兼驻杭州二等领事,兼辖镇江、芜湖、九江、宁波、温州等处。

是年,宁波口贸易净值超过 1600 万两关平银,比上年少了 100 万两。

1898 年(光绪二十四年)

3 月至 6 月,浙东厘捐副税务司孟家美根据总税务司要求,率员到宁波调查厘金局工作。

7 月,根据总税务司第 833 号通令,浙海关增发关员薪俸,内班洋员普增一倍薪俸,外班洋员增加三分之二;华员增加二分之一。

浙海关税务司穆麟德设江北工程局,征收码头捐,对进出口货物每件捐钱 3 文。

是年,贸易净值 14,418,534 两关平银。税收总额为 735,555 两,比 1897 年、1896 年分别下降 96850 两及 409,634 两。

1899 年(光绪二十五年)

法国天主教堂以将沿河基地让出 2 英尺为理由,强行要求将新江桥塊至宁绍码头上一段岸线及水面出租收益作代价,注明:"江心为界,潮落为界",这就是所谓"白水权"。

工程局在江北岸修筑马路。

1900 年（光绪二十六年）

4 月 12 日，宁波邮政局在定海和余姚各设一分局。

5 月初，英国商船"黄河"号轮擅自进出定海，浙海关监督认为违章予以扣留。江海关税务司史纳机为之开脱，不成。英方对船被扣所蒙受损失，提出索赔款 150 银两，上海余道台断然拒绝。

1901 年（光绪二十七年）

11 月 11 日，根据《辛丑条约》规定及总税务司第 976 号通令，距口岸 50 里以内常关—江东的浙海常关总关、镇海分关及小港、沙头两口，划归浙海关税务司兼管。浙海关监督派宁波府试用经历王明仕为委员，监察江东、镇海两常关税务。

12 月，有邮局 5 所，处理邮件 412,676 件，处理邮包 1860 件。

浙海关下设理船厅，用外籍人员担任，负责航道海务。

由浙海关税务司穆麟德牵头和监督，自浙海关至新江桥塊的道路完成。

1902 年（光绪二十八年）

将 50 里内常关经费裁减一半，并减少常关人员。

8 月 29 日，修订税则国际委员会签订新税则和善后章程。提高奢侈品的税率，缩小免税品范围，具体规定海关估价方法。

海关监督委派从九品锡纲至镇海分关协助税务工作。

是年，宁波邮政局添分局 6 处，托铺户经理邮政 15 处，信柜 35 处。

1903 年（光绪二十九年）

11 月，白鸦山灯塔改装闪光灯。

是年，贸易额为关平银 22,240,093 两。征税课关平银 694,567 两，较之上年所征 668,991 两增 25576 两。出入船只 4275 艘，计 1,256,792 吨。内江小轮 3089 艘，计 182,914 吨。

建造江东验货房,计费关平银753两。

1904 年(光绪三十年)

宁波轮埠(客运码头)在镇海望道头西面筑成。

年内出入船只5050艘,计1,292,713吨。

由海关支持,宁波城外试办自来水,未成。

是年,贸易净值关平银 21,297,412 两。共征税课关平银 682,176 两。

1905 年(光绪三十一年)

邮局多次扩充,寄信者日多。邮局汇票一项,为市民所赞许。

是年,浙海关共征税613,877 两关平银。

1906 年(光绪三十二年)

是年,宁波口贸易总值达 19,245,338 两关平银。其中进口计 12,178,005 两关平银,出口6,739,353 两关平银。

税收总额为590,347 两关平银,是30 年来之最低者。

年内,宁波有邮政分局 13 个,30 个内地代办处,寄发汇票和兑付从 40533 元升至 105,985 元。

1907 年(光绪三十三年)

7 月,按照总税务司署通令,浙海关建立并实施新的章则、凭证、报单、准单和表格。

年内,宁波口贸易总值达 25,136,605 两关平银,税课总收入达 656,466 两关平银。

1908 年(光绪三十四年)

建造唐垴山灯塔。

6 月 12 日,"金同大"船驶至镇海口外,被盗所阻,捉去水手 2 名,勒索大洋 2000 元,后付一半了事。船主将情况向海关报告。

是年,宁波口贸易总额计关平银 26,995,355 两,较上年增7%。税课征关平银 677,078 两,较上年所收总数减去 1%。

1909 年（宣统元年）

建筑海关外勤职员宿舍（外马路 62 号），计建筑费关平银 12170 两。

建造检察长住宅及海关验货房（外马路 74 号）。购买地基费关平银 867 两，建筑费 13313 两。

是年，邮政局新开 53 处分局，邮件总数高达 6，456，899 件。

年内，通商章程船只进出宁波口岸的为 1589 只，计 1，868，923 吨。

1910 年（宣统二年）

8 月，源丰银号倒闭。浙海关新、常两关每日课税银两，全由源丰银号收交库．为了海关业务不受影响，浙海关监督派人在其原址成立"浙海关收税处"，10 月 21 日（九月初八日）开始收税款。

是年，宁波口进出口货物计 23，948，452 两关平银两。税课 545，227 关平银两。

年内，新设邮政分局 20 处，由各局及代办处收发之邮件计 7，268，000 件，包裹计 51000 件，较之上年分别增 18% 和 30%。

1911 年（宣统三年）

年初，建造镇海分关职员宿舍，建筑费为关平银 4982 两。

据邮传部命令：自 5 月初三日起，邮政局不再受海关管理。

10 月 26 日，宁绍道台派员参加海关钞班，在镇海登轮进行检查。

11 月 5 日，宁波光复，成立宁波军政分府，分府都督兼任海关监督。次日，浙海关税务司柯必达致总税务司安格联第 94 号函，报告宁波辛亥光复情况。

11 月 8 日，安格联致电柯必达，要求浙海关将所征全部税款汇解上海汇丰银行。

11 月 10 日，柯必达致安格联第 95 号函，表示执行安格联指示。

并于 11 月 25 日、12 月 2 日、12 月 12 日先后三次致电安格联,并采取有关措施,夺取了海关监督的海关税款保管权。

1912 年

1 月,按南京临时政府财政部税务处通知,浙海关正式采用公元纪年。本年为中华民国元年。

2 月 12 日,根据总税务司署电令,是日起浙海关悬挂中华民国国旗,停挂龙旗。

6 月,浙海关监督署成立,地址在中山西路清代海关行署内,设海关监督一人,中华民国临时大总统委派王镛任海关监督。

根据总税务司署造册处通知,浙海关《贸易年报》的《论略》(即文字部分)由税务司本人编纂。

是年,浙海关贸易净值关平银 22,302,210 两,税收达 449,993 关平银两。

1913 年

4 月 14 日,总税务司通令各税务司,中央政府任命之海关监督自 4 月 1 日起,由税款中支付监督经费,浙海关监督每月 2000 元。

5 月 24 日,总税务司通令,财政部令浙海关税款由中国银行宁波分行收存。

7 月 22 日,财政部饬浙海关监督:常关小口应收回自办(原承包给商人收税)。

7 月,浙海关对所有进口船只及旅客进行防疫检查。

10 月 15 日,总税务司通令:要求各口岸海关将净存税款,每星期汇解上海一次。

设浙海关常关分关。

遵照浙海关章程行驶的船只及吨位有所增多。是年,进出口船只 1760 只,计 1,942,801 吨。

往来宁波的旅客日增,以本年为最多。来者有 826,699 人,往者有 821,200 人,共比上年多 129,493 人。

是年,净估贸易值关平银 25,814,001 两,较上年值 22,302,210 两,增 350 万余两。浙海关税课征关平银 483,454 两。

1914 年

1 月,浙海常关施行四联单制。

2 月,浙海关镇海、定海两分关互争征税界限。镇海分关拒用定海分关之四联单,定海分关向浙海关监督上诉。监督以此事诘问税务司。

3 月 28 日,浙海关税务司湛参(J. C. Johnston)规定:从定海进口土产,照收四联单;从定海进口鱼产品四联,镇海分关拒收,重新征税。

5 月 6 日,财政部税务处拟定《新任各关监督与税务司办事权限条款》。

5 月 21 日,财政部饬浙海关监督:按照部定比较额数分配各口,浙海常关全年收数 6 万余元,暂充比较数。

5 月,财政部通令:各海关监督整顿 50 里外常关税务:以海关折半征数(即 2.5%)为标准,"凡旧则不及海关折半之数者,一律加足此数。其已逾半税或相等者,仍暂照旧,分别切实厘定"。

6 月 15 日,财政部致函浙海关监督:(1)各口认税办法应速行停止,或设法改良,以杜包揽之弊。(2)随征平余及商船添装零星杂货等项之补税各款,是否一律归公?

6 月 16 日,洋、土药(鸦片)均禁止运进宁波口。

7 月,浙海关监督出售枫泾分卡房屋,估价为银 400 两,10 月,正式成交付款。

11 月,浙海关对所有出口国外茶叶关税减至每担关平银 1 两。

1915 年

4 月 12 日,总税务司令:划一验货估价定期召开验货会议,宁波参与上海中心口岸。

5月,三北轮埠公司在镇海大道头建镇海码头,"镇北"、"宁绍"两轮停靠。

6月22日,镇海江南道头灯塔竣工。

10月,浙海常关监督宣布《新订常关税则》定期实行。货物按照平均价值百抽2.5作为新税则。

是年,贸易额达26,609,769关平银两。税课征收关平银485,476两。

1916年

1月1日,常关实行新税则。

3月,呈财政部核准:浙海常关在定海县沈家门、岱山、衢山、螺门等地添设四卡,属定海分关管辖。

8月22日,孙中山先生来宁波,在浙江省立四中(今宁波中学)发表演说,注重宁波创办实业和甬江口的航务。

是年,贸易总估值关平银29,653,554两。税课征关平银479,835两,较上年短收5641两。

1917年

浙海关税务司报总税务司,转呈税务处:强调浙海关监督新设50里外各口卡,有碍50里内常关税收;并要求将原在50里内镇海分关所属之澥浦、新碶、穿山三卡,请归税务司兼管。税务处批示,未能允准。

6月26日,浙海关公布《宁波理船章程》30条及《浙海关理船厅通告》3条。

9月,因镇海分关黄委员另有任用,改派孙岸青为常关委员。海关监督不同意,据理力争。最后议定派镇海分关录事一人,兼代委员。

12月28日,总税务司安格联莅甬巡视,逗留片刻,即赴镇海后乘轮回沪。

1918 年

2 月,暹罗军轮安塞麦号在铜沙岛遇险,被难者 63 人,为美船协助号援救到宁波,浙海关税务司送入医院。

4 月 1 日,法国设在宁波的"客邮"定办。

制定《海关理船章程》,规定宁波口岸水面之权,凡指示停泊处所及港界、建筑水面码头及安置趸船等,均属浙海关理船厅,地方政府不能过问。

是年,华洋进出口货净值关平银 29,962,770 两,较上年约增 500 万两,为历年最高之数。税课共征关平银 405,544 两。

1919 年

3 月 1 日,公布《浙海关报税行注册章程》计 30 条。

3 月 21 日,为统一权法计,自 3 月 1 日起镇海常关由原用 14 两秤改用 16 两秤。

周裕良、顾复生在宁波港担任引水员,何秉章任宁波港务长。

8 月 1 日,实施新修进口税则,平均税率仅为 3.5%。

10 月,出口国外的茶叶关税全免。

是年,共征税课关平银 4,126,210 两,比上年溢收 7000 两。

1920 年

1 月 1 日,自是日起增拨浙海关经费,每年为关平银 6 万两,每月 5000 两。按总税务司通令,自是日起浙海关实行关员退职暨养老金办法。

2 月 24 日,航行宁波一线之轮船,将于其驶离宁波返上海之日发给号码。

6 月 19 日,购买房屋为海关货栈(外马路 66 号),计关平银 5386 两。

是年,贸易净值关平银 28,407,824 两。

1921 年

2 月,浙海关购买草马路基地 13 亩余,价为关平银 3333 两(折合银洋 5000 元)。

镇海白鸦山灯塔上雾钟改换回应式雾炮。

浙海关海务科与当地海军合作,对镇海至宁波之甬江段进行一次测绘。

是年,浙海关征收进口税关平银 182,529 两,出口税 185,265 两,土货沿海贸易税 3485 两,船钞 9574 两,内地贸易 17873 两,总计 465,042 两。

1922 年

3 月,根据华盛顿会议的建议,在上海召开修订关税的特别委员会会议。颁布《关栈试办章程》。

9 月 22 日,特别委员会通过《修正进口税则》。10 月 1 日公布。因日本、意大利不同意,延至翌年 1 月 17 日实行。

11 月 30 日,英国设在宁波的代理邮局"客邮"撤销。

是年,浙海关征税关平银为 429,629 两。

1923 年

1 月 17 日,浙海关开始施行《修正进口税则》,税收增加。

1 月 24 日,浙海关执行总税务司通令:鉴于海关洋员不能抵制违禁品走私者的引诱,为维护海关信誉,对犯有不诚实罪洋员,可向其有关国家法庭起诉。

重建江东浙常关办公楼,建筑费计关平银 1849 两。

5 月 1 日,浙海关颁布新的《宁波口引水总长并分章》。

1924 年

2 月 1 日,自是日起在江北岸征收房租捐,其捐率分每月 1 角、2 角、5 角、1 元四种。

4 月 12 日,日本兵舰"安宅"号游戈江北岸海关前江面。舰长山蒙未雷于翌日上午到英领事署及海关税务司陈述来意,14 日离甬去普陀。

4 月,奉总税务司令:派员驻邮局查验进口邮件。

8 月 1 日,码头捐亦修改,每件货物由昔收 3 文增至 4 文。

是年,公征关平银 487,346 两,较上年增 71440 两,为近十年中最旺之数。

1925 年

6 月 22 日,英人控制的海关日籍职员殴打中国车夫魏阿来及市民 4 人,引起公愤,群众冲入海关,将室内器物掷至外滩焚毁。军警捕去 4 人。英、日军舰驶入甬江示威。

七里峙与虎蹲山两座灯塔的房屋翻修,计关平银 24000 两。

12 月 30 日,鹅礁警船船桩为大浪折飘,当即另换新桩以补之。

是年,出口草席 2,297,156 张。

1926 年

5 月 19 日,总税务司第 51 号机要通令:告知各关税务司,华盛顿会议关于附加税协议有可能要施行;土货复进口税将予废除,子口税将分配给各省。

7 月 1 日,自是日起浙海关增加经费,每年为 9 万两关平银,每月 7500 两。

12 月 27 日,北京政府税务处令,浙海关停止代征邮包厘金,划交邮包税局接受经理。

冬,宁兴商轮公司"宁兴"轮行驶申甬线,并在宁波建造宁兴码头。

是年,贸易值计关平银 50,566,405 两,较去年增 350 万两。出入宁波港船只 1545 只,载重 2,360,623 吨。

1927 年

5 月,宁波抗英急进会提出收回沪甬航运权,抵制参与该线航运的英商太古轮船公司。致使太古公司的"新北京"搭客寥寥,货物稀少。

6月15日,江北工程局董事会解散,修筑码头、建筑街道、填塞废渠等事宜,由宁波临时市政府接办。

6月,代理总税务易纳士致函浙海关:在北伐军控制地区,海关船舶应当悬挂掌权一方的旗帜,停泊港口与航行时,应出示海关标志。

7月1日,国民政府颁布《国定进口税则暂行条例》。8月31日,暂缓施行,仍按旧税率征税。

8月11日,市工务局正式接收江北工程局,并改称"江北工程办事处",委派曹文奎为主任。

9月12日,宁波收回航权运动急进会为抵制"新北京"轮重驶沪甬航线,召开有二十多个团体参加的代表大会,决定采取拒绝报装该轮货物;致函市总工会转令码头工会不起卸该轮货物;登报通告各个商号知照,断绝与该轮的货运业务。

12月,宁波市公布《宁波市特别码头捐则例》,委托浙海关代市政局征收码头捐。

是年,贸易净值计关平银52,298,466两。税收总数计关平银493,910两。

1928年

在宁波江东建造一座新式船坞,长250英尺,宽38英尺。

5月25日,蒋锡侯任浙海关监督兼宁波外交交涉员。

8月,浙海关特准草帽出口免税。

11月30日,关务署公布《选派海关行政考察员简章》。

12月15日,总税务司饬令浙海关施行《国定进口税则》,自明年2月1日起实施。

12月,建交通部宁波无线电台于新丰里3弄。

是年,贸易净值计关平银 52,298,252 两。税课收关平银 468,607 两。

1929 年

2 月 1 日,浙海关执行由国定税则委员会编订的《中华民国海关进口税税则》,税率为差等税率,自 7.5% 至 27.5%,共分七级,平均税率为 8.5%。

2 月 27 日,关务署下发《改善海关制度审议会决议》,规定:停招洋员,职权平等,统一薪给标准,晋级、慰劳金、退职年限等华洋平等。

3 月 24 日,总税务司通知,除专门技术人员外,是日起停止招募外籍人员在海关任职。浙海关执行这一通知。

3 月 26 日,总税务司发 3884 号通令,为改善华员工作条件增加拨款,浙海关每月净关平银 1000 两。

3 月 27 日,浙海关颁布《宁波口防护染疫暂行章程》。

7 月 18 日,抄发《进口税则暂行章程》及《税则分类评议委员会章程》。

9 月 3 日,国民政府批准缉私舰装备武器,允许向武力反抗的走私者开枪。

浙海关与中国银行宁波支行签订合同,委托银行收储税款。

1930 年

1 月 15 日,海关公布:自 2 月 1 日起,征收海关进口税一律改用海关金单位,不复按关平银结算,一海关金单位为 0.601868 克纯金。

3 月 1 日,总税务司署决定,全国分地区成立估价归类小组,浙海关属以江海关为核心的小组。从而使领事干预海关估价结束。

3 月,原浙海关监督所辖 50 里外常关分关 11 处,及所属傍口分卡 24 处,全划归浙海关税务司管理。

5 月 1 日,海关发行非流通的关金券,专为缴纳关税之用,1 关金元 = 0.4 美元 = 0.5714 关平银。

7月1日,浙海关代监督和领事团执行的检疫工作,划归卫生部海港检疫处管理。

11月11日,公布《海关巡舰巡艇在领海内检查华洋船只条例草案》。

1931年

1月1日,按总税务司4158号通令,浙海关裁撤厘金税、子口税、50里常关及土货复进口半税。实施新的进口税则,税率由5%至50%,分为12级,平均税率15%。

3月1日,浙海关实施新的《进口税则》。

4月1日,施行《重订各级糖品税率表》,采用旋广测验法作为糖品分类标准。

5月1日,海关署决定每月给税务司职务津贴300海关两。

6月1日,浙海关实施《中华民国海关出口税税则与转口税税则》。货物分6类270号列,税率从价部分为7.5%,从量部分按价值的5%,对前所征国内贸易之二五附加税,改称转口附加税。

11月,上海航政局宁波航政办事处在镇海成立,始收回由浙海关控制的船舶航员管理、引水员考核和海事处理等权力。

海关缉获私货充公变价及所科罚金,达8万银元。

是年,浙海关所征税课,除赈捐及救灾附加税外,达1,136,700两。

1932年

1月16日,浙海关推行"洋货新式税款缴纳证"(一式六张)。

2月1日,浙海关监督公布国民政府批准的《管理船舶进口应验交舱单的章程》。

3月1日,自是日起浙海关税收汇交上海中央银行,由该行将到期偿债、赔款拨交汇丰银行。

4月14日,按总税务司署指示,江海关将办事细则、附录、卡片、表格等分送浙海关参考。

5月14日,浙海关税务司劳德迩(H. G. Lowder)在《50里内常关运行情况报告》中,提出调整常关工作人员薪津。

8月1日,按总税务司署4461号通令,浙海关开征关税附加税,按进出口税率的5%计征。至1948年8月2日取消。

1933年

1月1日,浙海关依照总税务司署4530号令:废止关平银,所有出口、转口、附加等税和捐费改用银本位币"元";155.80元合海关两100两。

4月7日,江海关验估处副税务司聂普鲁(C. Neprud)编写的《进出口工作惯例和税则分类》上下册,总税务司署分送浙海关。

5月1日起,浙海关税款改由中央银行宁波分行负责收储汇兑。

5月16日,自是日起,对应税而迄今属免税的进口货物一律征收5%水灾附加税。

6月24日,凡食米运入本省内地浙海关发给会印执照一单,呈报监督。

8月,收回江北岸法国天主堂的"白水权",即甬江岸线管理权。

10月,卢寿汶任浙海关税务司,结束了一向由外国人担任的历史。

11月21日,颁布《炼油关栈章程》。

是年,直接进口洋货330万元,进口土货2320万元;直接出口土货1.8万元,转口土货2580万元。

1934年

6月21日,自是日起浙海关实施新出口税则。货物仍分六大类,270号列,但减税货品的号例有所增加,计35个号例,大多数从7.5%减为5%,免税货品项目有所扩大。

10月,禁止白银出口,开征银出口税和平衡税。公布《修正鄞县码头捐征收章程》,由浙海关代收捐款。

是年,直接进口洋货 590 万元,进口土货 2190 万元;直接出口 1.7 万元,转口土货 2130 万元。

1935 年

1 月 9 日,财政部关务署批准三北轮埠公司的请求:对往来于沪甬的船只在镇海所装土货免征转口税。截至 3 月 23 日,已有 5 艘轮船在镇海停泊装货。

1 月,招商局与平汉、江南两铁路局联运,指定宁波为联运口岸。

4 月 11 日,总税务司发布通令:规定缉获走私船只处置办法及缉私奖金和线人奖金发放规定。浙海关执行此规定。

6 月,巡缉舰“海清”号由上海驶至宁波,分配给浙海关缉私及捕盗之用。

8 月 31 日,总税务司署发 5134 号通令,令浙海关监督署岁出经费 19008 元,每月拨经费 1584 元。

11 月 4 日,国民政府宣布改革币制,规定中国、中央、交通、农民四家银行发行的货币为法定货币(简称法币)。浙海关税课改收法币计征。

载重量为 7500 吨级货量开皮马尔轮,减载至 5000 吨,进出甬江航道,为历史上进出甬江航道的最大吨位船只。上海航政局宁波办事处在镇海成立,收回由浙海关控制的船舶登记、船员管理、海事处理等部分权力。

是年,直接进口洋货 810 万元,进口土货 1530 万元;直接出口土货 0.9 万元,转口土货 1620 万元。征收关税法币 3,470,053.99 元。进出宁波港的轮船为 2057 艘,合 3,156,534 吨。

1936 年

3 月 30 日,奉财政部命令:禁止铜元、铜类出口。

4 月 24 日,总税务司第 5259 号通令:传达政府关于铲除政府官员贪污腐化、树立廉洁政事命令,要求海关人员以"忠实廉洁为本"。

5 月 2 日,总税务司署向浙海关等发出通令,决定缉私案件由海关税务司负责处理,海关监督不再负责。

6 月 3 日,财政部颁布《海关告密办法》。

12 月,巡缉舰"海绥"号自上海驶抵甬江,作浙海关缉私之用。

是年,进出之船只为 2068 艘,合 2,989,436 吨。直接进口洋货 180 万元,进口土货 1690 万元;直接出口土货 0.6 万元,转口土货 1610 万元。海关税课法币 1,910,813.41 元。

1937 年

6 月 11 日,开始用总税务司颁发的缉私密码。

8 月,日军第三舰队封锁中国岸线,甬埠各轮除旅沪同乡会特约运载逃难同乡的船只外,其余全部停航。

9 月 6 日,日机轰炸停泊在甬江的巡缉舰"海清"号,扫射巡缉"海绥"号。

10 月 1 日,自是日起浙海关实施《新转口税则》。凡国产商品经过海关及分卡一律征收 5% 的转口税。

11 月 5 日,日舰炮击七里屿灯塔,杂役贝文财中弹身亡。

12 月 31 日,宁波防守司令部奉令将总吨位 3640 吨的"新江天"轮凿沉于镇海甬江口,作为防线。

12 月,出口金丝草帽 635,804 顶、蕉麻草帽 743,269 顶、蒲草帽 610,588 顶,未列名草帽 17564 顶。

是年,出口茶叶激增,由上年的 62199 公担,增至 69633 公担。

进出本埠船只达 1502 艘,合 2,196,257 吨。

海关税课法币 2,547,784.54 元。

1938 年

6 月,英轮台纳马勒号在龙山蟹浦私自卸货被查获,以货物半数充公。香港万利行林万玉、傅继良 2 人入浙海关报告温州、象山、舟山奸商走私草帽、套取外汇等事。

9 月 30 日,50 里外常关的不动产及动产等,由浙海关税务司接管。

12 月 16 日,浙海关税务司收到《二等帮办俞守成视察浙东沿海一带走私情况报告》。

是年,进出口货物共值法币 6200 万元。其中直接进口洋货 120 万元,进口土货 1610 万元。直接出口土货 480 万元,转口土货为 3990 万元。

征关税法币 3,526,321.43 万元。

1939 年

3 月 22 日,浙海关抄班主任张次清包庇私运钞票的旅客。7 月 6 日,鄞县地方法院判处张次清有期徒刑 2 年 6 个月。

6 月 5 日,浙海关税务司与宁波交通银行签订合同,镇海分卡税款委托其代收。

6 月 23 日,定海被日军占领。当局将总吨位 2800 吨的铁壳轮船太平号予以凿沉,以加强镇海水栅。

6 月,浙海关发现不法商人与日寇勾结,在黄岩县黄岩场以东海上,进行粮食、茶叶、废铁、毒品、枪械、弹药等走私活动。

7 月 1 日,宁波封港,镇海沿海集镇一时成为货物中转地。

9 月 15 日,开往上海德轮哈德号船员夹带法币 9700 元。19 日,又缉获该轮船员夹带法币 30700 元。

是年,洋货进口法币 1,667,080 元,土货出洋 9,816,332 元,共计货值 11,483,412 元,占全国 0.48%。浙海关所征税课法币 3,720,135 元。

1940 年

3 月 15 日至 18 日,军事委员会战区军风纪第一巡察团军官赵礼,宁波防守司令部军官郭世奎二次到浙海关要求放行法币 32000

元及 13 万元,因无财政部及军政部证件,被浙海关拒绝,二人被扣。30 日,财政部关务署下令免去浙海关税务司安乃第职务,由高等帮办贺溥为代理税务司。5 月 17 日,赵礼、郭世奎被释。

4 月,财政部颁布《浙海口封锁航运货物临时办法》。

5 月,浙海关在象山县石浦港设立分卡。

5 月 15 日,战时甬江引水舵工老大管理委员会成立。

6 月,浙江省政府成立宁波出入口检查所,检查旅客行李,任意扣留货物。监查员戴宏声与浙海关稽查员杨由生等 2 人在"玛俐"号执行正常任务时发生冲突,戴命军警押送杨等 2 人到浙海关。浙海关监督和税务司将此事呈报财政部,结果浙海关胜诉。

7 月 7 日,日本"登部队"参谋长致函罗福德税务司,要求江海关与日军通力合作,严加控制流向宁波等自由区的航海海员。

7 月 16 日,日军占领镇海城和招宝山炮台,镇海分关即行停闭。

7 月 20 日晚上,宁波城防司令部向浙海关调用缉私舰"海清"号和"海绥"号,载石沉于梅墟附近拗甏江转弯处,用以彻底封锁航道。

8 月 22 日,浙海关在余姚县庵东设立分卡。

8 月 23 日,浙海关穿山分卡暂在柴桥设立。

是年,贸易总值达 20860 万元法币,创从前未有之最高记录。浙海关共征税课计法币 5,661,574 万元,辟此前罕有之记录。

1941 年

1 月 8 日,总税务司 5762 号通令:撤销 1937 年 9 月 1 日晋升暂不加薪的决定,自 1941 年 1 月 1 日起恢复按级别发薪之规定。

1 月 16 日,浙海关在洋南口、英生卫、雀嘴里设立分卡。

2 月 18 日,柴桥奸商张财荣勾结穿山卡主任刘文鸿贩敌货。

4 月 19 日,宁波沦陷。上海航政局宁波航政办事处撤离城区。宁波航运业陷入停滞状态。

7 月 3 日,申甬线恢复通航,内江航运同时恢复。

9月8日,日海军特务部在镇海设立办事处,办理帆船海船登记税务及船舶管理事务。

9月24日,浙海关全体水手和杂役向税务司请求增加工薪。

12月,汪伪海关总税务司岸本广吉派伪海关总税务司企划处副处长加藤珪一(K. Kato)来宁波接收浙海关。

是年,浙海关所征全部税款计法币290万元。

1942年

1月1日,闽浙区货运稽查处裁撤,宁海分站由瓯海关予以接收,改为宁海分卡。

1月20日,汪伪国民政府财政部令总税务司岸本广吉,自本日起将进口税之从量税增加30%,转口税之从量税增加临时附加税100%。

1月,汪伪接收浙海关,任命李广业为伪副税务司。

3月,汪伪总税务司命令浙海关于月底停止办公。职员全部迁往上海。宁波浙海关关产由日本宪兵队接管。

7月10日,汪伪总税务司署令:海关各项税款以"中央储备银行"钞券征收。

7月18日,谭启龙召开第一次干部会议,提出"一切进口税,应力求统一合理征收,按照实际情形规定一定的最高最低税额,这些办法可以按照以前国民党方法,加以适当的改良"。

7月22日,汪伪总税务司岸本广吉指令,进出口货物应征之5%海关附加税继续延展征收,并无限期延长。

1943年

5月4日,汪伪海关总税务司长岸本广吉令转:《筹办军需物资特别规定之原则》。

5月15日,在宁波市江东原浙海常关总关旧址,成立汪伪"海关转口税宁波征收所"。

7月1日,汪伪国民政府财政部令海关总税务司岸本广吉:自本日起各关应征各种手续费之附加费增至300%。

汪伪"宁波区船舶管理事务所"成立。

7月11日,汪伪"海关转口税宁波征收所"在镇海城关建立分所。

8月31日,汪伪总税务司通令:废除英文作为海关正式公用文字,代之以中日两国文字,自9月1日起各类呈文一律遵办。

1944年

2月1日,根据汪伪总税务司署通令,海关即日起施行《改进海关进口税则》。应税商品一律改为从价计征。

2月,汪伪中央税警团分驻宁波市及三北的庵东、周巷等处。

6月26日,汪伪"上海船政局宁波办事处"在江北岸外滩35号成立。

1945年

9月,根据国民政府财政部令,裁撤原沦陷区内之转口税征收工作。

10月19日,国民政府派员接收浙海关,任命李广业为浙海关代理主任,作为过渡。

10月,招商局宁波分局恢复,把接收的日本"宁波丸"和"兴亚丸"分别改名为"江静"、"江亚"轮,行驶申甬航线。

是月,交通部宁波航政办事处改名上海航政局宁波办事处。

11月5日,总税务司发布6749号通令:自1946年1月1日起,贸易统计仍应恢复太平洋战事前之原订办法编印。

12月28日,副总税务司丁贵堂兼浙海关税务司,废除转口税和汪伪政权捐税;恢复执行《1934年进出口税则》;暂准宁波口岸与外洋贸易。由于江北岸原浙海关署遭到日军严重破坏,浙海关署迁往江东木行街原浙海常关办公。

1946 年

1 月 14 日,浙海关邮电支所正式成立。

1 月 26 日,自是日起,浙海关按总税务司令:海关文件以中文为主,伴以英文。

3 月 8 日,国民政府核准颁行《海关特许无约国商船进口办法》,不再需经外交程序。

5 月 27 日,副总税务司丁贵堂将江海关拟定的《管理空运货物及旅客试行办法》分送到浙海关。

5 月 29 日,浙海关奉总税务司令,抄发《查验外人护照实施办法》。

6 月 5 日,浙海关执行总税务司署令:废止海关金单位,采用法币为唯一计税单位。

7 月 29 日,浙海关奉总税务司 6837 号通令,出口船只呈验航政机关盖章之船员姓名报告书方准结关。

9 月 13 日,总税务司令浙海关:将引水业务移交全国引水管理委员会闽浙区办事处接管。

9 月 22 日,总税务司令:海关对外发给单据,均一律改用中文。

11 月 17 日,浙海关实施国民政府颁布的《修正进出口贸易暂行办法》,对进出口货物实行呈验许可证制度。

12 月 2 日,浙海关新购舢板船一艘,供镇海支关应用,实际造价 36 万元。

是年,瓯海关裁撤宁海支关。

1947 年

1 月 23 日,宁波警察局在宁波港出口船上截获拟运往青岛汽油 322 桶又 62 听,送浙海关办理。浙海关税务司认为该货已于去年 8 月报关,并非走私,发还货主。

2 月 6 日,自是日起,浙海关起征进口货物附加税,一律按海关估价征收从价50%之附加税,对善后救济总署及外交人员、慈善物资免征附加税。

2月26日,总税务司署发布第7008号通令:自1947年2月6日起进口货品由政府拨给100%补助费;进口货品征收从价50%附加费废止。浙海关执行此通令。

3月31日,由于江东交通不便,浙海关税务司公署迁回江北岸外马路66号,该处为重新改建的原低级帮办宿舍。

6月12日,浙海关在镇海外沥港海面缉获韩国走私船“马山丸”,载有大批高级海味及参。海关将船只货物全部没收。

7月15日,浙海关在“江静”轮缉获郑志英走私布匹等货料,罚款法币20万元。

7月30日,浙海关自是日起,对于试用四等一级税务员及试用稽查员在试用期内举行定期考试。

9月29日,浙海关填报《国有土地调查表暨国有土地附着物调查表》,清理关产。

10月15日,浙海关改订《本口税务员等薪给表》,薪给补发自10月1日起计算。

12月30日,浙海关所属石浦港口乌礁湾东明灯塔竣工。

1948年

1月20日,浙海关所属定海西后门菜花山灯塔建成。

3月11日,国民政府颁行《惩治走私条例》,在浙海关实施。

3月19日,是日起,浙海关拍发电报头尾一律改用密码,以保机密。

4月16日,总税务司署令:海关俱乐部等组织一律改组为海关同人进修会,其他组织或集会,予以取缔。违者,按关章严处。

5月7日,总税务司署对各关下发联合国审定的《关贸总协定》及所附《关税减让表》。

5月14日,各项规费改以美元征收,比例为:法币1元=0.625美元。

5月19日,海关各项罚金改收美元。

6月22日,总税务司署发布第7325号通令:奉关务署令,停征出口税。

8月9日,浙海关施行《修正海关进口税则》。该税则是在中国签订的《关税与贸易总协定》基础上修订的。

8月19日,国民政府发行金圆券,规定金圆券1元=法币300万元。浙海关税费改收金圆券。

9月1日,浙海关改组,划归江海关管辖,更名为江海关宁波分关。由乔汝镛负责改组,并任宁波分关副税务司。

9月9日,按总税务司通令,浙海关实施修正《海关进口税则》,并同时停征海关附加税及关税临时附加税。

12月3日,申甬线"江亚"轮在吴淞口外南龙港洋面突然爆炸沉没,死难二千余人。

1949年

2月11日,国民政府财政部电令:接近战区的各海关关员,在奉到政府命令以前,不得擅离职守和自行撤退。

3月18日,总税务司署向各关发布第7485号通令:奉财政部令,规定出入国境旅客每人准带外币数额及超过限额部分的处置办法。

28日,中国人民解放军宁波市军事管制委员会派军代表刘勇三等接管江海关宁波分关。

附　录

一、历史文献辑录

（一）明州拟辞高丽送遗状

宋　曾巩

窃见接送高丽使副仪内一项，高丽国进奉使副，经过州军，送知州、通判土物，普无答谢书。候进奉使回日，依例估价，以系官生帛，就整数量加回答。检会熙宁六年高丽国进奉有使副，送明州知州、通判土物，共估钱二百贯以上九十九陌。熙宁五年及九年，有进奉使，无副使，送明州知州、通判土物，共估计价钱一百贯以上九十九陌。其土物，奉圣旨普依例令收，估价回答。臣今有愚见合见奏闻者，右谨具如前。

窃以高丽于蛮夷中为通于文学，颇有知识，可以德怀，难以力服也。故以隋之全盛，炀帝之世，大兵三出，天下骚然，而不能朝其君。及至唐室，以太宗之英武，李勣之善将，至于君臣皆东响，以身督战，而不能拔其一城，此臣之所谓以力服也。宋兴，自建隆以来，其王王昭以降，六王继修贡职，使者相望。其中间压于强虏，自天圣以后，始不能自通于中国。陛下即作，声教四塞，其国闻风不敢宁息，不忌强胡之难，不虞大海之阻，效其土实，五岁三至，如东西州，唯恐在后。其所以致之者，不以兵威，此臣之所谓可以德怀也。陛下亦怜其万里卷卷，归心有德，收而抚之，恩礼甚厚。州郡当其道途所出，迎劳燕钱，所以宣达陛下宠异待遇之意；此守臣之职分也。其使者所历之州，赞其所有，以为好于邦域之臣。陛下加恩，皆许受之，而资以官用，为其酬币。其使一再至之间，许其如此，不为常制可也。今其使数来，邦域之臣受其赞遗，著于科条，以为常制，则臣窃有疑焉。

古者相聘，赞有圭璋，及其卒事，则皆还之，以明轻财重礼之义。今蛮夷使来，邦域之臣兴之相接，示之以轻财重礼义，使知中国之所以为贵，此人事之所宜先，则当还其赞，如古之聘礼，还其圭璋，此谊之所不可已也。又古之以赞见君者，国君于其臣则受之，非其臣则还之。今蛮夷响化，来献其方物，以致其为臣之义。天子受之，以明天下一尊，有臣而畜之之义，此不易之制也。邦域之臣兴其使接，以非其臣之义，还其赞，以明守礼而不敢逾，亦不易之制也。以此相属，以明天子之尊，中国之贵，所重者礼义，所轻者货财。其于待遇蛮夷之道，未有当先于此者也。且彼赞其所有，以明州一州计之，知州、通判所受，为钱三十万，受之者即于义未安，其使自明而西，以达京师，历者尚十余州，当皆有赞。以彼之力度之，蛮夷小国，于其货财，恐未必有余也。使其有亲附中国之心，而或忧于货财之不足，臣窃恐有伤中国之义，而非陛下所以畜之幸之之意也。

臣愚窃欲自今高丽使来，赞其所有以为好于邦域之臣者，许皆以诏旨还之。其资于官用以为酬币已有故事者，许皆以诏旨兴之如故。惟陛下详择之。如可推行，愿更著于令。盖复其赞以及于恐其力之不足，厚其兴以及于察其来之不易，所谓尚之以义绥之以仁。中国之所以待蛮夷，未有可以易此者也。其国粗为有知，归相告语，必皆心服诚悦，慕义于无穷，此不论而可知也。

臣愚非敢以是为廉，诚以拊接蛮夷，示之以轻财重礼之义，不可不先。庶几万分之一，无累于陛下。以德怀远人之礼。是以不敢不言，惟陛下裁择。谨具状奏闻，伏候敕旨。

《曾巩集》卷三十五《奏状三首》，中华书局1984年版，第500—501页

（二）存恤外国人请著为令札子

宋　曾巩

臣昨任明州日，有高丽国界托罗国人崔举等，因风失船，飘流至泉州界，得捕鱼船援救全度，从此随捕鱼船，同力采捕，得食自给，后于泉州自陈，愿来明州，候有便船，却归本国。泉州给与沿路口券，差人押来。臣寻为置酒食犒设，送在僧寺安泊，逐日给与食物，仍五日一次，别设酒食，具状奏闻。臣奏未到之间，先据泉州奏到，奉圣旨，令于系官屋舍安泊，常切照管，则臣存恤举等，颇合朝廷之意。自后更与各置衣装，同天节日，亦令冠带，得预宴设。

窃以海外蛮夷，遭罹祸乱，漂溺流转，远失乡土，得自托于中国。中国礼议所出，宜厚加抚存，令不失所。泉州初但给与口券，差人徒步押来，恐于朝廷矜恤之恩，有所未称。检皇佑一路编敕，亦只有给与口食指挥。今来圣旨，令于系官屋舍安泊，常切照管，事理不同。缘今来所降圣旨，未有著令。欲乞今后高丽等国人船，因风势不便，或有飘失到沿海诸州县，并令置酒食犒设，送系官屋舍安泊，逐日给与食物，仍数日一次别设酒食。阙衣服者，官为置造。道路随水陆给借鞍马舟船。具折奏闻。其欲归本国者，取禀朝旨，所贵远人得知朝廷仁恩待遇之意。取进止。

《曾巩集》卷三十二《札子九首》，中华书局1984年版，第471页

按:曾巩,北宋建昌军南丰县(今江西南丰县)人。北宋著名文学家,为唐宋八大家之一。元丰元年(1078)正月二十五出任明州(宁波)知州。

(三)胡榘札子

宋 胡榘

证对本府僻处海滨,全靠海舶住舶,有司资问税之利,居民有贸易之饶。契勘舶务旧法,应商舶贩到物货,内细色五分抽一分,粗色物货七分半抽一分。后因舶商不来,申明户部,乞行优润。续准户部行下,不分粗细,优润抽解。高丽、日本船纲首杂事,十九分抽一分,余船客十五分抽一分,起发上供。每年遇舶船至舶务,必一申明。蒙户部行下,令证条抽解施行。窥见旧例,抽解之时,各人物货分作一十五分,舶务抽一分,起发上供,纲首抽一分,为船脚糜费,本府又抽三分,低价和买,两倅厅各抽一分,低价和买,共已取其七分,至给还客旅之时,止有其八,则几于五分取其二,故客旅宁冒犯法禁透漏,不肯将出抽解。榘自到此,灼知抽解之害,重因舶商镂榜沿海,招诱明谕,以本府断不和买分文,抽解上供之外,即行给还客旅,舶舟方次第而来,其通判蔡奉议,亦能奉承本府招旅优恤之意,舶舟才至,即约守倅同下务,公平抽解,更无留滞,并不强买,即行给还,以故舶货之价顿减,而商舶往来流通,今年抽解最轻,诚为侥幸。惟是舶务一司,自乾道二年因臣僚奏罢提举市舶专官,且言祖宗旧制,有市舶处,知州带提举市舶,通判带主管官,当时已降指挥委知、通同行检视,漕司提督。令漕司令倅为主管官,专出纳之任,本府不过月一押簿历而不预其收支之事。其本务抽到物货,如细色尽行起发,如粗货及板木,则存本五分,充纲脚糜费,未免间有赢余,以起上下观望。前乎此,廉者资以为馈送之资,不廉者则为席卷之计,实为弊事,要当更革。所合具申乾廷,欲乞札下本府,令守倅常切同共点捡收支簿书、文历,遇有出纳收支,并具禀长官判押,方许施行,庶几稍革弊源,免累倅贰,既塞侵逾之害,稍裕公上之供,其抽解分数,只证递年例十五分抽一,纲首杂事十九分抽一,以为招诱商舶之计。其海南船及诸蕃舶,自证年例抽解,伏望特赐札下,以凭遵守施行。宝庆二年,尚书省札付庆元府,从所申事理施行,准此。

宝庆《四明志》卷六,《宋元浙江方志集成》第 7 册,杭州出版社 2009 年版,第 3198 页

按:胡榘,庐陵人,字仲方,宝庆二年(1226)除焕章阁学士,通议大夫,知庆元(宁波)府,从政郎,赣州录事参军,宝庆(1227 年)修《四明志》21 卷,次年告成。绍定二年(1229)刻版。

(四)番舶贸易增课始末

清 缪燧

按:红毛即英圭黎国,在身毒国西。其人有黑白二种,白贵黑贱,皆高准碧眼,发黄红色。中土呼为红毛,又呼为鬼子。其国以贸易为务,军需、国用皆取给焉。自英圭黎至中国,水程数万里,舟行约半年余。船式夹板、头尖、尾大,蓬桅随风,逐节增减,与中国殊,虽逆风亦可戗驶。船舱极深,梯级上下凡三层。船底夹帮双板,涂灌松脂柏子油,坚硬若铁,能敌风浪,往来于广东、吞门、福建、厦门间,有乘风至定海者,地方文武官不敢擅留。康熙三十三年监督常在具题,谓:"初设海关时,定海尚未置县,故驻扎宁城,凡商船出洋回洋,出入镇海口,往还百四十里,报税、给票,候潮守风。又蛟门、虎蹲水急礁多,绕道陟险。外国番船至此,往往回帆而去,请移关定海,岁可增税银万余两。"部议:移关定海,府城市必致弃毁,定邑又须建造,乃令驻扎宁波,

差役前往收税。三十五年,监督李雯复题:"请移关镇海县,照闽省设关厦门,粤省设关呑门之例,设红毛馆一座,外国商船必闻风而至。"部议移关殊毁成功,设馆恐糜正帑,俱未准行。三十七年,监督张圣诏题:"定海、呑门宽广,水势平缓,堪容外国大船,可通各省贸易。海关要区,无过于此。自愿设法捐造衙署一所,往来巡视,以就商船之便。另设红毛馆安置红毛夹板大船人众,可增税一万余两,府城廛市仍听客商贸易,不致毁坏。"部议覆允。奉旨依议,钦遵。康熙三十九年六月到有红毛船二只。船主一名未氏罗夫;一名未里氏。又八月到卢咖唎船一只,九月到飞立氏船一只,一时称为盛事云。

雍正《浙江通志》卷八十六《榷税》,中华书局 2001 年版,第 2048 页

按:缪燧,字雯曜,号蓉浦,江阴人。康熙三十四年(1695)任定海县事,在任二十二年,五十五年(1716)三月卒。

(五)新建浙海大关记

清　陈梦说

税之称为榷也,名起于汉,释之者曰:榷,独木也。置独木水上,仅容人行,喻税务之其严也,后人法之。榷关税者,每当扼要之地,而后伺察周而控制易。予足迹半天下,所见榷税之地,如畿辅之芦沟、山东之临清、江南之浒墅、淮右之凤阳、江西之赣关、岭南之粤海,近如杭城之南北关,莫不当水陆之冲,四方车马舟楫络绎其下。司其事者,一望无余,指挥如意,影射偷漏之辈无所施其技,此无他,得地利也。壬午冬,予自即署监司宁绍台三郡,护理海关钞,而予郡大关则在城东三港之南,关房湫隘,地势偏僻,港中舳舻非接,运驳飞驶,内趋绍郡,外趋镇象等邑,旁趋奉化,以达台郡,不尽经由关下。爰因三港西岸别设小关,放

眼延瞭,每乘大关不及周顾,私收、漏收、辗转滋弊,不特有妨于课,抑且有累于商,固人谋之不灭,亦地势使之然也。予维关宜当隘,不宜偏僻;事宜从一,不宜旁分,与其两关遥望于中,反滋疏漏,曷若撤大关,竟驻三港,西南北三面均在一望之中,斯货载无从飞越,两奸牙口(贪)役亦不得乘间而得其利,岂非形势之得也哉。今夏,爰购隙地于三港口东岸,详明探究,鸠上庀材,购置楼房三间,而翼平屋各十余间,外筑萧墙,工尽坚固,势复显敞。登楼凭眺,万象在目,番舶乘潮而横,高舸蔽江而来,出入回旋,总在指顾之下,乌在鄞江咫尺而有不及顾者耶? 然则宁郡为浙东之扼要,三港为宁郡之扼要,而新建海关又为三港之扼要,一转移耳。易湫隘而爽垲,合两关为一处,从此迎来送往,弊绝利兴,上裕国储,下安商旅,或未始非地利之效也。虽然,我尤望夫人之尽人事者,是为记。

　　赐进士出身诰授中宪大夫分巡宁绍台海防道兼管水利事务护理浙海钞关前礼部精膳司郎中记名御史刑部浙江清吏司员外郎安徽清吏司主事记录十九次晋降陈梦说撰。

　　驻关国学生古羊舌　陈继先监造。

　　乾隆二十八年十一月立。

《宁波海关志》附录,浙江科学技术出版社 2000 年版,第 330—331 页

　　按:碑在江东浙海常关旧址。

(六)咸丰十一年(1861)浙海关章

(自第一款至第十款系咸丰十一年所定)

　　第一款　凡商船赴宁波者,行至招宝山正顶与金鸡山对径之界,过此即为进宁波口。

　　第二款　凡商船进口,本关派役管押。

第三款　宁波江泊船起下货物之所,自外国圲地至浮桥并盐仓门为界。其商船停泊后复欲移泊者,必须禀明,方准移泊。

第四款　商船从进本口时刻算起,尽二日内将该照牌及进口货单呈交领事官。如该国无领事官,则自行赴关禀报。

第五款　凡进口货单必须船主画押,单内详细开载该船舱内所有一切货物,何字号、何货、若干件各等情,不得丝毫隐漏。

第六款　凡商船只许在例准起下货之界限内起货下货以及装上压载之物,均须日间,不得在日出以前,日落以后。礼拜日、给假日均不准行。

第七款　凡商船呈交进口货单欲起货者,自备报单,详细开载某字号、某货、件数、斤两及估价数目等情。请给起货单二纸,一英文一汉文,本关盖用戳记,即许照章将该货起入剥船,运至本关码头,俟本关派人查验后即行给发验单,以凭该商持赴银号完税。掣取号收呈关,由本关发给放行单,方准将货起岸上栈。

第八款　凡商人领单下货,因船已满载复行退回者,须带货赴本关码头查验,方准上岸。

第九款　凡商人领单下货,因船已满载复行退回者,须带货赴本关码头查验,方准上岸。

第十款　凡商船下齐货物,须呈出口货单,将所装出口一切货物何字号、何货、件数、斤两等情均须详细开载,呈关查验。

第十一款　凡两船欲行互拨货物,必先请领本关特准单据,方准互拨。不领单据私行互拨者,所拨之货入官,互拨之船各照罚。

第十二款　凡洋货复运出口者,若往外国,即发存票;若赴中国通商别口,即发免照。惟各该商须将该货送至本关码头候查,然后请领存票或免照并放行单,方许下船。若进口之货已在别口完纳税饷带有免照者,须在未起货之先将该照呈交本关查验。

第十三款　凡外国船不准将压载之物抛入水内。违者罚银五十两。

第十四款　无论何项枪炮皆不准施放。违者罚银五十两。

第十五款　以上各款,违者即照条约罚办。本关每日自十点钟起至四点钟止办理公事,礼拜、给假日停办。

第十六款　凡船进口须照总扦手派定地方停泊。该船应将头冲、外头冲二物收入船内,俟离开别船之后方可照原式安置。该船应将最下之横担转移向上。

该船须挨次停泊所有江之东西两边并须预留本地船行驶地步。

凡商船后面拖有小舢板船,如遇损坏情事,该船自理。

凡商船停泊处,于中间留一行驶之道。

凡商船停泊处,应离开浮桩。

凡有因海关事务,应报明税务司。

民国《鄞县通志》食货志丙编。

(七)咸丰十一(1861)浙海关轮船往来宁沪专章

第一款　凡商人欲派轮船往来宁沪,须先报明税务司。

第二款　凡轮船进口停泊后,将船牌及进口货物总单送关,至出口时开送出口货物总单,查核相符,即给完清税项红单,并发还船牌,准其出口。该船既领有本关红单,即毋庸再往领事衙门领单。该船所装货物均应详细开载总单,以凭将来原货出口便于稽查。

第三款　凡轮船已经进口,须俟本关巡丁到船后,方准起货及搭客、起卸行李等事。

第四款　凡轮船进口,业经本关巡丁到船准将货物卸入驳船,不得擅开。须俟该商人来关请领准单,再将该驳船开往。

第五款　凡轮船由镇海经过,遇有客商上下,该轮船必应在本关卡房码头对面暂为停止,以便稽查。如有货物装卸,须先专领本关准单。

第六款　以上各条,如有轮船故违,即将以上章程概不准照行,另照和约罚办。

民国《鄞县通志》食货志丙编。

(八)同治七年(1868)宁波口引水分章

一、本口引水者应以十名为额,其人数尚多,俟有缺出,不补,总以减至此数为定。

二、本口引水界限,以镇海口外向东一路至东寨为限,向南一路至东池山为限,向北一路至乌龟头为限。

三、本口引费无论轮船篷船均应一律。出入费用宁波至镇海每船每吃水一尺计引费洋二元,宁波至七里屿每船每吃水一尺计引费洋三元,宁波至岐头每船每吃水一尺计引费洋四元,宁波至鱼山每船每吃水一尺计引费洋四元,宁波至东池山每船每吃水一尺计引费洋五元,宁波至巨江东寨每船每吃水一尺计引费洋五元,宁波至乌鱼头每船每吃水一尺计引费洋五元。

四、凡遇考选时,除理船厅外,其余同考之人应由考选局视中若干名数,按照每名给每人洋五元。

五、考选时所择同考之引水,董事厅以一人为政。

六、引水者引船进口,应先将执据及章程交与船主,倘船主将其留下,俟船停泊再行交还,亦无不可。至停泊后,引水者应即禀理船厅。若该船遇有搁浅及别项事故,其执据及章程则由船主扣留,转交理船厅办理。

七、凡引水者与船主有争执情事,准该引水于该船未卸货之先,赴理船厅处禀诉原委。

八、凡引船进出,其引费均应遵照所定数目收取。倘有不遵定数私相高下者,或暂撤执据,或将执据撤销。

九、凡引水者,倘在口外见有浮沙流荡,或见水有暗礁,或见塔灯、浮桩、标杆等有损坏飘流各情,应即禀报理船厅查办。

十、凡引水者引船出口,倘该船应用篷锚等项有破坏短少情事,即不应引其出口,仍禀报理船厅及该船本国官听候查办。

十一、凡船驶至口内,应在新开河口地方稍有缓行,俟理船厅到后指定停泊处所,然后再行驶往停泊。

十二、凡船引进口,该引水应先问明船主。该船所装火药除自备若干外,倘带有多装或带有别项引火之物,即令其在距白沙以下三里地方停泊。

十三、凡船只进口,如该船带有瘟疫及一切易于沾染之病者,该引水亦应令其在距白沙三里地方停泊,并不准人上船下船,听候税务司或理船厅办理。

民国《鄞县通志》食货志丙编。

(九)宁波口引水专条

一、理船厅公事房内应悬一牌,将各该引水人姓名住址逐一注明。

二、凡有引水人不安本分酗酒闹事,以致所引之船损坏,或因此而有履险之事,或遇船被难而不克帮同救援者,或撤执据,或将执据撤销。

三、凡引水人倘因事故而船主东有馈送情事,未经理船厅准收而私自收领者,一经查出立将其执据撤销。

四、凡引水人或私开酒店,或违反海关章程,或系暂撤执据之人擅自引船,或船只已挂招人引水之旗而该引水不到,或船主及经管之行并税务司、理船厅等谕令之事而该引水人不遵，或引船时并非船主所准而擅自半途离船，如查有此等情事，应罚令该引水人呈缴洋一百元，仍按其犯事轻重，或暂撤执据，或将执据撤销。如查出另有引水从中帮助者，厥罚亦同。

五、凡引水船在口外引驶而有引水人在船者，听挂引水旗号，不得挂用各国旗号。

六、凡补赏引水之款，或因事耽迟时日，或有意外之事耽迟，其补赏引水之各款，当以理船厅所定数目为断。

七、凡引水船只，船身统用黄色船边镶以绿色一条。

八、凡引水船只，或因修理或有不别故另雇船应用，亦属可行。惟无引水人在船，不得挂用引水旗号，如有擅行悬挂者，惟该船户是问，并送官究治。

九、凡引船出口，该引水应查其船面各物件是否排列碍路，篷锚、桅柁有无损坏短少，水手人数是否敷用，并查该船吃水深浅，夜间所用各色灯火及量水线等件是否齐全，倘查有不合情事，即不得引其出口，当禀报理船厅查办。

十、凡引船进口，该引水应将执据及章程取出。

十一、凡引船出口已至界限，倘因意外之事将引水人带出而非引水之咎者，应自开船之日起至回宁波日止计算，每日另给该引水洋六元，其回宁川资亦应照给。

十二、凡引水船倘因事在镇海等候，应以十二时辰为限，逾限则计每日另给该引水洋六元。

十三、凡引船时，该引水应于理船厅所发簿内随时书明引水上船时刻，该船吃水若干深，何时起锚，该引水何时离船，计收引费若干一一注明，惟仍以船主画押为凭。

十四、凡引水人，如查有已离本口另作别样生理者，即将其执据撤销。

十五、凡船只遇有搁浅，该引水应将其搁浅地方四至，并吃水深浅，何时涨潮，何时搁浅，水中是沙是泥，何时退潮，计搁浅若干时刻各等情一一写明，禀报理船厅。

十六、本口专条所有应行管束各引水口内口外之规矩，应由理船厅随时设法妥办。

十七、上列本口分章专条，应由理船厅约同各国领事官酌拟。如有应行增减之处，亦可因时制宜，约同妥为更正。

民国《鄞县通志》食货志丙编。

（十）浙海关监督署办事细则

（1912 年）

第一条　本细则依据财政部关务署主管各关局组织章程，就内部办事手续与权限分别规定。凡本署各职员均应遵守之。

第二条　本署各课应办事宜如下：

（甲）税务课　掌理稽查稽征税票及文牍庶务收发、会计金柜报解、航政护照各事务。

（乙）稽核课　掌握审核登记簿记表册及统计各事务。

第三条　本署职员应按照办公时间到署办公，不得迟到早退。署中考勤设总簿，各员须亲自签到，每日两次呈监督核阅。各课设考勤分簿，由课长稽核之。

第四条　本署除星期年节及四节日、国庆日为例定假期外，其他应休假日期，俟得监督谕告后，临时由税务课传知。

第五条　文件到署即由收发室摘录事由，分别急常登记。收文簿呈送监督室，由监督核阅加盖戳记后，发还收发处。将由录入各送文簿，分送主管课办理。如有机密事件，由监督向各课调员办理之。

第六条　各课拟办稿件承办主稿之员于稿内加盖私章，经由本课课长覆核盖章后,呈送监督核判。其关系别课之稿件,由主管课会商关系课办理。其由监督调员办理之件,迳送监督核判。

第七条　各课接到文件,应即时拟办。如遇文件过多不及赶办时,即将紧要者提前拟稿,寻常者亦不得迟过三日。但有特别情形或须调查者,不在此限。

第八条　各课遇有重要事件不能解决者,应呈请监督核示办理。

第九条　凡发外文件应由缮校室详细校对,如有错误由缮校员完全负责,其贻误情形较为重大者,由主管课长呈请监督予以惩戒。

第十条　凡承办各项事务人员,如监督及主管课长认为应严守秘密者,无论大小事项均不得泄露,违者分别惩戒。

第十一条　各种案卷于办稿时由承办人员负责,保管归档后,由管卷人员负责保管。

第十二条　本署各职员如有因病或不得已事故请假一日以上者,应具请假单,填明请假事由及日数,关请课长转呈监督核准,一日以内者须得课长许可。

任与孝主编:《宁波海关志》,浙江科学技术出版社 2000 年版,第 348 页

(十一)浙海关报税行注册章程

(1919 年)

一、凡个人或商行欲营报关事业者,须先具保举信一封:(甲)、由商铺及钱庄各一家;或(乙)、由宁波报关业公会之长签署后,特此信备文呈关。呈内须开明下列各节:

甲、报税行经理人或行东之姓名、籍贯、住址。

乙、船只数及各船注册号数(尚未施行)。

丙、图章字样。

二、宁波报关业公会之长签名盖印,照式填写后,呈关存案。

三、签名式样及该行图章须预先呈关存案。

四、在注册报税行经理人只准一名,倘该负责人有更动之时,或更换图章,该行当速向本关报明以便入册存案。

五、各报税行须谨守本关章程,当验货之时,须雇备足数小工起动货物,并应听从本关验货人员指挥。

六、凡货物尚未确实可验,报税行不得预递报审。

七、本关如查有货色不符及其他种种偷税舞弊等情,并查其事与货主无涉,确系报税行所为,或查有触犯本章各条细则之时,本关除照案惩罚外,再将该报税行在注册簿内记过一次。凡报税行记过满二次者,即由本关除名,停止报关,并通告该行开设时,出具保举信件,一经除名,决不准该行更名,复营旧业。

八、凡代报税货物,须出于商人自愿,各报关行不得垄断。

九、凡欲营报关事业者,照以上各条办理。如在此次通告之日起三十日内,仍不到关领取保结单者,本关即不认其为报税行。

十、此章程公布后,张贴在宁波总商会及本城各业同行公所等处。

任与孝主编:《宁波海关志》,浙江科学技术出版社2000年版,第351页

(十二)浙海关税务司葛显礼呈赫德文

1.1884年10月14日浙海关税务司葛显礼呈赫德文

就宁波口岸来说,海关书信馆只是一个空名,因为本关和本口岸外籍人士并不利用它进行通信,将来也不见得会利用它,因

为邮费比英国邮政局贵得多,而英国邮政局对于沿海各口岸间信件所收的资费已经被认为太贵了。

您是希望在不影响收税工作并不增加开支的条件下各关税务司应当推进邮递工作的。为了使这个新的部门真正对公众有用,我建议总税务司署应当提议接管各通商口岸的香港邮政分局。如果中国不主动提出,这些邮局是不会撤消的;只要它们还存在,它们给予公众的便利在各方面都胜过海关,我们的邮递业务就不会向前发展。

如果海关把各口岸的信件挂号等业务承担起来,香港邮政总局不会反对,我说这话是有充分根据的。加入万国邮政公会虽然好,但是手续繁琐,也并不绝对需要,因此我们可以和香港邮政监督接洽并作出安排。在通商口岸收寄和分发往来欧洲的邮件现在是由香港邮政监督负责的,这是香港政府的一种财政负担,如果能解除这个负担,香港政府将会感到高兴。

我们出售的邮票对于公众没有什么价值,因为贴用这种邮票的信件连香港也去不了,更不用说寄到外国了。如果海关把英国各领事馆(上海除外)的邮政工作接管过来,那就只要同南方的香港和北方的日本接洽,请它们把贴中国邮票的信件代为转送,这样公众就会承认中国邮票具有与票面同样的货币价值了。

据我了解,香港邮政局除了实际运输费用外,不会有更多的要求,因此所有的赢利都将归海关所有。据一位专家估计,赢利的数目不小,约计为出售邮票的价款等等的百分之六十或七十;而且除了上海以外,各口岸也不需要增加人员或办公处所,因此现在的开支也不必增加多少。

只要中国在邮政问题上肯负起责任来,通商各国大半都会认为满意,因为由海关管理邮政,可以保证至少也会象领事馆现在办理的那么有效率,而且把邮政并归海关,也会加强和巩固海关的地位。

现在谈判将外国设立的邮局移交海关,恐怕还不是时候;但是可以就一些初步措施进行商讨,对一些细节也可以作些准备(如果还不曾这样做的话),以使在现在受人注意的国际问题解决以后,海关可以将各口岸的邮政业务接收过来。

中国近代经济史资料丛刊编辑委员会:《中国海关与邮政》,中华书局1983年版,第27—28页

2. 1884 年 12 月 31 日浙海关税务司葛显礼呈赫德文

附呈本口岸英国领事馆邮局 4 月 14 日通告一份,通告附有邮政资费表,说明该局收寄发往各通商口岸、香港地区、日本、朝鲜、安南、马来亚等地的挂号和普通邮件,收费比中国内地邮费低廉。

从资费表可以看出,由宁波寄往上海的信件,该局的邮费是墨洋 2 分,折合制钱 23 文,而海关书信馆的邮费是关平银 3 分,折合制钱 48 文,寄往通商口岸、香港地区、日本、朝鲜、马尼剌和安南等地,该局的邮费是墨洋 5 分,而海关书信馆的邮费是:香港以北各通商口岸关平银 3 分,香港地区、北海、琼州、日本和朝鲜等地关平银 6 分。

此地中国人的信件,大部分是寄往上海的,仍然通过民信局寄递。只要英国领事馆邮局对寄往上海的信收费墨洋 2 分,而中国海关不审收关平银 3 分,我们就不能指望大家在海关书信馆寄信,何况英国邮政局还有挂号的办法,更为稳妥,中国人已经在利用了。

海关书信馆要想在宁波、上海这一路同英国邮局竞争,必须将邮费减到同英国邮局一样。

寄往通商口岸的信件,英国邮费是墨洋 5 分,按现行折合率

（每分等于制钱 11 文半）计算,应当是制钱 57 文;海关书信馆的邮费是关平银 3 分,按固定折合率（关平银一两等于制钱 1600 文,合墨洋 1 元 6 角）计算,是制钱 48 文,如果用制钱付,就比英国邮局的邮费还要低些。不过如果公众向海关按固定折合率用制钱购买大量邮票,而海关按现行折合率汇出银两,汇总上的亏损是很大的。

对于寄往香港地区和日本的信件所收的邮费,也有类似的情形。如果我们收邮费关平银 6 分或制钱 96 文,同时按现行折合率用制钱 57 文买一枚 5 分的外国邮票,虽然赚了 39 文,但是比国内邮费 48 文不差 9 文。何况在英国邮局寄信只要 57 文,中外人士决不会付 96 文给海关的。

听说自从英国邮局公布了中文资费表以后,中国人寄的信件增加了很多。如果我们把寄往上海信件的邮费减为 2 分,并将沿海各口岸间的邮资表在中国人方面更广泛地传布,我们的收入一定会增加。邮件增加了,我们现有的人力可能应付不了。但是我们对于寄往国外、香港等地方的信件出售邮票时按固定折合率,同时按现行折合率买英国邮票,账面上遭受损失,而且汇解款项时还有汇兑亏损;这样做只是为了吸引公众到海关来寄沿海各口的信件,究竟这样做是否适宜,请您指示。

中国近代经济史资料丛刊编辑委员会:《中国海关与邮政》,中华书局 1983 年版,第 28 页

3. 1885 年 2 月 4 日浙海关税务司葛显礼呈赫德文

过去所发的关于邮务的指示,都不曾规定对于代运邮件的轮船给予一定的补贴,这个事实影响了邮递计划的顺利进行。轮船方面现在无意帮助我们,将来也不见得肯帮助,因为他们替民信局代运信件可以得到相当大的收入而不必负什么责任;但是我们的办法恰恰相反:不付钱而要他们负责。

　　1882年本关第88号呈文内曾提到有两条往来上海宁波间的轮船代运民信局的信件,每一来回由八家民信局付给10元,民信局自行派人押运。有一位轮船代理人对我说,这八家民信局为了托运信件,每往来上海一次付给8元,每月付给两家轮船公司共计192元;另外有四家小些的信局每月送给两条船上的买办每人14元,托他们代为照顾信袋,一共是每月220元,每年就是2640元。

　　据我看,我们既然不能要求轮船公司免费代我们运送邮件,不如取得他们的合作,以利于我们邮递事业的推行。为此,建议拟定公布一个代运邮件给费数额表;在没有更好的参考以前,我想可以参照香港总邮政局的办法办理;对于运交非邻近口岸海关邮务机构的邮件,每一封信付运费2分,其他每件1分;如果是运交邻近口岸的,每一封信付给1分,其他每件半分。

　　照上述办法付费给船长,他们的收入可以比现在多,海关还可以得到相当大的收入,对于公众也更为便宜。我准备在得到您的同意后着手搜集资料,凭以估计每天收发信件的数目,以便同船公司谈判决定付费数额。

　　就宁波来说,海关邮递业务办的不顺利,主要是如同本口岸的英国邮政人员威尔金生(Wilkinson)说的那样:"德璀琳的邮政方案太硬性了。"这是我将有关邮政的指示同民信局的章程办法作了比较以后得出的结论。威尔金生写过一个关于民信局制度的报告给香港邮政监督,我看过这个报告,得到了不少有价值的情报。

　　威尔金生写这个报告的目的是尽量仿照民信局的章程办法,以便发展当地的英国邮务。由于香港邮政监督不但不想在中国各口岸增加给中国人收寄信件的工作,而且还打算尽可能裁撤机构,或者移交海关,因此威尔金生关于中国人信件的详细合理的建议没有实现。这是因为香港在各通商口岸的邮政机构主要是收发英法邮船的邮件，决不是为了中国而设立的。

威尔金生把一些公文给我看过以后，我更觉得，要使一个洋式的邮政局能够成功或者同民信局竞争，必须修改业务制度并且仿照大的民信局的惯例办理。为了适应"中国方式"，香港和上海工部局的邮局已经不遵守英国邮政局的严格制度，改变了自己的章程，以适应当地的需要和习惯，例如照民信局的办法准各商家记账，把邮政信箱租给商人，上海工部局邮局对于邮费还给折扣，不像海关那样要求预付中国国内信件的邮费。

这些优待办法，民信局久已这样办了，香港邮政局也照办了，只有海关书信馆不肯照办，这样中国人自然不欢迎这个不通融的新的政府机构，更不愿放弃他们原有肯将就的私人信局了。

中国人对于预付邮资不习惯，大概因为对于信差的不信任，他们认为如果信差将信送到时有钱可收，可能送的快些。像香港邮局这样组织良好的机构都不坚持预付中国国内信件的邮费，对于未贴邮票的信件也不加倍收费，我想至少在开办时海关也不应当硬性规定预付邮费。

向收信人收取邮费自然会耽误些时间，不过也不见得比民局慢，而且只要收费低廉，中国人是不会抱怨的。我不了解为什么未付邮费的信件就不能发送。我们可以在信封的边上注明"酒资2分正"字样。威尔金生说的好："中国人是明白道理的，他们不久就会看到我们预先贴邮票的办法有好处，但是不能指望他们立刻就了解并照办。"他们过去在本口岸还不曾这样办过，我以为海关不应当忽视旧习惯，何况香港邮局已经有了这种优待的办法了。

上面这些已经可以说明我们制度中的主要缺点，除非对于(1)运邮件轮船付费问题，(2)减低寄往邻近邮局的口岸的邮费问题,(3)取消硬性规定预付邮费问题有所改正,并将沿海和国外邮政规章用中文详细解释,那么就很难希望我们这个不发达的邮务机构向前发展。

为了使中国官商了解新邮递制度的优点,我正在把香港的邮政指南酌量翻译出来,这样各界人士就能够懂得新制度的道理和办法了。翻译完毕,我准备呈送给您,并请采用实行。

章程经总理衙门批准后,我估计地方当局就可以禁止海关书信馆以外的机构运送发往通商口岸或国外的邮件(民信局仍然可以分送内地的邮件)。有了一套类似香港邮政局的章程,执行章程的邮务机构又是在总税务司管理之下,我相信只要贴中国邮票的信件的转送问题商量好了,香港的邮政监督一定会同意将在中国的机构移交我们。日本也可能会这样办。只要国外邮件改由中国邮局发送这个根本问题解决了,沿海口岸间的信件也会照办。中国只要主动提出这个问题,就可以将办理沿海口岸和国外邮件的机构收回,并且可以得到大宗进项。

现在有许多中国官方和其他人士深深认识到邮政的好处,和设立国家邮政局来代替各国在华邮政机构的必要性,他们当然不喜欢这些外国机构。海关书信馆不把香港、日本和上海工部局办的邮政工作接过来,这让希望推进本国邮政事业的人们是很觉得失望的。

中国近代经济史资料丛刊编辑委员会:《中国海关与邮政》,中华书局1983年版,第29—32页

4.1885年7月14日浙海关税务司葛显礼呈赫德文

本年第24号(1885年2月4日浙海关税务司葛显礼呈赫德文)呈文内提到的香港邮政指南,现已翻译完毕,随文附呈,并附送草拟的汇票和明信片格式。(编者注:附件未在档内)

在翻译时,我曾经把香港邮政指南各节内容作了一些更动,

以便看起来更适合中国邮政的情况。

正翻译时,您的第523号令到了,里面说第24号呈文内指出的海关邮递工作的缺点您都知道了,现在的办法是有意让它继续下去的。

我由此得出结论:总税务司署事情太忙,没有时间进行必要的改革使海关邮递部门变成一个名实相符的机构。因此,如果不是当地官员提出这个问题,征求我对于设置国家邮政局和撤销外国在华邮政机构的意见,我对于海关的邮递工作已经不准备再采取什么行动了。

中国开办邮政人工替外国在华邮政机构的问题,传到了道台薛福成那里。本关文案李圭兼任洋务委员,他对于翻译香港邮政指南并作注释的工作很感兴趣,而且也知道国家办理邮政的好处,因此请我允许他把译文抄一份,以便把国家办邮政这个问题让道台知道。薛福成也常和我谈这个问题。但是,从第523号令的内容来体会,您在第89号通令内关于各关税务司应当"密切注意并尽力予以推广"的邮务指示,现在是暂时不必执行了,中国官员不来找我,我认为自己没有责任提出这个问题。

薛福成曾去过外国,对于邮政局的作用是很明白的。我觉得如果中国官员对于设立国家邮政局有兴趣,那比外国人的建议就更有力量,更容易达到目的。

李委员把抄本送给道台,并附了一个禀帖。在禀帖里他说明国家邮政局的好处和必要,指责上海等地方存在许多外国设立的邮局是有损国家的尊严,并建议设立国家邮政局,在通商口岸都设立分局,以代替外国邮政机构。

上月20日薛福成送来了一件照会,附有李圭的禀帖和香港邮政指南的译本,他征求我的意见:开办国家邮政局是否切实可行,各国是否肯将他们的邮政机构移交新成立的中国邮政局,开办时需要多少经费。他认为各口岸的邮政局应当由税务司管理，经费暂时由总税务司署支付。

在答复的照会里，我提出了下列几点意见：

1. 在各通商口岸设立国家邮政局的建议，应当予以支持，所附的章程是从现在实行的一套章程翻译过来的，因此一定切实可行。为了维持中国的体面，开办邮政再不能延缓了。

2. 各国认为设立机构以安全迅速地运送国内国外的邮件是国家的责任，中国采用同样的办法是有好处的。

3. 由于办理邮政是国家的责任，因此各国政府都分别在本国沿海地方设立邮政局，并与其他国家互相委托投递国内和国外的邮件，每一国家按比例取得一部分邮费作为补偿。

4. 由于中国没有设立国家邮政局，各国的邮件无人代为运送，因此各国只好在中国开办邮政机构收发邮件，这就清楚地说明设立邮局是国家的责任，这个责任中国现在应当负起来了。

5. 如果中国能在各通商口岸开办邮政局并通知香港和日本的邮政总局，他们一定会撤销在中国的邮政机构，英国在日本的邮政机构就是在日本设立国家邮政局以后撤销的。英日两国的邮政机构撤销以后，其他国家也就不会不照办了。

6. 鉴于各国认为国内邮件的运送是一个极为重要的任务，我同意在开办的头几年，这个工作应当由各关税务司办理。如果不是像海关总税务司署这样中外人士能够完全信赖的机关，外国邮局还不见得肯移交。

7. 我还提到几年前总税务司已经指示各关税务司封发邮件，并发行过邮票；由于海关没有外国邮局那些条件，例如挂号、汇票以及寄往国外信件邮票低廉等等，因此除了冬季邮运以外，海关邮务机构并不曾发送过邮件。现在把外国邮政机构撤销，只办一个中国邮政局，既不增加机构，而且如果总税务司同意同海关管理,也不至于增加额外开支。(第90号和202号通令核准了各口岸的邮政方面的开支,外国邮局撤销以后,我估计出售邮票等收入一定够开支的。)

8. 中国还没有和外国通邮,也没有直接往来国外的邮船,因此在开始时只能同香港地区和日本商量,规定撤销他们的邮局的日期,并请他们对于在通商口岸发寄贴有中国邮票的邮件予以承认并代为转运。中国邮政局当然同意在这种邮件的邮费中提出一定的成数付给香港地区和日本邮政局。

9. 不经过香港的沿海口岸间的邮件,邮费将全归中国,估计占全部邮费的六成或七成。外国邮局撤销后,中国可以随意增减这种邮费。

10. 经过香港地区和日本发送往外国的邮件,邮费收入是这样摊分的:将28天的邮件总重量乘以13,按得出来的数目每两或每磅付给香港地区和日本若干。

11. 现在各口岸之间还不能汇兑小额款项,香港邮政指南内发兑汇票的办法可能适应一般需要。我做伦敦邮政监督1874年报告中的统计数字举例说明汇票在英国是广泛地被使用的。

12. 发兑汇票和邮费应当用什么货币,有待决定。但是香港地区和日本都用银元,中国各通商口岸电报局也普遍使用银元,因此可以考虑使用银元。

13. 汇丰银行已经在上海和香港设立了储蓄部,办得很顺利,日本在上海的邮政局也成立了储蓄部,我向道台建议在中国邮政局内开办类似的业务,以便利比较贫穷的阶层,这样就不需要由外国机构来承担中国国家的任务了。我节录了伦敦邮政监督1874年报告中的一部分,说明英国政府能够以低利息使用这些比较贫穷的人们储蓄的大宗款项。

14. 外国人在中国开办储蓄银行,说明某些阶层的人们感觉有此需要。国家邮政局可以很容易地满足这个需要。

15. 照会最后说,国家邮政局只要节约开支,人员廉洁,对于公众是一种福利,扩充以后,可以成为国家收入的一个来源。我引用了英国邮政局的1884年的统计,说明在英国正是这样的情形。

中国在通商口岸开办邮政局,可以不必同其他国家商量。开办就绪以后,再用公文同香港地区和日本的邮政总局同时进行联系,请他们撤销在中国的邮政机构,并派人去和他们商议接管这些机构以及收发邮件有关事项。然后再请中国驻外领事通知华侨,他们可以寄信到各通商口岸,还可以转往内地。另外南方沿海各省的官吏应当发布告示,说明中国人以后可以在各通商口岸国家邮政局寄信给国外的亲友,只要付低廉、固定的邮费,而不必再像李圭禀帖里说的那样,将信件私自送到美国邮船上,结果因为未付邮费又被退回来了。

以上就是在答复道台的照会时提出的意见,我相信这些意见还不至于违反了您关于邮政的看法和计划。道台建议通商口岸邮政局由税务司管理,完全是自动提出的,并没有受我的影响。这个建议是对于总税务司署的良好反映,我当然同意,而且我相信各国也不会把邮件交给其他机关。但是一个中国官员自动提出由海关办理邮政,是可以令人满意的。

在1885年第24号呈文中,我已经说过,只要中国正式开办邮政并提出接管各口岸邮政工作的建议,香港邮政局是愿意撤销在中国的机构的,我相信日本也会同意照办。这些邮局撤销了,中国同香港地区和日本邮政监督商定代运发往国外的邮件以后,就可以在加入万国邮政公会以前,按照公会规定资费把邮件发送欧洲、亚洲和美洲各地了。我完全有根据地说,香港邮政

监督可以同意我们互相办理邮政汇兑业务,我相信我们也可以
取得日本的同意,最后把这种办法推广到国外任何有华侨的
地方。

假定我们把上海的英国邮政局接收改组作为总局,总局的
开支在开办邮政时是最大的。这个邮政局的办公室和住所都是
很完整,作价 15000 元。总税务司署如不便拨这笔款项,我们也
不难另外筹措。

上海英国邮政局的人员和每年开支如下:

邮政局长	1	2880 元
供事	1	960 元
经收员	1	300 元
华员	6	552 元
修缮费和临时费约计		500 元
	共计	5192 元

现在的人员都是有经验的,最好留用,再加上江海关办理邮
务的人员,可以把上海各邮局的全部国外邮件工作承担起来。
其他各口岸暂时不必增加洋员。将来各地当局规定沿海口岸间
的邮件要在邮政局寄递,轮船拒绝承运邮政局以外的邮件(海
关可以登轮查禁)的时候就需要增加大批华员。筹办这个国内
业务部门,我认为李圭是很适当的人选。

道台已经提出开办邮政的问题,并请南北洋通商大臣向总
理衙门作了报告,在总税务司署的帮助之下,我认为中国邮政局
是会成为事实的,中国有了邮政局以后,不久就可以把这些外国
邮政的任务接过来了。我已经把香港邮政局印发的"邮政局长
和代办人须知"译成中文供将来的邮政局长参考。

虽然从第 523 号令可以看出,您现在还不打算改革海关邮
递机构,把它提高到国家邮政局的标准,以便接管外国在华邮局

的业务,但是我利用这个非常的机会向道台建议开办邮政代替
外邮,切实执行了第89号通令中税务司应当尽力推广邮政的指
示,相信您是会同意的。

中国近代经济史资料编辑委员会:《中国海关与邮政》,中华书
局1983年版,第32—37页

5.1885年10月9日浙海关税务司葛显礼呈赫德文

本年第78号呈文中,我曾报告将创办邮政的计划告知道台
薛福成的经过。现在两江总督、闽浙总督、直隶总督和浙江巡抚
都已经同意了这个计划。

中国近代经济史资料编辑委员会:《中国海关与邮政》,中华书
局1983年版,第37页

6.1885年12月15日浙海关税务司葛显礼呈赫德文

本年第78号呈文曾提到我对道台薛福成表示过这样的意
见:如果上海的外国邮政机构全部撤销,由海关管理的邮政局接
办并承担原有的业务,不必增加总税务司署的开支。

我现在补充一些数字,希望能说明:接管上海的英国邮政局
和其他地方的八个分支机构,几乎不必增加任何开支;接管上海
邮局以后,其他各地的机构可以合并到各海关,对于人力没有多
大的影响。除了上海以外,各关都有不少人员,接管本来由一个
领事助理办理的邮政工作,一定没有问题,除已经批准的经费
外,也不需要增加开支,因此只要考虑上海就可以了。

附上清表一份,说明香港地址在通商口岸设立邮政机构的
开支,这份表是香港邮政监督李斯德尔(Lister)送给我的。从这
个表可以看出,维持九个机构每年需要9564元,上海邮局办理
租界内全部国外和沿海各口岸的邮政业务,每年需要5532元,
其他八个分支机构共需4032元。

　　我已经说过,只要办理得当,这八个分支机构改归海关接办以后,原来的经费可以省下来,因为各口岸海关大都有一个管理海关信件的邮务人员,他们可以办理原来的邮领事助理负责的收发邮件的工作,根据各口岸的经验,这种工作量是不大的。

　　上海英邮局的开支5500元是不能削减的。但是海关接办以后,所谓江海关的书信馆(实际上不过是替各国的邮政机构收集和分发信件)可以取消,工作改由新成立的邮政局办理,节省薪金和临时费用等2433元。如果接办以后的经费能和以前的经费差不多,那么江海关的额外开支不过3067元,这个数额是可以用英美租界寄国外和沿海口岸信件的邮费抵补的(工部局的"本地"邮局的收入就有4800两)。由此可见,开办一个规模足以适应上海和北方口岸社会需要的邮政机构并不增加海关开支,只要开始时垫支几千元就行了,这笔垫款大概也会很快地归还的。

　　在第78号呈文中,我曾经说明怎样同香港地区和日本接洽承认我们的邮票在发往国外的信件上贴用的问题,这件事情商量妥当以后,就可以为国家邮政局这个公用事业奠定了基础,海关的支出是微不足道的。

　　我已经尽力说明怎样能够接办英国在华邮政机构而不要另外发给经费:我们的邮票得到香港和日本的承认以后,我们就造成了一个国家邮政的核心。李斯德尔显然愿意和总税务司署合作,把他的在华分支机构移交海关接办,我们不可失去这个机会,因为他走了以后,他的后任可能不愿意这样办了;以后中国想开办国家邮政来代替限制中国自由行动的外国邮政机构时,某一个不友好的国家可能单独或联合其他国家拒绝撤销在华邮政机构,给中国造成很大的麻烦。中国在能够按万国邮政公会承认的邮资发送国外邮件以前,很难拒绝外国在中国设立邮政机构;虽说现有的这种机构已经太多了,但是据说德国还要开办一个呢。

为购买上海英国邮政局房子所需的 15000 元,如果总税务司署不便拨款,可以有办法筹措,我在第 78 号呈文中已经说过了。

中国近代经济史资料编辑委员会:《中国海关与邮政》,中华书局 1983 年版,第 37—38 页

7. 1886 年 1 月 12 日浙海关税务司葛显礼呈赫德文

在 1885 年第 78 号和第 135 号呈文中,我估计中国接办各国在华邮政机构不需增加开支。

1885 年我到上海去的时候,在获得香港邮政监督李斯德尔的同意后,向上海的英邮局局长马可道(Machado)了解各国在沪邮局收支情形,以供参考。了解的结果证实了我过去的估计。

关于上海英国邮局的收入情形,马可道提供了书面材料。从材料可以看出,如果我们把该局的房子买过来并照原样接办下去,收入抵补开支以外,还有盈余。马可道估计的数字如下:

1885 年　上海出售邮票价款		17259 元
减:　应付给香港代运发往英国邮件		
的费用三成(照李斯德尔的估计)		5177 元
		12082 元
加:　邮政信箱租金		
(信箱 140 个,每个 10 元)		1400 元
		13482 元
减:　邮政局房租(购买以前)1500 元		
薪金和临时费用(照李斯德尔的统计)		
	5500 元	7000 元
估计:上海一个局纯收入		6482 元

以上说明这个邮政局是可以维持自己的,这里还没有把下

面几项算进去：中国人邮件的邮资；温州以北沿海和长江各口岸邮件的邮资，这些邮件现在不经过英国邮政局；温州以南八个口岸发往沿海口岸和英国的邮件的邮资，邮票本来是由香港供应的，但在外国邮局撤销以后，将改由中国邮政总局供应。大约估计应付给香港的三成，可能用中国邮政局内运国外邮件应得邮费成数抵补，中国加入万国邮政公会以后，也就不必再付了。

在华英国邮政局对于寄往国外的信件是照英国本国邮政局一样收费五十生丁，而法国在华邮政局只收二十五生丁，因此中国邮政开办以后，如果法国拒绝撤销他们的邮政局，中国邮政局收入可能受影响。不过据马可道说，大部分信仍然是通过英国邮政局寄递的，英局的收入并没有减少。日本邮政局那一部分邮资收入，我们一定可以拿来，工部局邮政局的邮资收入，也极可能归了我们。只要中国开办邮政，法国如果拒绝撤销在华邮局，中国一定可以通过外交途径来解决。

上海各邮政局总收入的估计数字（不包括中国信件）：马可道答复这个问题时说，他估计上海各邮政局的每年总收入是六万元，他的根据是各局1885年出售邮票的数量：

英国邮政局	17529 元
英国邮政局邮政信箱租金	1400 元
法国邮政局	约 13000 元
日本邮政局	14000 元
美国和工部局邮局	12000 元
	57929 元

以上数字不包括汇票的手续费，包裹邮资，罚款，其他各局信箱租金，中国信件的邮资。马可道认为中国办理邮政局不但收支可以相抵，而且将成为政府收入的一个来源。李斯德尔的意见也是如此。

接办上海各邮局需要人员和开支的估计数字:英国邮政局的房子很大,即使其他五个邮局的业务一起并到那里办理也够用,但是马可道说现有人员将不够应付。他认为需要外籍人员六人,中国人二十人,开支多少要看人员薪金的大小。现在上海六个外国邮政机构只有外籍人员十人,其中有一半是局长,将来可以不要,因此六个外籍人员还是太多。比起现在用的那些葡萄牙人来,我看像我们的华籍供事那样能写能讲英语的人照样可以做工作,而且便宜多了。马可道也承认,他的经收员月薪只要25元,不会写英文,但是差不多也能够封发邮件。我们可以雇用一些在国外和香港受过教育的聪明的中国人,每个月只要不到40元就行了。这里警察所的译员以前也做过职员:能写英文,现在的月薪只有15元,公家供给宿舍,他还要出具保结。我们邮政局雇用的华籍人员也应当出具保结。

根据马可道对于需用人员的估计,全年开支如下:

邮政局长	1	月支	250 元	全年 3000 元
房租		月支	40 元	480 元
外籍领班供事	1	月支	125 元	1500 元 *
外籍供事	1	月支	100 元	1200 元 *
外籍供事	1	月支	80 元	960 元 *
华籍供事	1	月支	50 元	600 元 *
华籍供事	1	月支	40 元	480 元 *
华籍经收员	1	月支	25 元	300 元
邮差		月支	200 元	2400 元
英国邮局房屋租金(购买以前)				1500 元
修缮费,临时费				2080 元
				共计 14500 元

*在办公室楼上住宿

办理邮政的税务司,因在总税务司署编制之内,此处未计在内。

估计的薪金比英国邮政局现在支付的宽一些。由于合格的人员可以终身任职,薪金不需要太高。假定上海售邮票的总收入不超过马可道的估计,将来的收支情况估计如下:

售邮票的收入		56259 元
减:	付给日本和香港的三成	16877 元
	上海邮局开支	14500 元
	各口岸可能支付的薪金	
	(照香港邮政局现付数额)	4000 元
		35377 元
		20882 元
加:	英国邮局信箱租金	1400 元
	估计净余	22282 元

我们现在只有这些统计数字可供参考,从这些数字可以看出,开办邮政局代替外国邮局,并不至于像您 11 月 19 日函中所顾虑的增加大量经费,而是恰恰相反:只从发售外国人邮件的邮票一项已经可以有一个不小的盈余了,比起 1884—1885 年冬季福州以北各关(北京除外)邮政部门以及冬季邮路的总开支12258 元,还有得多。这个数字是由九个口岸海关供给的。

马可道说:"英国邮政局的房屋很宽大,上海各邮政局的业务都在这里办理也很可以应付,华籍人员的宿舍太小,但是可以在上面加一层,并不困难。"我认为只要能按时上班,华籍人员不必全住在宿舍里。我在上海时曾去看过这所房,底层有一个很宽敞的大公事房,墙上适当地装了许多信箱等等,中间几乎是空着的。邮政局长的办公室和大公事房是连接的。楼上有六个大房间,邮政局长和家眷住在那里。将来业务扩展了,这些房间可以改作办公室,必要时对供事们发给房租津贴。另外附有佣人住的房间。整个建筑极完整,极坚固,是由英国工务局承造的,李斯德尔说,约值15000元。

往来国外的邮递业务是繁重的。英国邮政局的两个欧籍人员,在经收员和邮差的协助之下,在12月24日那一天处理了三十六袋英国邮件(不包括包裹),其中有两袋是送给法国邮政局的。我要求亲自去看看分发的工作,因为人少事繁,不知道是怎样紧张。出乎我意料之外,他们在大约一个半小时之内就很快地处理完了,当天下午还要封发三次沿海邮件。英国的邮件是船在海上时分拣的,到了终点,只要把捆好的信件投入收信商行的租用信箱就可以了。寄给个人的信件,由邮差投递,挂号信和欠资的信另有清单交信差投递。英国邮政局的人员还要办理寄往欧洲各地的挂号业务,发售汇票(这一部分业务发展的很快),向华北各地发售邮票,但是并没有抱怨工作太重,不过几乎不能离开公事房罢了。听说封发国外邮件的日子临时找人帮忙。我出来以后,又到海关书信馆去问有没有宁波来的信,看见有两个职员办理业务,这样小的一个部门,两个人显得太多了。

发售邮票和汇票应当用银元,我在过去的呈文中已提过了。这是因为电报局是用银元计算电报费的,从新加坡到日本的零售交易都用银元,各国在中国设立的邮政局也用银元。后来又经过调查,我认为不宜用银两作为计费的单位,至少在铸成银币之前不能这样做,因为可能引起通商各国以至万国邮政公会成员国的反对,这当然是不好的。中国已经默许外国邮政局用公约形式规定了中国和各外国之间的邮政资费,任何改变都易于引起反对,可能会失败。所谓海关书信馆经过五年试验没有成功,可见建立新的机构,远不如接管现有的机构并沿用原来的办法。为了把原来的银两邮票使用完免得浪费起见,只要把原来邮票的一"分"当作一元的百分之一就可以了,正像日本的一圆的百分之一叫作"钱"一样。另外还要在原有1分、3分、5分邮票之外增加种类并提高票面价值。

我已经遵照您第89号通令的指示,对于尽力注意推进邮政事业作了下列各点:

1. 取得了宁波道台、各省当局和香港邮政监督的有力协作和支持。

2. 探明香港不反对将在华邮局移交中国接管;为实际交接作了准备,并说明接管不增加总税务司署任何开支,反而是收入的一个来源。

3. 根据可能得到的最可靠的材料,尽力说明成立国家邮政局接替外国在华邮政机构会增加相当的收入,而不致成为总税务司署永久的负担。

4. 将必要的邮政规章译成汉文,附有汇票格式,并说明不加入万国邮政公会而能使我们的邮票在国外得到承认的办法。

5. 查明上海英国邮政局的房屋足够办理上海各外国邮政机构的全部业务,并有余地可供扩充业务。

现在候您考虑决定了。

需要一些时间同香港地区和日本作初步谈判,解决接管在华邮局问题,印证我在呈文中提出的数字,请他们承认中国邮票,查明他们转运我们邮件的报酬问题的细节和邮政汇票制度有关事项,以免在这两个同中国有直接邮务联系的地方发生障碍,影响工作的顺利进行。我已经提出证据,说明海关办理邮政不致成为总税务司署经费上的负担,因此我建议特别调派税务司一员向香港地区和日本方面作初步探询和安排,以备日后接管他们在华邮政机构,最后并提出报告。

我在函呈里说过,我愿意把长假向后推迟,如果这样对我有利,或者您需要我担任这个特别工作,因为我对国家邮政局这个复杂问题研究过,比对邮政局工作和万国邮政公会规章知道得较少的人,可能具备较有利的条件。如果您派我担任这个工作,我也许能在请长假之前在香港和日本商定移交的准备工作。

　中国近代经济史资料编辑委员会:《中国海关与邮政》,中华书局 1983 年版,第 39—53 页

(十三)明州(庆元、宁波)市舶司、浙海关监督名录

1. 明州(庆元、宁波)市舶司(务)名录

姓名	职务	任职起讫	备注
张肃	市舶司使	淳化三年至四年(992)	原任监督御史
凌景阳	市舶司使	淳化四年(993)	兼职
鲍当		至道元年(995)	兼职
徐继宗		至道三年(997)	兼职
丁顺年		咸平元年(998)	兼职
李夷庚		天禧五年(1021)	兼职
曾会		天圣二年(1024)	兼职
曾巩	知州兼市舶司	元丰元年(1078)	兼职
李延世	兼监市舶	元祐二年(1087)	兼职
李萍			兼职
李关			兼职
王子渊			兼职
张修			兼职
刘淑			兼职
吕温卿			兼职
姚免		绍圣年间(1094—1098)	兼职
刘埕			
王子韶			
叶涛			

姓名	职务	任职起讫	备注
韦骧		元符年间(1098—1100)	
陆傅		建中靖国元年(1101)	
		崇宁元年(1102)恢复市舶司	
高尧明	兼监市舶务	绍兴十四年(1144)	
韩挺	提举两浙路市舶兼权知明州	绍兴二十二年(1152)	
杨蒂	监市舶务	乾道元年(1165)	
姜洗		乾道二年(1166)六月	
胡榘	沿海制置使知庆元府提举市舶	宝庆二年二月至绍定元年十一月,绍定二年一月至七月(1226—1229)	焕章阁、显谟阁学士、兼职
潘方	监市舶务	德祐二年(1276)	
杨发	浙东西市舶总司	至元十四年至至治元年(1277—1321)	福建安抚使
睦忽彬	提举	至治二年七月至泰定元年(1322—1324)	朝列大夫
贺贞	提举	至治二年七月至泰定元年十月(1322—1324)	朝列大夫
庆元奴	同提举	至治二年(1322)八月初十日之任	奉训大夫
周灿	副提举	至治二年(1322)七月十一日之任	徽事郎
倒刺沙	提举	泰定元年(1324)十二月十八日之任	奉训大夫
严居实	提举	泰定元年(1324)十二月十八日之任	奉训大夫
忙兀鲁不花	同提举	泰定二年(1325)八月二十六日之任	承直郎
倪谥	市舶吏目	泰定三年至元文宗天历元年十月(1326—1328)	
爱祖丁	提举	泰定四年(1327)十二月二十八日之任	武德将军

姓名	职务	任职起讫	备注
沈忙古歹	提举	泰定四年（1327）十二月十二日之任	朝列大夫
许贞	副提举	天历二年（1329）三月初九日之任	承事郎
赵贤	同提举	至顺元年（1330）七月十三日之任至二年九月致仕	承德郎
刘仲仁	提举	至顺元年（1330）十二月初八日之任	奉议大夫
捏古伯	提举	至顺二年（1331）二月二十一日之任	奉议大夫
蒋拜要兀歹	同提举	至顺二年（1331）六月十六日之任	
定童	副提举	至顺三年（1332）四月二十六日之任	奉训大夫
忻都	提举	元统二年（1334）正月十四日之任，至元六年（1340）二月十四日去世	中顺大夫
李质	副提举	至元六年（1340）三月二十二日之任	承事郎
于兀鲁忽歹	提举	至元三年（1337）十一月十八日之任，至元四年（1338）三月致仕	朝列大夫
刘冏	副提举	至元五年（1339）三月初十日之任	从事郎
三宝柱	提举	至元六年（1340）十一月十六日之任	进士出身
月忽难	同提举	至元六年（1340）十一月二十五日之任	承务郎
脱脱		至正元年（1341）十一月二十六日之任	武节将军
约苏穆尔	监抽庆元市舶	至正二年十一月至至正三年（1342—1343）	江浙江中书省右丞
福住	市舶司中官任职	成化初年在任	
赖恩	市舶司中官任职	嘉靖二年（1523）	

姓名	职务	任职起讫	备注
蒋洲	市舶提举使	嘉靖三十四年至三十六年（1555—1557）	出使日本
陈可愿	市舶提举副使	嘉靖三十四年至三十六年（1555—1557）	出使日本

2. 浙海关监名录

姓名	职务	任职起讫	备注
能代	监督浙海钞关	康熙二十五年（1686）	
塔塞	笔帖式	康熙二十五年（1686）	
王荣恩	监督浙海钞关	康熙二十六年（1687）	
破色	笔帖式	康熙二十六年（1687）	
吴什哈	监督浙海钞关	康熙二十七年（1688）	
马纪纳	笔帖式	康熙二十七年（1688）	
何楷	笔帖式	康熙二十七年（1688）	
尹特	监督浙海钞关	康熙二十八年（1689）	
勒图浑	笔帖式	康熙二十八年（1689）	
王德元	笔帖式	康熙二十八年（1689）	
伊都里	监督浙海钞关	康熙二十九年（1690）	工部
舒格	笔帖式	康熙二十九年（1690）	
黄国材	监督浙海钞关	康熙三十年（1691）	都察院都事
伊齐把	笔帖式	康熙三十年（1691）	都察院都事
罗玉	监督浙海钞关	康熙三十一年（1692）	工部郎中
朱兰泰	笔帖式	康熙三十一年（1692）	
陶尔璧	监督浙海钞关	康熙三十二年（1693）	内务府总管
傅汉	笔帖式	康熙三十二年（1693）	
花尚	监督浙海钞关	康熙三十三年（1694）	国子监司业
色克图	笔帖式	康熙三十三年（1694）	
柏渡	笔帖式	康熙三十三年（1694）	
常在	监督浙海关	康熙三十四年（1695）	光禄寺光卿
韩奇	笔帖式	康熙三十四年（1695）	

姓名	职务	任职起讫	备注
刘保柱	笔帖式	康熙三十四年(1695)	
宝柱	监督浙海钞关	康熙三十五年(1696)	内务府
马尔萨	笔帖式	康熙三十五年(1696)	
李雯	监督浙海钞关	康熙三十六年(1697)	兵部督捕司
伊参	笔帖式	康熙三十六年(1697)	工部
萨尔泰	监督浙海钞关	康熙三十七年(1698)	内务府
苏马喇	笔帖式	康熙三十七年(1698)	
张圣诏	监督浙海钞关	康熙三十八年至三十九年(1699—1700)	
华色	笔帖式	康熙三十八年至三十九年(1699—1700)	
穆尔泰	监督浙海钞关	康熙四十年(1701)	内务府
车勒洪	笔帖式	康熙四十年任职(1701)	
马良	监督浙海钞关	康熙四十一年(1702)	
齐式	笔帖式	康熙四十一年(1702)	
宝善	监督浙海钞关	康熙四十二年(1703)	内务府员外
何希尼	笔帖式	康熙四十二年(1703)	
巴颜柱	监督浙海钞关	康熙四十三年(1704)	
穆礼	笔帖式	康熙四十三年(1704)	
朱兰台	监督浙海钞关	康熙四十四年(1705)	内务府营造司员外
法尔萨	监督浙海钞关	康熙四十五年(1706)	
桑格	笔帖式	康熙四十五年(1706)	
赛克礼	监督浙海钞关	康熙四十六年(1707)	
伦泰	监督浙海钞关	康熙四十七年(1708)	
穆尔赛	监督浙海钞关	康熙四十八年(1709)	工部郎中
班弟	笔帖式	康熙四十八年(1709)	
杨天成	笔帖式	康熙四十八年(1709)	
常明	监督浙海钞关	康熙四十九年(1710)	内务府员外
宁柱	笔帖式	康熙四十九年(1710)	鸿胪寺鸣赞

姓名	职务	任职起讫	备注
德成	监督浙海钞关	康熙五十年(1711)	礼部主事
戴保	监督浙海钞关	康熙五十一年(1712)	内务府广储司员外
锺保	监督浙海钞关	康熙五十二年(1713)	工部司中管左领郎事
明阿图	笔帖式	康熙五十二年(1713)	内务府
存柱	监督浙海钞关	康熙五十三年(1714)	吏部文选司
吴金泰	笔帖式	康熙五十三年(1714)	太常寺赞礼郎
常寿	监督浙海钞关	康熙五十四年(1715)	翰林院侍讲学士
翁鄂洛	笔帖式	康熙五十四年(1715)	内客中书
保在	监督浙海钞关	康熙五十五年(1716)	内务府慎刑司员外
藏克新	笔帖式	康熙五十五年(1716)	
赵敏	监督浙海钞关	康熙五十六年(1717)	内务府营造司员外
达图	监督浙海钞关	康熙五十七年(1718)	内务府会计司员外
佟蕦	监督浙海钞关	康熙五十八年(1719)	太常寺少卿
黄茂	监督浙海钞关	康熙五十九年(1720)	钦天监五官正
倭赫	监督浙海钞关	康熙六十年(1721)	内务府都虞司员外
屠沂	监督浙海钞关	康熙六十一年(1722)	
赵永誉	巡抚委员护理	康熙六十一年至雍正元年(1722—1723)兼职	宁波府同知
阎绍	巡抚委员护理	雍正二年(1724)四月兼职	绍兴府同知
靳树侯	巡抚委员护理	雍正二年(1724)七月兼职	宁波府通判
王一导	巡抚委员护理	雍正三年至四年(1725—1726)兼职	宁绍台道
江承介	巡抚委员护理	雍正五年(1727)兼职	候补知府
孙诏	巡抚委员护理	雍正六年至九年(1728—1731)兼职	宁绍台道

姓名	职务	任职起讫	备注
曹秉仁	巡抚委员护理	雍正十年(1732)兼职	宁波府知府
五溯维	巡抚委员护理	雍正十一年(1733)兼职	宁绍台道
王坦	巡抚委员护理	雍正十二年(1734)兼职	宁波府知府
陈梦说	护理浙海关钞	乾隆二十七年(1762)兼职	分巡宁绍台海防道
陈廷杰	护理浙海关印务	嘉庆十三年至十四年(1808—1809)兼职	宁绍台道

3. 浙海关(洋关)监督名录

姓名	职务	任职起讫	备注
张景渠	关道	1861.4—1861.5	
潘起亮	天宁关监督	1861.12—1862.5	
史致谔	关道	1863.4—1866.8	
文廉	关道	1866.8—1870.6	
边葆诚	关道	1870.6—1870.12	
顾文彬	关道	1870.12—1871.4	
文鼎锐	关道	1871.4—1871.8	
顾文彬	关道	1871.8—1874.11	
英廉	关道	1874.11—	
瑞璋	关道	1874.11—1882.12	
温忠翰	关道	1882.12—1884.2	
马驹良	关道	1884.2—1884.3	
薛福成	关道	1884.3—1889.2	
吴引孙	关道	1889.2—1899.3	
李辅耀	护理关道	1899.3—1899.7	
万福康	护理关道	1899.7—1899.10	
诚勋	关道	1899.10—1901.4	
春顺	关道	1901.4—1901.5	
高英	护理关道	1901.5—1903.3	二任
惠森	关道	1903.3—1904.5	

姓名	职务	任职起讫	备注
高英	关道	1904.5—1905.12	
喻兆蕃	护理关道	1904.5—1905.12	
喻兆蕃	兼关道	1905.12—1906.11	
世善	护理关道	1905.12—1906.11	
喻兆蕃	兼关道	1906.11—1907.8	二任
张鸿顺	护理关道	1907.8—1908.5	
喻兆蕃	关道	1908.5—1910.4	三任
夏孙桐	兼护理关道	1908.5—1910.4	
李辅耀	关道	1908.5—1910.4	
桑宝	关道	1908.5—1910.4	二任
邓本遂	兼护理关道	1910.4—1911.4	
桑宝	关道	1908.5—1910.4	
杨葆铭	关道	1911.4—1911.10	
文博	关道	1911.10—1912.3	
王镛	署理监督	1912.3—1913.1	
孙宝宣	监督	1913.1—1921.7	
袁思永	监督	1921.7—1922.10	
李厚棋	监督	1922.10—1925.4	
袁思永	监督	1925.4—1926.12	
周承芪	监督	1926.12—1927.1	
张传保	监督	1927.2—1928.5	
蒋锡候	监督	1928.5—1935.7	
刘灏	监督	1935.7—1938.2	

4. 浙海关税务司名录

国籍	姓名		职务	任职时间
英	G. H. Fitz-Roy	费士来	税务司	1861.5.22—1861.5.31
美	W. W. Ward	华为士	税务司	1861.5.22—1861.5.31
英	G. Hughks	休士	副税务司	1861.5.31—1861.11.9

国籍	姓名		职务	任职时间
法	P. Glguel	日意格	税务司	1861. 11. 9—1863. 4. 8
英	Robert Hart	赫德	兼宁波税务司	1863. 8—1863. 11
英	J. Brown	布浪	署理税务司	1863. 4. 8—1864. 11
法	P. Glquel	日意格	税务司	1864. 11—1865. 4. 15
英	J. K. Leonard	林纳	税务司	1865. 4. 15—1868. 2. 1
英	E. C. Bowra	包腊	代理税务司	1868. 2. 1—1870. 4. 6
英	F. W. White	惠达	税务司	1870. 4. 6—1872. 7. 31
英	W-Cable	竭模	署理税务司	1872. 7. 31—1872. 9. 21
英	F. W. White	惠达	税务司	1872. 9. 21—1874. 11. 13
德	B. Detring	德璀琳	署理税务司	1874. 11. 13—1875. 11. 9
英	H-Detring	卢丕理	署理税务司	1875. 11. 9—1875. 12. 2
英	R. F. Bredon	裴式楷	署理税务司	1875. 12. 2—1876. 2. 4
英	T. Dick	锹妥玛	税务司	1876. 2. 4—1877. 1. 20
	J. L. E. Pacm	班漢	署理	1877. 1. 20—1878. 11. 21
美	E. B. Drew	杜德维	税务司	1877. 11. 21—1880. 4. 11
	R. B. Moorhead	穆和德	税务司	1880. 4. 11—1881. 6. 24
德	F. Kleinwachter	康发达	税务司	1880. 4. 11—1884. 3. 31
英	E. H. Grimanl	纪默理	署理税务司	1884. 3. 31—1884. 7. 30
英	H. Kopsch	葛显礼	税务司	1884. 7. 30—1886. 4. 16
德	F. Kleinwachter	康发达	税务司	1886. 4. 16—1889. 5. 30
法	L. Rocher	雷乐石	税务司	1889. 5. 30—1891. 7. 19
英	J. Acheson	阿歧森	署理税务司	1891. 7. 19—1891. 12. 12
美	H. F. Merrill	墨贤理	税务司	1891. 12. 12—1896. 5. 8
英	E. T. Pym	斌尔饮	署理税务司	1896. 5. 8—1986. 6. 3
英	F. S. Unwin	安文	税务司	1896. 6. 3—1897. 10. 11
德	P. G. von Mollen-dor	穆麟德	税务司	1987. 10. 11—1901. 4. 20
挪	F. Schjoth	佘德	税务司	1901. 4. 24—1903. 4. 11
英	R. B. Moorhead	穆和德	税务司	1903. 4. 11—193. 5. 21

续表

国籍	姓名		职务	任职时间
	A. G. H. Carruthers	查禄德	署理税务司	1903. 5. 21—1903. 11. 2
英	C. H. Oliver	欧礼斐	副税务司	1903. 11. 2—1904. 5. 17
	A. G. H. Carruthers	查禄德	署理税务司	1904. 5. 17—1905. 5. 8
	C. L. Simpson	辛盛	税务司	1905. 5. 8—1908. 7. 4
英	J. W. Innocent	殷萼森	代理税务司	1908. 7. 4—1911. 4. 28
法	P. J. Crevedon	柯必达	税务司	1911. 6. 23—1913. 4. 16
英	J. C. Johnston	湛参	税务司	1913. 4. 16—1915. 4. 7
德	A. H. Wilzer	威礼士	税务司	1915. 4. 7—1917. 5. 30
英	F. W. Lyons	来安士	代理税务司	1917. 5. 30—1917. 7. 16
法	R. C. Gurnier	葛尼尔	税务司	1917. 7. 16—1917. 8. 24
英	F. W. Lyons	来安士	代理税务司	1917. 8. 24—1918. 5. 13
美	E. Gilchrist	克立基	税务司	1918. 5. 13—1918. 6. 6
法	P. P. P. M. Kremer	克雷摩	署理税务司	1918. 6. 6—1919. 3. 31
法	P. P. P. M. Kremer	克雷摩	代理税务司	1919. 3. 31—1919. 7. 13
英	W. C. G. Howard	钺蔚良	副税务司	1919. 7. 13—1919. 11. 1
英	F. W. Carer	葛礼	税务司	1919. 11. 1—1920. 10. 16
英	F. W. Carey	甘福履	税务司	1919. 10. 16—1924. 5. 16
英	A. G. Bethell	贝德乐	税务司	1924. 5. 16—1925. 4. 18
英	C. A. S. Winlliams	威立师	代理税务司	1925. 4. 18—1926. 5. 3
英	H. S. T. J. Wulding	威勒鼎	税务司	1626. 5. 3—1927. 10. 22
英	J. H. Cubbon	郭本	代理税务司	1927. 10. 22—1929. 4. 12
比	A. Sadoine	萨督安	代理税务司	1929. 4. 20—1929. 9. 30
比	A. Sadoine	萨督安	税务司	1929. 10. 1—1929. 10. 11
日	T. Ebara	江原忠	税务司	1929. 10. 11—1930. 9. 30
美	H. W. bradler	柏德立	代理税务司	1930. 9. 30—1931. 2. 20
英	E. N. Ensor	安斯迩	税务司	1930. 3. 30—1932. 3. 8
英	H. G. Lowder	劳德迩	代理税务司	1932. 3. 8—1933. 10. 8

国籍	姓名		职务	任职时间
中		卢寿汶	代理税务司	1933. 10. 18—1934. 10. 5
英	F. D. Goddard	克达德	税务司	1934. 10. 5—1934. 11. 6
中		霍启谦	代理税务司	1934. 11. 6—1936. 3. 16
法	J. M. A. Fay	费安德	副税务司	1936. 3. 16—1937. 3. 22
英	K. Ashdowne	艾适丹	代理税务司	1937. 3. 22—1938. 10. 15
英	W. E. Annett	安乃第	税务司	1938. 10. 15—1940. 3. 23
英	A. J. Hope	贺溥	代理税务司	1940. 3. 23—1941. 12
中		李广业	伪副税务司	1942. 1—1943. 4
日		三村平八	代理伪所长	1943. 4—1944. 5
日		加藤圭一	伪所长	1943. 5—1944. 5
日		森俊雄	伪所长	1944. 5—1944. 7
日		林崎进	代理伪所长	1944. 7—1944. 8
中		丁永寿	代理伪所长	1944. 9—1944. 1. 6
日		田中悌四郎	伪所长	1944. 11. 6—1945. 7
日		藤田严	伪征收所所长	1945. 7—1945. 10
中		李广业	代理主任	1945. 10—1945. 12
中		丁贵堂	副总务司 兼浙海关主任	1945. 12. 1—1946. 5
中		陈善颐	代理税务司	1945. 12—1946. 1
中		王学俊	代理税务司	1946. 5—1947. 1
中		童炳	代理税务司	1947. 1—1948. 8
中		乔妆镛	副税务司	1948. 8—1950. 1

资料来源:任与孝主编:《宁波海关志》,浙江科学技术出版社 2000 年版,第 62—
64 页

(十四)吴煦档案七则

1. 张景渠致吴煦函(1860 年 12 月)

晓帆仁兄大人阁下:

顷展手书,具悉种种。所有宝顺行洋药一节,案关恭邸咨行查办，倍宜详慎。惟此时宁郡未设新关，无从征税，兼之税乃洋商所完，每箱应完银三十两，捐乃华商所缴，每箱应缴银二十五两，款既攸分，数亦不符，其为并无重征，显然可见。兹蒙薛宪郢政转咨，并删去洋商五两之说，以省葛藤，尤为明简。祗绎之余，铭感靡既。至宁郡捐亦未交，前文漏叙，似亦无关紧要，只得静候都中察办可也。

赵吟翁于前月杪来宁，杨憩翁暨唐丞、朱倅、高二尹于初六日同到，已将新关章程会同商酌，定于十三日开关，并将所定章程出示晓谕矣。添办内地半税一层，当与憩吟翁会商，赶即照办。杭、湖一带，闻贼匪将桑树大半砍去，养蚕不旺，丝亦不多。然新丝一出必有自宁关出口者。宁郡如设收捐，上海每包收捐三两，其银自可在宁并收，照去年沪收浙捐之例，想丝商不至更有异议也。专此布复。祗请勋安。统祈察照。不宣。愚弟张景渠顿首。

再，克复松江荐章，未接部文而已见邸抄，想是中途遗失之故。兹承备文移知，足征逾恒关注，感甚感甚。弟渠又启。

《吴煦档案选编》第 6 辑，中华书局 1983 年版，第 382 页

2. 张景渠致吴煦函（1860 年 12 月）

晓帆仁兄大人阁下：

顷展手书，具悉一是。以案奉钦宪札查英国威参赞呈单内称，英商宝顺行欲将洋药五十箱剥运宁波，已经江海关征纳税银，而浙海关必向征税，与新约第四十五款所载相违等因。弟查江海关已完税货，持有免单来宁者，浙海关并无必向征税之事。惟此项洋药，系于上年十一月初恒顺洋行运到上海宝顺洋行洋药五十箱，执有免单免税。其时宁波尚未开关收纳洋税，而每箱捐银二十五两，抽自华商，并非捐自洋商，其事且在未收洋税之前，指捐为税，甚属牵扯。且此时并未接准星领事照会开关，则

未开关以前,厘捐均应照数交楚。该商意图朦混,借华商之捐款,诬宁关之重征。弟反复核查,并无违约重征情事,业已据实申详钦宪察核。兹将指捐为税情形,详为布复,恩即先为转禀薛宪俯赐核示,以便遵行,是所切祷。肃沏。祗请勋安。不具。愚弟张景渠顿首。

《吴煦档案选编》第 6 辑,中华书局 1983 年版,第 383 页

3. 张景渠致吴煦函(1861 年 1 月)

晓帆仁兄大人阁下:

窃弟奉查重征洋药税银一节,昨经据实奉陈,谅达清听。顷奉雪宪械谕,以此事无与厘捐,不必牵涉。并知宝顺行已向江海关收回税银,并将免单查销等因。查该洋行既在沪关索取已纳之税,则必以已在宁关纳税为词。惟宁波新关于十一月二十九始设,十二月初二方收洋药税银。而恒顺持宝顺行免单,系十一月初六日事,新关未设,老关不征夷税,伊持免单赴洋药捐局免捐,经局中以款目不同,未允所请。该洋行并将前此代收华商厘捐,至今搁不付给,是不但宁关未经收税,即厘局亦未收捐,不知重征之言何缘而起? 或者恒顺暗吞捐银,宝顺以为完税,亦未可知。今经贵关将税银发还,则江、浙两关税银皆未完纳矣,何以尚有重征之诬? 弟处如果曾经收税,亦不妨直言商办,盖当时彼意注在抵捐,新关未设,固无从重征其税,亦无处收其免单也。现拟遵雪宪谕,另叙妥详,不涉捐务,弟未知索回税银一节,是何情节? 可否叙入文内? 用特专函奉布,即祈仁兄大人俯赐确查底蕴,讯赐示知。弟恩拙有素,一切仰赖指南,感荷实难言馨。肃此。敬请勋安。诸惟爱照。不尽神驰。愚弟张景渠顿首。

《吴煦档案选编》第 6 辑,中华书局 1983 年版,第 391 页

4. 张景渠致吴煦函(1861 年 1 月 21 日)

　　敬再启者：前因夷领事有欲强夷船装载内地华商之货、概纳夷税之说，华商纷纷聚讼，有以夷税较重于常税不愿完纳者，有以可挚免单情愿遵照者。弟再三思维，不愿完纳者犹可解也，情愿遵照者不可说也。是以书吏请示，弟拟令仍收常税，填给税单。查宁波进口之货，由闽粤来者半，由上海分运者半。上海进口之货，由西洋来者半，由广东来者亦半。现行新章，英、法国各扣二成，若用夷船装载之货，不问华商夷商，悉收夷税，恐进宁口货物尽以免单报免，即进上海之口者，亦难免不持他口免单报免，于关税大有碍也。弟愚昧之见，拟请宪示，如华商用夷船载货，只照常税收纳，夷商用内地船装货，只照夷税开报，总持论商不论船之说，以杜牟制，庶影戯之弊可期渐绝，不知高明以为然否？至夷商贩运内地货物，应如何办理之处，尚祈阁下禀商觐宪定夺饬遵，并咨照各海关一律办理，庶沪、宁两关不至尽以闽、粤免单报免竟成需设也。弟初膺关务，诸未深谙，管见所及，未审当否，伏祈进而教之，俾有遵循，是所祷切。手此率各口，各征各税，不必相互代收，致多繆轕，最为妥善。否则或由浙代沪收丝茶出口之税，由沪代收洋药进口之税，交易而退，按数划抵，亦属公允。还望阁下与翊伯通盘筹画，持平酌议，明定章程，会禀立案，此后照章办理，庶免掣肘。倘彼此暗藏春色，必致互相牵掣，转恐彼族于中得利，与两省均有所损。阁下智珠在握，谅亦以为然也。

　　湖州幸已解围。而江西股匪复由婺源回窜华埠，常、开二邑吃紧万分，真令人应接不暇。僧邸督师南下，是军务一大转机，第由山东江北转战而前，即使此信果确，到苏亦需时日耳。专此肃复，敬请勋安。不一。愚弟景渠又顿首。

　　再，关税总以何处出口归何处收税为是，高明酌之。

《吴煦档案选编》第6辑，中华书局1983年版，第391—392页

5. 张景渠致吴煦函（1861 年 1 月）

晓帆仁兄大人阁下：

日昨奉复一缄，谅登记室。辰维旬宣懋绩，屏翰宏勋，引企清晖，曷胜抃颂。所有海关夷税一节，在沪在宁总为饷项起见，又何此疆彼界之分。但弟奉中丞牌行，新定征解处分甚严，各关须自顾考成，不得不立定章程，以专职守。查夷税向由上海报收，宁波从未收过外国税银，倘以后仍执免单报免，非特弟考成攸关，该领事官一无征收，亦必不肯答应。昨奉雪宪手札，斟酌得宜，谕令自今以往，莫如各归各口各征各税，不必互相代收，最为妥洽，切勿彼此牵掣，转使外国得利。又查华商雇夷船装货，仍须照华税报纳，犹夷人雇内地白鳖壳等船装货，只照夷税开报。规模既定，事不两歧，影戤之弊，不禁自绝。兹特着关友朱士鼎茂才来沪，可与贵治关友妥为熟商请示，和衷共济，庶内可以裕国课，外可以服夷商，而征解者亦可以免处分也。弟到任未久，关务诸未谙悉，祈阁下明以教之，是为大幸。专此布臆，祗请勋安，统希察照。不宣。愚弟张景渠顿首。

《吴煦档案选编》第 6 辑，中华书局 1983 年版，第 393 页

6. 张景渠致吴煦函（1861 年 3 月 19 日）

致浙江宁绍台道张　二月初九日缮

翊伯尊兄大公祖大人阁下：

昨接雪轩中丞函札，饬调候补道杨憩棠观察至甬。襄办宁关税务等因。遵即代为劝驾。憩兄本可速来，惟昨接恭邸咨行，已谕派英人李泰国为总司税，所有各关税均责成李夷选募等因。是各关司税之外国人，不得不凭伊选募，以外国人治外国人，亦能深悉其中底蕴。李泰国在沪襄理多年，税数果较从前起色。客岁整顿粤关，诸务为之一新，此诚确有可证。此外不利人口之事，均系细微小节，所谓舍短取长是也。现且奉有明文，更复无

从更易,若令中国员役涉手,无论奇才异能亦万万不能得手。憩棠观察非不愿来,特因现在局势如此,即来亦不便插身办事,设因嫉忌饶舌,转于公事有碍。

惟李泰国于未接恭王札谕之前,遽因患病乞假,意欲回国数月。薛宪亦曾再三慰留,该夷甚为执意。昨已接奉恭王之札,该夷仍如前说。辰下行期未定,观其举止,似在必去。顷与憩棠兄商酌,李泰国在沪与否,办法不同,倘该夷果欲乞假,宁关司税伊亦必选募前来。憩兄深愿亲回四明,帮同料理一切,不敢辞劳,专视李夷行止如何方可定见,嘱为先行奉致。敬颂勋安。统希爱照。不具。治愚弟。

附上咨文一件。

《吴煦档案选编》第6辑,中华书局1983年版,第413—414页

7. 马新贻奏报浙海关洋税收支折(抄件)(1866年7月7日)

奏为浙海关洋税第一结起,至第十六结□□□□□□(四届收支各款,仿)照闽省办理,分晰缮具清单,恭折奏报,仰祈圣鉴事:

窃照前兼署抚臣左(宗棠)任内接准部咨,会奏各海关洋税题销改奏停用洋税亲填等簿一折。同治二年九月初十日具奏,本日奉旨:依议。钦此。抄录原奏转行到浙,计粘抄原奏内开:查题销常税,系各按关期□□□□(扣足一年)办理。而洋税因有英、法两国各二成扣款,统自咸丰十年八月十七日起,以外国三个月为一结,按结由各关奏报一次,若仍照常税之例办理题销,是入□(数)既不能不以结期为断,出数又不能不以关期为断,关期与结期互有参差,入数与出数即多缪轕。□(公)同商□□□□(酌,拟请将)各海关洋税收支数目,按三个月奏报一次,扣足四结,专折□□□(奏销一次,仍)按照关期题销,以清

界划等因。转行遵照去后,兹据护海关宁绍台道史致谔详称:宁波口第一结期内,并无征收洋税,缘新关系于咸丰十年十一月二十九日成立,起征洋税□□(税课)已在第二结期内,是以第一结无税征收。截至十一年八月二十六日第四结期满,已历四结,作为一年奏销,又自咸丰十一年八月二十七日第五结起,至□(同治)□(元年)闰八月初七日第八结期满止,计四结作为一年。惟查是届第五结期内,清咸丰十一年十一月初八日宁城失守起,至第七节期内,同治元年五月初八日复设新关前一日止,关随城陷,洋税无征,按照结期已历四结期满,亦应循案奏销,以清界划,又自同治元年闰八月初八日第九结起,至二年八月十八日第十二结期满止,□□□□□□(计四结作为一年)□(,又)自同治二年八月十九日第十三结起,至三年八月三十日第十六结期满止,□(计)四结作为一年,共计四年,每年扣足四结,应行专折汇案奏销,以符定案。兹因新章改题为奏,事属创始,该关无案可稽,详经通商大臣李(鸿章)抄发闽省洋税奏案清单,饬即核明照办,以妥协等因。所有宁波口,自第一结起,至□□(十六)结止,四届期内,征收洋税、洋药税各款银两,自应仿照闽省章程办理。其子税项下拨补经费并吨钞项下循照定章开支各项经费,现在造具清册,另详请咨。至各结征收洋税、洋药税应交英、法两国各二成扣款并带交银两,均经按结数分交英、法两国驻沪领事官查收清楚,取具收银凭单,存关备查,分晰缮单,详请专折具奏等情前来。臣复核无异,除循案分咨户部总理各国事务衙门暨通商大臣查照外,理合仿照闽省章程,恭折具奏,并分缮清单,敬呈御览,伏乞皇太后、皇上圣鉴。谨奏。

　　谨将浙海关宁波口自第一结起,至第四结止,洋税、吨钞、关照、船税、子口半税各款银两,历结收支款目,逐一汇核总数,敬缮四柱清单,恭呈御览。

　　　谨开

旧管

　　　无项

　　　查浙海新关于咸丰十年十一月二十九日设关启征洋税,核计已在第二结期内,是以第一结并无征收洋税,理合陈明。

　　此为部分节录,见《吴煦档案选编》第 6 辑,中华书局 1983 年版,第 98—100 页

　　　(十五)柯必达致总税务司安格联函(七则)

　　　1. 1911 年 10 月 26 日浙海关税务司柯必达(P. J. Grevedon)**致安格联第 90 号函**

　　我已收到您 10 月 17 日和 24 日的来电如下:

　　　"奉政府饬令严密防范军火偷运进口","会同关道采取措施管理外输,以防止革命党乔装搭乘及私运军火,如需领事协助,应由关道进行交涉"。

　　　第一个电报是在我休假时收到的。接电后狄诗乐〔暂行代理税务司——编者〕立即会见道台,并组织了一个海关抄班,每天派往镇海对进口船舶进行检查。抄班在每天下午三时乘小火轮驶离宁波,在镇海过夜,于次日早晨五时检查上海来轮。这样,海关每次可以有一小时到一小时半的检查时间。这项办法道台也表示满意。唯一的缺点是海关人力太紧张,但是在目前情况下这是无法避免的。

　　　第二个电报是 25 日收到的,我立即去见道台,向他说明,海关抄班的任务在于防止非法私运军火进口,而不能识别革命党人和阻止他们化装后乘船往来。

　　　经决定自今日起由道台派几名侦探参加海关的抄班,一同在镇海登轮进行检查。

现在有四只轮船经常往来宁波和上海,三只挂中国旗,一只是英国船,道台已取得英国领事同意由道台的侦探检查,必要时等他们在宁波登岸后再跟踪和拘捕。

这些措施一定会发生效果,道台已经同意了。

《中国海关与辛亥革命》,中华书局 1964 年版,第 174 页

2. 1911 年 11 月 6 日柯必达致安格联第 94 号函

今天我在第 3923 号呈文中向你简单地报告了宁波昨天发生的政变,这一政变已顺利完成。发动政变的顶多只有六个革命党人,他们没有遇到任何反抗,地方秩序始终很好。我往城里走了一趟,看见所有的商店都开门营业,街上挂满了白旗。人们显然是同情和支持革命党的。我不认为那些革命党人对我们有什么危险。但是,钱倒很成问题,我不很相信革命党人不动用税款的诺言。

今天早晨大清银行没有营业,据我了解,他们同革命党有些纠葛。大清银行里有海关存款余额关平银 693.09 两和银币 48.50 元。过去一个时期,我已尽力将存款余额减少至最低限度。我今天已经要求上海大清银行经理立即解决这个问题。

看来知府已投到革命党那一边来、昨天我听说宁波城内发生骚扰,立即去见知府(道台不在这里,由他代理)。他的态度很不自然,并且否认革命党已经占领宁波。过了两小时,当革命党的代表来拜访我时,我就听到了确实消息,知府已经为他们办事了。

革命党非正式通知我,要我悬挂白旗,我打算拒绝,如果他们愿意挂旗,就让他们自己去挂吧!按照江海关的先例,我今天没有挂旗。

《中国海关与辛亥革命》,中华书局 1964 年版,第 175 页

3. 1911 年 11 月 6 日柯必达致安格联第 95 号函

收到您 11 月 8 日来电如下：

"速将所征全部税款汇解上海汇丰银行总税务司税款专账。"这一来打乱了我的安排，因为我已向革命军保证将钱存在保险箱里不动。但无论如何，我要执行您的指示，并将尽量设法摆脱困难。

11 月 6 日以来我没有挂旗。

关于此间的局势，我只能说秩序维持得很好，但是中国人害怕强盗，商业萧条。自本月 6 日起，平均每日征税关平银三百两左右，收的是银元。由于银元缺乏，商人很感不便，但是我又有什么别的办法呢？

安格联的批示：

你所作的安排，我不想干涉，但是我不了解你怎么能够在保险箱里无限期地存放税款呢？你最好告诉有关当局说，为了维持中国的信用，避免外国干涉，凡是已不效忠北京的地方，税款现在都是以总税务司的名义存入外国银行。你还可以说，这些钱将专供还债之用，北京政府管不着。这个办法是经过列强批准的，海关和税款一受干涉，列强就会反对。可能的话，使他们同意这样办，并继续报告。

《中国海关与辛亥革命》，中华书局 1964 年版，第 175—176 页

4. 1911 年 11 月 25 日柯必达致安格联第 96 号函

总的说来，到目前为止，革命党的行为很正派，但是万一他们在南京吃了败仗，将来如何就很难预言了。对他们来说钱是个大问题，他们的钱又实在不多。我的主要目的是保护我们的税款，避免损失，因此我在一些不重要的问题上，注意避免同现政权对立，例如他们要我在公文上不用清政府的官衔和宣统的年号，我现在不用官衔了，日期也改用西历。您当然了解，我尽

量少发公文给他们,但是他们来的某些公文我不得不回答。我
所以这样做是因为这里没有外国租界,万一革命党忽然想来占
据海关,没有人能够阻止他们。在目前情况下,我想只要他们不
染指税款,最好还是保持缄默,避免与他们发生一切不必要的争
执,我相信您会同意我的意见的。

安格联的批示:

你的方针是正确的。一切问题都要服从掌握税款和保证海
关工作顺利进行。只要革命党当权并尊重你的地位,没有理由
不同他们维持友好关系。

《中国海关与辛亥革命》,中华书局 1964 年版,第 176 页

5. 1911 年 12 月 2 日柯必达致安格联第 97 号函

不久可能发生两个问题(1)宁波独立以来所征的船钞,地
方当局要求提取三成;(2)季末要我交出以前拨交道台的六成
罚没收入。应当如何对付? 我个人认为他们目前是当地政府,
有权要这些钱。这个看法在某种程度上是符合您的意图的。您
在来文里说:在不干预税款和海关行政的条件下,海关将承认地
方政府并且同它建立与过去清政府相同的关系。

革命党政府自占领宁波以来没有干预海关,那是无可怀疑
的事实,同时他们坚持有权享受过去道台所有的权利。

在收到您的指示前,万一他们提及这个问题,我暂时不作负
责的答复。

安格联的批示:

你应当按照通令的指示办理,并且答复说,这些款项(指船
钞和罚没收入)暂由总税务司保留,以待最后决定处理办法。
你还可以告诉他们,这些款项无论如何不会拨交清政府。

《中国海关与辛亥革命》,中华书局 1964 年版,第 177 页

6.1911 年 12 月 12 日柯必达致安格联第 98 号函

今天我发出电报如下:"地方当局要我同意用浙江军政府发行的军用票纳税,海关积有军用票满一千元时即予兑换现洋。地方当局的提议是可以接受的,除非您从大处考虑不能同意。请电示。"现在作如下的说明。地方当局要我同意商人以军用票交纳税款,我直率地拒绝了。我的理由很充分的,他们的军用票对我没有用处,因为我要将税款汇往上海汇丰银行,而汇丰银行是不肯收受这项军用票的。经过长时间的商讨,他们提议,当我收取的军用票总额达到一千元时,给我兑换现洋。我认为这是一个公平的提议,对我来说也没有多大的风险,因为我给他们一千元的信用最多不过一两天。但是我没有给他们肯定的答复,而是要求给我三天期限来考虑这个问题。我想您可能在原则上反对海关接受革命政府的军用票,因此发电报告您。

《中国海关与辛亥革命》,中华书局 1964 年版,第 178 页

7.1911 年 12 月 30 日柯必达致安格联第 100 号函

关于以军用票交纳关税的问题,我不能完全执行您的指示,因为恐怕会发生严重的纠纷和可能造成僵局。我仍然照我在第 98 号函中提及的办法办了:收税时接受军用票,总额达一千元即在宁波兑换现洋。

这项办法是经过困难的交涉后才获得当局的同意。我考虑每天海关税和常关税的总额接近一千元(有时多一些),因此这样办至少还是符合您的指示的精神。至于我所担的风险是(我必须承担一些风险使事情不致闹僵),可能有一天他们拒绝兑换一千元的军用票,遇到这种情形,我可以立即规定纳税时只收银元,其它一概不收。

请不要忘记,宁波没有租界和外国银行,我是完全在地方政府掌握之中,但是他们至今尊重着税务司的权力,并没有进行干

预。如果有一天他们决定使用武力,那末我的甚至您的抗议都不会发生效力,因为至少现在他们统治着宁波。到目前为止还没有发生什么危害,如果预料将发生严重纠纷,我将竭力及时向您报告。请您相信,我在保护税款的同时将尽力避免造成僵局。

安格联的批示:

我很了解你的困难,暂时同意你的商定的办法。但是,必须记住,按照条约规定,关税应用现银交纳,而这些军用票不能视为法币。我认为你绝对没有什么理由来承担个人的风险,我暂时保管与偿付外债有关的税款,不允许承担任何风险。违反钞票随时随地都可以兑现的原则也是不能允许的。发钞票的当局就应该在当地采取步骤满足兑现的要求。你的最安全的办法是按照条约规定办事,这是任何当权的政府都不能忽视或提出异议的。

《中国海关与辛亥革命》,中华书局 1964 年版,第 178—179 页

二、主要参考文献

(一)方志、专志

[清]李卫等修:雍正《浙江通志》,中华书局 2001 年点校本

浙江通志馆编:民国《重修浙江通志》,浙江通志馆

[宋]张津:乾道《四明图经》,《宋元方志丛刊》第 5 集,中华书局 1990 年版

[宋]罗濬:宝庆《四明志》,《宋元方志丛刊》第 5 集,中华书局 1990 年版

[宋]吴潜修、梅应发等纂:开庆《四明续志》,《宋元方志丛刊》第 6 集,中华书局 1990 年版

[元]袁桷等纂:延祐《四明志》,《宋元方志丛刊》第 6 集,中

华书局 1990 年版

[元]王元恭、王厚孙等:至正《四明续志》,《宋元方志丛刊》第 7 集,中华书局 1990 年版

[明]黄润玉:《宁波府简要志》,《四明丛书》本

[明]张瓒等修:成化《宁波郡志》,书目文献出版社 1998 年版

[明]周希哲修,张时彻纂:嘉靖《宁波府志》,嘉靖三十九年刊本

[清]李廷机修,左臣王、姚宗京纂:康熙《宁波府志》,宁波文管会复印本

[清]李卫等纂修:雍正《浙江通志》,中华书局 2000 年版

[清]曹秉仁:雍正《宁波府志》,道光二十六年介祉堂重刊本

[清]徐兆昺:《四明谈助》,宁波出版社 2000 年版

[清]董沛:《明州系年录》,当代中国出版社 2001 年版

[清]董沛、张恕、徐时栋纂:光绪《鄞县志》,光绪三年刊本

[清]刘凤章等纂:光绪《镇海县志》,光绪五年刊本

[民国]王荣商、杨敏曾纂:民国《镇海县志》,1931 年铅印本

[民国]董祖义编:《镇海县新志备稿》,1931 年铅印本

[民国]陈训正、马瀛纂:民国《定海县志》,1924 年刊本

[民国]张传保、赵家荪修,陈训正、马瀛纂:民国《鄞县通志》,宁波出版社 2006 年版

[民国]杨积芳总纂:民国《余姚六仓志》,杭州出版社 2004 年版

俞福海主编:《宁波市志》,中华书局 1995 年版

俞福海主编:《宁波市志外编》,中华书局 1998 年版

陈兵主编:《镇海县志》,中国大百科全书出版社 1994 年版

钱起远主编:《宁波市交通志》,海洋出版社 1996 年版

任与孝主编:《宁波海关志》,浙江科学技术出版社 2000 年版

陈正恭主编:《上海海关志》,上海社会科学院出版社 1997 年版

王勇进主编:《宁波市对外经济贸易志》,宁波出版社 1997 年版

（二）专著、论文集

白寿彝总主编:《中国通史》(17—20 卷),上海人民出版社 1996 年版

宋至清:《中国经济通史》,《经济日报》出版社 2000 年版

金普森、陈剩勇主编:《浙江通史》(7—10 卷),浙江人民出版社 2006 年版

傅璇琮主编:《宁波通史》(1—5 卷),宁波人民出版社 2009 年版

陈高华等:《宋元时期的海外贸易》,天津人民出版社 1981 年版

黄纯艳:《宋代海外贸易》,社会科学文献出版社 2003 年版

姜锡东:《宋代商人和商业资本》,中华书局 2002 年版

晁中辰:《明代海禁与海外贸易》,人民出版社 2005 年版

傅衣凌:《明清时代商人及商业资本》,人民出版社 1956 年版

许涤新、吴承明主编:《中国资本主义发展史》第 2 卷,人民出版社 2003 年版

倪玉萍:《清代漕粮海运与社会变迁》,上海书店出版社

2005 年版

　　苏全有:《清末邮传部研究》,中华书局 2005 年版

　　张玉生:《大清浙江实寄封片考》,浙江大学出版社 2005 年版

　　郑备军:《中国近代厘金制度研究》,中国财经经济出版社 2004 年版

　　[美]费正清主编:《剑桥晚清史(1800—1911)》,中国科学出版社 1981 年版

　　郑绍昌主编:《宁波港史》,人民交通出版社 1989 年版

　　乐承耀:《宁波古代史纲》,宁波出版社 1995 年版

　　乐承耀:《宁波近代史纲(1840—1919)》,宁波出版社 1999 年版

　　乐承耀:《乐承耀文论——宁波研究》,当代中国出版社 2000 年版

　　乐承耀:《宁波通史》(清代卷),宁波出版社 2009 年版

　　乐承耀:《近代宁波商人与社会经济》,人民出版社 2007 年版

　　乐承耀:《近代宁波城市变迁与发展》,宁波出版社 2010 年版

　　乐承耀:《宁波经济史》,宁波出版社 2010 年版

　　王列辉:《驶向枢纽港——上海、宁波两港空间关系研究(1843—1941 年)》,浙江大学出版社 2009 年版

　　丁日初主编:《上海近代经济史》第 1 卷,上海人民出版社 1994 年版

　　丁日初主编:《上海近代经济史》第 2 卷,上海人民出版社 1997 年版

　　陈诗启:《中国近代海关史》(晚清部分),人民出版社 1993

年版

陈诗启:《中国近代海关史问题探微》,中国展望出版社1989年版

蔡渭洲编:《中国海关简史》,中国展望出版社1989年版

戴一峰:《近代中国海关与中国财政》,厦门大学出版社1993年版

叶松年:《中国近代海关税则史》,上海三联书店1991年版

[英]魏尔特:《中国关税沿革史》,姚曾廙译,三联书店1958年版

汤象龙:《中国近代海关税收和分配统计》,中华书局1992年版

连心豪:《中国海关与对外贸易》,岳麓书社2003年版

[日]滨下武志:《中国近代经济史研究——清末海关财政与通商口岸市场圈》,高淑娟、孙彬译,江苏人民出版社、凤凰出版传媒集团2006年版

姚海琳编著:《中国海关史话》,中国海关出版社2005年版

黄国盛:《鸦片战争前的东南四省海关》,福建人民出版社2000年版

彭雨新:《清代关税制度》,湖北人民出版社1956年版

朱荣基:《近代中国海关及其档案》,海天出版社1996年版

丁名楠等:《帝国主义侵华史》第2卷,人民出版社1986年版

中国海关学会编:《赫德与旧中国海关论文选》,中国海关出版社2004年版

班思德:《最近百年中国对外贸易史》,京华出版社2010年版

莱特:《中国关税沿革史》,姚曾廙译,商务印书馆1964

年版

张仲礼:《近代上海城市研究》,上海人民出版社 1990 年版

(三) 资料汇编、文史资料及其他

黄胜强主编:《旧中国海关总署通令选编》(1—3 卷),中国海关出版社 2003 年版

中国第二历史档案馆、中国海关总署办公厅:《中国旧海关与近代社会图史》(1—10 册),中国海关出版社 2008 年版

陈霞飞主编:《中国海关密档——赫德·金登干函电汇编》第 1、2 卷,中华书局 1990 年版

牛剑平、牛冀青编著:《近代中外条约选析》,中国法制出版社 1998 年版

杭州海关译:《近代浙江通商口岸经济社会概况》,浙江人民出版社 2002 年版

陈梅龙、景肖波译:《近代浙江对外贸易》,宁波出版社 2003 年版

孙毓棠编:《中国近代工业化资料》第 1 辑(上、下册),科学出版社 1957 年版

汪敬虞编:《中国近代工业化资料》第 2 辑(上、下册),科学出版社 1957 年版

姚贤镐:《中国近代对外贸易史资料》,第 1、3 册,中华书局 1962 年版

聂宝璋主编:《中国近代航运史资料(1840—1895 年)》(上、下册),上海人民出版社 1993 年版

聂宝璋、朱荫贵编:《中国近代航运史资料(1895—1927 年)》(上、下册),中国社会科学出版社 2002 年版

《宁波文史资料》第 1—9 辑

中国近代经济史料丛刊编辑委员会主编:《中国海关与邮政》,中华书局 1964 年版

中国近代经济史料丛刊编辑委员会主编:《中国海关与辛亥革命》,中华书局 1964 年版

孙修福主编:《中国近代海关史大事记》,中国海关出版社 2005 年版

《筹办夷务始末》(道光朝),中华书局 1964 年版

《筹办夷务始末》(咸丰朝),中华书局 1979 年版

《筹办夷务始末》(同治朝),中华书局 2008 年版

齐思和等编:《第二次鸦片战争》,上海人民出版社 1978 年版

[宋]马端临:《文献通考》,浙江古籍出版社 1998 年版

[清]齐召南:《清朝文献通考》,浙江古籍出版社 1998 年版

[清]刘锦藻:《清朝续文献通考》,浙江古籍出版社 1998 年版

太平天国历史博物馆编:《吴煦档案选编》第 1—7 集,江苏人民出版社 1983 年版

[美]F. 布鲁诺、费正清:《步入中国清廷仕途——赫德日记(1854—1863 年)》,傅曾仁等译,中国海关出版社 2003 年版

[美]凯瑟琳·F. 布鲁诺等编:《中国早期现代化——赫德日记》,陈绛译,中国海关出版社 2006 年版

卢汉超:《赫德传》,上海人民出版社 1986 年版

严中平等编:《中国近代经济史统计资料选辑》,科学出版社 1955 年版

李必樟编、张仲礼校订:《上海近代贸易经济发展概况——1854—1898 年英国驻上海领事贸易报告集》,上海社会科学院出版社 1993 年版

后　记

　　《浙海关与近代宁波》的写作，始于 2005 年，时至今日，终于成书付梓，我们感到由衷的高兴。

　　写一部地方海关史，我们是力不从心的。由于水平所限，学识浅薄，加之史料缺乏，给写作带来很多不便。在大家的帮助下，经过 5 年多的努力，才结出了硕果。尽管有《宁波海关志》等著作的出版，为浙海关的研究提供了条件，但《浙海关与近代宁波》这部著作的问世，还是有不少自己的见解，补充了不少新的资料，填补了浙海关历史研究的空白。希望本书的出版能引起人们对浙海关的关注。

　　这部著作是胡丕阳、乐承耀二人合作的成果，乐承耀拟订篇目，胡丕阳搜集资料，他多次到北京、南京、上海、杭州等档案馆搜集材料，为写作提供了丰富的资料。两人共同撰写，最后由乐承耀统稿，大事记和附录亦由乐承耀编写。

　　写作过程中，我们得到不少领导和同志们的支持，全国人大常委会副委员长蒋正华为本书题写书名，宁波海关关长庞中联撰写序言，中国海关出版社副社长倪云提供了不少资料。宁波海关办公室主任韩坚、副主任张春芳；人教处处长彭海雄、政工办主任邹瑞敏、政工办副主任王斌；服务中心主任沈骊、风管处处长朱国海、企管处副处长潘锋、宁波海关学会秘书长徐温及北仑海关关长陈玖伟、保税区海关副关长姚叶等为本书的撰写予以多方帮助，尤其是王斌审阅书稿，提出不少修改意见，为本书的出版增添了光彩。社会各界也非常关心本书的出版。学术上更要感谢陈诗启、汤象龙、蔡渭洲、叶松年、戴一峰、连心豪、黄国盛等专家、学者的研究成果，他们的著作为我们的研究提供了方便。人民出版社的陈来胜编审为书稿的审读、编辑付出了辛勤劳动，南京中国第二历史档案馆、浙江档案馆、浙江图书馆、宁波图书馆古籍部、宁波海关图书馆，为我们阅读、写作也提供了不少方便。在此谨向一切关心本书出版的先生们、女士们表示诚挚的感谢！

　　由于我们的海关史研究刚刚起步，所掌握的资料不全，海关业务和写作水平不高，尽管我们在著作的撰写中经过多次修改，作了一些推敲，囿于学识，本书仍然会存在许多不完善和错误，恳请研究海关史的专家、学者及宁波海关同志批评指正。

作　者
2010 年 7 月 28 日